21世纪高等学校系列教材

XIANDAI GONGCHENG CELIANG

现代工程测量

主　编　何保喜　潘传姣

编　写　马玉晓　王晓静　朱淑丽　高　宁

主　审　高德慈

中国电力出版社

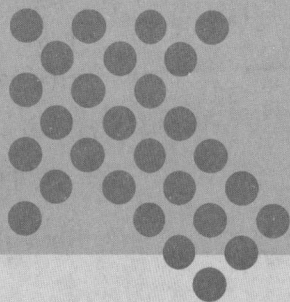

CHINA ELECTRIC POWER PRESS

内 容 提 要

本书为21世纪高等学校系列教材,全书共分4篇18章。第1篇为基础篇(第1~9章),包括水准测量、角度测量、距离测量与直线定向、全站仪及其使用、测量误差的基本知识、小地区控制测量、地形图测绘、测设的基本工作。本篇主要介绍测量学的基础知识,增加了电子经纬仪、电子水准仪、激光扫平(准直)仪、全站仪的应用及数字测图技术,各专业通用;第2篇为应用篇(第10~14章),包括地形图的应用、建筑施工测量、管道施工测量、道桥施工测量、地籍测量与房地产测量;第3篇为提高篇(第15~17章),包括现代工程测量的"3S"技术(GPS测量技术、摄影测量与遥感、地理信息系统)。本篇主要介绍现代测量技术,拓展学生的知识面,培养学生的动手能力和实践能力,教师可根据不同专业的特点和教学要求选用;第4篇为实践篇(第18章),包括工程测量实验与实习的内容。

本书可作为高等院校土木工程(含道路工程、桥梁工程、岩土工程、给水排水工程、建筑环境与设备工程等),工程管理,工程造价,房地产经营与管理,城市规划,艺术设计,建筑学,土地资源管理及相近专业教材,也可作为相关工程技术人员参考用书。

图书在版编目(CIP)数据

现代工程测量/何保喜,潘传姣主编.—北京:中国电力出版社,2009.1(2023.6 重印)
21世纪高等学校规划教材
ISBN 978 - 7 - 5083 - 8042 - 1

Ⅰ.现… Ⅱ.①何…②潘… Ⅲ.工程测量—高等学校—教材 Ⅳ.TB22

中国版本图书馆 CIP 数据核字(2008)第 193231 号

中国电力出版社出版、发行

(北京市东城区北京站西街 19 号 100005 http://www.cepp.sgcc.com.cn)
北京雁林吉兆印刷有限公司印刷
各地新华书店经售

*

2009 年 1 月第一版 2023 年 6 月北京第十七次印刷
787 毫米×1092 毫米 16 开本 22 印张 536 千字
定价 59.00 元

前　言

　　本书为 21 世纪高等学校系列教材，是非测绘类专业基础课程《工程测量》的实用教材。内容包括普通测量学及部分工程测量学，增加了现代测量技术部分，是作者多年来教学经验的总结和实践工作的结晶。可作为土木工程、交通工程、城市规划、艺术设计、建筑学、给水排水工程、工程管理、工程造价、房地产经营与管理、建筑环境与设备工程、环境工程、土地管理等专业的通用教材。

　　本书总的编写宗旨是针对 21 世纪我国高等教育人才培养目标——基础扎实、知识面广、能力强、素质高的要求，在遵循先进性、科学性、系统性编写原则的基础上，突出基础性、实用性、现代性，采用模块化编写方式。第 1 篇为基础篇，介绍测量学的基础知识；第 2 篇为应用篇，介绍测量在工程中的应用；第 3 篇为提高篇，介绍现代工程测量的新仪器、新技术。第 4 篇为实践篇，指导学生进行实验和综合实习。第 1、2 篇为基础内容，各专业通用；第 3、4 篇为提高与实践内容，可根据不同专业的特点和教学要求选用。教材内容符合非测绘类专业《工程测量》课程的需要，兼顾了在教学内容、学时安排、侧重点、仪器设备等方面各个专业的特点，适合高校现代仪器设备更新不足的现状。既给了教师更多灵活选择的空间，又满足了学生拓展知识的迫切要求。

　　全书由河南城建学院何保喜、潘传姣主编。具体编写分工如下：何保喜编写第 1、5、7章；潘传姣编写第 6、10、14 章；河南城建学院马玉晓编写第 9、12、13 章；王晓静编写第4、11、15 章；朱淑丽编写第 2、3、16、17 章；高宁编写第 8、18 章。北京工业大学高德慈审阅了全书。

　　由于编者水平有限，书中谬误之处，恳请读者批评指正。

编　者

2008 年 11 月

目 录

第 2 篇　应　用　篇

第3篇　提　　高　　篇

第4篇　实　　践　　篇

第1篇 基 础 篇

第1章 绪 论

[导言] 本章是学习本课程的基础知识。通过本章学习，要明确工程测量学的定义和内容，了解地球形状和大小、测量工作的基准面和基准线、地面点空间位置的测量原理和方法，掌握高斯投影的原理和方法、测量工作的基本内容和基本原则。

1.1 工程测量学概述

1.1.1 工程测量学的概念与任务

工程测量学是研究各种工程在规划设计、施工建设和运营管理阶段所进行的各种测量工作的学科。工程测量的特点是应用基本的测量理论、方法、技术及仪器设备，结合具体的工程特点采用具有特殊性的施工测绘方法。它是大地测量学、摄影测量学及普通测量学的理论与方法在工程中的具体应用。

工程建设一般可分为：勘测设计、建设施工、生产运营三个阶段。

勘测设计阶段的测量主要任务是测绘地形图。测绘地形图是在建立测图控制网的基础上进行大比例尺地面测图或航空摄影测量。

建设施工阶段的测量主要任务是按照设计要求，在实地准确地标定建筑物或构筑物各部分的平面位置和高程，作为施工与安装的依据（简称为标定）；是在建立工程控制网的基础上，根据工程建设的要求进行的施工测量。

生产运营阶段的测量主要任务是竣工验收测量和变形监测等测量工作。

工程测量按所服务的工程种类，可分为建筑工程测量、线路工程测量、桥梁与隧道工程测量、矿山工程测量、城市工程测量、水利工程测量等。此外，还将用于大型设备的高精度定位和变形监测称为高精度工程测量；将摄影测量技术应用于工程建设称为工程摄影测量；而将自动化的全站仪或摄影仪在计算机控制下的测量系统称为三维工业测量。

本教材主要内容为现代工程测量，包括普通测量学及工程测量学的部分内容，并增加了现代测量技术的部分。

对于非测绘类专业的学生学习工程测量课程，必须首先了解测量学的基本知识。

测量学是研究地球的形状和大小以及确定地面（包含空中、地表、地下和海底）物体的空间位置，并将这些空间位置信息进行处理、存储、管理、应用的科学。它是测绘学科重要的组成部分，其核心问题是研究如何测定点的空间位置。测量学研究的内容分为测定和测设两部分。测定是指使用测量仪器和工具，通过测量和计算，得到一系列测量数据，或把地球表面的地形按一定比例尺、规定的符号缩小绘制成地形图，供科学研究和工程建设规划设计使用；测设是指把图纸上规划设计好的建筑物、构筑物的位置在地面上标定出来，作为施工的依据。

1.1.2　学习现代工程测量的目的和要求

本课程是非测绘工程专业（包括土木工程、交通工程、城市规划、艺术设计、建筑学、给水排水工程、工程管理、工程造价、房地产经营与管理、建筑环境与设备工程、环境工程、土地管理等）的专业技术基础课。通过课堂学习、课内实验、实践教学环节，要求学生掌握现代普通测量学的基本知识和基本理论；具有使用常规测量仪器的操作技能，了解现代测绘仪器的原理、使用方法；基本掌握大比例尺地形图测图的原理、方法；对数字测图的过程有所了解；在工程规划、设计和施工中能正确地使用地形图和测量信息；掌握处理测量数据的理论和评定测量精度的方法。在施工过程中，能正确使用测量仪器进行一般工程的施工放样工作。同时，非测绘专业的学生通过现代工程测量课程的学习，对现代工程测量技术的发展现状应有所了解和认识，并能够利用现代工程测量技术解决和处理工程建设施工中的实际问题。

现代工程测量是一门实践性很强的课程，在教学过程中，除了课堂讲授之外，还有实验课和教学实习。在掌握课堂讲授内容的同时，要认真参加实验课，以巩固和验证所学理论。教学实习是一个系统的实践环节，要积极参与、团结协作、保质保量、按时完成各项实习任务，才能对现代工程测量的基本知识和实践过程有一个完整的、系统的认识。

测量工作的主要任务是按照相关测量规范的规定提供点位的空间信息，工作中稍有不慎，发生错误，将造成巨大的经济损失，甚至造成人民生命、财产的损失，这是绝对不能允许的。因此，学习现代工程测量还要注意以下几个方面：要养成认真细致的工作习惯，尽可能减少粗差；坚持严格按照相关测量规范作业的原则，保持测量工作和成果的严肃性；树立高度的责任感、加强测量工作的检核，保证数据的正确性和测量成果的精度；测量工作大多是集体作业，特别是外业工作环境条件较差，因而要有团结、协作的集体主义精神和吃苦耐劳的工作作风，以保证测量工作的顺利进行和测量成果的质量。

1.1.3　工程测量学的发展及现状

我国是世界四大文明古国之一，测绘科学技术有着悠久的历史。工程测量学是从人类生产实践中逐渐发展起来的。在古代它与测量学并没有严格的界限。《史记·夏本记》中所记载的"左准绳"、"右规矩"，就是对大禹治水时测量情景的描述。战国时期发明的指南针，促进了古代测绘技术的发展。1973 年长沙马王堆西汉古墓出土的 3 幅《帛地图》是目前世界上保存最早的地图。西晋裴秀所著的《制图六体》，是一部世界最早的系统测绘地图的规范。唐朝刘遂等人，在河南滑县至上蔡之间实测了一段长达 351 里 80 步（唐代 1 里为 300 步）的子午线弧长，并用日圭测量太阳的阴影来确定纬度，是世界上最早的子午线弧长测量，计算的地球半径与现代测量的地球半径接近。宋代的沈括曾用水平尺、罗盘进行地形测量，创立了分层筑堰的方法，并且制作了表示地形的立体模型，比欧洲最早的地形模型早 700 余年。元代郭守敬创造了多种天文测量仪器，在全国进行了大规模的天文观测，共实测了 72 个点，并首创以海平面为基准来比较不同地点的地势高低。明代郑和 7 次下西洋，绘制了中国第一部《航海图》。清康熙于 1781 年完成了《皇舆全图》。

到 20 世纪，我国开始采用了一些新的测量技术，测量作为一门现代科学，还是在新

中国成立后才得以迅速发展。50余年来，我国测绘工作的主要成就是：①在全国范围内
（除台湾省）建立了高精度的天文大地控制网，建立了我国的统一坐标系统——1980年西
安坐标系。20世纪90年代，利用GPS测量技术建立了包括AA级、B级在内的国家GPS
网，21世纪初对喜马拉雅山进行了重新测高，并测得其主峰海拔高程为8844.43m。②完
成了国家基本地形图的测绘，测图比例尺也随着国民经济建设的发展而不断增大，城市
规划、工程设计都使用了大比例尺的地形图。测图方法也从常规经纬仪、平板仪测图发
展到全数字摄影测量成图和GPS测量技术及全站仪地面数字成图。编制并出版了各种地
图、专题图，制图过程实现了数字化、自动化。③制定了各种测绘技术规范（规程）和
法规，统一了技术规格及精度指标。④建立了完整的测绘教育体系，测绘技术步入世界
先进行列，研制了一批具有世界先进水平的测绘软件，如全数字摄影测量系统——Virtuo
Zo，面向对象的地理信息系统——GeoStar（吉奥之星），地理信息系统软件平台——Map-
GIS，数字测图系统——清华三维的EPSW、武汉瑞得的RDMS、南方的CASS、广州的
SCSG2002等，使测绘数字化、自动化的程度越来越高。⑤测绘仪器生产发展迅速，不仅
可生产出各等级的经纬仪、水准仪、平板仪，而且还能批量生产电子经纬仪、电磁波测
距仪、自动安平水准仪、全站仪、GPS接收机、解析测图仪等。测绘技术及手段不断发
展，传统的测绘技术已基本被现代测绘技术（全球定位系统GPS，遥感技术RS，地理
信息系统GIS，简称"3S"技术）所代替；测绘产品应用范围不断拓宽，并可向用户提
供"4D"数字产品（数字高程模型DEM，数字正射影像DOM，数字栅格地图DLG，
数字线画地图DRG）；目前，数字化测绘技术正在向3S技术集成和信息化测绘技术
发展。

1.2   地 球 的 形 状 和 大 小

    由于测量学的基本任务是将地球表面的地形（地物和地貌）测绘成地形图，因此确定地
面点的位置是测量学最基本的任务。地面点位置的确定必须建立一个基准框架，要建立基准
框架，就必须了解地球的形状与大小。

1.2.1   测量工作的基准面和基准线

    测量工作是在地球自然表面上进行的，而地球自然表面的形状非常复杂，有高山、丘
陵、平原、河谷、湖泊及海洋。世界上最高的山峰珠穆朗玛峰高达8844.43m，而太平洋西
部的马里亚纳海沟则深达11 022m，但是这样的高低起伏，相对于地球的平均半径6371km
来说还是很小的。因为海洋约占整个地球表面的71%，因此，人们把地球形状看作是被海
水包围的球体，也就是假设一个处于完全静止的海水面向大陆、岛屿延伸所形成的一个封闭
的曲面，这个静止的海平面称之为水准面。水准面有无穷多个，其中与平均海水面重合的一
个水准面称为大地水准面［图1-1（a）］。大地水准面是测量工作的基准面。大地水准面所
包围的形体叫大地体。

    铅垂线方向又称重力方向，而重力又是地球引力与离心力的合力。铅垂线可用悬挂垂球
的细线方向表示（图1-2），它是测量工作的基准线。水准面与铅垂线方向具有处处正交的
特性。

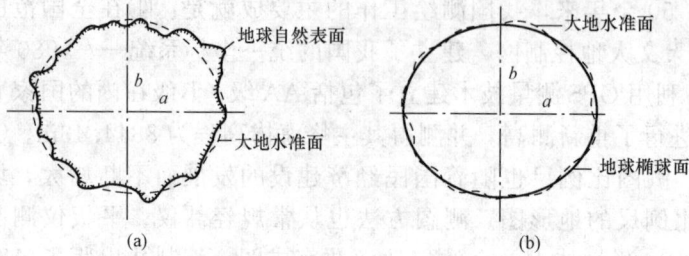

图 1-1 地球自然表面、大地水准面、地球椭球面间的关系   图 1-2 铅垂线

1.2.2 地球的形状与大小

地球内部物质分布的不均匀性，使得地面上各点铅垂线方向产生不规则的变化，这将造成大地水准面实际上是略有起伏、不规则的、很难用数学方程表示的复杂曲面，如图 1-3 所示。如果将地球表面上的物体投影到这个复杂的曲面上，计算起来非常困难。为了解决投影计算及制图的问题，通常选择一个与大地体十分接近的、能用数学方程表示的旋转椭球体来代替大地体，称为地球椭球体〔图 1-1（b）〕。其中与大地体最为接近的地球椭球体称之为总地球椭球体，局部与大地体密合最好的地球椭球体称之为参考椭球体。在测量学中将地球椭球面代替大地水准面作为测量内业计算和制图的基准面，其对应的基准线为由地面任一点向地球椭球面所作的垂线——法线。

地球椭球体是一个数学曲面，如图 1-4 所示，用 a 表示椭球体的长半轴，b 表示短半轴，则地球椭球体的扁率 f 为

$$f = \frac{a-b}{a} \qquad\qquad (1-1)$$

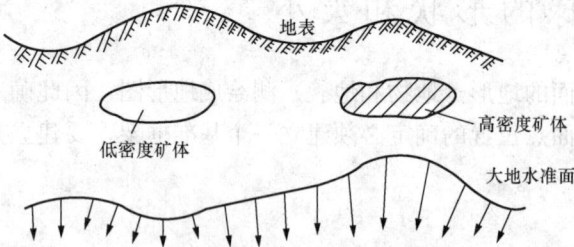

图 1-3 大地水准面的起伏   图 1-4 地球椭球体

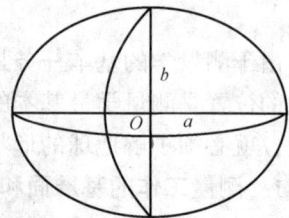

在几何大地测量中，地球椭球体的形状和大小通常用 a 和 f 来表示。其值可用传统的弧度测量和重力测量的方法测定，也可采用现代大地测量的方法来测定。许多国内外学者曾分别测算出了不同地球椭球体的参数值，如表 1-1 所示。

表 1-1   地球椭球体的几何参数

椭球体名称	长半轴 a（m）	扁率 f	推算年代和国家
德兰布尔	6 375 653	1:334.0	1800 年法国
白塞尔	6 377 397.155	1:299.152 812 8	1841 年德国
克拉克	6 378 249	1:293.459	1880 年英国
海福特	6 378 388	1:297.0	1909 年美国

续表

椭球体名称	长半轴 a（m）	扁率 f	推算年代和国家
克拉索夫斯基	6 378 245	1:298.3	1940 年前苏联
IUGG—75	6 378 140	1:298.257	1979 年 IUGG 第 17 届大会推荐值
WGS—84	6 378 137	1:298.257 223 563	1984 年美国国防部制图局（DMA）

注 IUGG 为国际大地测量与地球物理联合会（International Union of Geodesy and Geophysics）。

我国在新中国成立前采用海福特椭球，新中国成立后一直采用克拉索夫斯基椭球，大地原点在苏联普尔科夫（现俄罗斯境内）。20 世纪 80 年代，我国采用了 IUGG 推荐的总地球椭球，其参数见表 1-1，并选择陕西省泾阳县永乐镇某点为大地原点，进行了大地定位。由此建立起来全国统一坐标系，这就是现在使用的"1980 年国家大地坐标系"。

由于地球扁率很小，接近圆球。因此在精度要求不高的情况下，可以视椭球为圆球，其半径采用平均曲率半径，即

$$R = \frac{1}{3}(a + a + b) = 6371\text{km} \tag{1-2}$$

1.3 地面点空间位置的确定

测量工作的基本任务就是确定地面点的空间位置。在测量工作中，通常用地面点在基准面（如椭球体面）上的投影位置和该点沿投影方向到基准面（如椭球体面、水准面）的距离来表示。即地面点的空间位置，通常用地理坐标或平面直角坐标表示该点的平面位置；用到基准面的距离表示该点的高程。

1.3.1 地面点的坐标

根据不同的用途，表示地面点的坐标系也不同。在工程建设中通常采用地理坐标系（天文坐标系、大地坐标系）和平面直角坐标系（高斯平面直角坐标系、独立平面直角坐标系）。

一、地理坐标系

以经纬度来表示地面点位置的球面坐标系称之为地理坐标系。按坐标所依据的基准线和基准面的不同以及求坐标方法的不同，地理坐标系又可分为天文地理坐标系和大地地理坐标系两种。

（一）天文地理坐标系

天文地理坐标又称天文坐标，表示地面点在大地水准面上的位置，它的基准是铅垂线和大地水准面，它用天文经度 λ 和天文纬度 φ 两个参数来表示地面点在球面上的位置。

如图 1-5 所示，过地面上任一点 P 的铅垂线与地球旋转轴 NS 所组成的平面称为该点的天文子午面。该子午面与经过英国格林尼治天文台的首子午面间的二面角为天文经度 λ。从首子午面向东或向西计算，取值范围是 $0° \sim 180°$，在首子午线以东为东经，以西为西经。过 P 点的铅垂线与赤道平面的夹角为天文纬度 φ。自赤道起向南或向北计算，取值范围为 $0° \sim 90°$，在赤道以北为北纬，以南为南纬。

地面点的天文坐标可以用天文测量方法测定。例如广州地区的概略天文地理坐标为东经 $113°18'$，北纬 $23°07'$。由于天文测量定位精度不高，并且天文坐标之间在大地水准面上推算困难，使它在精确定位中较少使用，常用于导弹发射、天文大地网或独立工程控制网的起始

点定向。

（二）大地地理坐标系

大地地理坐标又称大地坐标，是表示地面点在参考椭球面上的位置，它的基准是法线和参考椭球面，它用大地经度 L 和大地纬度 B 表示。如图 1-6 所示，P 点的大地经度 L 是过 P 点的大地子午面和首子午面所夹的两面角，P 点的大地纬度 B 是过 P 点的法线与赤道面的夹角。大地经度 L 和大地纬度 B 的取值范围与天文坐标相同。

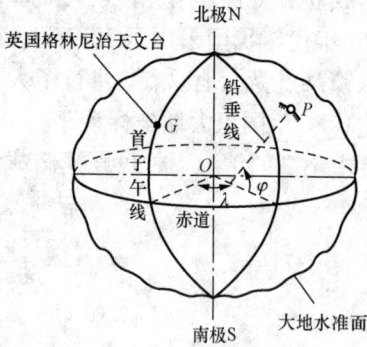

图 1-5　天文地理坐标　　　　　　图 1-6　大地地理坐标

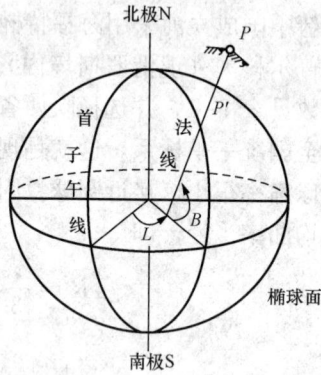

地面点的大地坐标是根据起始大地点（又称大地原点，该点的大地经纬度与天文经纬度一致）的大地坐标，按大地测量所得的数据推算而得的。目前我国使用的是"1980 年国家大地坐标系"，也称为"1980 西安坐标系"；我建国初期使用的坐标系称"1954 北京坐标系"，其大地原点位于前苏联列宁格勒天文台中央。

二、平面直角坐标系

（一）高斯平面直角坐标系

使用地理坐标对局部测量工作来说是非常不方便的。例如，在赤道上 $1''$ 的经度差或纬度差对应的地面距离约为 30m，且测量计算最好在平面上进行，但地球是一个不可展的曲面，当测区范围较大，不能把水准面当作水平面看待时，必须通过投影的方法将地球表面上的点位换算到平面上。而把地球椭球面上的图形展绘到平面上，必然产生变形。为了减少变形误差，我国采用一种适当的投影方法，这就是高斯投影。

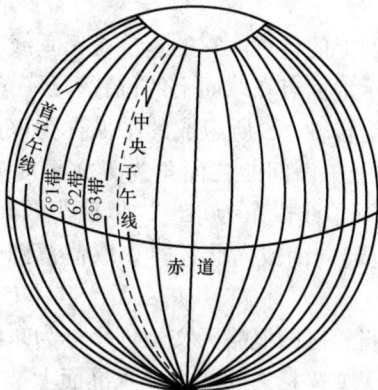

图 1-7　6°分带

（1）高斯投影的方法。高斯投影是将地球按经线划分成带，称为投影带。如图 1-7 所示，投影带是从首子午线起，每隔经度 6°划分为一带。从 0°起算往东划分，0°～6°为第 1 带，6°～12°为第 2 带，…，全球依次划分为 60 个投影带，分带进行投影。各带中央的一条经线，例如第 1 带的 3°经线，第 2 带的 9°经线，称为中央子午线。6°带任一带的中央子午线经度 L 与投影带 N 的关系为

$$L = 6N - 3 \tag{1-3}$$

如图 1-8 所示，投影时是设想将一个空心的椭圆柱横套在地球椭球外面，使椭圆柱的中心轴线位于赤道面内并通过球心，并使投影带中央子午线与椭圆柱面相切，

将椭球面上的图形按等角投影的原理投影到椭圆柱面上，然后将椭圆柱沿着过南北两极的母线切开，展成平面，即可在该平面上定义平面直角坐标系。

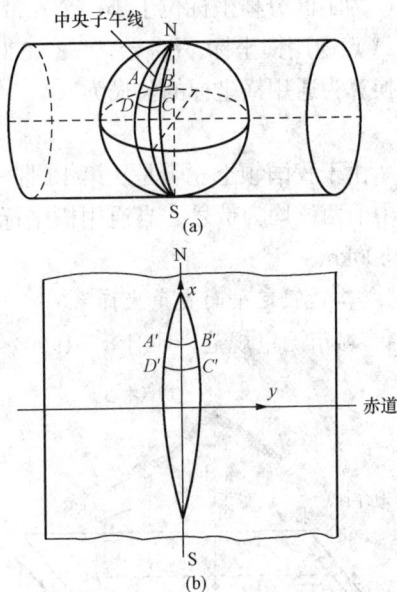

当要求投影变形更小时。可采用 3°带投影。3°分带是从东经 $1°30'$ 起，每经差 3°划分一带，将整个地球划分为 120 个带。任一带的中央子午线经度 L' 与投影带 n 的关系为

$$L' = 3n \qquad (1-4)$$

图 1-9 所示为高斯投影分带情况，图中上半部为 6°带分带情况，下半部为 3°带分带情况，我国领土 6°带是从第 13 带～第 23 带。

（2）高斯投影的特点：

1）等角，即椭球面上图形的角度投影到平面之后，其角度相等，无角度变形，但距离与面积稍有变形。

2）中央经线投影后仍是直线，且长度不变形，如图 1-8 所示。因此用这条直线作为平面直角坐标系的纵轴——x 轴。而两侧其他经线投影后呈向两极收敛的曲线，并与中央经线对称，距中央经线越远长度变形越大。

图 1-8　高斯投影原理

3）赤道投影也为直线。因此，这条直线作为平面直角坐标的横轴——y 轴。南北纬线投影后呈离向两极的曲线，且与赤道投影对称。

（3）高斯平面直角坐标系。高斯平面直角坐标系是以各带的中央子午线投影为 x 轴，赤道投影为 y 轴，两轴的交点为坐标原点，构成各带独立的坐标系。我国位于北半球，所以纵坐标 x 均为正。横坐标 y 有正有负，如图 1-10（a）所示。

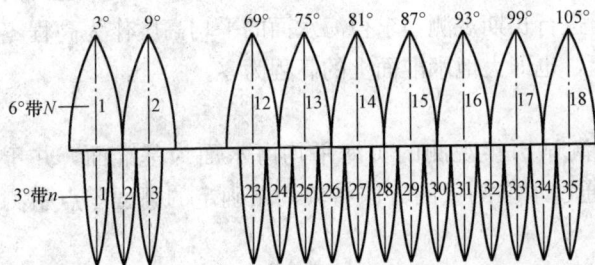

图 1-9　高斯投影 6°带与 3°带

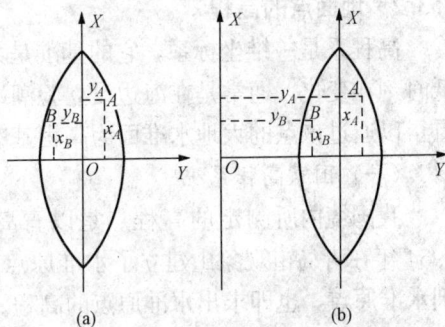

图 1-10　高斯平面直角坐标

为了使横坐标不出现负值，通常将实际横坐标值加 500km，称为通用横坐标。它与实际横坐标的关系如下

$$y_{通用} = y_{实际} + 500\,000\text{m}$$

例如，设 $y_A = +137\,680\text{m}$，$y_B = -274\,240\text{m}$。为了避免横坐标出现负值，相当于把坐标纵轴向西移 500km。如图 1-10（b）所示。这时

$$y_A = 500\,000 + 137\,680 = 637\,680\text{m}$$

$$y_B = 500\,000 - 274\,240 = 225\,760\text{m}$$

为了区分横坐标位于哪一个 6° 带内，还要在横坐标值前冠以带号。例如 A 点位于 20 带内，则 A 点通用横坐标 $y_{A通用} = 20\,637\,680\text{m}$，$B$ 点通用横坐标 $y_{B通用} = 20\,225\,760\text{m}$。因此实际横坐标换算为通用横坐标的公式为

$$y_{通用} = 带号 + y_{实际} + 500\,000\text{m} \tag{1-5}$$

由于我国领土 6° 带是从第 13 带～第 23 带，通用横坐标换算为实际横坐标时，通用横坐标数中前两位均为带号。当通用横坐标换算为实际横坐标时，首先应先去掉前两位带号，再减去 500km。

（二）假定平面直角坐标系

《城市测量规范》（CJJ 8—1999）规定，面积小于 25km^2 的城镇，可不经投影采用假定平面直角坐标系统在平面上直接进行计算。如图 1-11 所

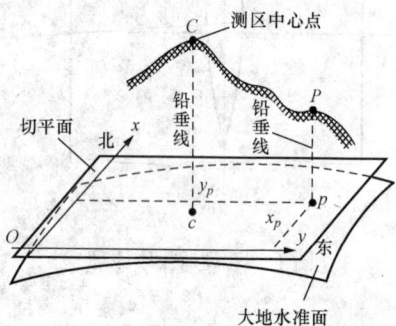

图 1-11　假定平面直角坐标系原理图

示，将测区中心点 C 沿铅垂线投影到大地水准面上得 c 点，用过 c 点的切平面来代替大地水准面，在切平面上建立的测区平面直角坐标系 xOy 称为"假定平面直角坐标系"。坐标系的原点选在测区西南角以使测区内点 x，y 的坐标均为正值，规定南北方向为纵轴，记为 x 轴，x 轴向北为正，向南为负；以东西方向为横轴，并记为 y 轴，y 轴向东为正，向西为负。将测区内任一点 P 沿铅垂线投影到切平面上的 p 点，坐标 x_p，y_p 就是 P 点在假定平面直角坐标系中的坐标。

测量的平面直角坐标系中象限按顺时针方向编号，与数学上的 x 轴和 y 轴互换，其目的是为了定向方便，可以将数学上定义的各类三角函数在测量平面直角坐标系中直接应用，不需做任何变更。

1.3.2　地面点的高程

高程系是一维坐标系，它的基准是大地水准面。由于海水面受潮汐、风浪等影响，它的高低时刻在变化。通常是在海边设立验潮站，进行长期观测，求得海水面的平均高度作为高程零点，以通过该点的大地水准面为高程基准面，也即大地水准面上的高程为零。

（一）国家高程系统

我国境内所测定的高程点是以青岛验潮站历年观测的黄海平均海水面为基准面，并于 1954 年在青岛市观象山建立了水准原点，通过水准测量的方法将验潮站确定的高程零点引测到水准原点，也即求出水准原点的高程。

新中国成立后，1956 年我国采用青岛验潮站 1950～1956 年共 7 年的潮汐记录资料推算出的大地水准面为基准引测出水准原点的高程为 72.289m，以这个大地水准面为高程基准建立的高程系称为"1956 年黄海高程系"，简称"56 黄海系"。

20 世纪 80 年代，我国又采用青岛验潮站 1953～1977 年共 25 年的潮汐记录资料推算出的大地水准面为基准引测出水准原点的高程为 72.260m，以这个大地水准面为高程基准建立的高程系称为"1985 国家高程基准"，简称"85 高程基准"。

由上可知，在水准原点，"85 高程基准"使用的大地水准面比"56 黄海系"使用的大地水准面高出 0.029m。

（1）绝对高程：地面点沿铅垂线到大地水准面的距离称为该点的绝对高程或海拔，简称高程。通常用 H 加点名作下标表示。图 1-12 中 A，B 两点的高程表示为 H_A，H_B。

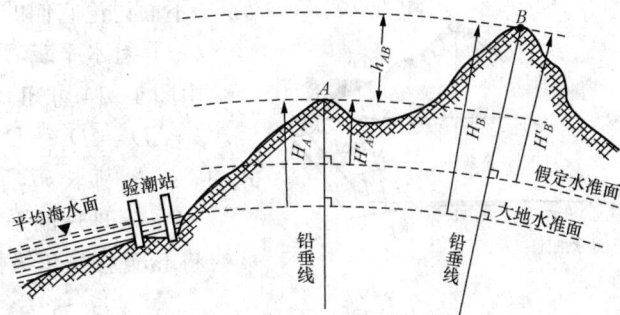

图 1-12　高程与高差的定义及其相互关系

（2）相对高程：在局部地区，当无法知道绝对高程时，也可以假定一个水准面作为高程起算面，地面点到假定水准面的垂直距离，称为假定高程或相对高程，通常用 H' 加点名作下标表示。图 1-12 中 A，B 两点的相对高程表示为 H'_A，H'_B。

（3）高差：地面两点间的绝对高程或相对高程之差称为高差，用 h 加两点点名作下标表示。如 A，B 两点高差为

$$h_{AB} = H_B - H_A = H'_B - H'_A \tag{1-6}$$

（二）城市高程系统的选择

《城市测量规范》规定，一个城市只应采用一个统一的高程系统。城市高程系统应采用"1985 国家高程基准"或沿用"1956 年黄海高程系统"，在远离国家水准点的新设城市或在改造旧有水准网因高程变动而影响使用时，经上级行政主管部门批准后，可暂时建立或使用地方高程系统，但应争取条件归算到"1985 国家高程基准"上来。

1.3.3　WGS—84 坐标系

WGS 英文意义是"World Geodetic System"（世界大地坐标系），它是美国国防局为进行

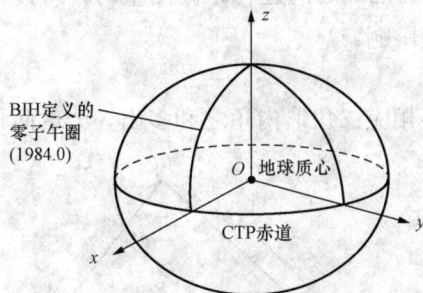

图 1-13　WGS—84 世界大地坐标系

GPS 导航定位于 1984 年建立的地心坐标系，1985 年投入使用。WGS—84 坐标系的几何意义是：坐标系的原点位于地球质心，z 轴指向 BIH1984.0 定义的协议地球极（CTP）方向，z 轴指向 BIH1984.0（BIH——国际时间局）的零度子午面和 CTP 赤道的交点，y 轴通过 x，y，z 符合右手规则确定，见图 1-13。WGS—84 地心坐标系可以与"1954 北京坐标系"或"1980 国家大地坐标系"等参心坐标系相互转换。

1.4　用水平面代替水准面的限度

当测区范围较小时，可将大地水准面近似地当作水平面。下面分析当测区范围究竟多大时，用水平面代替大地水准面所产生的距离和高差变形在测图误差的允许范围。

如图 1-14 所示，设地面 C 点为测区中心点，P 点为测区内任一点，两点沿铅垂线投影到大地水准面上的点分别为 c 和 p 点。过 c 点做大地水准面的切平面，P 点在切平面上的投影为 p' 点。图中大地水准面的曲率对水平距离的影响为 $\Delta D = D' - D$，对高程的影响为 $\Delta h =$

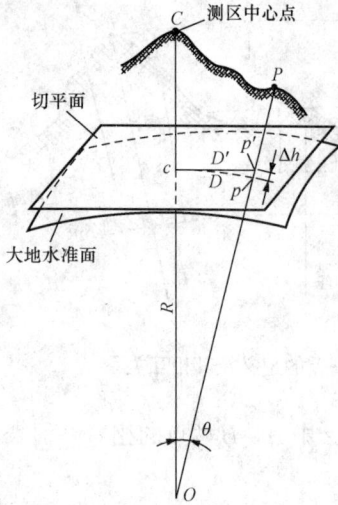

图 1-14 水平平面代替大地水准面

$\overline{pp'}$；下面讨论它们的计算公式。

（一）对水平距离的影响

由图 1-14 可知

$$\Delta D = D' - D = R\tan\theta - R\theta = R(\tan\theta - \theta) \qquad (1-7)$$

式中 θ——弧长 D 所对的圆心角，以弧度为单位；

R——地球的平均曲率半径。

将 $\tan\theta$ 按三角级数展开并略去高次项，得

$$\tan\theta = \theta + \frac{1}{3}\theta^3 + \cdots \approx \theta + \frac{1}{3}\theta^3 \qquad (1-8)$$

将式 (1-8) 代入式 (1-7) 并顾及 $\theta = \dfrac{D}{R}$，得

$$\Delta D = R\left[\left(\theta + \frac{1}{3}\theta^3\right) - \theta\right] = R\frac{\theta^3}{3} = \frac{D^3}{3R^2} \qquad (1-9)$$

则有

$$\frac{\Delta D}{D} = \frac{D^2}{3R^2} \qquad (1-10)$$

以不同的 D 值代入上式，求出距离误差 ΔD 及其相对误差 $\Delta D/D$ 列于表 1-2。

表 1-2   水平面代替水准面的距离误差及其相对误差

距离 D（km）	距离误差 ΔD（cm）	距离相对误差 $\Delta D/D$	距离 D（km）	距离误差 ΔD（cm）	距离相对误差 $\Delta D/D$
10	0.8	1/120 万	50	102.7	1/4.9 万
25	12.8	1/20 万	100	821.2	1/1.2 万

由表 1-2 可知，当距离 D 为 10km 时，所产生的相对误差为 1/120 万，这样小的误差，即使是精密量距，也是允许的。因此，在 10km 为半径的范围之内进行距离测量时，可以用水平面代替大地水准面，而不必考虑地球曲率对距离的影响。

（二）对水平角度的影响

从球面三角可知，球面上三角形内角之和比平面上相应三角形内角之和多出一个球面角超，如图 1-15 所示。其值可用多边形面积求得，即

$$\varepsilon = \frac{P}{R^2}\rho'' \qquad (1-11)$$

式中 ε——球面角超，$''$；

P——球面多边形面积；

ρ''——206 265$''$；

R——地球半径。

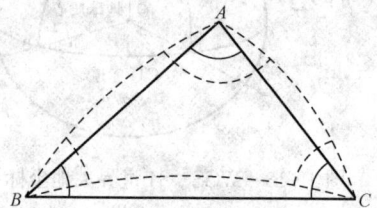

图 1-15 球面角超

以球面上不同面积代入式 (1-11)，求出球面角超列入表 1-3。

表 1-3   水平面代替水准面对角度的影响

球面面积（km^2）	ε（$''$）	球面面积（km^2）	ε（$''$）
10	0.05	100	0.51
50	0.25	500	2.54

计算表明，当测区范围在 100km^2 时，用水平面代替水准面对角度影响仅为 $0.51''$，在普通测量工作中是可以忽略不计的。

（三）对高程的影响

由图 1-14 可知

$$\Delta h = \overline{op'} - \overline{op} = R\sec\theta - R = R(\sec\theta - 1) \tag{1-12}$$

将 $\sec\theta$ 按三角级数展开并略去高次项，得

$$\sec\theta = 1 + \frac{1}{2}\theta^2 + \frac{5}{24}\theta^4 + \cdots \approx 1 + \frac{1}{2}\theta^2 \tag{1-13}$$

将式（1-13）代入式（1-12），得

$$\Delta h = R\left(1 + \frac{1}{2}\theta^2 - 1\right) = \frac{R}{2}\theta^2 = \frac{D^2}{2R} \tag{1-14}$$

用不同的距离代替式（1-14），可得表 1-4 所列的结果。

表 1-4　　　　　　　　　　水平面代替水准面的高程误差

距离 D（km）	0.1	0.2	0.3	0.4	0.5	1	2	5	10
Δh（mm）	0.8	3	7	13	20	80	310	1960	7850

由表 1-4 可知，用水平面代替大地水准面作为高程的起算面，对高程的影响是很大的，距离 200m 时就有 3mm 的高差误差，这是不能允许的。因此，高程的起算面不能用水平面代替，最好使用大地水准面，如果测区内没有国家高程点时，可以选择测区内某点的高程为零或某一固定值（100、200、500m），采用相对高程。

1.5　测量工作的基本内容与原则

地球表面复杂多样的形态，可分为地物和地貌两大类。地面上天然或人工形成的物体称为地物，如河流、湖泊、道路和房屋等。地面上高低起伏形态称为地貌，如山岭、谷地和陡崖等。地面点间的相互位置关系，是以距离、水平角（方向）和高差来确定的。要测定地面任一点的空间位置，将地物和地貌测绘到图纸上或把设计图上建（构）筑物标定在实地作为施工的依据，就必需测量距离、角度、高差。因此，距离测量、角度测量、高差测量为测量工作的基本内容。

为了保证测量成果的精度及质量，测量工作要遵循一定的测量原则。为了减少误差积累，保证测量精度，可以分组作业，加快测图进度。测量工作必须采用“从整体到局部，先控制后碎部”的原则进行组织与实施。当控制点的相对位置有错误时，以其为基础所测定的碎部点位也就有错误；碎部测量中有错误时，以此资料绘制的地形图或施工控制点也就有错误；测量数据的错误必然导致计算数据的错误。为了防止错漏发生，保证测量成果的正确性。测量的内业和外业工作都必须严格进行检核，故“前一步测量工作未作检核不进行下一步测量工作”是组织测量工作应遵循的又一个原则。该原则不仅适用于测定工作，同适用于测设工作。

综上所述，测量工作的基本原则是“从整体到局部，先控制后碎部，复测复算，步步检核”。

1.6　测量常用度量单位

早在 1959 年国务院就发布了统一的计量单位，确定米制为我国基本计量制度，改革市制、限制英制和废除旧杂制。1984 年国务院又颁布了《中华人民共和国法定计量单位》，是以国际单位制单位为基础，根据我国具体情况，适当增加一些其他单位构成的。现将测量上常用的计量单位及换算叙述如下。

1.6.1　长度单位

1km(千米)＝1000m(米)

1m＝10dm(分米)＝100cm(厘米)＝1000mm(毫米)

1mm(毫米)＝1000μm(微米)

1μm(微米)＝1000nm(纳米)

1km＝2 华里(市里)

1 海里＝1.852 千米

1 英寸＝2.54 厘米

1 英尺＝12 英寸＝0.304 8 米

海里、英寸、英尺在我国法定计量单位中规定应淘汰。公尺、公寸、公分等名称不规范，应改称米、分米、厘米。市里、市亩仍可使用。

1.6.2　面积单位

面积单位是平方米（m^2）。大面积通常用平方公里（km^2）或公顷（hm^2 或 ha），在农业上也用市亩。

1km^2(平方公里)＝100hm^2(公顷)

1hm^2＝10 000m^2＝15 亩

1 亩＝666.7m^2

1.6.3　体积单位

我国测量工作中法定的体积单位为立方米（m^3），在工程中简称"立方"或"方"。

1.6.4　角度单位

我国测量上的单位采用 60 进位制，即 1 圆周等于 360 度（360°），即

1 圆周＝360°　　　　1 直角＝90°

1°＝60′

1′＝60″

有些国家采用一百进制的新度。即

1 圆周＝400^g(新度)　　　1 直角＝100^g(新度)

1^g(新度)＝100^c(新分)

1^c(新分)＝100^{cc}(新秒)

在测量学中，推导公式和一些公式的表达时，常用弧度表示角度大小。弧度的意义就是：与半径相等的弧长所对应的圆心角，称为 1 个弧度，以 ρ 表示。因此

1 圆周对应的弧度＝$\dfrac{2\pi R}{R}$＝2π 弧度，即

$$2\pi \text{ 弧度} = 360°$$

$$1 \text{ 弧度} = \frac{360°}{2\pi} = \frac{180°}{\pi} = 57.295\ 8°$$

即

$$\rho°(\text{弧度度}) = 57.295\ 8° = 57.3°$$

$$\rho'(\text{弧度分}) = 3437.748' \approx 3438'$$

$$\rho''(\text{弧度秒}) = 206\ 264.88'' \approx 206\ 265''$$

思 考 题

1-1 工程测量学的概念和特点是什么？如何进行分类？

1-2 测量学研究的对象和任务是什么？测定和测设有何区别？

1-3 何谓测量工作的基准面和基准线？

1-4 何谓大地水准面？测绘中的点位计算及绘图能否投影到大地水准面上进行？为什么？

1-5 地球上某点的经度为东经112°21'，试问该点所在的6°带和3°带的中央子午线经度和带号。

1-6 已知某点的高斯平面直角坐标为 $x = 3\ 102\ 467.28\text{m}$，$y = 20\ 792\ 538.69\text{m}$，试问该点位于6°带的第几带？该带的中央子午线经度是多少？该点在中央子午线的哪一侧？在高斯投影平面上，该点距中央子午线和赤道的距离约为多少？

1-7 测量中所使用的高斯平面直角坐标系与数学上使用的笛卡尔平面直角坐标系有何区别？这些区别对测量工作有何帮助？

1-8 何谓绝对高程、相对高程及高差？

1-9 已知 $H_A = 54.632\text{m}$，$H_B = 63.239\text{m}$，求 h_{AB}、h_{BA}。

1-10 试说明测量工作中用水平面代替水准面的限度。

1-11 测量工作应遵循的原则是什么？为什么要遵循这些原则？

第2章 水 准 测 量

[导言] 通过本章学习，应了解水准测量原理和水准仪基本构造；掌握 DS$_3$ 水准仪的使用方法、水准测量的施测方法和内业计算；能够进行 DS$_3$ 水准仪的基本检验和校正；了解水准测量的误差影响和其他水准仪的基本特点。

测量地面上各点高程的工作，称为高程测量。高程测量是确定地面点位的基本工作，根据所使用的仪器和施测方法不同，分为水准测量、三角高程测量和气压高程测量。其中水准测量是高程测量中最基本的和精度较高的一种测量方法，在国家高程控制测量、工程勘测和施工测量中被广泛采用。本章主要介绍水准测量。

2.1 水 准 测 量 原 理

水准测量的原理是利用水准仪所提供的水平视线，并借助水准尺，来测定地面两点间的高差，从而由已知点的高程推算出未知点的高程。如图 2-1 所示，欲测定 B 点的高程，需先测定 A、B 两点之间的高差 h_{AB}，可在 A、B 两点上分别竖立水准尺，并在 A、B 两点之间安置水准仪。根据仪器的水平视线在 A 点尺上读数为 a，在 B 点尺上的读数为 b，则 A、B 两点间的高差为

$$h_{AB} = a - b \tag{2-1}$$

如果水准测量是由已知点 A 到待测点 B 进行的，如图 2-1 所示的箭头方向，A 点为已知高程点，A 点尺上读数 a 称为后视读数；B 点为欲求高程的点，则 B 点尺上读数 b 为前视读数。高差等于后视读数减去前视读数。当 $a>b$，高差为正，B 点高于 A 点；反之为负，B 点低于 A 点。

若已知 A 点的高程为 H_A，则 B 点的高程为

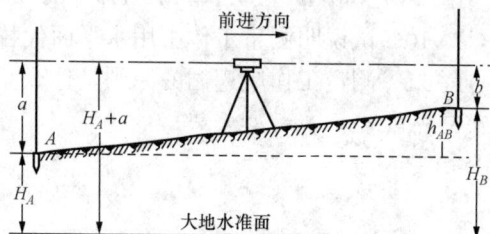

图 2-1 水准测量原理

$$H_B = H_A + h_{AB} = h_a + (a-b) \tag{2-2}$$

还可通过仪器的视线高程 H_i 计算 B 点的高程，公式为

$$\left. \begin{array}{l} H_i = H_A + a \\ H_B = H_i - b \end{array} \right\} \tag{2-3}$$

式（2-2）是直接利用高差推算高程，称高差法；式（2-3）是利用仪器视线高程推算高程，称视线高法。当安置一次仪器要求测出多个前视点的高程时，视线高法比高差法方便。

2.2　DS$_3$ 水准仪和水准测量工具

水准测量所使用的仪器为水准仪，工具为水准尺和尺垫。

水准仪按其精度可分为 DS$_{0.5}$、DS$_1$、DS$_3$ 和 DS$_{10}$ 等四个等级。"D"、"S"分别为"大地测量"和"水准仪"汉语拼音的第一个字母，数字 0.5、1、3、10 表示该类仪器的精度，即每公里往返测高差中数的中误差，以 mm 计。工程测量中广泛使用 DS$_3$ 级水准仪。因此，本章着重介绍这类仪器。

2.2.1　DS$_3$ 水准仪的构造

根据水准测量的原理，水准仪的主要作用是提供一条水平视线，并能照准水准尺进行读数。因此，水准仪主要由望远镜、水准器及基座三部分构成。如图 2-2 所示是我国生产的 DS$_3$ 级微倾式水准仪。

一、望远镜

如图 2-3 所示 DS$_3$ 水准仪望远镜的构造图，它主要由物镜、目镜、调焦透镜和十字丝分划板所组成。

物镜和目镜多采用复合透镜组，物镜的作用是和调焦透镜一起将远处的目标在十字丝分划板上形成缩小的实像，目镜的作用是将物镜所成的实像与十字丝一起放大成虚像。

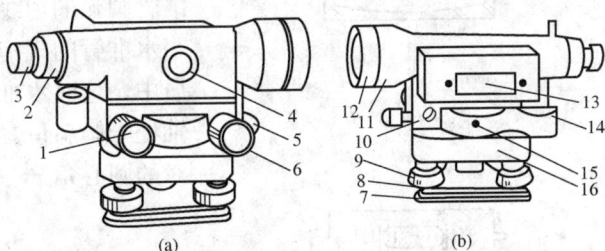

图 2-2　水准仪的构造

1—微倾螺旋；2—分划板护罩；3—目镜；4—物镜调焦螺旋；5—制动螺旋；6—微动螺旋；7—底板；8—三角压板；9—脚螺旋；10—弹簧帽；11—望远镜；12—物镜；13—管水准器；14—圆水准器；15—连接小螺钉；16—轴座

十字丝分划板上刻有两条互相垂直的长线，如图 2-3 所示的 4，竖直的一条称竖丝，横的一条称为中丝，是为了瞄准目标和读取读数用的。在中丝的上下还对称地刻有两条与中丝平行的短横线，是用来测定距离的，称为视距丝。十字丝分划板是由平板玻璃圆片制成的，平板玻璃片装在分划板座上，分划板座由止头螺丝固定在望远镜筒上。

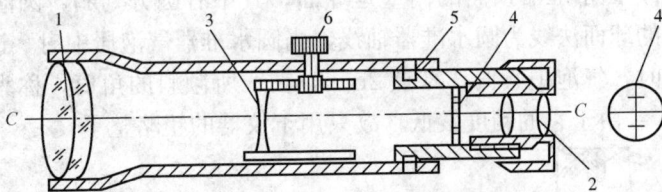

图 2-3　望远镜的构造

1—物镜；2—目镜；3—调焦透镜；4—十字丝分划板；5—连接螺钉；6—调焦螺旋

十字丝交点与物镜光心的连线，称为视准轴或视线（图 2-3 中的 C—C）。水准测量是在视准轴水平时，用十字丝的中丝截取水准尺上的读数。

从望远镜内所看到的目标影像的视角 β 与肉眼直接观察该目标的视角 α 之比，称为望远镜的放大率。一般用 v 表示

$$v = \frac{\beta}{\alpha} \tag{2-4}$$

DS₃ 级水准仪望远镜的放大率一般为 25～30 倍。

二、水准器

水准器是用来指示视准轴是否水平或仪器竖轴是否竖直的装置。有管水准器和圆水准器两种。管水准器用来指示视准轴是否水平；圆水准器用来指示竖轴是否竖直。

(一) 管水准器

又称水准管，是一纵向内壁磨成圆弧形（圆弧半径一般为 7～20m）的玻璃管，管内装酒精和乙醚的混合液，加热融封冷却后留有一个气泡（见图 2 - 5）。由于气泡较液体轻，故恒处于管内最高位置。

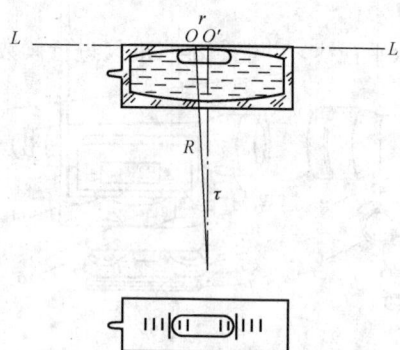

图 2 - 4 管水准器

水准管上一般刻有间隔为 2mm 的分划线，分划线的中点 O 称为水准管零点（见图 2 - 4）。通过零点作水准管圆弧的切线，称为水准管轴（图 2 - 4 中 L—L）。当水准管的气泡中点与水准管零点重合时，称为气泡居中，这时水准管轴 LL 处于水平位置，否则水准管轴处于倾斜位置。水准管圆弧 2mm（$O'O = 2mm$）所对的圆心角 τ，称为水准管分划值。用公式表示为

$$\tau'' = \frac{2}{R}\rho'' \tag{2-5}$$

$$\rho'' = 206\,265''$$

式中　R——水准管圆弧半径，mm。

式（2 - 5）说明圆弧的半径 R 愈大，角值 τ 愈小，则水准管灵敏度愈高。安装在 DS₃ 级水准仪上的水准管，其分划值不大于 $20''/2mm$。由于水准管的精度较高，可用于仪器的精确整平。

为提高水准管气泡居中精度，微倾式水准仪在水准管的上方安装一组符合棱镜，如图2 - 5（a）所示。通过符合棱镜的反射作用，使气泡两端的像反映在望远镜旁的符合气泡观察窗中。若气泡两端的半像吻合时，就表示气泡居中，如图 2 - 5（b）所示；若气泡的半像错开，则表示气泡不居中，如图 2 - 5（c）所示。这时，应转动微倾螺旋，使气泡的半像吻合。

(二) 圆水准器

如图 2 - 6 所示，圆水准器顶面的内壁是球面，其中有圆分划圈，圆圈的中心为水准器的零点。通过零点的球面法线为圆水准器轴线，当圆水准器气泡居中时，该轴线处于竖直位置。当气泡不居中时，气泡中心偏移零点 2mm，轴线所倾斜的角值，称为圆水准器的分划值，一般为 $8'～10'$。由于它的精度较低，故只用于仪器的粗略整平。

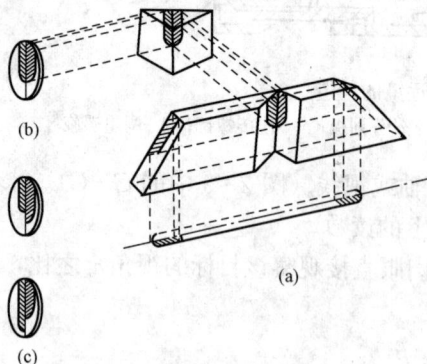

图 2 - 5 符合气泡

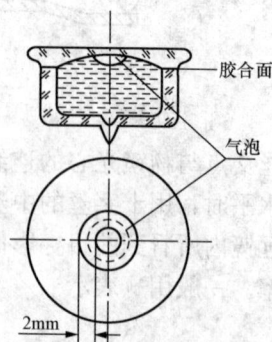

胶合面

气泡

2mm

图 2 - 6 圆水准器

三、基座

基座的作用是支承仪器的上部并与三脚架连接。它主要由轴座、脚螺旋、底板和三角压板构成（图 2-2）。

2.2.2　水准尺和尺垫

水准尺是水准测量时使用的标尺。常用干燥的优质木材、铝合金、玻璃钢等材料制成。常用的水准尺有塔尺和双面尺（图 2-7）两种。

双面水准尺［图 2-7（a）］多用于三、四等水准测量。其长度有 3m，且两根尺为一对。尺的两面均有刻划，一面为红白相间称红面尺；另一面为黑白相间，称黑面尺（也称主尺），两面的刻划均为 1cm，并在分米处注字。两根尺的黑面均由零开始；而红面，一根尺由 4.687m 开 始 至 7.687m，另一根由 4.787m 开始至 7.787m。

塔尺［图 2-7（b）］多用于等外水准测量，其长度

图 2-7　水准尺

有 3m 和 5m 两种，用两节或多节套接在一起。尺的底部为零点，尺上黑白格相间，每格宽度为 1cm，有的为 0.5cm，每一米和分米处均有注记。

图 2-8　尺垫

尺垫是在转点处放置水准尺用的，它用生铁铸成，一般为三角形，中央有一突起的半球体，下方有三个支脚，如图 2-8 所示。用时将支脚牢固地插入土中，以防下沉，上方突起的半球形顶点作为竖立水准尺和标志转点之用。

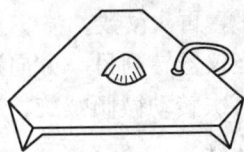

2.3　水 准 仪 的 使 用

微倾式水准仪的使用包括仪器的安置、粗略整平、瞄准水准尺、精确整平和读数等操作步骤。

（一）安置水准仪

打开三脚架并使高度适中，目估使架头大致水平，检查脚架腿是否安置稳固，脚架伸缩螺旋是否拧紧，然后打开仪器箱取出水准仪，置于三脚架头上用连接螺旋将仪器牢固地固连在三脚架头上。

（二）粗略整平

粗平是借助圆水准器的气泡居中，使仪器竖轴大致铅直，从而视准轴粗略水平。如图 2-9（a）所示，气泡未居中而位于 a 处；则先按图上箭头所指的方向用两手相对转动脚螺旋①和②，使气泡移到 b 的位置［图 2-9（b）］。再转动脚螺旋③，即可使气泡居中。在整平的过程中，气泡的移动方向与左手大拇指运动的方向一致。

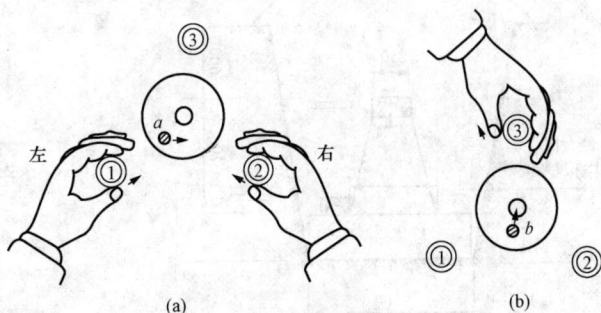

图 2-9　水准仪的粗平

（三）瞄准水准尺

首先进行目镜调焦，即把望远镜对着明亮的背景，转动目镜调焦螺旋，使十字丝清晰。再松开制动螺旋，转动望远镜，用望远镜筒上的照门和准星瞄准水准尺，拧紧制动螺旋。然后从望远镜中观察，转动物镜调焦螺旋进行调焦，使目标清晰，再转动微动螺旋，使竖丝对准水准尺边缘或中央。

当眼睛在目镜端上下微微移动时，若发现十字丝与目标影像有相对运动，这种现象称为视差。产生视差的原因是目标成像的平面和十字丝平面不重合。由于视差的存在会影响到读数的正确性，必须加以消除。消除的方法是重新仔细地进行物镜调焦，直到眼睛上下移动，读数不变为止。

（四）精平与读数

眼睛通过位于目镜左方的符合气泡观察窗观察水准管气泡，右手缓慢而均匀地转动微倾螺旋，使气泡两端的像吻合，即表示水准仪的视准轴已精确水平。这时，即可用十字丝的中丝在尺上读数。现在的水准仪多采用倒像望远镜，因此读数时应从小往大，即从上往下读。先估读毫米数，然后报出全部读数。如图2-10所示为正字和倒字注记的读数例子，读数分别为

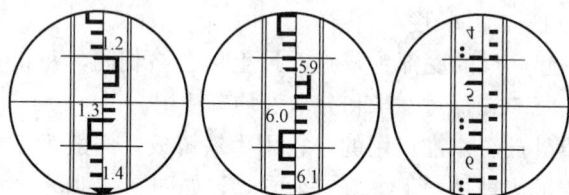

图2-10 水准仪的读数

1.274、5.960、2.530m。读数后还要检查气泡是否完全符合，如有偏差，读数作废，应重新精平，再次读数。

必须注意，当仪器转到另一方向进行观测时，仍需再次转动微倾螺旋，严格精平后，才能读数。

2.4 水准测量的施测方法

2.4.1 水准点

为了统一全国的高程系统和满足各种测量的需要，测绘部门在全国各地埋设并测定了很多高程点，这些点称为水准点（Bench Mark），简记为BM。水准测量通常是从水准点引测其他点的高程。水准点有永久性和临时性两种。国家等级水准点如图2-11所示，一般用石料或钢筋混凝土制成，深埋到地面冻结线以下。在标石的顶面设有用不锈钢或其他不易锈蚀的材料制成的半球状标志。有些水准点也可设置在稳定的墙脚上，称为墙上水准点，如图2-12所示。

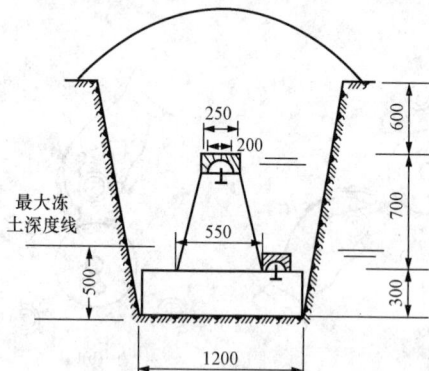

图2-11 国家级埋石水准点

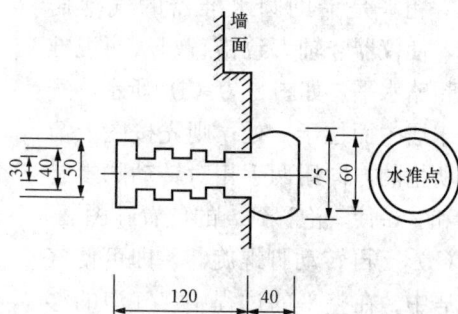

图2-12 墙上水准点

工地上的永久性水准点一般用混凝土或钢筋混凝土制成，其式样如图 2-13（a）所示。临时性的水准点可用地面上突出的坚硬岩石或用大木桩打入地下，桩顶钉以半球形铁钉，如图 2-13（b）所示。

埋设水准点后，应绘出水准点与附近固定建筑物或其他地物的关系图，在图上还要写明水准点的编号和高程，称为点之记，以便于日

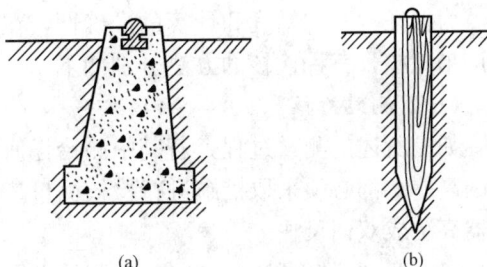

图 2-13 工地上的水准点

后寻找水准点位置之用。水准点编号前通常加 BM 字样，作为水准点的代号。

2.4.2 施测方法

当待测高程点距已知水准点较远或坡度较大时，不可能安置一次仪器就测得两点间的高差，此时，可在水准路线中加设若干个临时的立尺点，称为转点（代号为 TP，英文 Turning Point 的缩写），依次连续安置水准仪测定相邻各点间的高差，最后取各个高差的代数和，可得到起、终两点间的高差，这种方法称为连续水准测量。

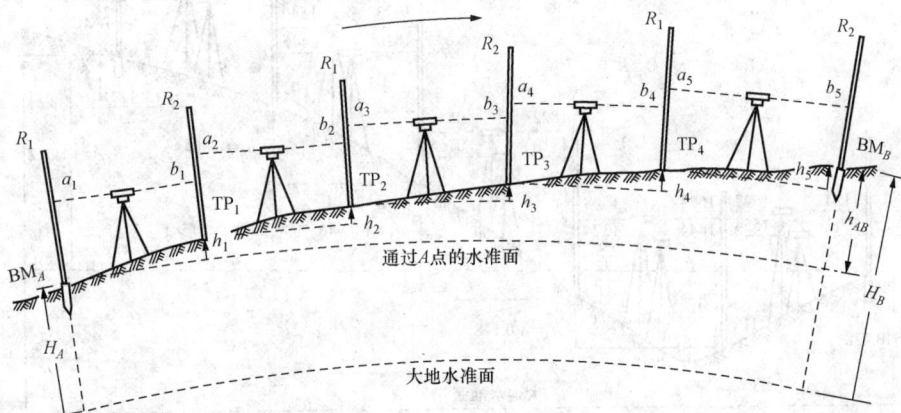

图 2-14 连续水准测量

如图 2-14 所示，在 A，B 两个水准点之间，由于距离远或高差大，依次设置 4 个临时性的转点 $TP_1 \sim TP_4$，连续地在相邻两点间安置水准仪和在点上竖立水准尺，依次测定相邻点间的高差

$$h_1 = a_1 - b_1$$
$$h_2 = a_2 - b_2$$
$$\vdots$$
$$h_5 = a_5 - b_5$$

则 A，B 两点的高差计算的一般公式为

$$h_{AB} = \sum_{i=1}^{n} h_i = \sum_{i=1}^{n} (a_i - b_i) \tag{2-6}$$

式中 n——安置水准仪的测站数。

由此可见，两水准点之间设置的若干转点，起着高程传递的作用。为了保证高程传递的准确性，在两相邻测站的观测过程中，必须使转点保持稳定（高程不变）。另外，转点无固定标志，无需算出高程。

为保证观测的精度和计算的准确性，在水准测量过程中，必须进行测站检核、计算检核和成果检核，三种检核的方法分别如下。

（一）测站检核

如上所述的测量过程，若其中测错任何一个高差，B 点高程就不会正确。因此，对每一站的高差，都必须采取措施进行检核测量。这种检核称为测站检核。测站检核通常采用变动仪器高法或双面尺法。

（1）变动仪器高法。在同一个测站上用两次不同的仪器高度，测得两次高差以相互比较进行检核。即测得第一次高差后，改变仪器高度（应大于 10cm）重新安置，再测一次高差。其瞄准水准尺、读数的次序为：后—前—前—后，如图 2-15 所示。两次所测高差之差不超过容许值（例如等外水准容许值为 6mm），则认为符合要求，取其平均值作为最后结果（记录、计算列于表 2-2 中），否则必须重测。

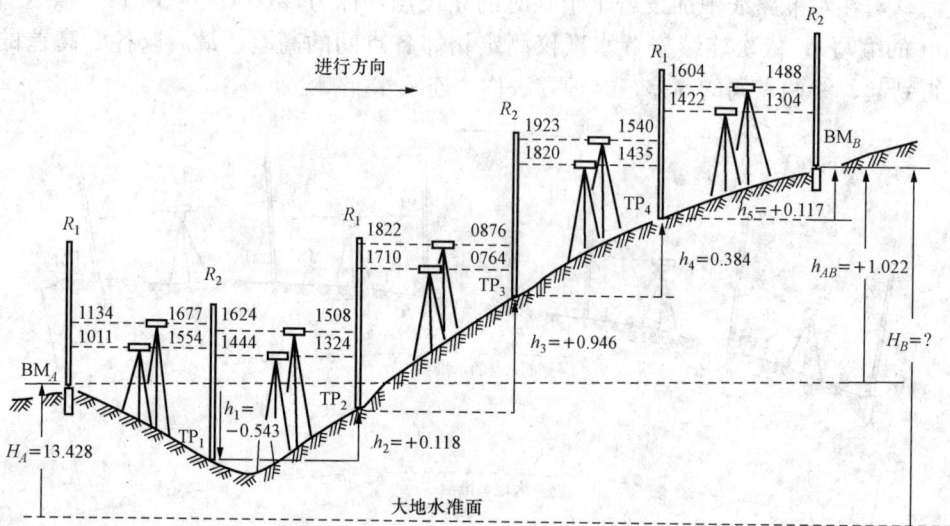

图 2-15 变动仪器高法水准测量

（2）双面尺法。仪器高度不变，分别以水准尺红、黑面测得高差计算检核，且两次高差之差不大于容许误差，取其平均值作为最后结果。关于双面尺红黑面读数和高差的具体检核方法，详见第 7 章的三、四等水准测量。

表 2-1　　　　　　　　　　　　　　水准测量手簿（变动仪器高法）

测站	测 点	后视读数	前视读数	高差（m）	平均高差（m）	高程（m）	备 注
1	BM_A	1134				13.428	
		1011					
	TP_1		1677	−0.543	−0.543		
			1554	−0.543			
2	TP_1	1444					
		1624					
	TP_2		1324	+0.120	+0.118		
			1508	+0.116			

续表

测站	测点	后视读数	前视读数	高差（m）	平均高差（m）	高程（m）	备注
3	TP$_2$	1822 1710					
	TP$_3$		0867 0764	+0.946 +0.946	+0.946		
4	TP$_3$	1820 1923					
	TP$_4$		1435 1540	+0.385 +0.383	+0.384		
5	TP$_4$	1422 1604					
	BM$_B$		1304 1488	+0.118 +0.116	+0.117	14.450	
计算检核	$\sum$	15.514	13.470	+2.044	+1.022		
		$(\sum a-\sum b)/2=+1.022$		$\sum h/2=+1.022$		$H_B-H_A=+1.022$	

（二）计算检核

它是对记录表中每一页高差和高程计算进行的检核。对于采用变动仪器高法的水准测量，由于一个测站上进行了两次高差测量，其计算检核条件应满足以下等式

$$(\sum a-\sum b)/2=\sum h/2=H_B-H_A \tag{2-7}$$

否则，说明计算有误。例如表2-2中

$$(\sum a-\sum b)/2=(15.514-13.470)/2=+1.022\text{m}$$

$$\sum h/2=+1.022\text{m}$$

$$H_B-H_A=14.450-13.428=+1.022\text{m}$$

等式条件成立，说明高差和高程计算正确。

（三）成果检核

在水准点之间进行水准测量所经过的路线，称为水准路线。按照已知高程的水准点的分布情况和实际需要，水准路线一般布设成以下几种形式：

（1）附合水准路线。如图2-16（a）所示，从某一已知高程的水准点 BM$_A$ 出发，沿各高程待定的点1，2，3进行水准测量，最后附合到另一个已知高程的水准点 BM$_B$，称为附合水准路线。沿这种路线进行水准测量所测得的各相邻点间高差的总和理论上应等于两端已知点间的高差（即$\sum h_{理}=H_B-H_A$），可以作为观测正确性的检核。路线中各待定高程点间高差的代数和，应等于两个水准点间已知高

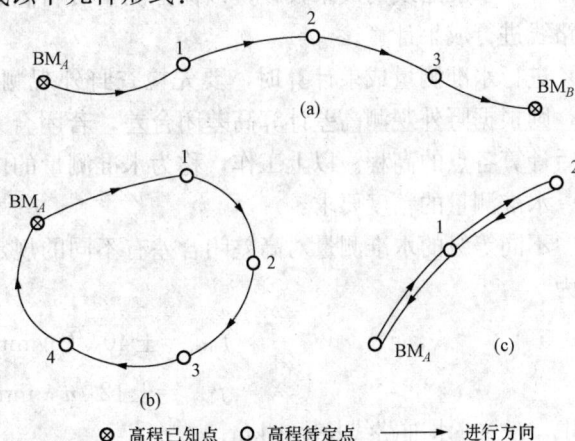

图 2-16 水准路线

差，即

$$\sum h_{理} = H_{终} - H_{始} \tag{2-8}$$

如果不相等，两者之差称为高差闭合差 f_h

$$f_h = \sum h_{测} - (H_{终} - H_{始}) \tag{2-9}$$

其值不应超过容许范围，否则，就不符合要求，须进行重测。

（2）闭合水准路线。如图 2-16（b）所示，从某一已知高程的水准点 BM_A 出发，沿各高程待定的点 1，2，3，4 进行水准测量，最后仍回到原水准点 BM_A，称为闭合水准路线。沿这种路线进行水准测量所测得各相邻点间高差的总和理论上应等于零（即 $\sum h_{理}=0$），可以作为观测正确性的检核。显然，路线上各点之间高差的代数和应等于零，即

$$\sum h_{理} = 0 \tag{2-10}$$

如果不等于零，便产生高差闭合差 f_h

$$f_h = \sum h_{测} \tag{2-11}$$

其大小不应超过容许值。

（3）支水准路线。如图 2-16（c）所示，从一个已知高程的水准点 BM_A 出发，沿各高程待定的点 1，2 进行水准测量，其路线既不闭合又不附合，称为支水准路线。支水准路线应进行往、返测量。往测高差总和与返测高差总和在理论上其绝对值应相等而符号相反（即 $\sum h_{往}=-\sum h_{返}$），可以作为观测正确性的检核。支水准路线往测高差与返测高差的代数和理论上应为零，如不等于零，则高差闭合差为

$$f_h = \sum h_{往} + \sum h_{返} \tag{2-12}$$

2.5 水准测量的内业计算

通过水准测量中变动仪器高法或双面尺法的测站校核只能检核一个测站上是否存在错误或误差超限。对于一条水准路线来说，存在温度、风力、大气折光、尺垫下沉和仪器下沉等外界条件引起的误差、尺子倾斜和估读的误差以及水准仪本身的误差等，虽然在一个测站上反映不很明显，但随着测站数的增多使误差积累，有时也会超过规定的限差。因此，还必须进行整个水准路线的成果校核，以保证测量资料满足使用要求。故水准测量外业结束后，应按路线进行成果计算。

进行水准测量成果计算时，要先检查野外观测手簿，再计算各点间的高差，经检核无误，则根据野外观测高差计算高差闭合差，若闭合差符合规定的精度要求，则调整闭合差，最后计算各点的高程。以上工作，称为水准测量的内业。

水准测量的精度要求：

不同等级的水准测量对高差闭合差有不同的规定，等外水准测量的高差闭合差容许值规定为

$$f_{h容} = \pm 40 \sqrt{L} \quad mm \quad 平地 \tag{2-13}$$

$$f_{h容} = \pm 12 \sqrt{n} \quad mm \quad 山地 \tag{2-14}$$

式中　L——水准路线长度，km；

　　　n——测站数。

2.5.1 附合水准路线内业计算

如图 2-17 所示，A、B 为两个水准点。A 点高程为 56.345m，B 点高程为 59.039m。各测段的高差、测站数、距离如图所示。计算步骤如下（参见表 2-2）：

（一）高差闭合差的计算

$$f_h = \sum h_测 - (H_A - H_B)$$
$$= 2.741 - (59.039 - 56.345)$$
$$= +0.047\text{m}$$

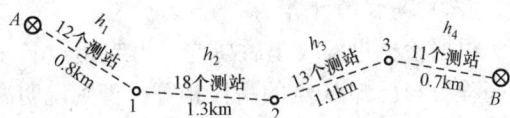
图 2-17 附合水准路线

设为山地，故 $f_h = \pm 12\sqrt{n} = \pm 12\sqrt{54} = \pm 88\text{mm}$，$|f_h| < |f_{h容}|$，其精度符合要求。

表 2-2　　　　　　　　　附合水准测量成果计算表

测段编号	点名	距离 L（km）	测站数	实测高差（m）	改正数（m）	改正后的高差（m）	高程（m）	备注
1	2	3	4	5	6	7	8	9
1	BM$_A$	0.8	12	+2.785	−0.010	+2.775	56.345	
2	1	1.3	18	−4.369	−0.016	−4.385	59.120	
3	2	1.1	13	+1.980	−0.011	+1.969	54.735	
4	3	0.7	11	+2.345	−0.010	+2.335	56.704	
	BM$_B$						59.039	
$\sum$		3.9	54	+2.741	−0.047	+2.694		
辅助计算	$f_h = +47\text{mm}$		$f_{h容} = \pm 12\sqrt{54} = \pm 88\text{mm}$		$n=54$		$-f_h/\sum n = -0.87\text{mm}$	

（二）闭合差的调整

在同一条水准路线上，假设观测条件是相同的，可认为各测站产生的误差机会是相同的，故闭合差的调整原则和方法，是按与测站数（或测段距离）成正比例、反符号改正到各相应测段的实测高差上，得改正后高差。计算公式如下：

$$按距离 \quad v_i = -\frac{f_h}{\sum l}l_i \qquad (2-15)$$

$$按测站数 \quad v_i = -\frac{f_h}{\sum n}n_i \qquad (2-16)$$

改正后高差 $$h_改 = h_{i测} + v_i \qquad (2-17)$$

式中　v_i、$h_{i改}$——第 i 测段的高差改正数与改正后高差；

$\sum l$、$\sum n$——路线总长度与总测站数；

n_i、l_i——第 i 测段的测站数与测段长度。

本例中，测站数 $n=54$，故每一站的高差改正数为

$$-\frac{f_h}{\sum n} = -\frac{47}{54} = -0.87\text{mm}$$

各测段的改正数，按测站数计算，分别列入表 2-3 中。改正数总和的绝对值应与闭合

差的绝对值相等。各实测高差分别加改正数后，便得到改正后的高差。最后求改正后的高差代数和，其值应与 A、B 两点的高差相等，否则，说明计算有误。

（三）高程的计算

根据检核过的改正后高差，由起始点 A 开始，逐点推算出各点的高程。最后算得的 B 点高程应与已知 B 点的高程相等，否则说明高程计算有误。

2.5.2　闭合水准路线内业计算

闭合水准路线各段高差的代数和应等于零，由于存在着测量误差，必然产生高差闭合差，见式（2-8）。闭合水准路线高差闭合差的调整方法、容许值的计算、高程的计算，均与附合水准路线相同。

2.5.3　支水准路线内业计算

对于支水准路线，高差闭合差等于往返测高差的代数和，经检核符合精度要求后，取往测和返测高差绝对值的平均值作为改正后高差，其符号与往测高差符号相同，最后推算出待测点的高程。

2.6　微倾式水准仪的检验与校正

2.6.1　水准仪的轴线及其应满足的条件

如图 2-18 所示，水准仪的主要轴线是视准轴 CC、水准管轴 LL、仪器竖轴 VV 及圆水准器轴 $L'L'$。各轴线间应满足的几何条件是：

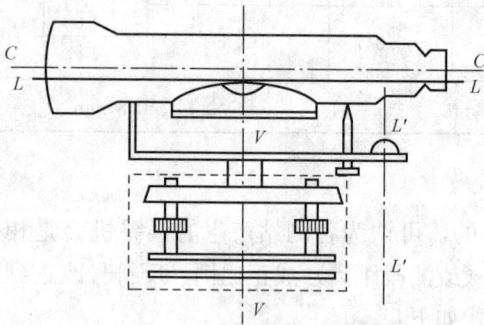

图 2-18　水准仪的轴线

（1）圆水准器轴平行于仪器竖轴，即 $L'L'$ // VV。当条件满足时，圆水准气泡居中，仪器的竖轴处于垂直位置，这样仪器转动到任何位置，圆水准气泡都应居中。

（2）十字丝横丝垂直于竖轴，即十字丝横丝水平。这样，在水准尺上进行读数时，可以用横丝的任何部位读数。

（3）水准管轴平行于视准轴，即 LL // CC。当此条件满足时，水准管气泡居中，水准管轴水平，视准轴处于水平位置。

以上这些条件，在仪器出厂前经过严格检校都是满足的，但是由于仪器长期使用和运输中的震动等原因，可能使某些部件松动，上述各轴线间的关系会发生变化。因此，为保证水准测量质量，在正式作业之前，必须对水准仪进行检验与校正。

2.6.2　水准仪的检验与校正

（一）圆水准器的检验和校正

目的：使圆水准器轴平行于竖轴，即 $L'L'$ // VV。

检验：转动脚螺旋使圆水准器气泡居中，[图 2-19（a）]，再将仪器转动 $180°$，这时，如果气泡不再居中而偏离一边，如图 2-19（b）所示，说明 $L'L'$ 不平行于 VV，需要校正。

校正：旋转脚螺旋使气泡向中心移动偏距的一半，然后用校正针拨圆水准器底下的三个

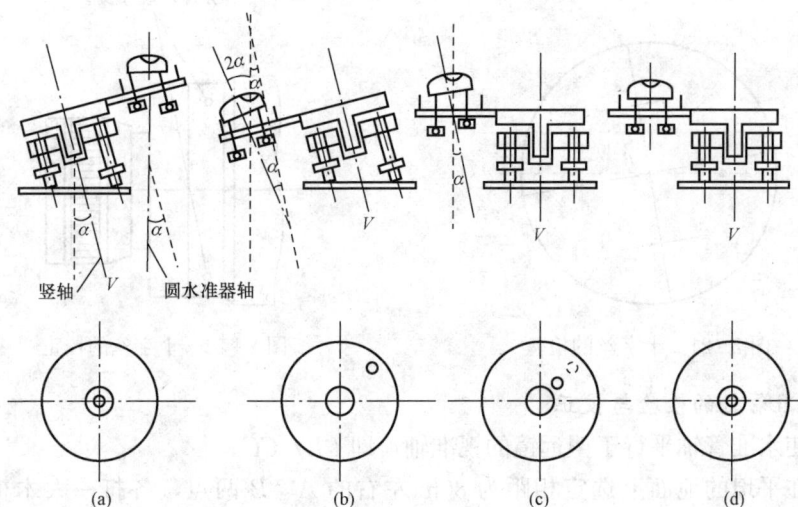

图 2 - 19　圆水准器的检验和校正

校正螺旋使气泡居中（图 2 - 20）。

　　校正工作一般难以一次完成，需反复检校数次，直到仪器旋转在任何位置气泡都居中为止。最后，应注意拧紧固紧螺丝。

　　该项检验与校正的原理如图 2 - 19 所示，假设圆水准器轴 $L'L'$ 不平行于竖轴 VV，二者相交一个 α 角，转动脚螺旋，使圆水准器气泡居中，则圆水准轴处于铅垂位置，而竖轴倾斜了一个 α 角 [图 2 - 19（a）]；将仪器绕竖轴旋转 $180°$，圆水准轴转到竖轴另一侧，此时圆水准器气泡不居中，因旋转时圆水准轴与竖轴保持 α 角，所以旋转后圆水准轴与铅垂线之间的夹角为 2α 角 [图 2 - 19（b）]，这样气泡也同样偏离与 2α 相对应的一段弧长。校正时，旋转脚螺旋使气泡向中心移动偏离值的一半，从而消除竖轴本身偏斜的一个角 α [图 2 - 19（c）]，使竖轴处于铅垂方向。然后再拨圆水准器上校正螺旋，使气泡退回另一半居中，这样就消除了圆水准器轴与竖轴间的夹角 α，如图 2 - 19（d）所示，达到 $L'L' /\!/ VV$ 的目的。

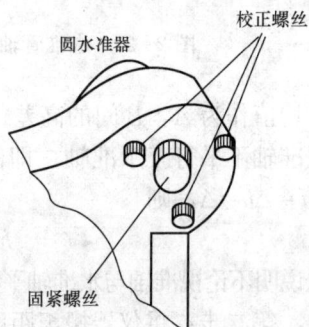

图 2 - 20　圆水准器的校正螺丝

　　（二）十字丝横丝的检验和校正

　　目的：当仪器整平后，十字丝的横丝应水平，即横丝应垂直于竖轴。

　　检验：整平仪器，在望远镜中用横丝的十字丝中心对准某一标志 P，拧紧制动螺旋，转动微动螺旋。微动时，如果标志始终在横丝上移动，则表明横丝水平。如果标志不在横丝上移动（图 2-21），表明横丝不水平，需要校正。

　　校正：松开四个十字丝环的固定螺丝（图 2-22），按十字丝倾斜方向的反方向微微转动十字丝环座，直至 P 点的移动轨迹与横丝重合，表明横丝水平。校正后应将固定螺丝拧紧。

分划板座固定螺丝

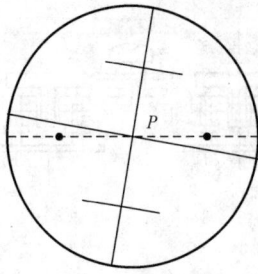

图2-21 十字丝的检验   图2-22 十字丝的校正

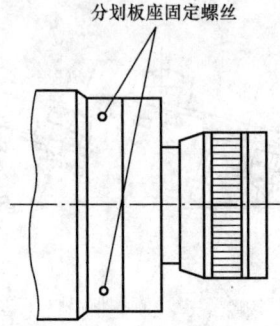

（三）水准管轴的检验与校正

目的：使水准管轴平行于望远镜的视准轴，即 $LL /\!/ CC$。

检验：在平坦的地面上选定相距为 80m 左右的 A、B 两点，各打一大木桩或放尺垫，并在上面立尺，然后按以下步骤对水准仪进行检验（图2-23）。

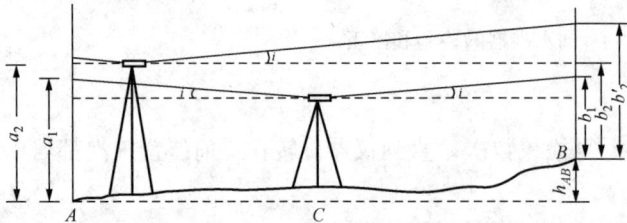

图2-23 水准管轴平行于视准轴的检验

第一步：将水准仪置于与 A，B 等距离处的 C 点，用变动仪器高法（或双面尺法）测定 A，B 两点间的高差 h_{AB}，设其读数分别为 a_1 和 b_1，则：$h_{AB}=a_1-b_1$。两次高差之差应小于 3mm 时，取其平均值作为 A，B 间的高差。此时，测出的高差 h_{AB} 值是正确的。因为，假设此时水准仪的视准轴不平行于水准轴，即倾斜了 i 角，分别引起读数误差 Δa 和 Δb，但因 $BC=AC$，则 $\Delta a=\Delta b=\Delta$，则

$$h_{AB}=(a_1-\Delta)-(b_1-\Delta)=a_1-b_1$$

这说明不论视准轴与水准轴平行与否，由于水准仪安置在距水准尺等距处，测出的是正确高差。

第二步：将仪器搬至距 A 尺（或 B 尺）3m 左右，精平仪器后，在 A 尺上读数 a_2。因为仪器距 A 尺很近，忽略 i 角的影响。根据近尺读数 a_2 和高差 h_{AB} 算出 B 尺上水平视线时的应有读数为

$$b_2=a_2-h_{AB}$$

然后，调转望远镜照准 B 点上水准尺，精平仪器读取读数。如果实际读出的数 $b_2'=b_2$，说明 $LL /\!/ CC$。否则，存在 i 角，其值为

$$i=\frac{|b_2'-b_2|}{D_{AB}}\cdot\rho'' \tag{2-18}$$

式中　　D_{AB}——A，B 两点间的距离；

　　　　ρ''——等于 $206265''$。

对于 DS_3 水准仪，当 $i>20''$ 时，则需校正。

校正：仪器在原位置不动，转动微倾螺旋，使中丝在 B 尺上的读数从 b_2' 移到 b_2，此时视准轴水平，而水准管气泡不居中。用校正针拨动水准管一端的上、下校正螺丝（图2-24），使符合气泡居中。校正以后，变动仪器高再进行一次检验，直到仪器在 A 端观测并

计算出的 i 角值符合要求为止。

通过以上的检验校正方法也可以看出，如果视准轴平行于水准管轴，当水准管气泡居中时，水准管轴 LL 和视准轴 CC 都呈水平。此时，不管仪器放在何处，所测得的高差都是正确的。但实际上由于两轴不严格平行，所以水准测量时应力求前后视距尽量相等，以消除水准管轴不平行于视准轴的误差。

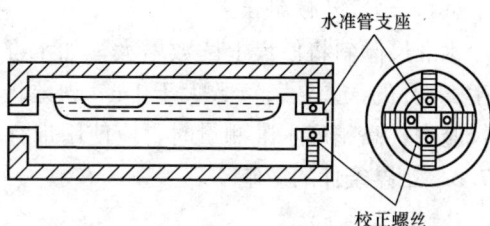

图 2 - 24　水准管校正螺丝

2.7　水准测量的误差及其注意事项

水准测量误差包括仪器误差、观测误差和外界条件的影响三个方面。在水准测量作业中，应根据误差产生的不同原因，采取相应的措施，尽量减少或消除误差的影响。

2.7.1　仪器误差

（一）仪器校正后的残余误差

仪器虽经校正但仍然残存少量误差，如水准管轴与视准轴不平行等系统性误差。这种误差的影响与距离成正比，只要观测时注意使前、后视距离相等，便可消除或减弱此项误差的影响。

（二）水准尺误差

由于水准尺刻划不准确，尺长变化、尺身弯曲和零底面磨损等，都会影响水准测量的精度。因此，水准尺须经过检定才能使用，至于水准尺的零点差，可在一水准测段中使测站数为偶数的方法予以消除。

2.7.2　观测误差

（一）水准管气泡居中误差

水准测量时，视线的水平是根据水准管气泡居中来实现的。由于气泡居中存在误差，致使视线偏离水平位置，从而带来读数误差。减少此误差的方法是每次读数前使气泡严格居中。

（二）读数误差

在水准尺上估读毫米数的误差，与人眼的分辨能力、望远镜的放大倍率以及视线长度有关，通常按下式计算

$$m_v = \frac{60''}{v} \times \frac{D}{\rho''} \tag{2-19}$$

$$\rho'' = 206\ 265''$$

式中　v——望远镜的放大倍率；

　　　$60''$——人眼的极限分辨能力；

　　　D——水准仪到水准尺的距离。

式（2-19）说明，读数误差与视线长度成正比，因此，在水准测量中应遵循不同等级的水准测量对视线长度的规定，以保证精度。

（三）视差

当存在视差时，十字丝平面与水准尺影像不重合，若眼睛观察的位置不同，便读出不同的读数，因而会产生读数误差。观测时应仔细调焦，严格消除视差。

（四）水准尺倾斜误差

水准尺倾斜将使尺上读数增大，如水准尺倾斜 3°30′，在水准尺上 1m 处读数时，将会产生 2mm 的误差；若读数大于 1m，误差将超过 2mm。因此，观测时，立尺手应尽量使水准尺竖直，高精度水准测量时，应使用带有水准气泡的水准尺。

2.7.3　外界条件的影响

（一）仪器下沉

当仪器安置在土质松软的地面时，由于仪器下沉，使视线降低，从而引起高差误差。此时应采用“后—前—前—后”的观测程序，以减弱其影响。

（二）尺垫下沉

如果转点选在土质松软的地面，由于水准尺和尺垫自身的重量，会发生尺垫下沉，将使下一站后视读数增大，从而引起高差误差。采用往返观测的方法，取成果的中数。可以减弱其影响。

（三）地球曲率及大气折光影响

如图 2-25 所示，用水平视线代替大地水准面在尺上读数产生的误差为 c，即

$$c = \frac{D^2}{2R} \tag{2-20}$$

式中　D——仪器到水准尺的距离；

R——地球的平均半径，取 6371km。

实际上，由于大气折光，视线并非是水平的，而是一条曲线，曲线的半径约为地球半径的 6～7 倍，其折光量的大小对水准尺读数产生的影响为

$$r = \frac{D^2}{2 \times 7R} \tag{2-21}$$

折光影响与地球曲率影响之和为

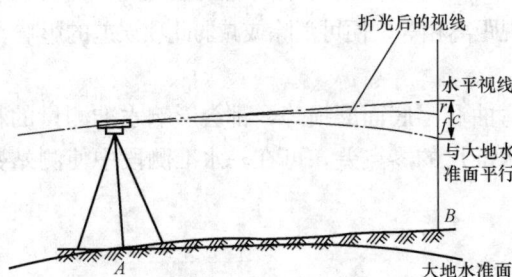

图 2-25　地球曲率及大地折光的影响

$$f = c - r = \frac{D^2}{2R} - \frac{D^2}{14R} = 0.43\frac{D^2}{R} \tag{2-22}$$

如果使前后视距离 D 相等，由式（2-22）计算的 f 值则相等，地球曲率和大气折光的影响将得到消除或大大减弱。

（四）温度影响

温度的变化不仅引起大气折光的变化，而且当烈日照射水准管时，水准管本身和管内液体温度升高，气泡向着温度高的方向移动，从而影响仪器水平，产生气泡居中误差。因此观测时应注意撑伞遮阳，防止阳光直接照射仪器。

2.8　其他水准仪简介

2.8.1　自动安平水准仪

自动安平水准仪不用符合水准器和微倾螺旋，只用圆水准器进行粗平，然后借助自动补偿器自动地把视准轴置平，读得视线水平时的读数。这不仅可以大大缩短水准测量的工作时间，而且，对于水准仪整置不当、地面有微小的震动或脚架的不规则下沉等原因所引起的视

线微小倾斜，亦可迅速得到调整，使中丝读数仍为水平视线读数，从而提高了水准测量的精度。

（一）自动安平原理

自动安平水准仪自动安平原理如图2-26所示，当水准轴水平时，从水准尺 a_0 点通过物镜光心的水平光线将落在十字丝交点 A 处，从而得到正确读数。当视线倾斜一微小的角度 α 时，十字丝交点从 A 移至 A'，从而产生偏距 AA'。为了补偿这段偏距，可在十字丝之前 s 处的光路上，安置一个光学补偿器，水平线经过补偿器偏转 β 角，恰好通过视准轴倾斜时十字丝交点 A' 处，所以补偿器满足下列条件

$$f\alpha = s\beta \qquad (2-23)$$

从而达到补偿的目的。

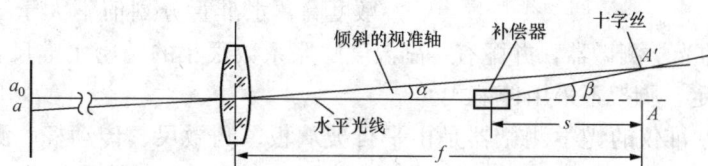

图2-26 自动安平水准仪光路图

补偿器的形式很多，图2-27所示是我国生产的 DSZ$_3$ 型自动安平水准仪。补偿器采用了悬吊式棱镜装置（图2-28）。在该仪器的调焦透镜和十字丝分划之间装置一个补偿器，这个补偿器由固定在望远镜筒上的屋脊棱镜以及用金属丝悬吊的两块直角棱镜所组成，并与空气阻尼器相连接。

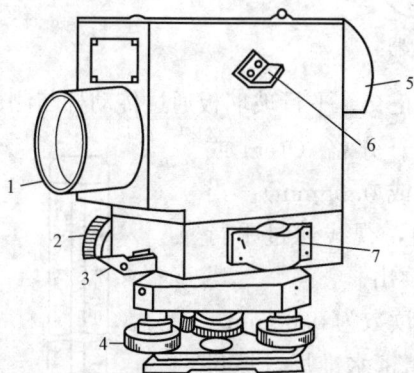

图2-27 自动安平水准仪
1—物镜；2—水平微动螺旋；3—制动螺旋；4—脚螺旋；5—目镜；6—反光镜；7—圆水准器

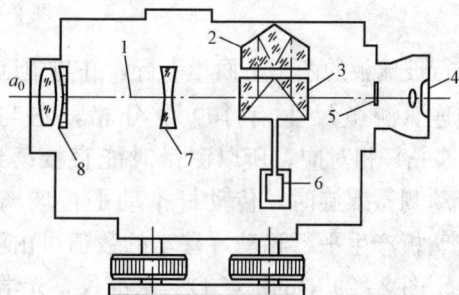

图2-28 自动安平水准仪剖面图
1—水平光线；2—固定屋脊棱镜；3—悬吊直角棱镜；4—目镜；5—十字丝分划板；6—空气阻尼器；7—调焦透镜；8—物镜

（二）自动安平水准仪使用

使用自动安平水准仪观测时，首先用脚螺旋使圆水准气泡居中（仪器粗平），然后用望远镜瞄准水准尺，由十字丝中丝在水准尺上读得的数，就是视线水平时的读数。操作步骤比普通微倾式水准仪简化，从而可提高工作效率。另外，自动安平水准仪的下方一般具有水平度盘，用于读取指示不同方向的水平方位。

2.8.2　精密水准仪和精密水准尺

DS$_1$ 级精密水准仪主要用于国家一、二等水准测量和高精度的工程测量中，如大型建筑物的施工，以及建筑物的沉降观测、大型设备安装等测量工作。

DS$_1$ 级精密水准仪的构造与 DS$_3$ 级水准仪基本相同，也是有望远镜、水准器和基座三部分组成，如图 2-29 所示。

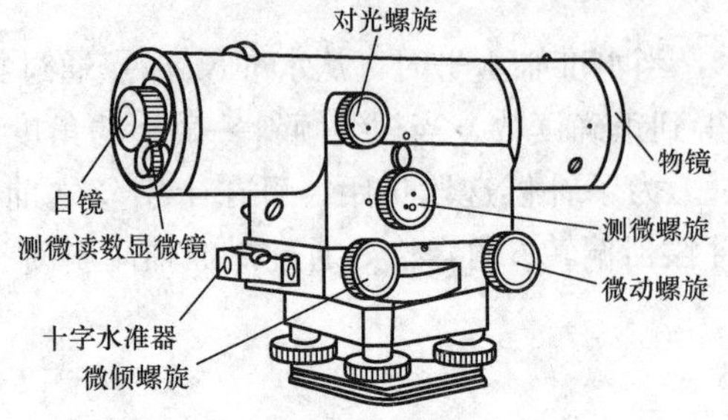

图 2-29　DS$_1$ 级精密水准仪

DS$_1$ 级精密水准仪的主要特征是：望远镜光学性能好，即望远镜的照准精度高、亮度大，望远镜的放大率不小于 40 倍；符合水准器的灵敏度高，水准管分划值不大于 $10''/2mm$；装有能直读 0.1mm 的光学测微器，并配有一副温度膨胀系数很小的精密水准尺。此外，为了使仪器架设坚固稳定，脚架不采用伸缩式。

DS$_1$ 级精密水准仪的光学测微器是由平行玻璃板、测微尺、传动杆、测微轮等部件组成。图 2-30 所示是其工作原理示意图，平行玻璃板 P 装在望远镜物镜前，其旋转轴 A 与

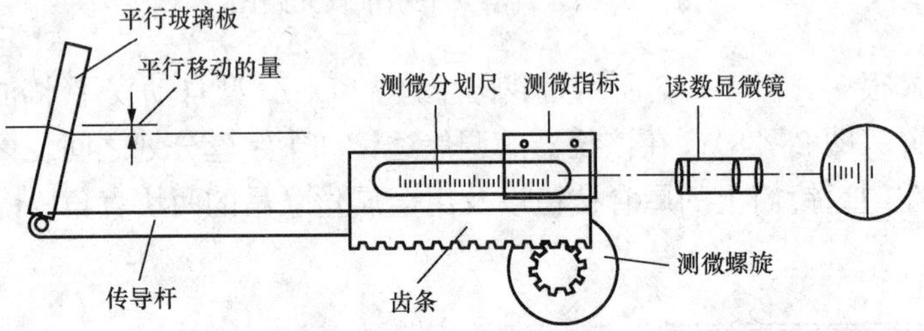

图 2-30　光学测微器

平行玻璃板的两个平面相平行，并与望远镜的视准轴正交。平行玻璃板通过传动杆与测微尺相连。测微尺上有 100 个分格，它与标尺上 1 个分格（1cm 或 0.5cm）相对应，所以测微时能直接读到 0.1mm（或 0.05mm）。当转动测微螺旋时，传动杆推动平行玻璃板前后倾斜，视线通过平行玻璃板产生平行移动，移动的数值可由测微尺直接读出。

图 2-29 中的国产 DS$_1$ 水准仪，光学测微器最小读数为 0.05mm。

图 2-31 所示是与 DS$_1$ 精密水准仪配套使用的精密水准尺。该尺全长 3m，在木质尺身中间的槽内，装有膨胀系数极小的因瓦合金带，带的下端固定，上端用弹簧拉紧，以保证带的平直和不受尺身长度变化的影响。因瓦合金带分左、右两排分划，每排的最小分划值均为 10mm，彼此错开 5mm，于是把两排的分划合在一起便成为左、右交替形式的分划，分划值为 5mm。合金带的右边从 0～5 注记米数，左边注记分米数，大三角形标志对准分米分划线、小三角形标志对准 5cm 分划线。注记的数值为实际长度的两倍，即水准尺上的实际长度等于尺面读数的 1/2。所以，用此水准尺进行测量作业时，须将观测高差除以 2 才是实际高差。

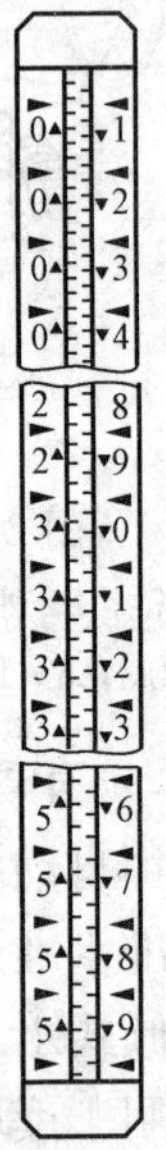

图 2-31　精密水准尺

精密水准仪的使用方法与一般 DS₃ 水准仪基本相同，不同之处是精密水准仪是采用光学测微器测出不足一个分格的数值。作业时，先转动微倾螺旋，使望远镜视场左侧的符合水准管气泡两端的影像精确符合（图2-32），这时视线水平。再转动测微轮，使十字丝上楔形丝精确地夹住整分划，读取该分划线读数，图2-32中为1.97m，再从目镜右下方的测微尺读数窗内读取测微尺读数，图中为1.50mm。水准尺的全读数等于楔形丝所夹分划线的读数与测微尺读数之和，即1.971 50m。实际读数为全部读数的一半，即0.985 75m。

2.8.3 激光水准仪

激光是基于物质受激辐射原理所产生的一种新型光源。与普通光源相比较，它具有亮度高、方向性强、单色性好等特点。例如由氦—氖激光器发射的波长为0.632 8μm的红光，其发射角可达毫弧度（1毫弧度=3′26″）。经望远镜发射后发射角又可减小数十倍，从而形成一条连续可见的红色光束。

激光水准仪是将氦—氖气体激光器发出的激光导入水准仪的望远镜内，使在视准轴方向能射出一束可见红色激光的水准仪。

图2-33所示为国产激光水准仪，它是用两组螺钉将激光器固定在护罩内，护罩与望远镜相连，并随望远镜绕竖轴旋转。由激光器发出的激光，在棱镜和透镜的作用下与视准轴共轴，因而既保持了水准仪的性能，又有可见的红色激光，是高层建筑整体滑模提升中保证平台水平的主要仪器。若能在水准尺上装配一个跟踪光电接收靶，则既可作激光水准测量，又可用于大型建筑场地平整的水平面测设。

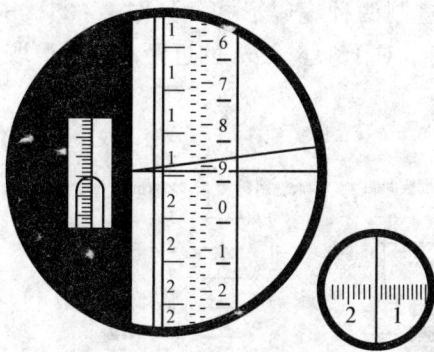

图2-32 读数

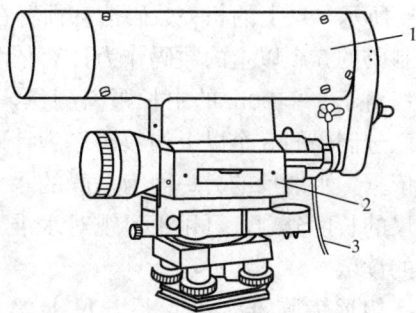

图2-33 激光水准仪
1—激光器；2—水准仪；3—电缆

激光水准仪的使用，详见有关使用说明书。

2.8.4 数字水准仪和条码水准尺

电子水准仪又称数字水准仪。与一般水准仪的主要不同之处是在望远镜中安装了 CCD（Charge—Coupled Device）线阵传感器的数字图像识别处理系统，配合使用条码水准尺，进行水准测量的自动读数。并且它还具有自动记录和计算、数据通信等功能，因此测量速度快、精度高、易于实现水准测量内外业工作的一体化。

当用人工将望远镜照准水准尺并完成调焦后，水准尺成像于望远镜目镜的十字丝分划板上，供目视观测。但成像光线又可通过分光棱镜将水准尺上的条码图像送至线阵传感器，并将条码图像转变为电信号传送至信息处理器，经处理后，即可求得水平视线在水准

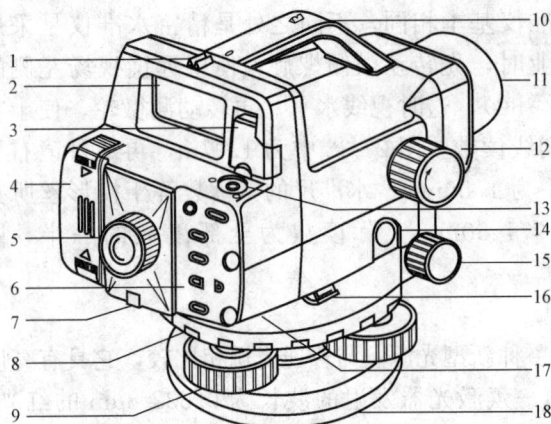

图 2-34　SDL30M 型电子水准仪

1—粗瞄准器；2—显示屏；3—圆水准器观测镜；4—电池盒护盖；5—目镜及调焦环；6—键盘；7—十字丝校正螺丝及护盖；8—水平度盘设置环；9—脚螺旋；10—提柄；11—物镜；12—物镜调焦螺旋；13—圆水准器；14—测量键；15—水平微动螺旋；16—数据输出插口；17—水平度盘外罩；18—底板

尺上的读数和仪器至水准尺的距离（视距）。如果采用传统的具有长度分划的水准尺，电子水准仪也可以像一般自动安平水准仪一样，用目视方法在水准尺上读数。

电子水准仪的主要组成部分为：望远镜、水准器、自动补偿系统、计算存储系统和显示系统。图 2-34 所示为索佳厂的 SDL30M 型电子水准仪的外形及各外部构件的名称。望远镜的放大率为 32 倍，由自动补偿系统自动安平，配合使用条形码水准尺能自动读数、记录和计算，并以数字形式显示、储存和传输，可用于进行二、三、四等水准测量。

各厂家生产的条码水准尺都属于专利，条码图案不同，读数原理和方法也不相同，主要有相关法、几何法、相位法等。下面介绍索佳仪器厂的条码水准尺的编码（随机双向码）和相关法读数原理：图 2-35 (a) 所示为该条码水准尺的一段，条码宽度分别为 3mm，4mm，7mm，8mm，11mm 和 12mm，条码间的中心距为 16mm，采用六进制和三进制两种编码形式，如图 2-35 （b）、(c) 所示。尺上的相关数码信息预置在仪器的 CPU 内。对于 1.6～9m 的近距离测量，取六进制码的 5 个以上的数码作为计算依据；对于 9～100m 的中长距离测量，取三进制码的 8 个以上的数码作为计算依据。水准尺的另一面为一般的水准尺的长度分划，可用于目视对水准尺的读数。

望远镜瞄准水准尺后，尺上的条码影像经过物镜和分光棱镜到达 CCD 线阵传感器的光敏面，面上共有 3500 个像素，用于识别条码影像。经过信号的模数转换等一系列步骤后，得到水平视线的精确读数和视距读数。

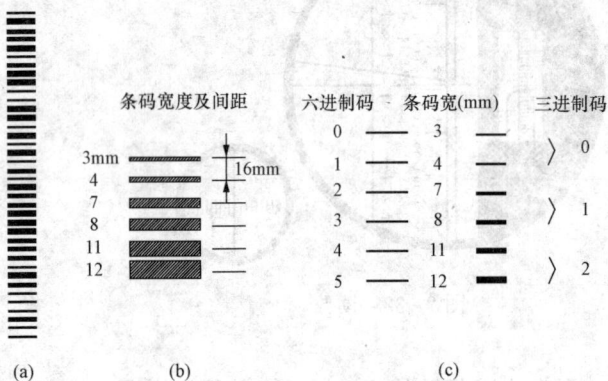

图 2-35　索佳条码水准尺及其编码

思　考　题

2-1　设 A 点为后视点，B 点为前视点，A 点高程为 87.425m。当后视读数为 1.124m，前视读数为 1.428m 时，问 A、B 两点的高差是多少？B 点比 A 点高还是低？B 点高程是多少？并绘图说明。

2-2 何谓视准轴？何谓视差？产生视差的原因是什么？怎样消除视差？

2-3 圆水准器和管水准器在水准测量中各起什么作用？

2-4 何谓水准点？何谓转点？转点在水准测量中起什么作用？

2-5 将图2-36中水准测量观测数据填入表2-3中，计算出各点的高差及 B 点的高程，并进行计算校核。

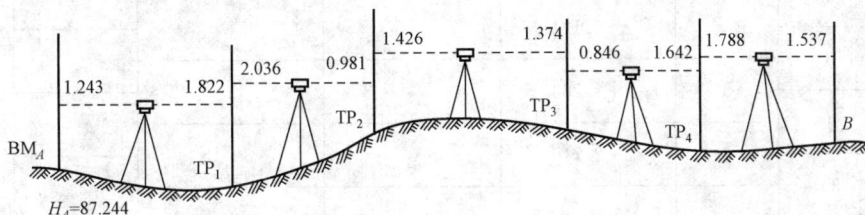

图 2-36 思考题 2-5 图

2-6 调整表2-4中附合水准路线等外水准测量观测成果，并求出各点高程。

2-7 调整图2-37所示的闭合水准路线的观测成果，并求出各点的高程。

2-8 DS$_3$ 水准仪有哪些轴线？它们之间应满足什么条件？为什么？

2-9 设 A、B 两点相距为80m，水准仪安置在中点 C，测得 A、B 两点的高差 $h_{AB} = +0.224$m。仪器搬至 B 点附近处，B 尺读数 $b_2 = 1.446$m，A 尺读数 $a_2 = 1.695$m。试问水准管轴是否平行于视准轴？如果不平行，应如何校正？

2-10 水准测量时，前、后视距离相等可消除哪些误差？

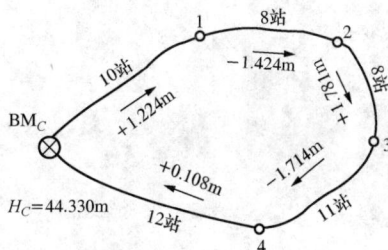

图 2-37 思考题 2-7 图

表 2-3   思考题 2-5 表

测站	点号	后视读数 (m)	前视读数 (m)	高差 (m)		高程 (m)	备注
				+	−		
I	BM$_A$						
	TP$_1$						
II							
	TP$_2$						
III							
	TP$_3$						
IV							
	TP$_4$						
V							
	B						
计算检核							

表 2 - 4   **思考题 2 - 6 表**

测段	点名	测站数	实测高差（m）	改正数（mm）	改正后高差（m）	高程（m）	备注
A—1	BM$_A$	7	+4.363			57.967	
1—2	1	3	+2.413				
2—3	2	4	−3.121				
3—4	3	5	+1.263				
4—5	4	6	+2.716				
5—B	5	8	−3.715				
	BM$_B$					61.819	
Σ							
辅助计算							

第3章　角　度　测　量

[导言] 角度测量是测量的三项基本工作之一，它包括水平角测量和竖直角测量。本章要掌握的主要内容有：角度测量基本原理；光学经纬仪的构造及使用；水平角与竖直角测量；经纬仪的检验与校正；角度测量误差及注意事项。最后需要了解 DJ_2 经纬仪、激光经纬仪和电子经纬仪的构造与使用。

3.1　水平角和竖直角测量原理

3.1.1　水平角测量原理

水平角测量用于确定点的平面位置。

水平角系指相交的两条直线在同一水平面上的投影所夹的角度，或指分别过两条直线所作的竖直面间所夹的二面角。如图3-1所示，设 A、B、O 为地面上任意三点。O 为测站点，A、B 为目标点，则从 O 点观测 A、B 的水平角为 OA、OB 两方向线垂直投影 $O'A'$、$O'B'$ 在水平面上所成的 $\angle A'O'B'$，或为过 OA、OB 的竖直面间的二面角。

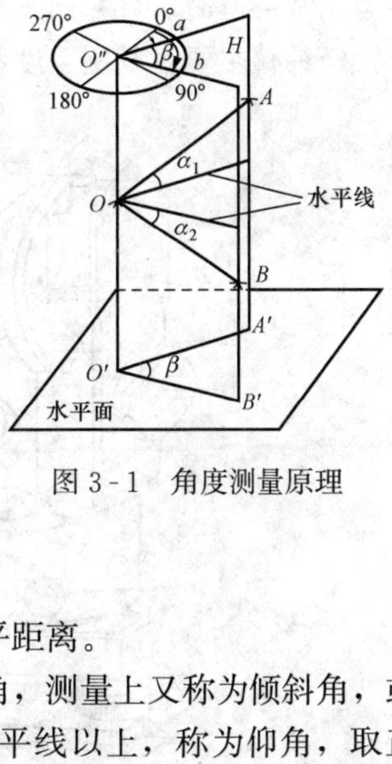

在图3-1中，为了获得水平角 β 的大小，假想有一个能安置成水平的刻度圆盘，且圆盘中心可以处在过 O 点的铅垂线上的任意位置 O''；另有一个瞄准设备，能分别瞄准 A 点和 B 点，且能在刻度圆盘上获得相应的读数 a 和 b，则水平角为

$$\beta = b - a \tag{3-1}$$

角值范围为 $0° \sim 360°$。

图 3-1　角度测量原理

3.1.2　竖直角测量原理

竖直角测量用于确定两点间的高差或将倾斜距离转化成水平距离。

竖直角是指在同一竖直面内，某一直线与水平线之间的夹角，测量上又称为倾斜角，或简称为竖角，用 α 表示。竖直角有仰角和俯角之分。夹角在水平线以上，称为仰角，取正号，角值为 $0° \sim +90°$，如图3-1中的 α_1；夹角在水平线以下，称为俯角，取负号，角值为 $-90° \sim 0°$，如图3-1中的 α_2。

如图3-1中，假想在过 O 点的铅垂面上，安置一个垂直圆盘，并令其中心过 O 点，该盘称为竖直度盘，通过瞄准设备和读数装置可分别获得目标视线的读数和水平视线的读数，则竖直角 α 可以写成

$$\alpha_1 = 目标视线的读数 - 水平视线的读数 \tag{3-2}$$

要注意的是，在过 O 点的铅垂线上不同的位置设置竖直圆盘时，每个位置观测所得的竖直角是不同的。竖直角与水平角一样，其角值也是度盘上两个方向的读数之差，不同的是，这两个方向必有一个是水平方向。经纬仪设计时，将提供这一固定方向。即：

视线水平时，竖盘读数为 90°的倍数。在竖直角测量时，只需读目标点一个方向值，即可算出竖直角。

根据上述角度测量原理，用于角度测量的仪器应具有带刻度的水平圆盘（称水平度盘）、竖直圆盘（称竖直度盘，简称竖）以及瞄准设备、读数设备等，并要求瞄准设备能瞄准左右不同、高低不一的目标点，能形成一个竖直面，且这个竖直面还能绕竖直线 $O'O''$ 在水平方向旋转。经纬仪就是根据这些要求制成的一种测角仪器，它不但能测水平角，还可以测竖直角。

3.2　DJ₆光学经纬仪和角度测量工具

经纬仪主要分光学经纬仪和电子经纬仪两种类型。光学经纬仪按其精度不同，又可分为普通光学经纬仪和精密光学经纬仪两种。这里只介绍 DJ₆型普通光学经纬仪。"D"和"J"分别是"大地测量"和"经纬仪"的汉语拼音第一个字母，数字"6"代表该仪器一测回方向观测中误差的秒值。

3.2.1　DJ₆光学经纬仪的构造

图 3-2（a）、（b）所示为我国北京光学仪器厂生产的 DJ₆型光学经纬仪。从图中可以看出，经纬仪主要由基座、度盘、照准部三部分组成。

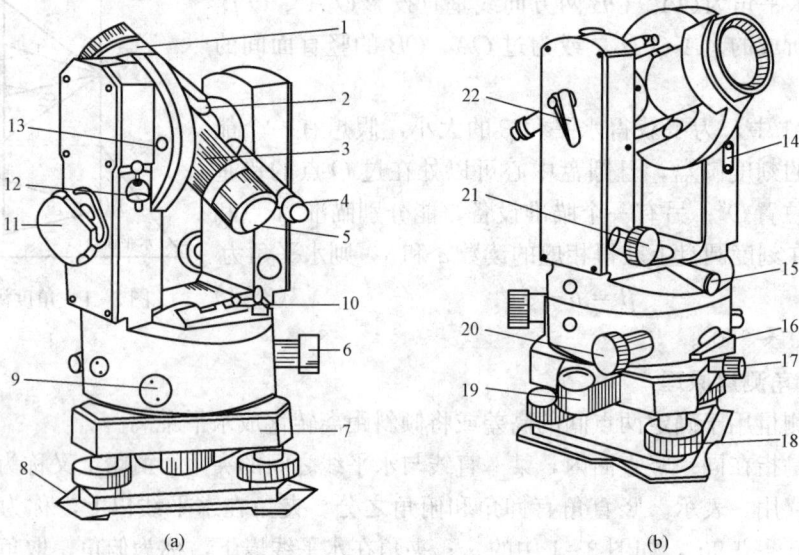

图 3-2　DJ₆光学经纬仪的构造

1—望远镜物镜；2—粗瞄器；3—对光螺旋；4—读数目镜；5—望远镜目镜；6—转盘手轮；7—基座；
8—导向板；9、13—堵盖；10—水准器；11—反光镜；12—自动归零旋钮；14—调指标差盖板；
15—光学对中器；16—水平制动扳钮；17—固定螺旋；18—脚螺旋；19—圆水准器；
20—水平微动螺旋；21—望远镜微动螺旋；22—望远镜制动扳钮

（一）基座

经纬仪基座包括轴座、脚螺旋、底板、三角压板等。利用中心连接螺旋将经纬仪与脚架连接起来。在经纬仪基座上还固连一个竖轴轴套和轴座固定螺旋，用于控制照准部和基座之间的衔接。

（二）水平度盘

光学经纬仪有水平度盘和竖直度盘，都是由光学玻璃制成，度盘边缘全圆周刻划 0°～360°，最小间隔有 1°、30′、20′三种。水平度盘装在仪器竖轴上，套在度盘轴套内，通常按顺时针方向注记。在水平角测角过程中，水平度盘不随照准部转动。为了改变水平度盘位置，仪器设有水平度盘转动装置。目前，国产 DJ₆ 光学经纬仪是度盘变换手轮的形式。拨开度盘变换手轮下的保险手柄，转动变换手轮，就可将水平度盘安置在需要的读数上，此时照准部不动。

（三）照准部

照准部是指经纬仪上部的可转动部分，主要由望远镜、支架、旋转轴、竖直制动、微动螺旋、水平制动、微动螺旋、竖直度盘、读数设备、水准器和光学对点器等组成。照准部旋转轴的几何中心线就是仪器的竖轴。望远镜、横轴、支架三者相连，望远镜可绕横轴翻转，由望远镜制动螺旋和微动螺旋控制。在横轴的一端装有竖盘，横轴中心穿过竖盘中心。竖盘随望远镜一起转动。竖盘指标水准管和竖盘指标水准管微动螺旋与竖盘配套，供竖直角观测时使用。照准部水平方向的转动由照准部（亦称水平）制动螺旋和微动螺旋控制。照准部水准管用来整平仪器。

3.2.2 读数装置及读数方法

光学经纬仪的水平度盘和竖直度盘的度盘分划线通过一系列的棱镜和透镜，成像于望远镜旁的读数显微镜内。观测者通过显微镜读取度盘读数。由于度盘尺寸有限，最小分划难以直接到秒。为了实现精密测角，要借助于光学测微技术。对 DJ₆ 光学经纬仪，常用的是分微尺测微器读数方法。

分微尺测微器的结构简单，读数方便，具有一定的读数精度，故广泛用于 DJ₆ 光学经纬仪。从这种类型的经纬仪的读数显微镜中可以看到两个读数窗，如图 3-3 所示，注有"⊥"（或"V"）的是竖盘读数窗。注有"—"（或"H"）的是水平度盘读数窗。两个读数窗上都有一个分成 60 小格的分微尺，其长度等于度盘间隔 1°的两分划线之间的影像宽度，因此 1 小格的分划值为 1′，可估读到 0.1′。读数时，先读出位于分微尺 60 小格区间内的度盘分划线的度注记值，再以度盘分划线为指标，在分微尺上读取不足 1°的分数，并估读秒数（秒数只能是 6 的倍数）。在图 3-3 中，水平度盘的读数为 145°03′30″，竖直度盘的读数为 272°51′36″。

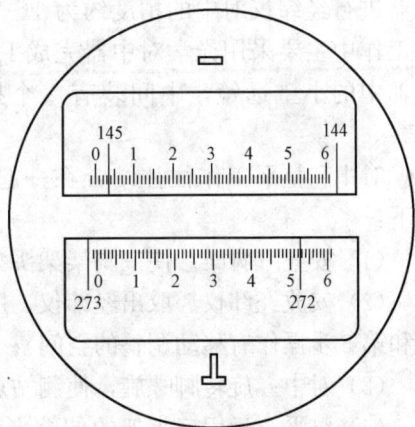

图 3-3 分微尺测微器读数窗

3.2.3 照准标志

测钎、标杆和觇板均为经纬仪瞄准目标时所使用的照准工具，如图 3-4 所示。

通常我们将测钎、标杆的尖端对准目标点的标志，并竖直立好作为瞄准的依据。测钎适于距测站较近的目标，标杆适于距测站较远的目标。觇板或称为觇牌一般连接在基座上并通过连接螺旋固定在三脚架上使用，远近皆可适用。觇牌一般为红白或黑白相间且常与棱镜结合用于电子经纬仪或全站仪。有时也可悬挂垂球用垂球线作为瞄准标志。

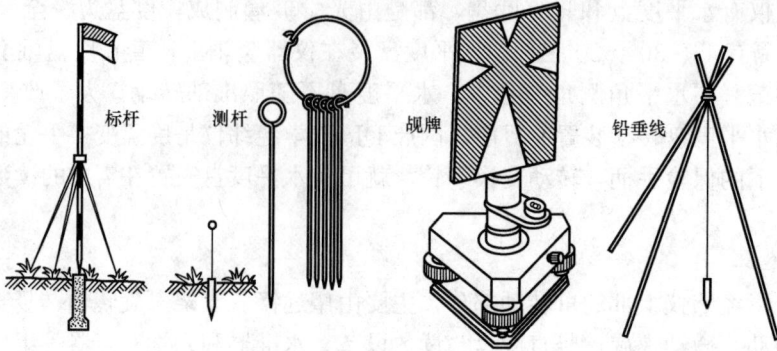

图 3-4　照准标志

3.3　水　平　角　观　测

当进行角度测量时，要将经纬仪正确安置在测站点上，然后才能观测。经纬仪的使用包括对中、整平、瞄准和读数四项基本操作。对中和整平是仪器的安置工作，瞄准和读数是观测工作。对中的目的是使仪器中心与测站点的标志中心在同一铅垂线上。整平的目的是使仪器的竖轴垂直，即水平度盘处于水平位置。

3.3.1　经纬仪的对中、整平和瞄准

（一）对中和整平

对中分为用垂球对中和用光学对中器对中两种，由于结构和操作上的原因，用光学对中器进行经纬仪对中的精度约为 1～2mm，高于垂球对中的精度（3mm 左右）。所以，实际工作中主要采用光学对中器完成工作。如图 3-2 所示的"15"，光学对中器是装在仪器纵轴中的小望远镜，中间装有一个折射棱镜，使铅垂方向的光线折成水平方向，以便观察。

对中和整平工作往往结合在一起进行，运用光学对中器对中以及经纬仪整平的步骤如下：

（1）安置三脚架。使三脚架架头大致水平且目估初步对中（或利用垂球）。

（2）安放经纬仪。取出经纬仪，用中心连接螺旋固定在架头较居中的位置（保证重心稳定和第 5 步操作有移动调整的空间）；转动对中器目镜对光螺旋，使地面标志点的影像清晰。

（3）对中。旋转脚螺旋，使测站点的影像位于光学对中器照准圆圈的中心。

（4）整平。运用三脚架的伸缩来调平圆水准气泡，再旋转脚螺旋使长水准管气泡精确居中。

（5）检查一下测站点是否位于圆圈中心，若相差很小，可稍旋松连接螺旋，在架头上平移仪器，使其精确对中，对中误差应小于 1mm。

其中，圆水准器居中表示已粗略整平仪器；水准管气泡居中表示已精确整平仪器。粗略整平时，操作方法是：观察圆水准气泡，找到气泡对应方向的脚架，根据圆水准气泡指示的该方向的高低关系，松开这个脚架的固定螺旋，伸缩架腿（若根据圆气泡位置，判断该脚架

高，调低该脚架；反之，调高），调节脚架的高度使气泡滑动到另外一个架腿的方向（通常伸缩一根架腿，圆气泡不会居中，而会沿着圆水准器壁滑动），拧紧脚架固定螺旋；伸缩圆水准气泡现在对应的脚架，调节脚架高度使水准管气泡居中，拧紧脚架固定螺旋。若还有偏离，应重复进行上述工作，直到圆气泡居中为止。

精确整平时，先转动照准部，使照准部水准管与任一对脚螺旋的连线平行，两手同时向内或向外转动这两个脚螺旋 1 和 2 [图 3-5（a）]，使水准管气泡居中。气泡运动方向与左手大拇指运动方向一致。将照准部旋转 90°，如图 3-5（b）所示，使水准管与 1、2 两脚螺旋连线垂直，转动第 3 个脚螺旋，使水准管气泡居中。然后将照准部转回原位置，检查气泡是否仍然居中。若不居中，则按以上步骤反复进行，直到照准部转至任意位置气泡皆居中为止。

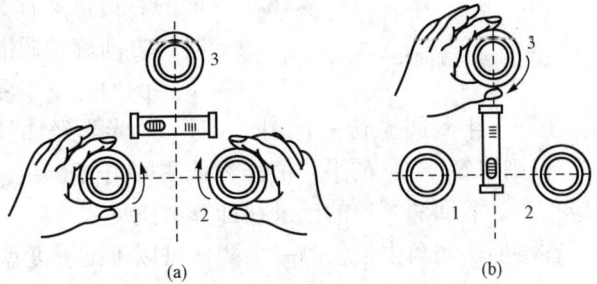

图 3-5　精确整平

整平误差，即整平后气泡的偏离量，最大不应超过一格。

（二）调焦与瞄准

（1）目镜调焦及初步瞄准目标。松开望远镜螺旋和照准部制动螺旋，将望远镜对向天空或白色墙壁，调节目镜调焦螺旋，使十字丝清晰。利用望远镜上的粗瞄器，使目标位于望远镜的视场内，如图 3-6（a）所示，然后固定望远镜制动螺旋和照准部制动螺旋。

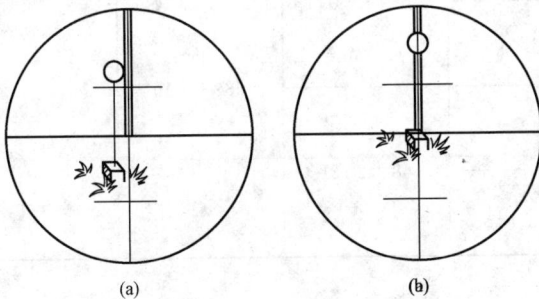

图 3-6　瞄准

（2）物镜调焦及精确瞄准目标。粗略瞄准目标后，通过调节物镜调焦螺旋，使目标影像清晰。注意消除视差。调节照准部和望远镜的微动螺旋直到准确对准目标。在水平角观测时，应尽量瞄准目标的底部。目标成像较大时，可用十字丝的单线平分目标；目标成像较小时，可用十字丝的双丝夹准目标，如图 3-6（b）所示。

（三）读数

照准目标后，打开反光镜，使读数窗内进光均匀。然后进行读数显微镜调焦，使读数窗内分划清晰，并注意消除视差，然后按 3.2.2 所述方法读数。

3.3.2　水平角观测方法

水平角的观测方法一般根据目标的多少、测角精度的要求和施测时所用的仪器来确定，常用的观测方法有测回法和方向观测法两种。

（一）测回法

测回法适用于观测只有两个方向的单个水平角。如图 3-7 所示，M、O、N 分别为地面上的三点，欲测定 OM 与 ON 所构成的水平角，其操作步骤如下：

（1）将经纬仪安置在测站点 O，对中、整平。

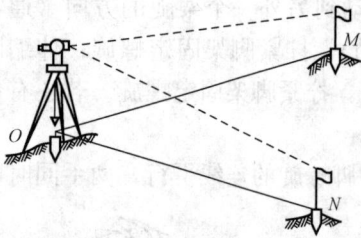

图 3-7　测回法观测水平角

（2）使经纬仪置于盘左位置（竖盘在望远镜的左边，又称为正镜），瞄准目标 M，读取读数 $m_左$，顺时针旋转照准部，瞄准目标 N，并读取读数 $n_左$，以上称为上半测回。上半测回的角值 $\beta_左 = n_左 - m_左$。

（3）倒转望远镜成盘右位置（竖盘在望远镜观测方向的右边，又称为倒镜），瞄准目标 N，读得 $n_右$，按逆时针方向旋转照准部，瞄准目标 M，读得 $m_右$，以上称为下半测回。下半测回角值 $\beta_右 = n_右 - m_右$。

上、下半测回构成一个测回。对 DJ$_6$ 光学经纬仪，若上、下半测回角度之差 $\beta_左 - \beta_右 \leqslant \pm 40''$，则取 $\beta_左$、$\beta_右$ 的平均值作为该测回角值 $\beta = (\beta_左 + \beta_右)/2$。若 $(\beta_左 - \beta_右)$ 大于 $\pm 40''$，则应重测。测回法测角的记录和计算举例见表 3-1。

在测回法测角中，仅测一个测回可以不配置度盘起始位置。当测角精度要求较高，需要观测多个测回时，为了减小度盘分划误差的影响，第一测回应将起始目标的读数用度盘变换手轮调至 $0°00'$ 附近。其它各测回间应按 $180°/n$ 的差值变换度盘起始位置，n 为测回数。用 DJ$_6$ 光学经纬仪观测时，各测回角值之差不得超过 $24''$，取各测回平均值为最后成果。

表 3-1　　　　　　　　　　　　测 回 法 观 测 手 簿

测　站	竖盘	目标	水平度盘读数 (° ′ ″)	半测回角值 (° ′ ″)	一测回角值 (° ′ ″)	各测回平均角值 (° ′ ″)	备　注
第一测回 O	左	M	0 00 36	68 42 12			
		N	68 42 48		68 42 09		
	右	M	180 00 24	68 42 06			
		N	248 42 30			68 42 15	
第二测回 O	左	M	90 10 12	68 42 18			
		N	158 52 30		68 42 21		
	右	M	270 10 18	68 42 24			
		N	338 52 42				

（二）方向观测法

方向观测法适用于在一个测站需要观测三个及三个以上方向，即观测多个角度时。该方法以某个方向为起始方向（又称零方向），依次观测其余各个目标相对于起始方向的方向值，则每一角度就是组成该角的两个方向值之差

如图 3-8 所示，O 为测站点，A、B、C、D 为四个目标点，欲测定 O 到各目标方向之间的水平角，操作步骤如下。

（1）测站观测：

1）将经纬仪安置于测站点 O，对中、整平。

2）将度盘置于盘左位置并选定一目标较为明显的点 A 作为起始方向，将水平度盘读数调至略大于 $0°$，读取此读数。松开水平制动螺旋，按顺时针方向依次照准目标 B、C、

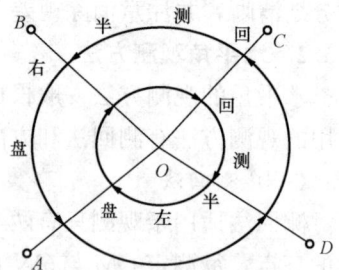

图 3-8　方向观测法

D，并读数。最后再次瞄准起始方向 A，称为归零，并读数。以上为上半测回。两次瞄准 A 点的读数之差称为"归零差"。对于不同精度等级的仪器，其限差要求不同，见表 3-3。

3）将度盘置于盘右位置瞄准起始方向 A，并读数。然后按逆时针依次照准目标 D、C、B、A，并读数。以上称为下半测回。

上、下半测回构成一个测回，在同一测回内不能第二次改变水平度盘的位置。当精度要求较高，需测多个测回时，各测回间应按 $180°/n$ 配置度盘起始方向的读数。规范规定三个方向的方向法可以不归零，超过三个方向必须归零。

（2）记录计算：方向观测法的观测手簿见表 3-2。使用 DJ_6 经纬仪观测，上半测回各方向的读数从上往下记录，下半测回各方向读数按从下往上的顺序记录。

1）归零差的计算。对起始方向，应分别计算盘左两次瞄准的读数差和盘右两次瞄准的读数差 Δ，并记入表格。若"归零差"超限，则应及时进行重测。

2）两倍视准误差 $2c$ 的计算

$$2c = 盘左读数 - （盘右读数 \pm 180°） \tag{3-3}$$

各方向的 $2c$ 值分别列入表 3-2 中第 6 栏。在同一测回内同一台仪器的各方向的 $2c$ 值应为一个定数，若有互差，其变化值不应超过表 3-3 规定的范围。

3）各方向平均读数的计算

$$平均读数 = \frac{盘左读数 + （盘右读数 \pm 180°）}{2} \tag{3-4}$$

计算时，以盘左读数为准，将盘右读数加或减 180° 后和盘左读数取平均，其结果列入表 3-2 中的第 7 栏。

表 3-2　　　　　　　　　　全圆方向观测法记录手簿

测回数	测站	目标	水平度盘读数		2c (″)	平均读数 (° ′ ″)	归零方向值 (° ′ ″)	各测回平均方向值 (° ′ ″)	水平角值 (° ′ ″)	备注
			盘 左 (° ′ ″)	盘 右 (° ′ ″)						
1	2	3	4	5	6	7	8	9	10	11
1	O	A	0 01 00	180 01 12	−12	(0 01 06) 0 01 06	0 00 00	0 00 00	89 25 40	
		B	89 26 42	269 26 48	−6	89 26 45	89 25 39	89 25 40	89 35 50	
		C	179 02 36	359 02 42	−6	179 02 39	179 01 33	179 01 30	94 39 54	
		D	273 42 30	93 42 36	−6	273 42 33	273 41 27	273 41 24	86 18 36	
		A	0 01 06	180 01 06						
		Δ	+6	−6						
2	O	A	90 02 06	270 02 12	−6	(90 02 08) 90 02 09	0 00 00			
		B	179 27 48	359 27 48	0	179 27 48	89 25 40			
		C	269 03 30	89 03 42	−12	269 03 36	179 01 28			
		D	3 43 24	183 43 36	−12	3 43 30	273 41 22			
		A	90 02 00	270 02 12	−12	90 02 06				
		Δ	−6	0						

4) 归零后方向值的计算。将各方向的平均读数分别减去起始方向的平均读数，即得归零后的方向值。各方向归零方向值列入第 8 栏。

5) 各测回归零后平均方向值的计算。当一个测站观测两个或两个以上测回时，应检查同一方向值各测回的互差。互差要求见表 3-3。若检查结果符合要求，取各测回同一方向归零后的方向值的平均值作为最后结果，列入表 3-2 第 9 栏。

6) 水平角的计算。相邻方向值之差，即为两邻方向所夹的水平角，计算结果列入表 3-2 第 10 栏。

表 3-3　　　　　　　　　　　　方向观测法限差的要求

经纬仪型号	半测回归零差 (″)	一测回内 2c 互差 (″)	同一方向值各测回互差 (″)
DJ₂	12	18	9
DJ₆	18	—	24

3.4　竖 直 角 测 量

3.4.1　竖直度盘构造

图 3-9 是 DJ₆ 经纬仪竖直度盘结构示意图，主要由竖盘、竖盘指标、竖盘指标水准管和竖盘指标水准管微动螺旋组成。

竖直度盘固定在横轴的一端，且垂直于望远镜横轴，随望远镜的上下转动而转动。在竖盘中心的下方装有反映读数指标线的棱镜，它与竖盘指标水准管连在一起，不随望远镜转动，只能通过调节指标水准管微动螺旋，使棱镜和指标水准管一起作微小转动。当指标水准管气泡居中时，棱镜反映的读数指标线处于正确位置。竖盘的注记形式分天顶式注记和高度式注记两类。所谓天顶式注记就是假想望远镜指向天顶时，竖盘读数指标指示的读数为 0°或 180°；与此相对应的高度式注记是假想望远镜指向天顶时，读数为 90°或 270°。在天顶式和高度式注记中，根据度盘的刻划顺序不同，又可分为顺时针和逆时针两种形式。图 3-9 为天顶式顺时针注记的度盘，近代生产的经纬仪多为此类注记。

3.4.2　竖直角的计算

不论竖盘注记采取什么形式，计算竖直角都是倾斜方向读数与水平方向读数之差。如图 3-9 所示，竖盘构造为天顶式顺时针注记，当望远镜视线水平，竖盘指标水准管气泡居中时，读数指标处于正确位置，竖盘读数正好为一常数 90°或 270°。

在图 3-10 (a) 中，将竖盘置于盘左位置，当视线水平时竖盘读数为 90°。望远镜往上仰，读数减小，倾斜视线与水平视线所构成的竖直角为 α_L。设视线方向的读数为 L，则盘左位置的竖直角为

$$\alpha_L = 90° - L \tag{3-5}$$

在图 3-10 (b) 中，盘右位置，视线水平时竖盘读数为 270°，当望远镜往上仰时，读数增大，倾斜视线与水平视线所构成的竖直角为 α_R，设视线方向的读数为 R，则盘右位置的竖直角为

$$\alpha_R = R - 270° \tag{3-6}$$

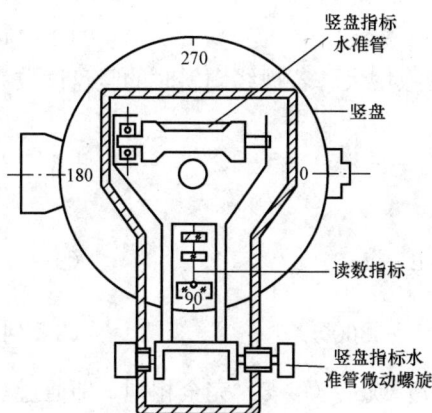

图 3-9　竖直度盘构造

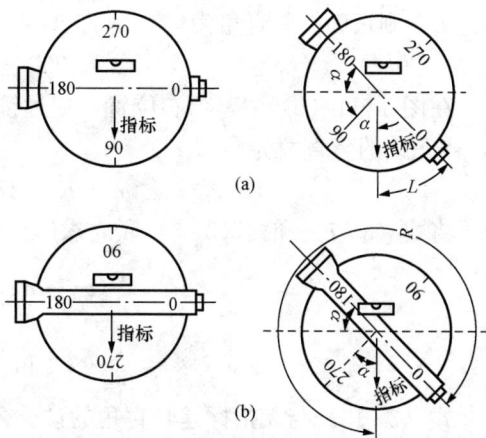

图 3-10　竖直角测量原理

对于同一目标，由于观测中存在误差，以及仪器本身和外界条件的影响，盘左、盘右所获得的竖直角 α_L 和 α_R 不完全相等，则取盘左、盘右的平均值作为竖直角的结果，即

$$\alpha = \frac{1}{2}(\alpha_L + \alpha_R) \tag{3-7}$$

或

$$\alpha = \frac{1}{2}(R - L - 180°) \tag{3-8}$$

根据上述公式的分析，并推广到其他注记形式的竖盘，可得竖直角计算公式的通用判别法。

(1) 当望远镜视线往上仰，竖盘读数逐渐增加，则竖直角的计算公式为

$$\alpha = 瞄准目标时的读数 - 视线水平时的常数 \tag{3-9}$$

(2) 当望远镜视线往上仰，竖盘读数逐渐减小，则竖直角的计算公式为

$$\alpha = 视线水平时的常数 - 瞄准目标时的读数 \tag{3-10}$$

在运用式 (3-9) 和式 (3-10) 时，对不同注记形式的竖盘，首先应正确判读视线水平时的常数，且同一仪器盘左、盘右的常数差为 $180°$。

3.4.3　竖盘指标差

当竖盘指标水准管气泡居中且视线水平时，读数指标处于正确位置，即正好指 $90°$ 或 $270°$。事实上，读数指标往往是偏离正确位置，与正确位置相差一小角度 x，这就是竖盘指标差。

如图 3-11 (a) 所示，当指标偏离方向与注记方向相同时，x 为正；反之，则 x 为负。若仪器存在竖盘指标差，则竖直角的计算公式与式 (3-5) 和式 (3-6) 有所不同。

在图 3-11 (a) 中，盘左位置，望远镜往上仰，读数减小，若视线倾斜时的竖盘读

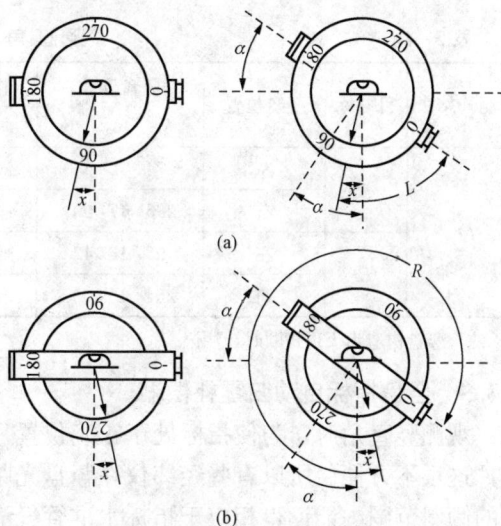

图 3-11　竖盘读数指标差

数为 L，则正确的竖直角为

$$\alpha = 90° - L + x = \alpha_L + x \tag{3-11}$$

在图 3-11（b）中，盘右位置，望远镜往上仰，读数增大，若视线倾斜时的竖盘读数为 R，则正确的竖直角为

$$\alpha = R - 270° - x = \alpha_R - x \tag{3-12}$$

将式（3-7）和式（3-8）联立求解可得

$$\alpha = \frac{1}{2}(\alpha_R + \alpha_L) = \frac{1}{2}(R - L - 180°) \tag{3-13}$$

$$x = \frac{1}{2}(\alpha_R - \alpha_L) = \frac{1}{2}(R + L - 360°) \tag{3-14}$$

式（3-13）与无指标差竖直角的计算公式式（3-7）或式（3-8）完全相同，即通过盘左、盘右竖直角取平均值，可以消除竖盘指标差的影响，获得正确的竖直角，而式（3-14）即为计算指标差的通用公式。一般在同一测站上，同一台仪器在同一操作时间内的指标差，应该是相等的。但由于观测误差的存在，指标差会产生变化。因此指标差互差反映了观测成果的质量。对于 DJ$_6$ 光学经纬仪，规范规定，同一测站上不同目标的指标差互差或同方向各测回指标差互差，不应超过 25″。当允许半测回测定竖直角时，可先测定指标差，然后按式（3-11）或式（3-12）计算竖直角。

3.4.4 竖直角观测

竖直角观测方法和步骤如下：

（1）在测站点上安置仪器，并正确判定竖直角的计算公式。

（2）盘左位置瞄准目标，用十字丝横丝切目标于某一位置，调节竖盘指标水准管微动螺旋，使气泡居中，读取竖盘读数 L。

（3）盘右位置瞄准原目标位置，使竖盘指标水准管气泡居中后，读取竖盘读数 R。

以上盘左、盘右观测构成一个竖直角测回。

将各观测数据填入表 3-4 的竖直角观测手簿中，并按式（3-5）和式（3-6）分别计算半测回竖直角，再按式（3-7）或式（3-8）计算出一测回竖直角。

表 3-4　　　　　　　　　　竖 直 角 观 测 手 簿

测 站	目 标	竖盘位置	竖盘读数 （°　′　″）	半测回竖直角 （°　′　″）	指标差 （″）	一测回竖直角 （°　′　″）	备 注
O	A	左	74 12 54	+15 47 06	−3	+15 47 03	
		右	285 47 00	+15 47 00			
	P	左	95 16 42	−5 16 42	−9	−5 16 51	
		右	264 43 00	−5 17 00			

注　竖盘构造为天顶式顺时针注记。

3.4.5 竖盘指标自动归零补偿器

观测竖直角时，为使指标处于正确位置，每次读数都要将竖盘指标水准管的气泡调节居中，这很不方便。所以有些经纬仪在竖盘光路中安装补偿器，用以取代水准管，使仪器在一定的倾斜范围内能读得相应于指标水准管气泡居中时的读数，称竖盘指标自动归零。这种补偿装置的原理与水准仪中的自动安平补偿原理基本相同。

竖盘补偿装置的构造有多种，图 3 - 12（a）所示是其中的一种，它在指标 A 和竖盘间悬吊一透镜，当视线水平时，指标 A 处于铅垂位置，通过透镜 O 读出正确读数，如 $90°$。当仪器稍有倾斜，因无水准管指示，指标处于不正确位置 A' 处。但悬吊的透镜因重力作用而由 O 移到 O'，处。此时，指标 A' 通过透镜 O' 的边缘部分折射，仍能读出 $90°$ 的读数，从而达到竖盘指标自动归零的目的，如图 3 - 12（b）。竖盘指标自动归零的补偿范围一般为 $2'$。

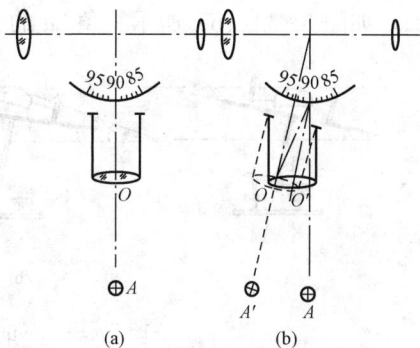

图 3 - 12　竖盘自动归零补偿器

3.5　经纬仪的检验与校正

经纬仪的检验与校正，就是用一定的方法检查仪器各轴线是否满足所要求的条件，若不满足，则进行校正使其满足。经纬仪检验和校正的项目较多，但通常只进行主要轴线间的几何关系的检校。

3.5.1　经纬仪的轴线及其应满足的关系

如图 3 - 13 所示，经纬仪的主要轴线有：照准部的旋转轴（即竖轴）VV、照准部水准管轴 LL、望远镜的旋转轴（即横轴）HH 及视准轴 CC。各轴线之间应满足的几何条件有：

(1) 照准部水准管轴应垂直于仪器竖轴，即 $LL \perp VV$；

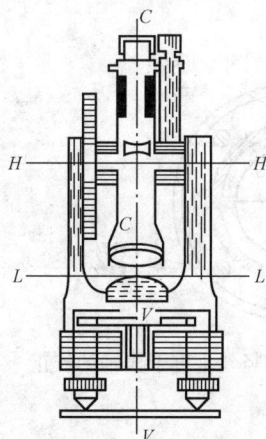

图 3 - 13　经纬仪的轴线

(2) 望远镜十字丝竖丝应垂直于仪器横轴 HH；

(3) 视准轴应垂直于仪器横轴，即 $CC \perp HH$；

(4) 仪器横轴应垂直于仪器竖轴，即 $HH \perp VV$。

除此以外，经纬仪一般还应满足竖盘指标差为零，以及光学对点器的光学垂线与仪器竖轴重合等条件。

一般仪器在出厂时，以上各条件都能满足，但在搬运或长期使用中也会使各方面条件发生变化。因此，在使用仪器作业前，必须对仪器进行检验与校正，即使新仪器也不例外。

3.5.2　经纬仪的检验与校正

在经纬仪检校之前，应先作一般性检验，如三脚架是否稳定完好，仪器与三脚架头的连接是否牢固，仪器各部件有无松动，仪器各螺旋是否灵活有效等。确认性能良好后，可继续进行仪器检校。否则，应查明原因并及时处理。

（一）水准管轴垂直于竖轴的检验与校正

(1) 检验。首先将仪器粗略整平，然后转动照准部使水准管平行于任意两个脚螺旋连线方向，调节这两个脚螺旋使水准管气泡居中，再将仪器旋转 $180°$，如果气泡仍然居中，表明条件满足，否则，需要校正。

(2) 校正。若竖轴与水准管轴不垂直，则如图 3 - 14（a）所示，当水准管轴水平时，竖轴倾斜，且与铅垂线偏离了 α 角。当仪器绕竖轴旋转 $180°$ 后，竖轴不垂直于水准管轴的偏角为2α，如图3-14（b）所示。角2α的大小可由气泡偏离的格数来度量。

(a) (b) (c) (d)

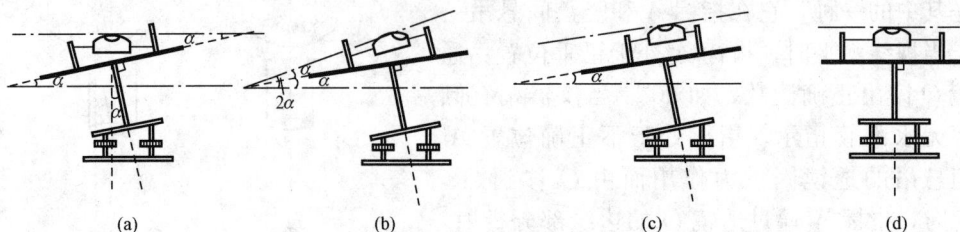

图3-14 水准管轴垂直于竖轴的检验与校正

校正时，先用校正针拨动水准管一端的校正螺丝，使气泡返回偏离量的一半，如图3-14（c）。再转动脚螺旋，使气泡居中，此时水准管轴水平并垂直于竖轴，如图3-14（d）。此项检校需反复进行，直到仪器旋转到任意方向，气泡仍然居中，或偏离不超过一个分划格。

（二）十字丝的竖丝垂直于横轴的检验与校正

（1）检验。用十字丝竖丝的上端或下端精确对准远处一明显的目标点，固定水平制动螺旋和望远镜制动螺旋，用望远镜微动螺旋使望远镜绕横轴作微小转动，如果目标点始终在竖丝上移动，说明条件满足。否则，就需要校正，如图3-15所示。

（2）校正。与水准仪中横丝应垂直于竖轴的校正方法相同，只不过此处应使竖丝竖直。如图3-16所示，微微旋松十字丝环的四个固定螺丝，转动十字丝环，直到望远镜上下俯仰时竖丝与点状目标始终重合为止。最后拧紧各固定螺丝，并旋上护盖。此项检校也需反复进行，直到条件满足。

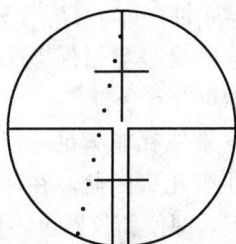

图3-15 十字丝的竖丝垂直于横轴的检验

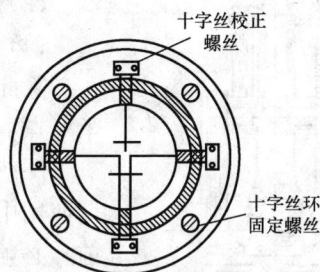

图3-16 十字丝的竖丝垂直于横轴的校正

（三）视准轴垂直于横轴的检验与校正

当望远镜绕横轴旋转时，若视准轴与横轴垂直，视准轴所扫过的面为一垂直于横轴的竖直平面；若视准轴与横轴不垂直，所扫过的面则为圆锥面。

（1）检验。在平坦地面上选择A、B两点，相距约80m，将经纬仪安置在A、B中间的O点处，并在A点设置一瞄准标志，在B点横置一支有毫米刻划的尺子，注意标志和横置的直尺应与仪器同高。以盘左位置瞄准A点，固定照准部，倒转望远镜，在B点横尺上读得B_1点，如图3-17（a）所示。再以盘右位置照准A点，固定照准部，倒转望远镜，在B点横尺上读得B_2点，如图3-17（b）所示。若B_1、B_2两点重合，说明条件满足，否则，需要校正。

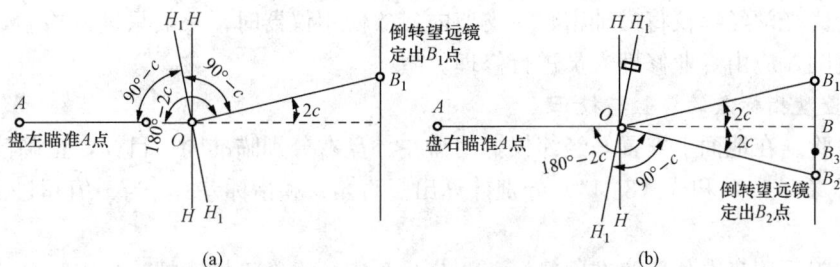

图 3-17 视准轴垂直于横轴的检验与校正

由图 3-17 可以看出，若仪器至横尺的距离为 D，以 m 为单位。则 c 可写成

$$c = \rho \frac{\overline{B_1 B_2}}{4D} \qquad (3-15)$$

$$\rho = 206\ 265''$$

式中 $\overline{B_1 B_2}$——B_1、B_2 两点连线的长度，m；若 $c > 1'$，则必须校正。

（2）校正。校正时，在横尺上定出 B_1、B_2 两点连线中点 B 点的位置，然后定出 B、B_2 两点连线中点 B_3 的位置。此时，取下十字丝环的保护罩，再通过调节十字丝环的校正螺丝，使十字丝交点对准 B_3 点。

（四）横轴垂直竖轴的检验与校正

此项检校的目的是使仪器水平时，望远镜绕横轴旋转所扫过的平面成为竖直状态，而不是倾斜的。

（1）检验。在距墙壁 30m 处安置经纬仪，盘左位置瞄准一明显的目标点 P 点（可事先做好贴在墙面上）如图 3-18 所示，要求望远镜瞄准 P 点时的仰角大于 $30°$。固定照准部，调整竖盘指标水准管气泡居中后，读取竖盘读数 L，然后放平望远镜，在墙上标出十字丝交点所对位置 P_1。盘右位置同样瞄准 P 点，读得竖盘读数 R，放平望远镜后在墙上得出另一点 P_2，P_1、P_2 放在同一高度。若 P_1、P_2 两点重合，说明条件满足。若 P_1、P_2 两点不重合，则需要校正。

（2）校正。如图 3-18 所示，在墙上定出 P_1P_2 的中点 P_M。调节水平微动螺旋使望远镜瞄准 P_M 点，再将望远镜往上仰，此时，十字丝交点必定偏离 P 点而照准 P' 点。校正横轴一端支架上的偏心环，使横轴的一端升高或降低，移动十字丝交点位置，并精确照准 P 点。横轴不垂直于竖轴所构成的倾斜角 i 可通过下式计算

$$i = \frac{\Delta \cot\alpha}{2D} \rho'' \qquad (3-16)$$

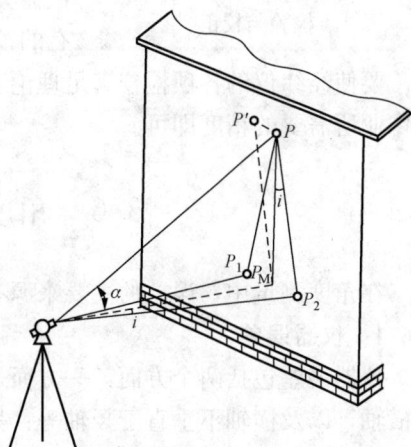

图 3-18 横轴垂直于竖轴的检验与校正

式中 α——瞄准 P 点的竖直角，通过瞄准 P 点时所得的 L 和 R 算出；

D——仪器至建筑物的距离；

Δ——P_1、P_2 的间距。

反复检校，直至 i 角值不大于 $1'$ 为止。

由于近代光学经纬仪将横轴密封在支架内,故使用仪器时,一般只进行检验,如 i 值超过规定的范围,应由专业修理人员进行修理。

(五)竖盘指标差的检验与校正

(1)检验。在地面上安置好经纬仪,用盘左、盘右分别瞄准同一目标,正确读取竖盘读数,并按式(3-13)和式(3-14)分别计算出竖直角 α 和指标差 x。当 x 值超过 $\pm1'$ 时,应加以校正。

(2)校正。用盘右位置照准原目标。调节竖盘指标水准管微动螺旋,使竖盘读数对准正确读数

$$正确读数 R = \alpha + 盘右视线水平时的读数 \qquad (3-17)$$

此时,气泡不再居中,用校正针调节竖盘指标水准管校正螺丝,使气泡居中,注意勿使十字丝偏离原来的目标。应反复检校,直至指标差在 $\pm1'$ 以内为止。

(六)光学对中器的检验与校正

检校的目的是使光学对中器的视准轴与仪器旋转轴(竖轴)重合,即仪器对中后,绕竖轴旋转至任何方向仍然对中。

(1)检验。先安置好仪器,整平后在仪器正下方放置一块白色纸板,将光学对中器分划板中心投影到纸板上,如图3-19(a)所示,并作一标志点 P。然后,将照准部旋转180°,

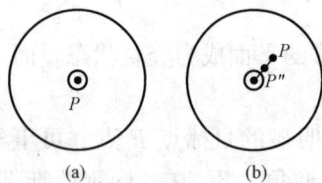

若 P 点仍在光学对点器分划圈内,说明条件满足,否则需校正。

(2)校正。在纸板上画出分划圈中心与 P 点的连线,取中点 P''。通过调节对点器上相应的校正螺钉,使 P 点移至 P'',如图3-19(b)所示。反复1到2次,直到照准部旋转到任何位置时,目标都落在分划圈中心为止。要注意的是,仪器类型不同,校正部位也不同,有的校正直角转向棱镜,有的校正光学对点器分划板,有的两者均可校正。

图 3-19 光学对中器的
检验与校正

要使经纬仪的各项检校满足理论上的要求是相当困难的,在实际检校中,只要求达到实际作业所需要的精度即可。

3.6 角度测量误差与注意事项

在角度测量中,误差的主要来源有仪器误差、观测误差,以及外界条件的影响。

3.6.1 仪器误差

仪器误差包括两个方面:一方面是仪器检校不完善所引起的残余误差,如视准轴不垂直于横轴,以及横轴不垂直于竖轴等;另一方面是由于仪器制造加工不完善所引起的误差,如度盘偏心差、度盘刻划误差等。

(1)视准轴不垂直于横轴的误差。视准轴不垂直于横轴的误差,也称视准差,其对水平方向观测值的影响为 $2c$。可以通过盘左、盘右两个位置观测取平均值,来消除视准差的影响。

(2)横轴不垂直于竖轴的误差。横轴不垂直于竖轴的误差,常称为支架差,与视准差一样,也可通过盘左、盘右观测取平均值,来消除支架差的影响。

（3）竖轴倾斜误差。由于水准管轴应垂直于仪器竖轴的校正不完善而引起竖轴倾斜误差。此项误差不能用盘左盘右取平均值的方法来消除。这种残余误差的影响与视线竖直角的正切成正比。因此，在观测前应严格检校仪器，观测时仔细整平，在观测过程上，要特别注意仪器的整平。在山区进行测量时，更应特别注意水准管轴垂直于竖轴的检校。

（4）度盘偏心差。度盘偏心差主要是度盘加工及安装不完善引起的。造成照准部旋转中心 C_1 与水平度盘分划中心 C 不重合，导致读数指标所指的读数含有误差。如图 3-20 所示。若 C 和 C_1 重合，瞄准目标 A、B 时正确读数为 a_L、b_L、a_R、b_R。若不重合，则读数为 a'_L、b'_L、a'_R、b'_R。比正确读数改变了 x_a、x_b。

采用对径分划符合读数可以消除度盘偏心差的影响。对于单指标读数的仪器，可通过盘左、盘右取平均值的方法来消除此项误差的影响。

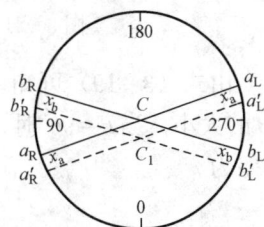

图 3-20 度盘偏心差

（5）度盘刻划误差。度盘刻划误差是由于度盘的刻划不完善引起的。这项误差一般较小。在高精度角度测量时，多个测回之间按一定方式变换度盘起始位置的读数，可以有效地削弱度盘刻划误差的影响。

3.6.2 观测误差

（一）仪器对中误差

在测角时，若经纬仪对中有误差，将使仪器中心与测站点不在同一铅垂线上，造成测角误差。如图 3-21 所示，设 O 为测站点，A、B 为两目标点。由于仪器存在对中误差，仪器中心偏至 O'，偏离量 OO' 为 e，β 为无对中误差时的正确角度，β' 为有对中误差时的实测角度。设 $\angle AO'O$ 为 θ，测站 O 至 A、B 的距离分别为 D_1、D_2。由于对中误差所引起的角度偏差为

$$\Delta\beta = \beta' - \beta, \varepsilon_1 \approx \frac{\rho}{D_1}e\sin\theta, \varepsilon_2 \approx \frac{\rho}{D_2}e\sin(\beta'-\theta)$$

$$\varepsilon = \varepsilon_1 + \varepsilon_2 = \rho e\left[\frac{\sin\theta}{D_1} + \frac{\sin(\beta'-\theta)}{D_2}\right] \tag{3-18}$$

式中 ρ——等于 206 265″。

从上式可知，对中误差的影响与偏心距 e 成正比，e 愈大，$\Delta\beta$ 愈大；与边长成反比，边愈短，误差愈大；与水平角的大小有关，θ、$\beta'-\theta$ 愈接近 90°，误差愈大。当 $e=3$mm，$\theta=90°$，$\beta'=180°$，$D_1=D_2=100$m 时，由对中误差引起的偏差 ε 为

$$\varepsilon = \varepsilon_1 + \varepsilon_2 = \rho e\left(\frac{1}{D_1} + \frac{1}{D_2}\right) = 12.4″$$

因此，在观测目标较近或水平角接近 180°时，应特别注意仪器对中。

（二）目标偏心误差

目标偏心误差是由于标杆倾斜引起的。如图 3-22 所示，O 为测站点，A、B 为目标点。若立在 A 点的标杆是倾斜的，在水平角观测中，因瞄准标杆的顶部，则投影位置由 A 偏离至 A'，产生偏心距，所引起的角度误差为

$$\Delta\beta = \beta - \beta' = \frac{\rho''e}{S}\sin\theta \tag{3-19}$$

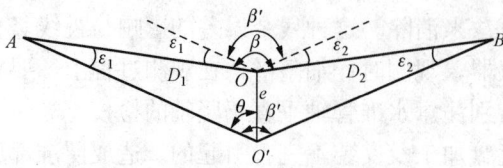

图 3-21　仪器对中误差　　　　　　　　　图 3-22　目标偏心误差

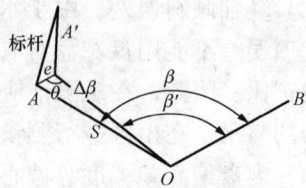

由式（3-19）可知，$\Delta\beta$ 与偏心距 e 成正比，与距离 S 成反比。偏心距的方向直接影响 $\Delta\beta$ 的大小，当 $\theta=90°$ 时，$\Delta\beta$ 最大。当 $e=10\text{mm}$，$S=50\text{m}$，$\theta=90°$ 时，目标偏心引起的角度误差为

$$\Delta\beta = \beta - \beta' = \frac{\rho''e}{S}\sin\theta = 41.3''$$

由以上可知，当目标较近时，目标偏心差对水平角的影响较大。因此，在竖立标杆或其他照准标志时，应立在通过测点的铅垂线上。观测时，望远镜应尽量瞄准目标的底部。

（三）仪器整平误差

角度观测时若气泡不居中，导致竖轴倾斜而引起的角度误差，不能通过改变观测方法来消除。因此，在观测过程中，必须保持水平度盘水平、竖轴竖直。在同一测回内，若气泡偏离超过 2 格，应重新整平仪器，并重新观测该测回。

（四）照准误差

测角时人眼通过望远镜瞄准目标而产生的误差称照准误差。照准误差与望远镜的放大率，人眼的分辨能力，目标的形状、大小、颜色、亮度和清晰度等因素有关。一般可用下式计算

$$m_V = \pm\frac{60''}{v} \tag{3-20}$$

式中　v——望远镜的放大率。

（五）读数误差

读数误差与读数设备、观测者的经验及照明情况有关，其中主要取决于读数设备。对于采用分微尺读数系统的经纬仪，读数中误差为测微器最小分划值的 1/10，因而对 DJ₆ 经纬仪一般不超过 $\pm6''$，对 DJ₂ 经纬仪一般不超过 $\pm1''$。但如果照明情况不佳，观测者技术不够熟练或显微镜目镜的焦距未调好，估读误差可能大大超过上述数值。

3.6.3　外界条件的影响

外界环境对测角精度有直接的影响，且比较复杂，一般难以由人力来控制。如大风、烈日曝晒、松软的土质可影响仪器和标杆的稳定性；雾汽会使目标成像模糊；温度变化会引起仪器各轴线轴位置变化；大气折光变化致使视线产生偏折等等。这些都会给角度测量带来误差。因此，应选择有利有观测条件，尽量避免不利因素对角度测量的影响。

3.7　其他经纬仪简介

3.7.1　DJ₂ 光学经纬仪

DJ₂ 光学经纬仪与 DJ₆ 光学经纬仪相比，在结构上除望远镜的放大倍数较大，照准部水准管的灵敏度高，度盘格值较小外，主要表现在读数设备的不同。由于 DJ₂ 光学经纬仪精度

较高，常用于国家三、四等三角测量和精密工程测量。图 3 - 23 所示是苏州第一光学仪器厂生产的 DJ₂ 光学经纬仪的外型。

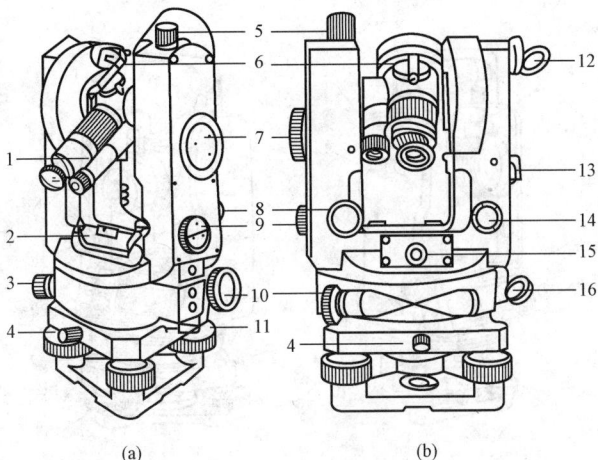

图 3 - 23   DJ₂ 光学经纬仪

1—读数显微镜；2—照准部水准管；3—水平制动螺旋；
4—轴座连接螺旋；5—望远镜制动螺旋；6—瞄准器；
7—测微轮；8—望远镜微动螺旋；9—换像手轮；
10—水平微动螺旋；11—水平度盘位置变换手轮；
12—竖盘照明反光镜；13—竖盘指标水准管；
14—竖盘指标水准管微动螺旋；15—光学
对点器；16—水平度盘照明反光镜

DJ₂ 光学经纬仪采用的是对径分划线影像符合的读数（又称为双指标读数）设备。它将度盘上相对 180°的分划线，经过一系列棱镜和透镜的反射与折射，同时显现在读数显微镜中，采取对径符合和测微显微镜原理进行读数。如图 3 - 24 所示，这种读数窗采用了数字化读数。其右下方为分划线重合窗；右上方读数窗中上面的数字为整度值，凸出的小方框中所注数字为整 10′。测微尺读数窗中左边注记数字为分，右边注记为整 10″数。观测读数步骤如下：

（1）转动测微轮，使分划线重合窗中上、下分划线重合，见图 3 - 24 （b）；

（2）在读数窗中读出度数；在小方框中读出整 10′数；在测微尺读数窗中读出分、秒数；

（3）将以上读数相加即为度盘读数。图 3 - 24 （b）中读数为 96°37′15.7″。

在 DJ₂ 光学经纬仪的读数窗中，一般只能看到水平度盘或竖直度盘中的一种影像，如果需要读另一种影像时，必须转动换像手轮。

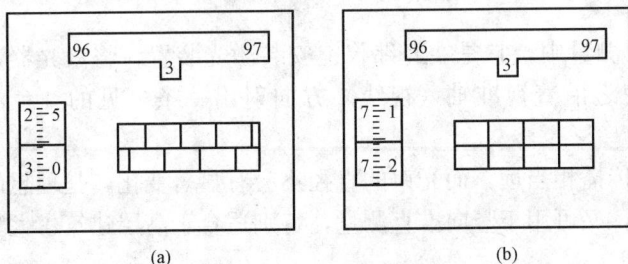

图 3 - 24   DJ₂ 光学经纬仪读数窗

3.7.2   电子经纬仪

电子经纬仪是一种运用光电元件实现了测角自动化、数字化的新一代电子测角仪器，由于它是在光学经纬仪的基础上发展起来的，所以整体结构与光学经纬仪有许多相似的地方。其主要特点是：

（1）采用电子测角系统，能自动显示测量结果，提高了工作效率，减轻了劳动强度。

（2）采用积木式结构，可与光电测距仪组成全站型电子速测仪，配合适当的接口，可将电子手簿记录的数据输入计算机，从而实现数据处理和绘图自动化。

电子测角系统仍然是采用度盘来进行。与光学经纬仪测角不同的是，电子测角先从度盘上取得电信号，再将电信号转换成角度，以数字方式显示在显示器上，并记入存储器。根据取得信号的方式不同，电子测角度盘又可分为光栅度盘测角、编码度盘测角和电栅度盘测角等。

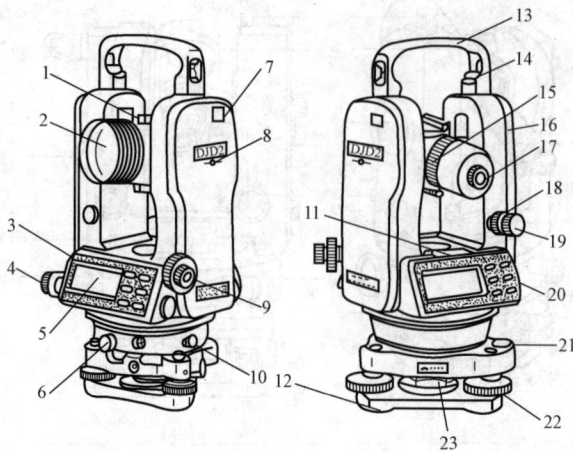

图 3-25 电子经纬仪

1—瞄准器；2—物镜；3—水平制动手轮；4—水平微动手轮；
5—液晶显示器；6—下水平制动手轮；7—通信接口（与红外
测距仪连接）；8—仪器中心标记；9—光学对点器望远镜；
10—RS—232C 通信接口；11—管水准器；12—底板；
13—手提把；14—手提固定螺丝；15—物镜调焦手轮；
16—电池；17—目镜；18—垂直制动手轮；19—
垂直微动手轮；20—操作键；21—圆水准器；
22—脚螺旋；23—基座固定扳把

图 3-25 所示为北京拓普康仪器有限公司推出的 DJD_2 电子经纬仪，该仪器采用光栅度盘测角，水平、竖直角度显示读数分辨率为 $1''$，测角精度可达 $2''$。该仪器装有液晶显示窗和操作键盘。键盘上有 6 个键，可发出不同指令。液晶显示窗中可同时显示提示内容、竖直角（V）和水平角（H_R）。

DJD_2 装有倾斜传感器，当仪器竖轴倾斜时，仪器会自动测出并显示其数值，同时显示对水平角和竖直角有误差的自动校正。仪器的自动补偿范围为 $\pm 3'$。

在 DJD_2 仪器支架上可以加装红外测距仪组成组合式电子全站仪，再连接电子手簿或掌上电脑，就能同时显示和记录水平角、竖直角、水平距离、斜距、高差和计算点的坐标和高程等。

3.7.3 激光经纬仪

激光经纬仪主要应用于各种施工测量中，它是在经纬仪上安装激光装置，将激光器发出的激光束导入经纬仪望远镜内，使之沿着视准轴（视线）方向射出一条可见的红色激光束。

激光经纬仪提供的红色激光束可传播相当远，而光束的直径不会有显著变化，是理想的定位基准线。既可用于一般准直测量，又可用于竖向准直测量，特别适合于高层建筑、大型塔架、港口、桥梁等工程的施工。

图 3-26 所示为苏州第一光学仪器厂生产的 J_2—JD 激光经纬仪。它是在 J_2 光学经纬仪的基础上，装上氦—氖激光器及激光电源箱等部件组成。

使用激光经纬仪时，应特别注意以下事项：

（1）电源线的连接要正确，特别要注意正负极不要接反，并预热半小时，以改善激光束的漂移。

（2）使用完毕，先关上电源开关，待指示灯熄灭，激光器停止工作后，再拉开电源。

（3）长期不使用仪器时，应每月通电一次，使激光器点亮半小时。仪器若发生故障，须由熟悉仪器结构者修理或送修理部门修复，不要轻易拆卸仪器零件。

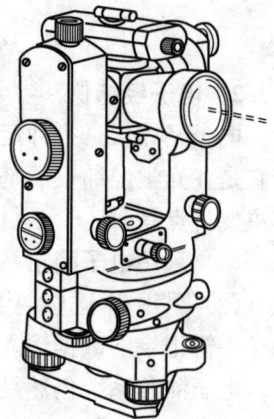

图 3-26 激光经纬仪

思 考 题

3-1 何谓水平角？"一点至两目标点视线的夹角为水平角"的说法是否正确？为什么？

3-2 何谓竖直角？"一点至一目标点视线与水平视线的夹角为竖直角"的说法是否正确？为什么？

3-3 经纬仪的安置包括哪几个步骤？简述其操作过程。

3-4 经纬仪对中、整平的目的是什么？

3-5 若计划观测某水平角四个测回，则各个测回起始方向读数应配置为多少？

3-6 整理表 3-5 中用测回法观测水平角的记录。

表 3-5　　　　　　　　　　　　　思考题 3-6 表

测 站	竖盘	目标	水平度盘读数 (° ′ ″)	半测回角值 (° ′ ″)	一测回角值 (° ′ ″)	各测回平均角值 (° ′ ″)	备 注
第一测回 O	左	M	0 00 06				
		N	78 48 54				
	右	M	180 00 36				
		N	258 49 06				
第二测回 O	左	M	90 00 12				
		N	168 49 06				
	右	M	270 00 30				
		N	348 49 12				

3-7 整理表 3-6 中用方向观测法观测水平角的记录。

表 3-6　　　　　　　　　　　　　思考题 3-7 表

测回数	测站	目标	水平度盘读数 盘左 (° ′ ″)	盘右 (° ′ ″)	2c (″)	平均读数 (° ′ ″)	归零方向值 (° ′ ″)	各测回平均方向值 (° ′ ″)	水平角值 (° ′ ″)	备注
1	O	A	0 02 36	180 02 36						
		B	70 23 36	250 23 42						
		C	228 19 24	48 19 30						
		D	254 17 54	74 17 54						
		A	0 02 30	180 02 36						
		Δ								
2	O	A	90 03 12	270 03 12						
		B	160 24 06	340 23 54						
		C	318 20 00	138 19 54						
		D	344 18 30	164 18 24						
		A	90 03 18	270 03 12						
		Δ								

3-8 整理表3-7中的竖直角观测记录。

表 3-7 思考题 3-8 表

测 站	目 标	竖盘位置	竖盘读数 (° ′ ″)	半测回竖直角 (° ′ ″)	指标差 (″)	一测回竖直角 (° ′ ″)	备 注
O	1	左	74 18 18				
		右	285 42 00				
	2	左	96 32 48				
		右	263 27 30				

3-9 何谓竖盘指标差？怎样用它衡量竖直角观测成果是否合格？

3-10 经纬仪有哪些主要轴线？各轴线之间应满足什么几何条件？

3-11 角度观测有哪些误差？我们在测角时应注意哪些问题？

3-12 测角时哪些误差可通过采用盘左盘右观测取平均值的方法予以消除？

第 4 章　距离测量与直线定向

[导言] 通过本章学习，掌握钢尺量距、普通视距测量、光电测距的基本操作方法和成果计算方法，了解直线定向和坐标方位角的基本概念，掌握坐标方位角的推算方法。

　　水平面上两点之间的距离称为水平距离（简称平距），不同高度上两点之间的距离称为倾斜距离（简称斜距）。

　　距离测量是测量的基本工作之一，这里所谓的距离是指两点间的水平长度。

　　距离测量按使用的仪器和工具的不同，主要分为钢尺量距、视距测量、电磁波测距。

4.1　钢　尺　量　距

4.1.1　量距工具

　　(1) 钢尺。钢尺是用薄钢片制成的带状尺，可卷入金属圆盒内，故又称钢卷尺，如图 4-1 所示。尺宽约 10～15mm，长度有 20、30m 和 50m 等几种。根据尺的零点位置不同，有端点尺和刻线尺之分，如图 4-2 所示。

图 4-1　钢尺

图 4-2　端点尺和刻线尺

(a) 端点尺；(b) 刻线尺

　　钢尺的优点：钢尺抗拉强度高，不易拉伸，所以量距精度较高，在工程测量中常用钢尺量距。

　　钢尺的缺点：钢尺性脆，易折断，易生锈，使用时要避免扭折、防止受潮。

　　(2) 测钎。测钎一般用钢筋制成，上部弯成小圆环，下部磨尖，直径 3～6mm，长度 30～40cm。钎上可用油漆涂成红、白相间的色段。通常 6 根或 11 根系成一组。量距时，将测钎插入地面，用以标定尺端点的位置，亦可作为近处目标的瞄准标志。

　　(3) 花杆。花杆多用木料或铝合金制成，直径约 3cm、全长有 2、2.5m 及 3m 等几种规格。杆上漆成红、白相间的 20cm 色段，非常醒目，花杆下端装有尖头铁脚，便于插入地面，作为照准标志。

（4）垂球、弹簧秤和温度计等。垂球用金属制成，上大下尖呈圆锥形，上端中心系一细绳，悬吊后，垂球尖与细绳在同一垂线上。它常用于在斜坡上丈量水平距离。

拉力计和温度计等将在精密量距中应用。

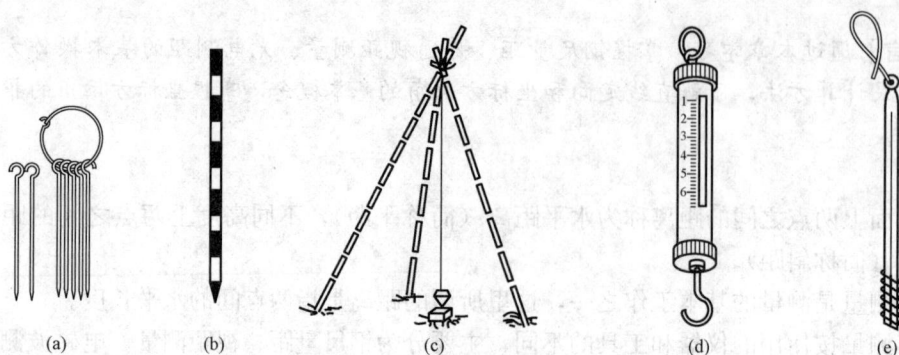

图 4-3　钢尺量距的辅助工具
(a) 测钎；(b) 花杆；(c) 垂球；(d) 拉力计；(e) 温度计

4.1.2　钢尺量距的一般方法

（一）不超过一个尺长的距离丈量

（1）平坦地区的丈量方法。如图 4-4 (a) 所示，当地面比较平坦，且待测距离不超过一个尺长时，两人可将钢尺抽出展开，沿地面将钢尺拉直拉平直接丈量，对准线段起点 A 和终点 B 分别读取尺上读数 M、N，则 A、B 两点的水平距离为

$$D = N - M \qquad\qquad (4-1)$$

显然，当将钢尺零点对准起点 A 时，则终点 B 的读数即为其平距。

（2）地面高低不平的丈量方法。如图 4-4 (b) 所示，当地面倾斜（A 点高、B 点低），且待测距离不超过一个尺长时，两人可将钢尺抽出展开，A 点操作人员将钢尺某一分划线对准 A 点，B 点操作人员将钢尺抬起、拉直、拉平，并吊一垂球，当垂球尖对准 B 点时读取尺上读数，通过 A、B 两尺上读数即可求得其平距。

显然，当地面高低不平时，为了能量得水平距离，前、后尺手（操作人员）要同时抬高并拉紧尺子，使尺悬空水平，同时各吊一垂球投点对点并进行读数。

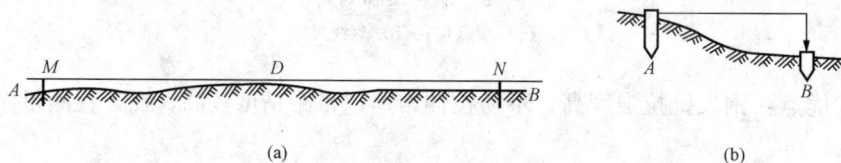

图 4-4　不超过一个尺长的距离丈量示意图

（二）超过一个尺长或地形起伏时的距离丈量

如图 4-5 所示，当待量距离超过一个尺长时，可先进行直线定线，将其分成若干段，然后分段进行丈量，最后各段相加即可测得其平距。

若地面起伏坡度较小，可将尺子拉平丈量，即平量法，见图 4-6 (a)。一般使尺子一端靠地，另一端将垂球线拴在钢尺的某分划线上，使垂球自由下坠，做出标志。各测段丈量结果总和即为 AB 间的水平距离。

若地面坡度较大，可直接量出 AB 的斜距 S，测定 AB 的高差 h（可用水准测量方法求得），即斜量法，见图 4-6（b）。然后按式（4-2）计算 AB 的水平距离 D。

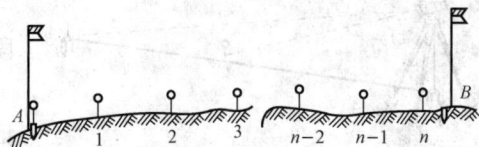

图 4-5　超过一个尺长时的距离丈量

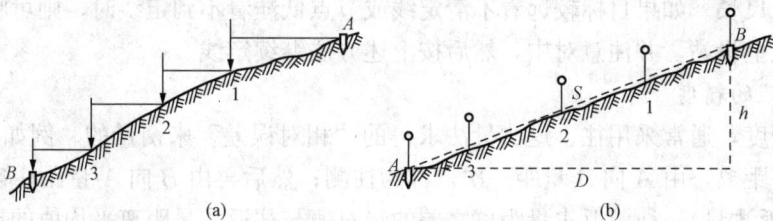

图 4-6　倾斜地面的距离丈量

$$D = \sqrt{S^2 - h^2} \quad \text{或} \quad D = S + \Delta D_h$$

其中 ΔD_h 称为倾斜改正

$$\Delta D_h = -\frac{h^2}{2S} \qquad\qquad (4-2)$$

其证明过程如下

$$S^2 - D^2 = h^2, \quad (S-D)(S+D) = h^2, \quad S - D = \frac{h^2}{S+D}$$

由于高差与距离相比总是较小的，上式分母中的（$S+D$）可以用 $2S$ 代替，于是得到式（4-2）。

所谓直线定线，就是在地面两点连线上定出若干点的位置，以便分段丈量。按精度要求不同，分为目视定线和经纬仪定线两种。

（1）目测定线。若定线精度要求不高时，一般采用目测定线法。如图 4-7 所示，若欲量 A、B 两点间的距离，先在 A、B 两点上立好花杆，定线者应在 A 点（或 B 点）后 1～2m 处瞄准并指挥另一个人左右移动花杆，直到三个花杆在一条直线上，然后将花杆插下。直线定线一般由远到近。

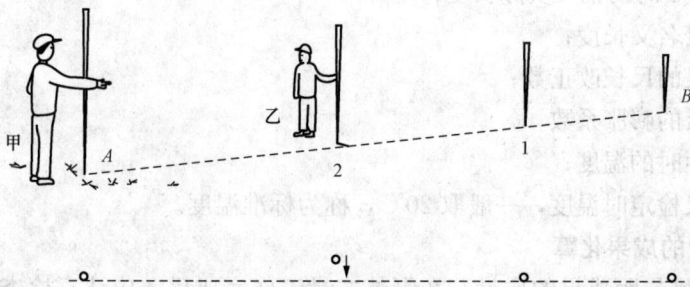

图 4-7　目测定线

（2）经纬仪定线。如果定线精度要求较高，可用经纬仪定线。如图 4-8 所示，欲在线段 AB 上定出 C 点的位置，可由甲安置经纬仪于 A 点，用望远镜照准 B 点，固定水平制动螺旋，此时甲通过望远镜利用竖直的视准面，指挥乙移动测钎，当测钎移动至与十字丝竖丝重合时竖直地插下即完成 C 点的标定（可将测钎插于地面当作标记，也可直接在地面上画一"＋"字作为标记）。同法可定出其他各分段点。

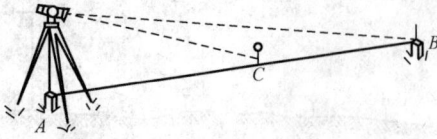

图 4-8 经纬仪定线

分段点的多少，要视待量线段的长短和具体地形情况而定。总的原则是：在便于量距的前提下，分段点尽量少，以减小测量误差；但每段都不能超过一个尺长。如果目标较远看不清定线或节点低洼看不到定线时，则可将经纬仪搬到已确定的节点上设站，并注意对中，然后按上述方法继续定线。

（三）量距的精度

量距的精度，通常采用往、返丈量法求得的"相对误差"来衡量的。例如，丈量 A、B 两点间的水平距离，由 A 向 B 量距一次，称为往测；然后再由 B 向 A 量距一次，称为返测（合称为往、返丈量）。往、返丈量距离之差的绝对值与往返丈量距离平均值的比值，称为量距的相对误差，一般用 K 表示（要化成分子为 1 的分数形式）。

例如，一线段往测长为 288.788m，返测长为 288.688m，则其相对误差为

$$K = \frac{|D_{往} - D_{返}|}{D_{平均}} = \frac{|288.788 - 288.688|}{288.738} \approx \frac{1}{2800} \tag{4-3}$$

一般规定，在平坦地区，钢尺量距的相对误差应不大于 1/3000；在量距困难的地区，其相对误差也不应大于 1/1000。量距结果如能符合此要求，则认为精度合格，取往、返测距离的平均值作为该两点间的最终结果；否则应进行重测，直至满足精度要求为止。

4.1.3 钢尺检定

由于钢尺的制造误差及长期使用会产生变形等原因，钢尺的名义长度与实际长度会不一致，因此，在精密量距前应由专门计量单位对钢尺进行检定。钢尺检定时应保持恒温。钢尺检定常使用平台法。即将钢尺放在长度为 30m（或 50m）的水泥平台上，并在平台两端安装施加拉力的支架，给钢尺施加标准拉力（100N），然后用标准尺量测被检定的钢尺，则可得到在标准温度及拉力下的实际长度，最后给出尺长随温度变化的函数式，称之为尺长方程

$$l_t = l_0 + \Delta k + \alpha(t - t_0)l_0 \tag{4-4}$$

式中　l_t——温度 t 时的钢尺实际长度；

　　　l_0——钢尺名义长度；

　　　Δk——钢尺的尺长改正数；

　　　α——钢尺的膨胀系数；

　　　t——量距时的温度；

　　　t_0——钢尺检定时温度，一般取 20℃，称为标准温度。

4.1.4 钢尺量距的成果化算

为了保证钢尺量距成果的质量，在野外丈量工作完成后，应认真检查量距记录是否符合各项限差规定，是否齐全，计算有无错误等。在确认原始记录合格后，方可进行各项计算。

距离丈量的目的是要获得地面两点之间的水平距离，由于所使用钢尺本身的尺长误差，温度也不一定是标准温度，各尺段及所丈量的两点也不一定水平。因此，必须对丈量的结果

进行尺长改正、温度改正和倾斜改正，才能计算出准确的水平距离。

（一）尺长改正

每根钢尺在作业前都要经过检定并求得尺长方程式。因此，每根钢尺的尺长改正数 Δk 是已知的。如果丈量的距离为 S，则该段距离的尺长改正数 ΔD_k 应为

$$\Delta D_k = \frac{\Delta k}{l_0} \times S \tag{4-5}$$

（二）温度改正

尺长方程式中的尺长改正数是在标准温度下所得的数值，但具体丈量时其实际温度一般与标准温度不同，因此作业时的温度与标准温度的差值对尺长的影响数值就是温度改正。若设 t 为丈量时的平均温度，则丈量全长 S 的温度改正数应为 ΔD_t

$$\Delta D_t = S(t-20)\alpha \tag{4-6}$$
$$\alpha = 1.25 \times 10^{-5} \,℃^{-1}$$

式中　α——钢尺膨胀系数。

（三）倾斜改正

倾斜改正的计算见式（4-2）。倾斜改正数恒为负值，若分段丈量距离，每尺段的倾斜改正数累加起来就是全长倾斜改正数。

由此，可根据测得地面两点的距离 S，再加上上述的三项改正数，即可得到地面两点间的水平距离 D 为

$$D = S + \Delta D_k + \Delta D_t + \Delta D_h \tag{4-7}$$

【例 4-1】 如图 4-6（b）所示，用尺长方程为 $l_t = 30 + 0.0025 + 1.25 \times 10^{-5} \times (t-20) \times 30$ 的钢尺实测 AB，长度 $S = 29.896$m，AB 两点间高差 $h = 0.272$m，测量时的温度 $t = 25.8℃$，试求 AB 的水平距离。

解 （1）尺长改正

$$\Delta D_k = \frac{\Delta k}{l_0} \times S = \frac{0.0025}{30} \times 29.896 = 0.0025\text{m}$$

（2）温度改正

$$\Delta D_t = S(t-20)\alpha = 29.896 \times (25.8-20) \times 1.25 \times 10^{-5} = 0.0022\text{m}$$

（3）倾斜改正

$$\Delta D_h = -\frac{h^2}{2S} = -\frac{0.272^2}{2 \times 29.896} = -0.0012\text{m}$$

（4）$A—B$ 尺段水平距离

$$D = S + \Delta D_k + \Delta D_t + \Delta D_h = 29.896 + 0.0025 + 0.0022 + (-0.0012) = 29.900\text{m}$$

4.1.5　钢尺量距的误差分析及其注意事项

（1）尺长误差。钢尺的名义长度和实际长度不符，产生尺长误差。尺长误差是积累性的，它与所量距离成正比。

（2）定线误差。丈量时钢尺偏离定线方向，将使测线成为一折线，导致丈量结果偏大，这种误差称为定线误差。

（3）拉力误差。钢尺有弹性，受拉会伸长。钢尺在丈量时所受拉力应与检定时拉力相同。设钢尺长 30m，如果拉力变化±26N，尺长将改变±1mm。一般量距时，只要保持拉力均匀即可。精密量距时，必须使用拉力计。

（4）钢尺垂曲误差。钢尺悬空丈量时中间下垂，称为垂曲，由此产生的误差为钢尺垂曲误差。垂曲误差会使量得的长度大于实际长度，故在钢尺检定时，亦可按悬空情况检定，得出相应的尺长方程式。在成果整理时，按此尺长方程式进行尺长改正。

（5）钢尺不水平的误差。用平量法丈量时，钢尺不水平，会使所量距离增大。对于30m的钢尺，如果目估尺子水平误差为0.5m（倾角约1°），由此产生的量距误差为4mm。因此，用平量法丈量时应尽可能使钢尺水平。

精密量距时，测出尺段两端点的高差，进行倾斜改正，可消除钢尺不水平的影响。

（6）丈量误差。钢尺端点对不准、测钎插不准、尺子读数不准等引起的误差都属于丈量误差。这种误差对丈量结果的影响可正可负，大小不定。在量距时应尽量认真操作，以减小丈量误差。

（7）温度改正。钢尺的长度随温度变化，丈量时温度与检定钢尺时温度不一致，或测定的空气温度与钢尺温度相差较大，都会产生温度误差。所以，精度要求较高的丈量，应进行温度改正，并尽可能用点温计测定尺温，或尽可能在阴天进行，以减小空气温度与钢尺温度的差值。

4.2 视 距 测 量

用有视距装置的仪器和标尺，根据光学和三角测量的原理，测定测站到目标点水平距离和高差的方法，称之为视距测量。

按视距测量的精度视距测量可分为精密视距测量和普通视距测量。在目前电磁波测距普及的情况下，主要使用的是普通视距测量。普通视距测量同钢尺量距测量相比，具有速度快、劳动强度小和受地形条件限制小等优点。但其测距精度较低，相对精度一般为1/300，但在地形测图中有着广泛的应用。

经纬仪、水准仪等光学仪器的望远镜都有与横丝平行、上下等距对称的两根短横丝，称为视距丝。利用视距丝配合标尺就可以进行视距测量。

4.2.1 视准轴水平时的视距计算公式

如图4-9所示，在A点安置仪器，并使视准轴水平，在1点和2点立标尺，视准轴与标尺垂直。对于倒像望远镜，下丝在标尺上读数为a，上丝在标尺上读数为b，上、下丝读数之差称为视距间隔或尺间隔l（$l=a-b$）。由于上、下丝间距固定，两根视距丝引出的视线在竖直面内的夹角φ是一个固定角度（$34'23''$）。因此，尺间隔l和立尺点到测站的水平距离D成正比，即

$$\frac{D_1}{l_1} = \frac{D_2}{l_2} = K$$

比例系数K称为视距乘常数，由上、下丝的间距来决定。制造仪器时通常使$K=100$。因而视准轴水平时的视距公式为

$$D = Kl = 100l \qquad (4-8)$$

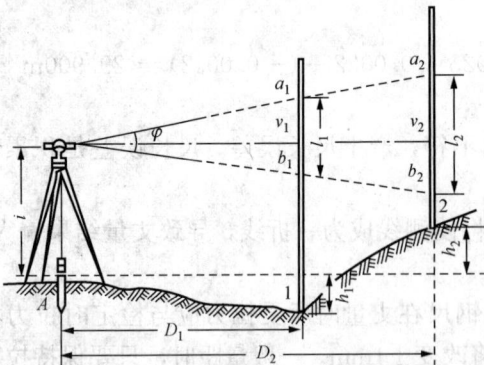

图4-9 视线水平时的视距测量

同时，由图4-9可知，测站点到立尺点的

高差为

$$h = i - v \qquad (4-9)$$

式中　i——仪器高,是桩顶到仪器水平轴的高度;

　　　v——中丝在标尺上的读数。

4.2.2　视准轴倾斜时的视距计算公式

在地面起伏较大的地区测量时,必须使视准轴倾斜才能读取尺的间隔,如图 4-10 所示。由于视准轴不垂直于标尺,不能使用式(4-8)和式(4-9)计算距离。如果能将尺间隔 ab 转换成与视准轴垂直的尺间隔 $a'b'$,则可以按式(4-8)计算倾斜距离 S,根据 S 和竖直角 α 算出水平距离 D 和高差 h。

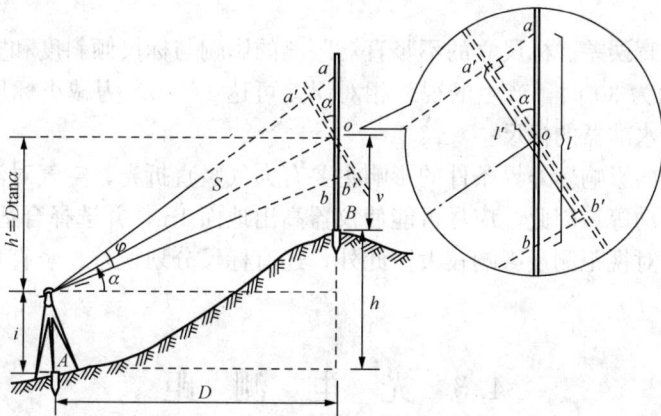

图 4-10　视准轴倾斜时的视距测量

图 4-10 中的 $\angle aoa' = \angle bob' = \alpha$,由于 φ 角很小,可近似认为 $\angle aa'o = \angle bb'o = 90°$,设 $l' = a'b'$,$l = ab$,则

$$l' = a'o + ob' = ao \cdot \cos\alpha + ob \cdot \cos\alpha = l \cdot \cos\alpha$$

根据式(4-8)得倾斜距离为

$$S = Kl' = Kl \cdot \cos\alpha$$

视准轴倾斜时的视距公式为

$$D = S \cdot \cos\alpha = Kl \cdot \cos^2\alpha \qquad (4-10)$$

由图 4-10 可知,测站到立尺点的高差为

$$h = D \cdot \tan\alpha + i - v \qquad (4-11)$$

或

$$h = \frac{1}{2}Kl \cdot \sin2\alpha + i - v$$

4.2.3　视距测量的观测和计算

实测时,如图 4-10 所示,安置仪器于 A 点,量出仪器高 i,转动照准部瞄准 B 点视距尺,分别读取上、下、中三丝的读数 a,b,v,计算视距间隔 $l = a - b$。再使竖盘指标水准管气泡居中(如为竖盘指标自动补偿装置的经纬仪则无此项操作),读取竖盘读数,并计算竖直角 α。最后按式(4-10)和式(4-11)用计算器计算出水平距离和高差。

【例 4-2】　如图 4-10 所示,在 A 点量取经纬仪高度 $i = 1.400\text{m}$,望远镜照准 B 点标尺,中丝、上丝、下丝读数分别为 $v = 1.400\text{m}$,$b = 1.242\text{m}$,$a = 1.558\text{m}$,$\alpha = 3°27'$,试求

A、B 两点间的水平距离和高差。

解 （1）尺间隔　　　$l=a-b=1.558-1.242=0.316\text{m}$

（2）水平距离　　　$D=Kl\cos^2\alpha=100\times0.316\times\cos^2 3°27'=31.49\text{m}$

（3）高差　　　　　$h=D\tan\alpha+i-v$

$\qquad\qquad\qquad=31.49\text{m}\times\tan3°27'+1.40\text{m}-1.40\text{m}$

$\qquad\qquad\qquad=1.90\text{m}$

4.2.4 视距测量误差及其注意事项

（1）读数误差。读数误差直接影响尺间隔 l，当视距乘常数 $K=100$ 时，读数误差将扩大 100 倍地影响距离测定。如读数误差为 1mm，则对距离的影响为 0.1m。因此，读数时应注意消除视差。

（2）标尺不竖直误差。标尺立的不竖直对距离的影响与标尺倾斜度和竖直角有关。当标尺倾斜 1°，竖直角为 30°时，产生的视距相对误差可达 1/100。为减小标尺不竖直误差的影响，应选用安装圆水准器的标尺。

（3）外界条件的影响。外界条件的影响主要有大气竖直折光、空气对流使标尺成像不稳定、风力使尺子抖动等。因此，应尽可能使仪器高出地面 1m，并选择合适的天气作业。

上述三种误差对视距测量影响较大。此外，还有标尺分划误差、竖直角观测误差、视距常数误差等。

4.3 光 电 测 距

光电测距是用光波（可见光、红外光）作为载波，通过测定光波在测线两端点间往返传播的时间来测量距离。与传统的钢尺量距和视距测量相比，电磁波测距具有测程远、精度高、速度快、工作强度低、受地形限制少等优点，因而在测量工作中得到广泛应用。

4.3.1 光电测距仪的基本原理

光电测距仪是通过测量光波在待测距离 D 上往、返传播的时间 t_{2D} 来计算待测距离 D 的。如图 4-11 所示，在 A 点安置测距仪，B 点安置反射棱镜，测距仪发射的光波经棱镜反射后，被测距仪所接收，测量出光波在 A、B 之间往、返传播的时间 t_{2D}。利用光波在空气中的传播速度为已知这一特性。则 A、B 两点之间的距离 D 为

$$D=\frac{1}{2}ct_{2D} \qquad (4-12)$$

式中　c——光在大气中的传播速度，约 $3\times10^8\text{m/s}$。

由式（4-12）可知，光电测距仪测距的关键是测定测距信号（光波）在两点之间往、返传播的时间 t_{2D}。若时间有 $1\mu s$（$10^{-6}s$）的误差，距离就会有 150m 的误差，所以光电测距仪对时间的精度要求非常高。只要能精确地测出电磁波往返传播的时间，就

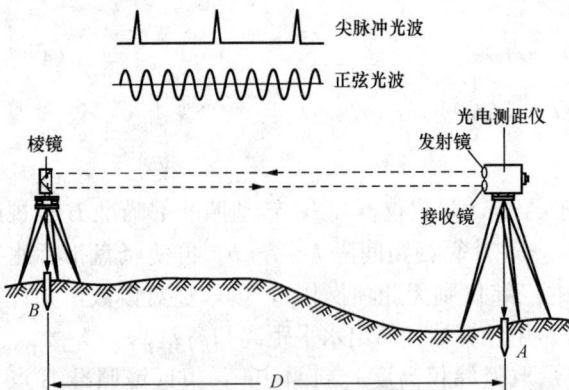

图 4-11 电磁波测距

可以求出距离 D。

4.3.2　测距方法

光电测距仪按照时间 t_{2D} 的不同测量方式，可分为直接测定时间的脉冲式和间接测定时间的相位式两种。脉冲式测距仪的精度较低，一般在"米"级，最好的也只能达到"分米"级。脉冲法测距多用于光能量很大的激光测距仪，适合于远距离测量，特别是无反射器的距离测量（单靠激光投射到物体上的漫反射进行距离测量），由于这类仪器精度有限，在军事上用的较多。若用于地形测量、可实现无人跑尺以减轻劳动强度、提高作业效率，尤其对于悬崖峭壁等危险或不易到达的地区的测量工作，具有现实意义。而工程测量中使用的测距仪基本都采用相位式。

相位式光电测距仪是将发射光波的光强调制成正弦波的形式，通过测量正弦光波在待测距离上往、返传播的相位移来间接解算时间。如图 4-12 所示，由测距仪发射系统向反射棱镜方向连续发射角频率为 ω 的调制光波，并由接收系统接收反射回来的光波；由检相器对发射信号相位和接收信号相位进行相位比较，测定出相位移 φ；根据 φ 可间接推算时间 t_{2D}。由物理学可知，$\varphi = \omega t_{2D} = 2\pi f t_{2D}$，式中 f 为调制频率，则 $t_{2D} = \dfrac{\varphi}{2\pi f}$，从而计算距离。

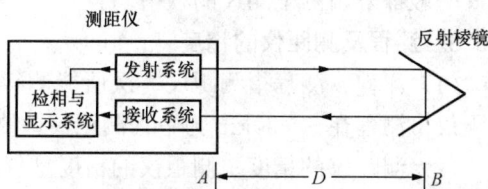

图 4-12　相位式测距仪的基本工作原理图

设发射的正弦光波经过 $2D$ 距离后的相位移为 φ，正弦光波振荡一个周期的相位移是 2π，将返程的正弦波以棱镜站为中心对称展开后的图形如图 4-13 所示。

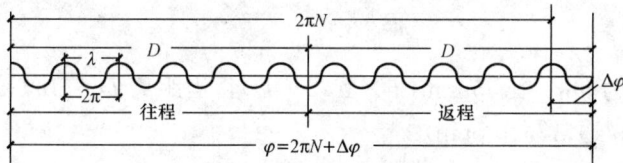

图 4-13　相位法测距原理

图 4-13 中 φ 可以分解为 N 个 2π 整数周期和不足一个整数周期的相位移 $\Delta\varphi$，即 $\varphi = 2\pi N + \Delta\varphi$，所以

$$t_{2D} = \frac{2\pi N + \Delta\varphi}{2\pi f}$$

则 $D = \dfrac{c}{2f}\left(N + \dfrac{\Delta\varphi}{2\pi}\right)$，调制光的光波 $\lambda = c \cdot T = \dfrac{c}{f}$，取 $\Delta N = \dfrac{\Delta\varphi}{2\pi}$，则

$$D = \frac{\lambda}{2}(N + \Delta N)$$

相位式测距相当于使用一把长度 $\dfrac{\lambda}{2}$ 的尺子丈量距离，由 N 个整尺长加上不足整尺的余长就是被测距离。取 $c \approx 3 \times 10^8 \text{m/s}$，则不同的调制频率 f 对应的测尺长见表 4-1。

表 4-1　　　　　　　　　　　　　　　调制频率、测尺长度与精度

测尺频率	15MHz	1.5MHz	150kHz	15kHz	1.5kHz
测尺长度	10m	100m	1km	10km	100m
精　　度	1cm	10cm	1m	10m	100m

可见，调制频率越大，测尺长度越短，测距精度越高。

由于检相器只能测出不足整周期的相位移尾数 $\Delta\varphi$，无法测定整周期数 N（不能测出整相位 2π），所以只能求出不足整尺的距离，只有当待测距离小于 $\frac{\lambda}{2}$ 时，才能得到确定的距离值。为了求得完整距离，可在测距仪上采用多把测尺（多个调制频率）的方法来解决，即相当于设置 n 把长度不同最小分划也不同的尺子，将它们组合使用，从而获得单一的精确距离。例如，测定 386.43m 的距离，就可选用一把粗测尺和一把精测尺，粗测尺尺长 1000m，精度为 1m（最小分划值），精测尺尺长 10m，精度为 1cm（最小分划值）。测量时用 1000m 测尺测得小于 1000m 的数，如 386.5m，用 10m 测尺测得小于 10m 的数，如 6.43m，将二者组合（对千米测尺只取百米、十米位），即为所求距离值 386.43m。若待测距离再大，还需加第三把测尺。精粗测尺的组合过程由测距仪内的微处理器自动完成，并输送到显示窗显示，无须用户干涉。每台测距仪都是根据仪器的测程范围来设置调制频率的个数的。短程测距仪一般都采用两个测尺的频率。

4.3.3　测程及测距仪的精度

（1）测程。测程指测距仪一次所能测得的最远距离。一般认为：测程小于 5km 为短程测距仪；测程在 5～30km 为中程测距仪；测程在 30km 以上为远程测距仪。

（2）测距仪的精度。测距仪的精度是仪器的重要技术指标之一。测距仪的精度为

$$m_D = \pm(a + b \times 10^{-6} \cdot D) \tag{4-13}$$

式中　m_D——测距中误差，mm；

　　　a——固定误差，mm；

　　　b——比例误差系数；

　　　D——以 km 为单位的距离。

REDmini 短程红外测距仪的精度为 $m_D = \pm(5\text{mm} + 5 \times 10^{-6} \cdot D)$，当距离 D 为 0.6km 时，测距精度是 $m_D = \pm 8.0\text{mm}$。（10^{-6} 通常写作 ppm）

4.3.4　红外测距仪及其使用

（一）仪器结构

如图 4-14 所示的测距仪是日本索佳公司生产的 REDmini 短程测距仪，仪器测程为 0.8km。测距仪的支座下有插孔及制紧螺旋，可使测距仪牢固地安装在经纬仪的支架上方。旋紧测距仪支架上的竖直制动螺旋后，可调节微动螺旋使测距仪在竖直面内俯仰转动。测距仪发射接收镜的目镜内有十字丝分划板，可以瞄准反射棱镜。

图 4-15 所示是单块反射棱镜，当测程大于 300m 时，可换装上三块棱镜。

此外，测距仪横轴到经纬仪横轴的高度与觇牌中心到反射棱镜中心的高度一致，从而使经纬仪瞄准觇牌中心的视线与测距仪瞄准反射棱镜中心的视线保持平行，如图 4-16 所示。

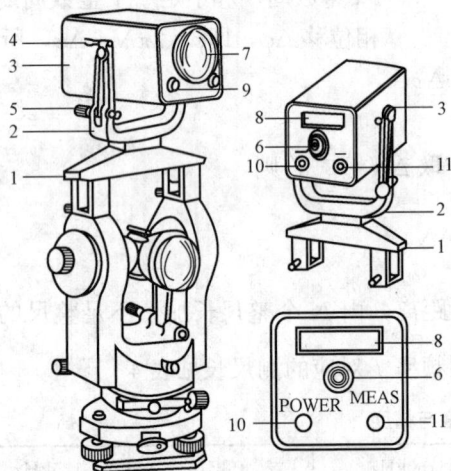

图 4-14　REDmini 短程测距仪

1—支架座；2—支架；3—主机；4—竖直制动螺旋；5—竖直微动螺旋；6—发射接收镜的目镜；7—发射接收镜的物镜；8—显示窗；9—电源电缆插座；10—电源开关键（POWER）；11—测量键（MEAS）

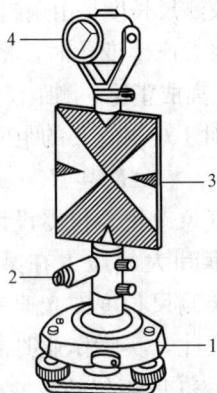

图 4-15　单块棱镜　　　　　　　图 4-16　视线平行

1—基座；2—光学对中器目镜；3—照准觇牌；4—反射棱镜

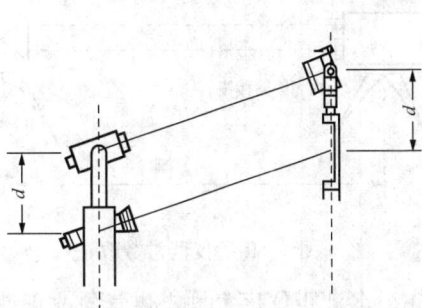

（二）距离测量

（1）在测站上将测距仪安装在经过对中、整平后的经纬仪上。在镜站处安置反射棱镜，对中，整平后瞄准测距仪。

（2）调整经纬仪望远镜，使十字丝对准反射棱镜的觇牌中心（图 4-17）。调整测距仪望远镜，使十字丝对准反射棱镜中心（图 4-18）。

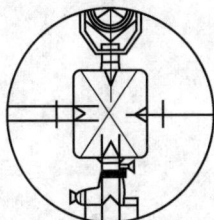

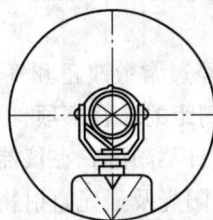

图 4-17　经纬仪十字丝对准反射棱镜的觇牌中心　　图 4-18　测距仪十字丝对准反射棱镜中心

（3）将电池插入电池盒内，按下电源开关"POWER"键，显示窗内显示"8888888"约 5s，表示测距仪自检正常。此后显示窗下方显示"＊"，并发出持续鸣声。如果不显示"＊"，或忽隐忽现，表示未收到回光或回光不足，应重新瞄准反射棱镜，使"＊"的颜色最重。这步工作称为电瞄准。

（4）按"MEAS"键，显示窗显示斜距，一般重复 3～5 次，若较差不超过 5mm，则取平均值作为一测回观测值。用经纬仪观测竖直角，用温度计和气压计测定测站温度和气压。

（三）距离计算

光电测距仪测定的距离，须进行常数改正、气象改正、倾斜改正等步骤，才能得到测线的水平距离。

（1）仪器常数改正。将测距仪进行检定，可以测得测距仪的乘常数 R 和加常数 K。

如图 4-19 所示，L 为 A，B 两点间的实际长度，L' 为仪器实测的距离。由于光线在棱镜内部走了一段路程，故反射棱镜的等效反射面位于棱镜后部 B' 处。同样光线在仪器内部也走了一段路，故内光路棱镜的等效反射面应在它的前面 A' 处。因此仪器的加常数 $K=L-L'$，单位为 mm。

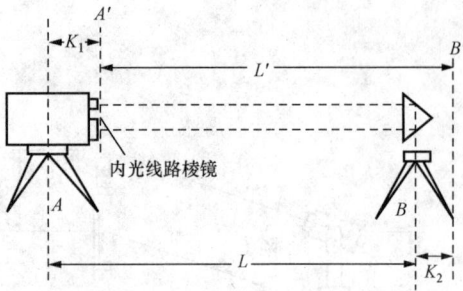

图 4-19　仪器常数改正

测距仪测尺长度是由调制频率决定的。调制频率因某些因素产生变化时，将会影响测距的精度，其影响与距离成正比。测距仪的乘常数 R 的单位为 mm/km。对于观测值 L' 的距离，其常数改正值为

$$\Delta L_k = K + RL' \qquad (4-14)$$

（2）气象改正。仪器设计时其测尺长度是假定大气温度和大气压力在某一数值下计算得到的，而决定测尺长度的光速受气温和气压的影响而变化，因此，实际作业时需对测距值进行气象改正。各测距仪厂家均提供气象改正计算公式。REDmini 测距仪的气象改正公式为

$$\Delta L_t = \left(278.96 - \frac{0.3872P}{1 + 0.003\,661t}\right)L' \qquad (4-15)$$

式中　ΔL_t——气象改正值，mm；

　　　　P——测站气压，mmHg，1mmHg=133.322Pa；

　　　　t——测站温度，℃；

　　　　L'——实测距离，km。

（3）倾斜改正。测距仪测定的距离如果是斜距，在经过前两项改正后还要改算成平距，若用经纬仪测定了测线的竖直角 α，则平距 D 为

$$D = L\cos\alpha \qquad (4-16)$$

式中　L——经过常数改正和气象改正后的距离。

4.3.5　光电测距的注意事项

（1）防止日晒雨淋，在仪器使用和运输中应注意防震。

（2）严防阳光及强光直射物镜，以免损坏光电器件。

（3）仪器长期不用时，应将电池取出。

（4）测线应离开地面障碍物一定高度，避免通过发热体和较宽水面上空，避开强电磁场干扰的地方。

（5）镜站的后面不应有反光镜和强光源等背景干扰。

（6）应在大气条件比较稳定和通视良好的条件下观测。

4.4　直 线 定 向

确定地面上两点之间的相对位置，除了需要测定两点之间的水平距离外，还需确定两点所连直线的方向。一条直线的方向是根据某一标准方向来确定的。确定直线与标准方向之间的关系，称为直线定向。

4.4.1　标准方向的分类

（1）真子午线方向。通过地球表面某点的真子午线的切线方向，称为该点的真子午线方向。真子午线方向可用天文测量方法测定。

（2）磁子午线方向。磁子午线方向是在地球磁场作用下，磁针在某点自由静止时其轴线所指的方向。磁子午线方向可用罗盘仪测定。

（3）坐标纵轴方向。在高斯平面直角坐标系中，坐标纵轴线方向就是地面点所在投影带的中央子午线方向。在同一投影带内，各点的坐标纵轴线方向是彼此平行的。

4.4.2　直线定向的方法

（1）方位角。测量工作中，常采用方位角表示直线的方向。从直线起点的标准方向北端起，顺时针方向至该直线的水平夹角，称为该直线的方位角。方位角取值范围是 0°~360°。因标准方向有真子午线方向、磁子午线方向和坐标纵轴方向之分，对应的方位角分别称为真方位角（用 A 表示）、磁方位角（用 A_m 表示）和坐标方位角（用 α 表示）。由于地面各点的真北（或磁北）方向互不平行，用真（磁）方位角表示直线方向会给方位角的推算带来不便，所以一般测量工作中，常采用坐标方位角来表示直线的方向。

（2）象限角。由坐标纵轴的北端或南端起，沿顺时针或逆时针方向至直线的锐角，称为该直线的象限角，用 R 表示，其角值范围为 0°~90°。如图 4-20 所示，直线 $O1$，$O2$，$O3$ 和 $O4$ 的象限角分别为北东 R_{O1}、南东 R_{O2}、南西 R_{O3} 和北西 R_{O4}。四条直线的象限角及其与坐标方位角的关系列于表 4-2。

表 4-2　　　　　　　　　　　象限角与坐标方位角的关系

直　线	直线方向	象　限	象限角	象限角与坐标方位角的关系
$O1$	北东	I	$R_{O1}=30°$	$\alpha_{O1}=R_{O1}$
$O2$	南东	II	$R_{O2}=50°$	$\alpha_{O2}=180°-R_{O2}$
$O3$	南西	III	$R_{O3}=55°$	$\alpha_{O3}=180°+R_{O3}$
$O4$	北西	IV	$R_{O4}=35°$	$\alpha_{O4}=360°-R_{O4}$

4.4.3　三种方位角之间的关系

因标准方向选择的不同，使得一条直线有不同的方位角，如图 4-21 所示。过 1 点的真北方向与磁北方向之间的夹角称为磁偏角，用 δ 表示。过 1 点的真北方向与坐标纵轴北方向之间的夹角称为子午线收敛角，用 γ 表示。

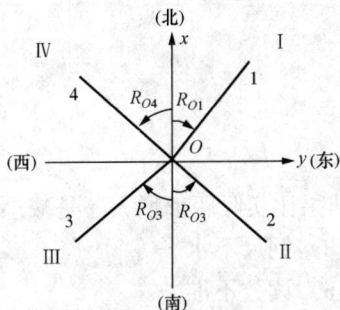

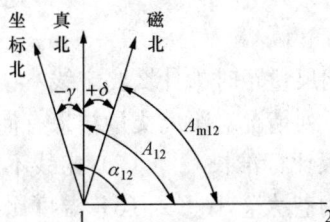

图 4-20　象限角　　　　　　　　图 4-21　三种方位角之间的关系

δ 和 γ 的符号规定相同：当磁北方向或坐标纵轴北方向在真北方向东侧时，δ 和 γ 的符号为"＋"；当磁北方向或坐标纵轴北方向在真北方向西侧时，δ 和 γ 的符号为"－"。同一直线的三种方位角之间的关系为

$$A = A_m + \delta \tag{4-17}$$
$$A = \alpha + \gamma \tag{4-18}$$
$$\alpha = A_m + \delta - \gamma \tag{4-19}$$

4.4.4 坐标方位角的推算

（1）正、反坐标方位角。如图 4-22 所示，以 A 为起点、B 为终点的直线 AB 的坐标方位角 α_{AB}，称为直线 AB 的坐标方位角。而直线 BA 的坐标方位角 α_{BA}，称为直线 AB 的反坐标方位角。同理，α_{AB} 是直线 BA 的反坐标方位角。由图 4-22 中可以看出正、反坐标方位角间的关系为

$$\alpha_{正} = \alpha_{反} \pm 180° \tag{4-20}$$

（2）坐标方位角的推算。在实际工作中并不需要测定每条直线的坐标方位角，而是通过与已知坐标方位角的直线连测后，推算出各直线的坐标方位角。如图 4-23 所示，已知直线 12 的坐标方位角 α_{12}，又观测了水平角 β_2 和 β_3，要求推算直线 23 和直线 34 的坐标方位角。

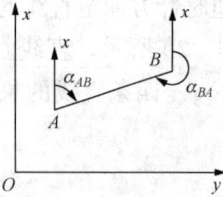

图 4-22 正反坐标方位角

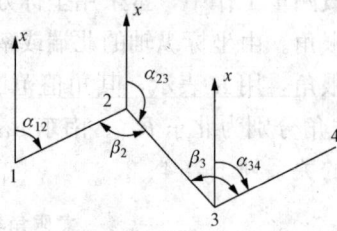

图 4-23 坐标方位角的推算

由图 4-23 可以看出

$$\alpha_{23} = \alpha_{21} - \beta_2 = \alpha_{12} + 180° - \beta_2$$
$$\alpha_{34} = \alpha_{32} + \beta_3 = \alpha_{23} + 180° + \beta_3$$

因 β_2 在推算路线前进方向的右侧，该转折角称为右角；β_3 在左侧，称为左角。从而可归纳出推算坐标方位角的一般公式为

$$\alpha_{前} = \alpha_{后} + 180° \pm \beta_{转} \tag{4-21}$$

当 β 角为左角时，取"+"；若为右角时，取"-"。计算中，如果 $\alpha_{前} > 360°$，应自动减去 360°；如果 $\alpha_{后} + 180° < \beta_{右}$，则先加上 360°后再减去 $\beta_{右}$。

思 考 题

4-1 钢尺量距时为什么要定线？

4-2 下列情况对距离丈量结果有何影响？使丈量结果比实际距离增大还是减小？

（1）钢尺比标准长 　　（2）定线不准 　　（3）钢尺不水平

（4）拉力忽大忽小 　　（5）温度比鉴定时低 　　（6）读数不准

4-3 丈量 A、B 两点水平距离，用 30m 长的钢尺，丈量结果为往测 4 尺段，余长为 10.250m，返测 4 尺段，余长为 10.210m，试进行精度校核，若精度合格，求出水平距离。（精度要求 $K_{允} = 1/2000$）

4-4 将一根 50m 的钢尺与标准尺比长，发现此钢尺比标准尺长 13mm，已知标准钢尺的尺长方程为 $l_t = 50 + 0.0032 + 1.25 \times 10^{-5} \times (t-20) \times 50$，钢尺比较时的温度为 11℃，求此钢尺的尺长方程式。

4-5 请根据表 4-3 中直线 AB 的外业丈量成果，计算 AB 直线全长和相对误差。钢尺的尺长方程式为 $l_t = 30 + 0.005 + 1.25 \times 10^{-5} \times (t-20) \times 30$，精度要求 $K_{允} = 1/10\,000$。

表 4 - 3 精密钢尺量距观测手簿

线段	尺段	尺段长度(m)	温度(℃)	高差(m)	尺长改正(mm)	温度改正(mm)	倾斜改正(mm)	水平距离(m)
AB	A—1	29.391	10	+0.860				
	1—2	23.390	11	+1.280				
	2—3	26.680	11	−0.140				
	3—4	29.573	12	−1.030				
	4—B	17.899	13	−0.940				
	Σ往							
BA	B—1	25.300	13	+0.860				
	1—2	23.922	13	+1.140				
	2—3	25.070	11	+0.130				
	3—4	28.581	11	−1.100				
	4—A	24.050	10	−1.060				
	Σ返							

4 - 6 设已知各直线的坐标方位角分别为 47°27′，177°37′，226°48′，337°18′，试分别求出它们的象限角和反坐标方位角。

4 - 7 如图 4 - 24 所示，已知 $\alpha_{12} = 49°20′$，求其余各边的坐标方位角。

4 - 8 如图 4 - 25 所示，已知 $\alpha_{12} = 125°56′$，求其余各边的坐标方位角。

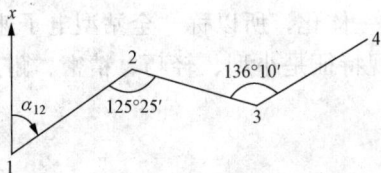

图 4 - 24 思考题 4 - 7 图

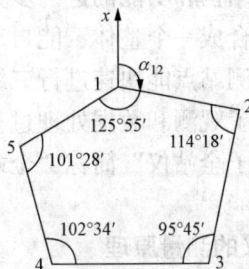

图 4 - 25 思考题 4 - 8 图

第5章 全站仪及其使用

[导言] 通过本章学习，应全面认识全站仪的结构，理解全站仪的概念，了解工作原理，明确测量功能，熟悉操作步骤，合理设置仪器参数，正确选择测量模式，掌握应用技术。

5.1 概　　述

随着测量技术的不断发展和各种制造工艺水平的不断提高，测量中使用的各种新技术和新仪器越来越多，它们不仅提高了测量的速度和精度，而且一些仪器的使用也从根本上更新了测量的观念和理论。全站仪测量技术作为现代测绘技术之一，在测量工程中也得到了越来越广泛的应用。

5.1.1 全站仪的概念

在传统的测量中人们已经提到了"速测法"，它是指使用一种仪器在同一个测站点，能够同时测定某一点的平面位置和高程的方法。随着电子测距技术的出现，用光电测距仪代替光学视距，用电子经纬仪代替光学经纬仪，使测量距离更大、测量时间更短、测量精度更高。随着仪器结构和功能的进一步完善，在 20 世纪 60 年代末出现了把电子测距、电子测角和微处理机结合成一个整体、能自动记录、存储并具备某些固定计算程序的电子速测仪。因该仪器在一个测站点能快速进行三维坐标测量、定位和自动数据采集、处理、存储等工作，较完善地实现了观测和数据处理过程的电子化和一体化，所以称"全站型电子速测仪"，通常又称为"电子全站仪"简称"全站仪"。其表现特征是小型、轻巧、精密、耐用、并具有强大的软件功能。

5.1.2 全站仪的测量原理

全站仪的测量原理包括电子经纬仪测角、电子测距仪测距、电子补偿器自动补偿改正、电子计算机自动数据处理等。仪器的设计框架如图 5-1 所示。从总体上看全站仪的组成可分为两大部分：

（1）为采集数据而设置的专用设备：主要有电子测角系统、电子测距系统、数据存储系统和自动补偿设备等。

（2）测量过程的控制设备：主要用于有序地实现上述每一专用设备的功能，包括与测量数据相连接的外围设备及进行数据计算、产生指令的微处理机等。

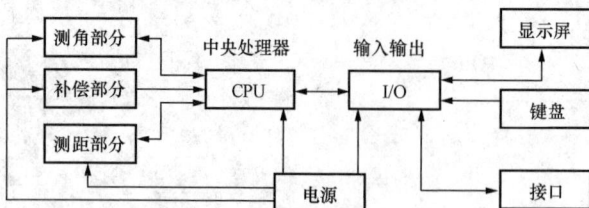

图 5-1　仪器设计框架

其中：电源部分使用可充电电池为各部分供电；测角部分为电子经纬仪，可以测定水平角、垂直角、设置方位角；补偿部分可以实现仪器垂直轴倾斜误差，对水平和垂直角度测量影响的自动补偿改正；测距部分为光电测距仪，可以测定两点之间的距离；中央处理器接受输入指令、控制各种观测作业方式、进行数据处理等；输入、输出包括键盘、显示屏、双向数据通信接口；微处理器对获取的倾斜距离、水平角、垂直角、垂直轴倾斜误差等信息加以处理，从而获得各项改正后的数据。在仪器的只读存储器中固化了测量程序，测量过程由程序完成。

5.1.3 全站仪的测量功能

全站仪是一个由测距仪、电子经纬仪、电子补偿器、微处理机组合的整体。测量功能可分为基本测量功能和程序测量功能。只要开机，电子测角系统即开始工作并实时显示观测数据；其他测量功能包括测距及数据处理。

基本测量功能：包括电子测距、电子测角（水平角、垂直角）；显示的数据为观测数据。

程序测量功能：包括水平距离和高差的切换显示、三维坐标测量、对边测量、放样测量、偏心测量、后方交会测量、面积计算等；显示的数据为观测数据经处理后的计算数据。

（1）电子测距为仪器中心至棱镜中心的倾斜距离，因此仪器站和棱镜站均需要精确对中、整平。

（2）电子测角（水平角、垂直角）的实质是电子经纬仪，只要望远镜瞄准观测目标，仪器便显示水平方向值和天顶距。

（3）电子补偿器的目的就是为了减少仪器的轴系误差对观测数据的影响。补偿器的作用就是通过检测仪器垂直轴倾斜在 X 轴（视准轴方向）和 Y 轴（水平轴方向）上的分量信息，通过电子转换及数据处理自动地对观测数据进行改正，从而提高采集数据的精度。

（4）微处理机的实质是一台微型计算机，它是数据处理的中心。可通过机内预置程序由观测数据处理、计算后显示程序测量功能所需要的测量内容；实现数据的存储及双向通信。

5.1.4 全站仪的应用

全站仪的应用可以归纳为四个方面：一是在地形测量过程中，可将控制测量和碎部测量同时进行；二是在测设放样时可将设计好的管线、工程建筑等设施的位置测设到地面上；三是作为图根控制的经纬仪导线、前方交会、后方交会等用全站仪来承担，不但操作简单而且速度快、精度高；四是通过传输设备，可将全站仪与计算机、绘图仪相连，形成内外一体的测绘系统，从而大大提高了地形测绘工作的质量和效率。

全站仪与传统的测量仪器相比具有操作方便、功能强、精度高、速度快等特点。其应用范围已不仅局限于测绘工程、建筑工程、交通与水利工程、地籍与房地产测量，而且在大型工业生产设备与构件安装和调试、大桥水坝的变形观测、地质灾害监测及体育竞技等领域中都得到了广泛应用。具体应用应注意以下几点：

（1）全站仪测量功能均为单镜位观测数据或计算数据。在地形测量和一般工程测量、施工放样测量中精度已足够；但在等级测量中仍需要按规范要求进行观测、检核、记录、平差计算。

（2）在控制测量中布设全站仪导线，特别适用于带状地形和隐蔽地区，如线路控制测量和城市控制测量。平面和高程控制可同时进行，但需按相应的等级测量要求进行观测和计算，不能使用坐标测量功能。在一般工程控制测量中的经纬仪导线、前方交会、后方交会等，使用程序功能操作简单、速度快、精度高。

（3）在地形测量（地籍测量）中可将加密控制测量和地形测量同时进行，但连续加密不能超过规定个数（一般6个），并注意设置的水平度盘格式为右角、起始方位为后视方位、坐标格式为 N—E—Z。使用坐标测量和内存功能与绘图软件结合可实现地形图的数字化。

（4）在施工放样测量时，使用放样测量功能可将设计好的中线、工程建筑的位置测设到地面作为施工的依据。已知放样点的距离和方位时选用极坐标法；已知放样点的坐标时选用坐标法；并注意输入测站点坐标、后视点坐标后再对测站点坐标进行一次确认；测量后视点坐标与已知后视点坐标进行检核。

（5）在建筑（构筑）物的变形观测、地质灾害的动态监测中，使用坐标测量功能，通过多次重新瞄准增加测量次数提高测量精度。不同时间观测的三维坐标差，即为观测点的平移和下沉量；为减少仪器对中误差，各观测点最好设立强制对中装置。

（6）在水准测量中，用全站仪高程测量完全可以代替四等水准测量，仪器安置于两个测点之间并使两个棱镜同高，不需要量取仪器高和棱镜高，可以提高观测精度。

（7）通过传输设备可将全站仪与计算机、绘图机相连形成内外一体的测绘系统，从而大大提高了地形图测绘的质量和效率。

（8）在大型工业生产设备与构件安装和调试中，使用两台仪器可以快速、准确地确定空间位置；在体育竞技中，可以快速、准确地测定距离；其他程序测量功能，操作简单、速度快、精度高，特别适用于不能到达观测点或中线遇障碍受阻情况。

5.2 全站仪的结构与功能

全站仪的种类很多，各种型号的仪器结构和功能大致相同。在此以日本索佳公司生产的SET500 全站仪为例进行介绍。

5.2.1 仪器结构

SET500 的外观与普通光学经纬仪相似，仪器对中、整平、目镜对光、物镜对光、照准目标的方法也和普通光学经纬仪相同。如图 5 - 2 所示，从正、反两面表现出仪器的各个部件。

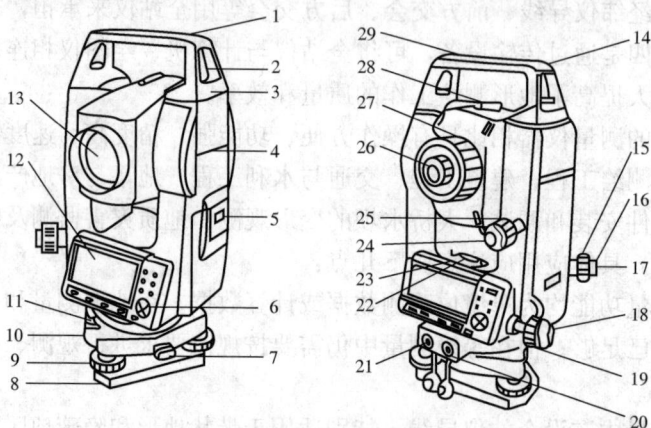

图 5 - 2 SET500 全站仪

1—提柄；2—提柄固紧螺丝；3—数据输入输出端口（位于提柄下）；4—仪器高标志；5—电池护盖；6—操作面板；7—三角基座制动控制杆；8—底板；9—脚螺旋；10—圆水准器校正螺丝；11—圆水准器；12—显示窗；13—物镜；14—管式罗盘插口；15—光学对中器调焦环；16—光学对中器分划板护盖；17—光学对中器目镜；18—水平制动钮；19—水平微动手轮；20—数据输入输出插口；21—外接电源插口；22—照准部水准器；23—照准部水准器校正螺丝；24—垂直制动钮；25—垂直微动手轮；26—望远镜目镜；27—望远镜调焦环；28—粗照准器；29—仪器中心标志

5.2.2 键的功能

SET500 有四种工作模式，即测量模式、状态模式、存储模式和设置模式。不同模式的选择、模式间的转换、各种测量功能的调用、参数的设置和数字的输入，均由操作面板上的键来控制。图 5-3 所示为仪器显示窗和操作面板。图 5-4 所示表现了各种工作模式的显示窗和模式间的转换关系。其中测量模式有 3 个显示页面，测量模式第 2 页的"MENU"菜单下有 2 个显示页面，测量模式第 3 页的"REC"菜单下有 2 个显示页面。状态显示模式的"CNFG"菜单下有 2 个显示页面。

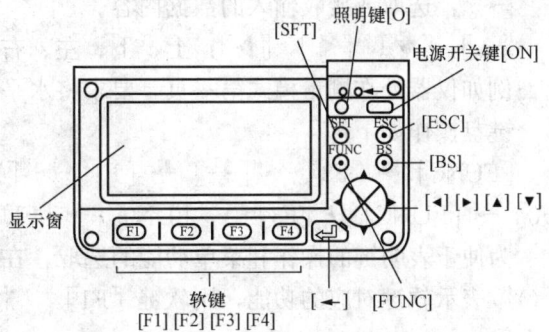

图 5-3 仪器显示窗和操作面板

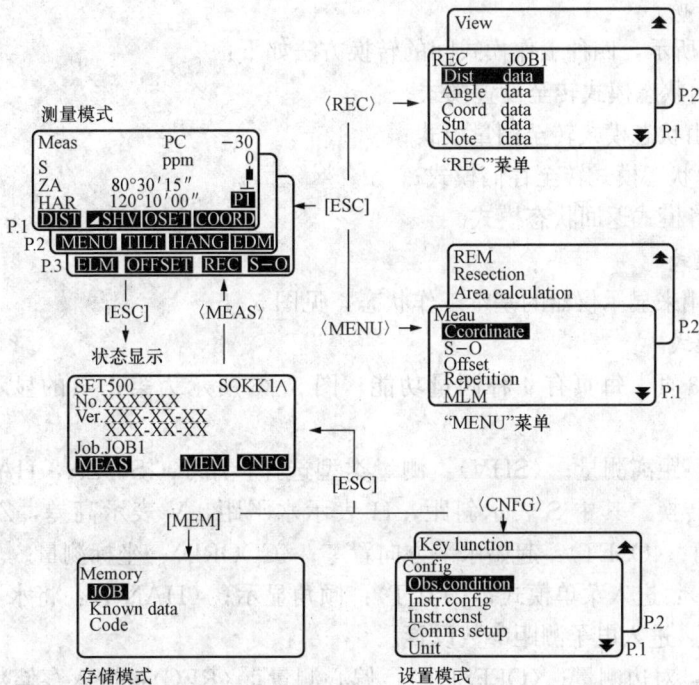

图 5-4 各种工作模式的显示窗和模式间的转换关系

各键的功能分述如下：

（1）开机和关机：开机按 [ON]，关机按住 [ON] 后按 [O]。

（2）显示窗照明：打开或关闭均按 [O]。

（3）软键操作：显示窗底行的字母表示各软键的功能，可以用软键 [F1] ～ [F4] 选取对应的功能。如欲选取测量模式下的〈DIST〉功能，按 [F1]；选〈OSET〉功能，按 [F3]。

（4）其他键：[FUNC]：①改变测量模式菜单；②转至下一页；③字母数字显示。

[BS]：删除光标左边的一个字符。

［ESC］：①取消输入的数据内容；②返回前一页显示。

［SFT］：字母大小写转换。

［←］：选取或接收输入的数据内容。

［▲］，［▼］，［◄］，［►］：上、下、左、右移动光标。

例如仪器处在测量模式第一页，要求将水平角度值设置为125°30′00″。

键盘操作如下：

［FUNC］ → ［F3］ → ［←］ → ［F1］ → ［F2］ → ［FUNC］ → ［F1］ → ［FUNC］ → ［F3］ → ［FUNC］ → ［F3］ → ［FUNC］ → ［FUNC］ → ［F2］ → ［F2］ → ［F2］ → ［←］

为便于表明键的操作和菜单功能的选取，在此统一说明，"［ ］"表示操作面板上的键；"〈 〉"表示软键对应的功能，用软键［F1］～［F4］选取；"｛ ｝"表示菜单功能，用［←］键选取。

5.2.3 工作模式

（一）模式转换

参照图 5-4 所示，四种工作模式间的转换方法如下：

〈CNFG〉：由状态模式转至设置模式；

〈MEAS〉：由状态模式转至测量模式；

〈MEM〉：由状态模式转至存储模式；

〈ESC〉：由各模式返回状态模式。

（二）状态模式

状态模式是用来显示仪器的基本工作状态，见图 5-5。

（三）测量模式

测量模式有 3 页，每页有 4 种测量功能，图 5-6 所示为第 1 页的显示窗。各页的功能有：

P1〈DIST〉：距离测量；〈SHV〉：测量类型选择，用于"S, ZA, HAR"和"S, H, V"两种显示的转换，其中 S 表示斜距，H 表示水平距，V 表示高差，ZA 表示天顶距，HAR 表示水平角；〈OSET〉：起始水平方向置零；〈COORD〉：坐标测量。

P2〈MENU〉：进入菜单模式；〈TILT〉：倾角显示；〈HANG〉：将水平方向值设置为已知值；〈EDM〉：进入电子测距参数设置。

P3〈MLM〉：对边测量；〈OFFSET〉：偏心测量；〈REC〉：进入存储数据菜单；〈S—O〉：放样测量。

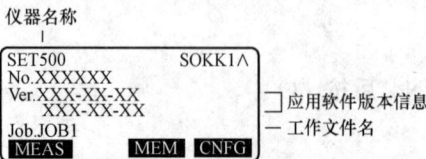

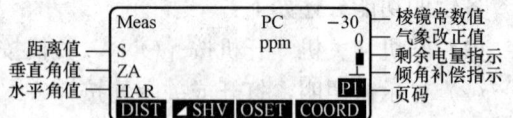

图 5-5　状态模式　　　　　　　　图 5-6　测量模式第1页显示窗

需要说明的是菜单〈MENU〉中有多种测量功能可供选择，分别是：

｛Coordinate｝：坐标测量；｛S—O｝：放样测量；｛Offset｝：偏心测量；｛Repetition｝：重复测量；｛MLM｝：对边测量；｛REM｝：悬高测量；｛Resection｝：后方交会测量；｛Area

Calcalation}：面积测量。

ST500 全站仪的测量模式见表 5 - 1，观测者可根据需要选择相应的测量模式。

（四）存储模式

在存储模式可以将测量数据、测站数据和注记数据存储在当前工作文件中。

（五）设置模式

在设置模式可以进行观测条件、仪器、通信、环境因素、计量单位等各种参数的设置。

表 5 - 1　　　　　　　　　　　ST500 全站仪的测量模式

测量模式	机内符号	主要功能	测量模式	机内符号	主要功能
距离测量	[DIST]	测量两点间距离	菜单模式	[MENU]	选择程序测量
距离切换	[SHV]	斜距、平距、高差	悬高测量	[REM]	悬高测量
水平角零	[0SET]	后视方向值设为 0	后方交会	[RESEC]	后方交会测量
坐标测量	[COORD]	观测点的三维坐标	左/右角	[R/L]	左、右角测量
水平角复测	[REP]	水平角重复测量	坡度类型	[ZA/%]	天顶距、%坡度
对边测量	[MLM]	测点间距离、坡度	水平角锁定	[HOLD]	锁定和解锁
放样测量	[S—O]	测设放样点位置	显示数据	[RCL]	最新测量数据
偏心测量	[OFFSET]	棱镜偏离测点中心	数据输出	[D—OUT]	数据对外输出
存储数据	[REC]	进入存储数据菜单	信号检测	[AIM]	测距信号检测
测距模式	[EDM]	进入测距参数设置	面积测量	[AREA]	面积测量计算
设置方位	[H. ANG]	设置已知角度	测距单位	[F/M]	单位米、英尺
电子整平	[TILT]	显示电子气泡	仪器目标高	[HT]	设置测点高度

5.2.4　SET500 的主要技术指标

当气象条件良好时，一块棱镜的测程为 1800m，三块棱镜为 2000m，测距精度可达到 $\pm(3+2\times10^{-6}\times D)$mm。连续测量时最小显示距离为 1mm，跟踪测量时最小显示 10mm。角度最小显示 1″，精度为 $\pm5″$。采用 BDC46 可充电式电池，单电池连续工作时间为 5～7h，仪器 30min 不工作时可自动切断电源。

5.2.5　全站仪的辅助设备

（一）反射棱镜

在全站仪进行除角度测量之外的所有测量工作，都需要配备反射物体，如反射镜和反光片。反射镜是最常用的一种合作目标。

反射棱镜有单块、三块和九块等不同的种类，如图 5 - 7 （a）、（b）所示，棱镜数量不同，测程也不同，选用多块棱镜可使测程达到较大的数值。反射棱镜一般都有一固定的棱镜常数，与不同的全站仪进行配套使用时，必须在全站仪中对棱镜的棱镜常数进行设置。棱镜常数一旦设置，关机后该常数仍被保存。

图 5 - 7 （c）所示为反光片，尺寸 30mm×30mm，适用于距离 500m 以内测量，尺寸 60mm×60mm 适用于距离 700m 以内测量。

构成反射棱镜的光学部分是直角光学玻璃锥体。棱镜的组合结构，使得无论光线从哪个

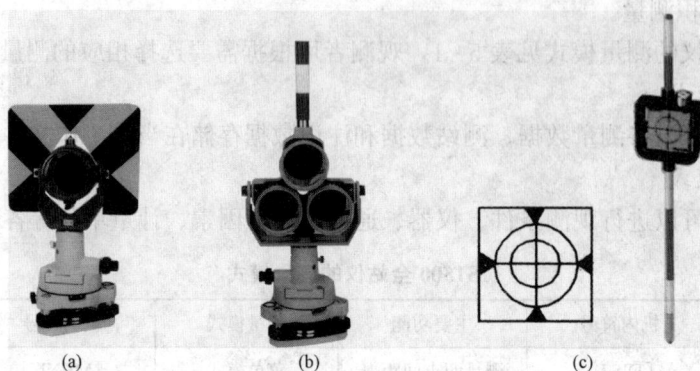

图 5 - 7　各种反光棱镜
(a) 单棱镜；(b) 三棱镜；(c) 反光片

方向射入透射面，棱镜都会将光线进行平行反射。因此，在测量中只要将棱镜的透射面大致垂直于测线方向，仪器便会得到回光信号，从而测量出仪器到棱镜的距离。

（二）温度计和气压表

光在空气中的传播速度并非常数，而是随大气的温度和压力而变，不同的温度和压力对应不同的大气改正值，在全站仪中设置了大气改正值，则仪器会自动对观测结果实施大气改正。

气压测量一般使用空盒气压计，单位为毫米汞柱（mmHg）或百帕（hPa）。

温度测量一般使用通风干湿温度计，在测程较短或测距精度要求不高时，可使用普通温度计。

现在有些较高级的全站仪能自动感应温度和气压，并进行改正。在一般工程测量中或测程较短时，可不加气象改正。

5.3　全 站 仪 测 量 方 法

由于全站仪完全是按人们预置的作业程序及功能和参数设置进行工作的，所以必须按正确的操作步骤观测，才能得到正确的观测成果。在上节中列举了 SET500 的各种测量功能，除此之外仪器还具有存储数据、工作文件的选取与删除、数据的输入与删除、输出工作文件数据、双向数据通信等功能。本节主要介绍 SET500 的基本测量方法。

5.3.1　测量前的准备工作

（1）电池的安装。安装电池前必须先把仪器电源关掉，打开电池护盖（图 5 - 8），将事先充好电的电池向下插入电池盒，（图 5 - 7），合上电池护盖，按下护盖开关钮。

（2）仪器的安置。安置在测站上的全站仪，其对中、整平方法与光学经纬仪完全相同。SET500 还可以借助电子气泡整平。首先在测量模式第 2 页选取〈TILT〉，使电子气泡显示在示窗上（图 5 - 10）；图中黑色小圆表示气泡，数字表示在互相垂直的 X、Y 两个方向的倾角值，内圆的补偿范围为 ±3′，外圆的显示范围为 ±6′；按照光学经纬仪对中的方法调整脚螺旋，使电子气泡居中。

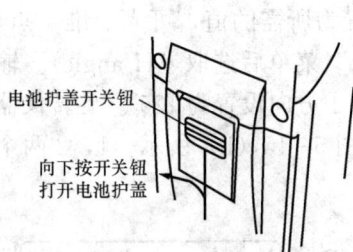

图5-8　打开电池护盖　　　　图5-9　装入电池　　　　图5-10　电子气泡

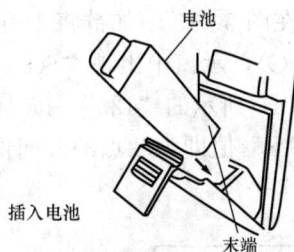

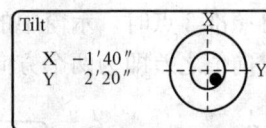

（3）垂直度盘和水平度盘指标的设置。按〔ON〕开机后仪器首先进行自检，此时示窗显示如图5-11所示，松开水平制动钮，旋转仪器照准部一周，听到一声鸣响后水平度盘指标自动设置完毕。松开垂直制动钮，纵转一周望远镜，听到一声鸣响后垂直度盘指标自动设置完毕。此时示窗显示如图5-12所示。

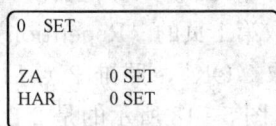

图5-11　开机后仪器自检前的示窗　　　图5-12　水平、垂直度盘指标自动设置完毕后示窗

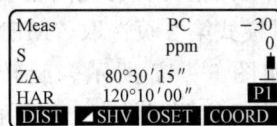

（4）选择仪器功能。开机为基本测量功能，根据测量内容选择仪器程序测量功能。

（5）调整与照准目标。操作步骤与普通光学仪器相同。观测结束，检查记录、无误后方可关机、搬站。

5.3.2　全站仪的基本测量功能

全站仪的基本测量功能包括角度测量和距离测量。

（一）角度测量

（1）角度测量前的准备工作：

角度测量的主要误差是仪器的三轴误差（视准轴、水平轴、垂直轴），对观测数据的改正可按仪器设置由仪器自动完成。

1）视准差改正〔coll crn〕：仪器的视准轴和水平轴误差采用正、倒镜观测可以消除；也可由仪器检验后通过内置程序计算改正数自动加入改正。

2）双轴倾斜补偿改正〔Tilt crn〕：仪器垂直轴倾斜误差对测量角度的影响可由仪器补偿器检测后通过内置程序计算改正数自动加入改正。

3）曲率与折射改正〔C－R crn〕：地球曲率与大气折射改正，可设置改正系数 $K=$ 0.142或 $K=0.200$（视线较低）通过内置程序计算改正数自动加入改正。

4）垂直度盘的三种格式：垂直角度可根据需要显示三种不同的格式，天顶距〔zenith〕：望远镜垂直指向天顶为0°顺时针至360°；水平0〔vertical〕：望远镜水平为0°逆时针至360°；水平0±90〔vertgo〕：望远镜水平时为0°上至＋90°下至－90°。

（2）两个方向间的水平角。如图5-13（a）所示，欲观测1，2两个方向之间的 β 角，在测站 O 安置仪器后照准1点，在测量模式第1页选取〈OSET〉，在"OSET"字母闪动时再次按下该键，此时1方向值已设置为零，如图5-13（b）所示。旋转照准部照准2点，这时示窗中显示的"HAR"值即为1，2两方向间的水平角，如图5-14（a）、（b）所示。

（3）已知方向值的设置。在图 5 - 13 中如欲将 1 方向设置为所需的值，可先照准 1 点，在测量模式第 2 页选取〈HANG〉，示窗中出现"Set H angle"菜单后选取｛H angle｝。输入所需的方向值，如图 5 - 15（a）所示的"125"，按［←］将 1 方向设置为 125°。旋转仪器再照准 2 点时，示窗中的"HAR"值即为 2 点的方向值。如图 5 - 15（b）所示。1，2 两个方向值之差即为两个方向间的水平角。

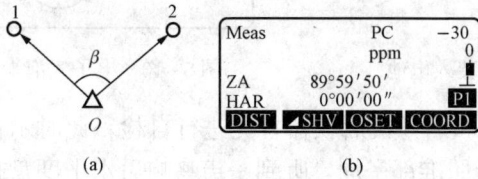

图 5 - 13　将起始方向设置为零

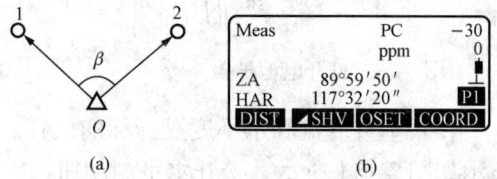

图 5 - 14　得到测量的水平角值

水平角重复测量可获得更高精度的测量结果。测量步骤如图 5 - 16 所示。仪器安置于测站 O，在测量模式第 2 页选取〈MENU〉，在 MENU 菜单中选取第 1 页的｛Repetition｝，此时示窗显示如图 5 - 17 所示。旋转仪器照准 1 点方向后选取〈OK〉，照准 2 点后选取〈OK〉，第一次角度测量结束。以后的重复测量与第 1 次相同。图 5 - 18 所示的是 2 次重复测量水平角的结果，其中重复测角之和（HARp）为 101°16′20″，重复次数（Reps）为 2，重复测角均值（Ave）为 50°38′10″。SET500 重复测角的最大次数为 10 次。

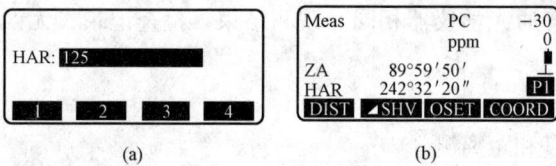

图 5 - 15　已知方向值的设置

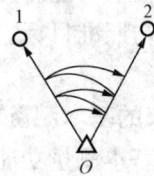

图 5 - 16　水平角重复测量步骤

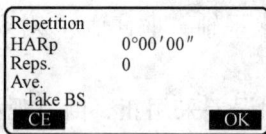

图 5 - 17　准备开始重复测角

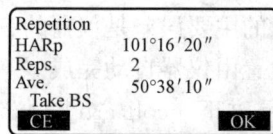

图 5 - 18　两次重复测角结果

（二）距离测量

（1）距离测量前的准备工作。测量前除应做好上述角度测量的准备工作外，还应做好以下几项准备工作。

1）测距模式（Mode）设置。SET500 的测距模式有 6 种，分别是"重复精测"（Fine "r"）、"平均精测"（Fine AVG）、"单次精测"（Fine "s"）、"重复粗测"（Rapid "r"）、"单次粗测"（Rapid "s"）和"跟踪测量"（Tracking）。仪器出厂时设置为"重复精测"，测距时可根据需要选择其他的测距模式。设置测距模式时可在测量模式第 2 页选取〈EDM〉，进入测距模式设置状态，如图 5 - 19 所示。用［◀］，［▶］键选取需要的模式。

2）反射镜类型（Reflector）设置。反射镜有两类，一类是仪器出厂时设置的棱镜（Prism），另一类是反射片（Sheet），可在图 5 - 19（a）所示的示窗中用［◀］，［▶］，

[▲]，[▼] 键选择。

3）棱镜常数（PC）改正值设置。SET500 配套的不同棱镜具有不同的棱镜常数，常用的有 3 种，分别是 30mm，40mm 和 0mm，相应的改正值为－30，－40 和 0。测距时应根据选用的棱镜，在图 5-19（a）所示的示窗中用〈EDIT〉设置棱镜常数改正值。

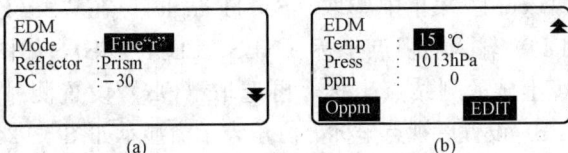

4）气象改正值（ppm）设置。测距红外光在大气中的传播速度会因大气折射率的不同而变化，而大气折射率与大气的温度和气压有着密切的关系。

```
EDM
Mode     :Fine"r"
Reflector :Prism
PC        : -30            ▼
```
(a)

```
EDM
Temp    :  15 ℃
Press   : 1013hPa
ppm     :     0
Oppm              EDIT
```
(b)

图 5-19 测距前的准备工作

SET500 是按温度在 15℃，气压为 1013hPa 时气象改正值为 0ppm 设计的，如图 5-19（b）所示。测距时的气象改正值可以通过输入温度（Temp）和气压（Press）自动计算并存储在仪器内存中。

（2）距离测量。照准目标，在测量模式第 1 页选取〈DIST〉开始距离测量。测距开始后，示窗闪动显示测距模式、棱镜常数改正

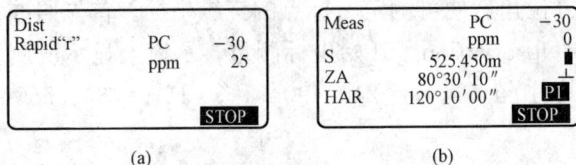

```
Dist
Rapid"r"         PC    -30
                 ppm    25
                        STOP
```
(a)

```
Meas           PC     -30
               ppm      0
S        525.450m
ZA       80°30'10"
HAR     120°10'00"   P1
                     STOP
```
(b)

图 5-20 距离测量示窗

值、气象改正值等信息，如图 5-20（a）所示，然后示窗上显示出距离、垂直角和水平角，如图 5-20（b）所示。选取〈STOP〉停止测距，选取〈SHV〉可使距离值的显示在斜距（S）、平距（H）和高差（V）之间转换。

5.3.3 全站仪的程序测量功能

全站仪的程序测量功能包括坐标测量、后方交会测量、悬高测量、放样测量、对边测量、面积测量等。所有测量模式按相应的数学模型程序预置在仪器微处理器内，使用时必须按规定操作程序进行，否则会导致测量数据出现错误。

（一）坐标测量

如图 5-21 所示，三维坐标计算公式为

$$\left.\begin{array}{l} x_1 = x_0 + s \cdot \sin\theta \cdot \cos\alpha \\ y_1 = y_0 + s \cdot \sin\theta \cdot \sin\alpha \\ z_1 = z_0 + i + s \cdot \cos\theta - v \end{array}\right\} \quad (5-1)$$

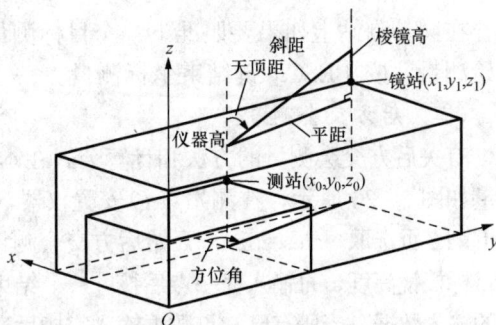

图 5-21 坐标测量

式中 x_0，y_0，z_0——测站点的坐标；

x_1，y_1，z_1——待定点的坐标；

s——测站点至待定点的斜距；

θ——天顶距；

α——方位角；

i——仪器高；

v——棱镜高。

三维坐标测量的操作步骤如下：

（1）输入测站点和目标点数据。安置仪器于测站点上，在测量模式第 1 页选取〈CO-

ORD〉，进入"Coord"菜单后选取〈Stn data〉，选取〈EDIT〉输入测站坐标（N0，E0，Z0）、仪器高（Inst. h）和目标高（Tgt. h），如图5-22所示。

（2）设置后视坐标方位角。后视坐标方位角可以通过测站点坐标和后视点坐标反算得到。在"Coord"菜单中选取〈Set H angle〉，在"Set H angle"菜单中选取〈Baek Sight〉，选取〈EDIT〉输入后视点坐标（NBS，EBS，ZBS），如图5-23所示，按［←］键后选取〈OK〉，示窗上显示测站点坐标，再选取〈OK〉设置测站点坐标。旋转照准部照准后视点，选取〈YES〉设置后视点坐标方位角，示窗显示如图5-24所示，后视点坐标方位角为117°32′20″。

```
N0:            370.000
E0:             10.000
Z0:            100.000
Inst.h:          1.400 m
Tgt.h:           1.200 m
  1      2      3      4
```

图5-22　输入测站点和目标点数据

```
Set H angle/BS
NBS:           170.000
EBS:           470.000
ZBS:           100.000
  1      2      3      4
```

图5-23　输入后视点坐标

（3）三维坐标测量。设置完后视坐标方位角后便可测定目标点的三维坐标。首先照准目标点上的棱镜，在"Coord"菜单中选取〈Observation〉开始坐标测量，示窗上显示所测目标点的坐标值，如图5-25所示，其中x（N）$=240.490$m，y（E）$=340.550$m，z（Z）$=305.740$m。

```
Set H angle
Take  BS
ZA          89°59′55″
HAR        117°32′20″
               NO   YES
```

图5-24　设置后视点坐标方位角

```
N             240.490
E             340.550
Z             305.740
ZA          89°42′50″
HAR       180°31′20″
OBS   HT           REC
```

图5-25　测定目标点三维坐标

在同一测站上如果要照准下一个目标测量时，可以在照准目标点后选取〈OBS〉（观测）开始测量，按［ESC］键结束坐标测量。

（二）后方交会测量

有关后方交会测量的方法和计算公式在本书7.3节中重点介绍。利用全站仪进行后方交会测量如图5-26所示，在测站点O安置仪器，在测量模式第2页选取〈MENU〉，在"MENU"菜单第2页选取〈Resection〉开始后方交会测量。选取〈EDIT〉，按点号顺序输入各已知点坐标和目标棱镜高度，每输入完一点后按［←］结束，按［▶］进入下一点输入。图5-27所示的是1点的输入数据。当所有已知点数据输入完毕后选取〈MEAS〉，示窗显示如图5-28所示。旋转仪器照准1点，选取〈DIST〉开始测距，示窗上出现测距结果后选取〈YES〉对测距结果进行确认。重复1点的方法依次照准其余各点测量，当观测的点数足以计算测站点坐标时，示窗上显示〈CALC〉，选取〈YES〉开始测站点坐标计算，计算结果如图5-29所示。选取〈OK〉结束测量。

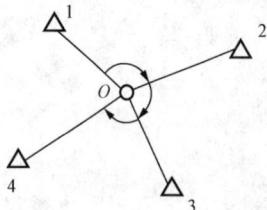

图5-26　全站仪后方交会测量

```
              Pt.1          ➡
Np:            100.000
Ep:            100.000
Zp:             50.000
Tgt.h:           1.400m
  1      2      3      4
```

图5-27　1点的输入数据

```
Resection        Pt.1
N          100.000
E          100.000
Z           50.000

DIST   ANGLE
```

图 5 - 28 所有已知点数据输入完毕后示窗

```
N          150.000
E          200.000
Z           50.000
σN          0.001 0 m
σE          0.002 0 m
RE-OBS  ADD  REC  OK
```

图 5 - 29 测站点坐标计算结果

（三）悬高测量

对于一些不能直接设置棱镜的高目标（如高压输电线、桥梁等），可用悬高测量方法测定目标的高度，如图 5 - 30 所示。

悬高测量法计算公式如下

$$h = h_1 + h_2 \qquad (5 - 2)$$

$$h_2 = s(\sin\theta_{z1}\cot\theta_{z2} - \cos\theta_{z1})$$

悬高测量操作步骤如下：

在待测物体的正下方（或正上方）架设棱镜，量取镜高；将仪器照准棱镜，在坐标测量中的｛stn data｝操作

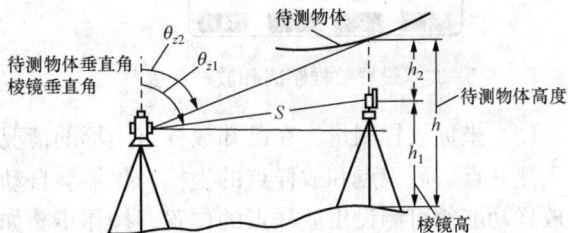

图 5 - 30 悬高测量

下输入棱镜高 h_1；在测量模式第 1 页选取〈DIST〉测距，选取〈STOP〉停止测距后，照准待测物体；进入测量模式第 2 页，选取〈MENU〉后选取｛REM｝，此时开始悬高测量，示窗显示如图 5 - 31 所示，待测物体的悬高为 6.255m，选取〈STOP〉停止测量。

（四）放样测量

利用全站仪放样十分方便，可以用角度、距离放样，也可以用坐标放样。在放样过程中，通过对放样点的角度、距离或者坐标的测量，仪器将显示预先设置好的放样值与实测值之差，以指导准确放样。

（1）角度和距离放样。角度和距离放样是根据相对于某参考方向转过的角度和放样距离测设出所需点位。如图 5 - 32 所示。

```
REM
Ht          6.255m
S          13.120m
ZA        89°59′50″
HAR      117°32′20″
                STOP
```

图 5 - 31 悬高测量示窗

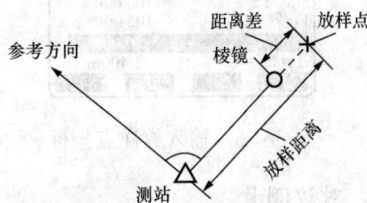

图 5 - 32 角度和距离放样

放样操作步骤如下：

1）将仪器安置于测站点。

2）后视参考点并将后视方向置零。

3）在测量模式第 3 页选取〈S—O〉。进入"S—O"屏幕。

4）选取｛S—O data｝后用〈EDIT〉设置放样距离（SO dist）和放样角度（SO hang），如图 5 - 33 所示。

5）按［←］后选取〈OK〉，完成放样值设置。

6）转动仪器照准部使水平角度放样值与水平角实测值之差"dHA"为零，此时仪器视

准轴指向放样方向，在此方向上设立棱镜。

7）在示窗中选取〈S—O〉（放样方式选择）后选取〔S—OH〕（平距放样）。

8）选取〈DIST〉开始放样测量，此时示窗显示平距实测值与放样之差"S—OH"，如图5-34所示。

9）在照准方向上移动棱镜使"S—OH"值为零，此时棱镜处即为放样点位置。

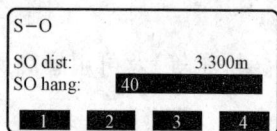

```
S-O
SO dist:                3.300m
SO hang:        40
    1       2       3       4
```

图5-33　设置放样距离和放样角度

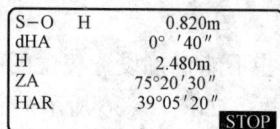

```
S-O  H           0.820m
dHA             0°  ′40″
H               2.480m
ZA              75°20′30″
HAR             39°05′20″
                        STOP
```

图5-34　平距实测值与放样值之差

（2）坐标放样测量。在已知放样点坐标的情况下可以选择坐标放样测量。坐标放样之前输入测站点、后视点和放样点的坐标，仪器会自动计算放样的角度和距离值，利用角度和距离放样功能便可测设出放样点的位置。操作步骤如下：

1）安置仪器于测站点。

2）在测量模式第3页选取〈S—O〉进入"S—O"屏幕。

3）选取｛Stn data｝，输入测站点坐标，选取〈OK〉。

4）选取｛Set H angle｝设置后视方向坐标方位角。

5）选取｛S—O data｝，选取〈COORD〉，用〈EDIT〉输入放样点坐标，如图5-35所示。

6）选取〈OK〉后示窗上显示放样角度值和距离值。

7）选取〈OK〉，选取〈S—O〉，示窗显示"S—O"（坐标放样）。

8）选取〈COORD〉开始坐标放样测量，移动棱镜使"N"，"E"，"Z"值为零，此时棱镜处既为放样点位置。若选〈←→〉，则示窗显示如图5-36所示，"↓"、"→"表示棱镜应该向"测站"、"右"移动。

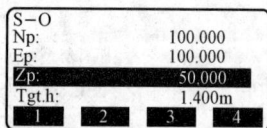

```
S-O
Np:             100.000
Ep:             100.000
Zp:              50.000
Tgt.h:            1.400m
    1       2       3       4
```

图5-35　输入放样点坐标

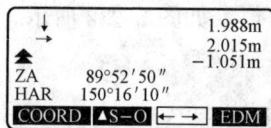

```
↓                       1.988m
▲                       2.015m
▲                      -1.051m
ZA      89°52′50″
HAR     150°16′10″
COORD   ▲S-O   ←→   EDM
```

图5-36　坐标放样测量

（五）对边测量

对边测量是在不搬动仪器的情况下直接测量多个目标点与起始点之间的斜距、平距和高差。下面结合图5-37所示介绍对边测量的方法。

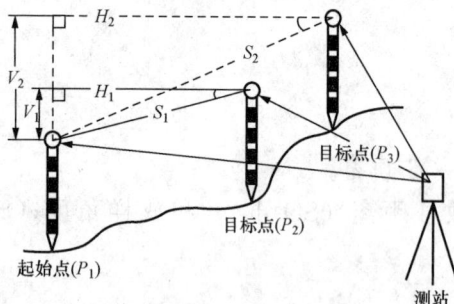

图5-37　对边测量

（1）照准起始点 P_1，在测量模式第1页选取〈DIST〉，完成距离测量后选取〈STOP〉停止。

（2）照准目标点 P_2，在测量模式第3页选取〈MLM〉对目标点进行测量，可以得到目标点与起始点间的斜距、平距和高差，示窗上显示如图5-38所示。

（六）面积测量

面积计算是通过构成封闭图形的一系列转折点的坐标来进行的。转折点的坐标可以通过直接观测得到，也可以预先输入到仪器的内存。SET500 计算面积时允许点数范围为 3～30，点号必须按顺时针或逆时针给出。下面介绍通过直接观测转折点的坐标来计算面积的方法。

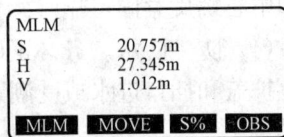

MLM	
S	20.757m
H	27.345m
V	1.012m
MLM　MOVE　S%　OBS	

图 5 - 38　目标点与起始点
间的斜距、平距和高差

（1）如图 5 - 39 所示，在测区适当位置安置仪器。

（2）在测量模式第 2 页选取〈MENU〉，进入"MENU"菜单，选取〔Area Calculation〕。

（3）照准 P_1 点，选取〈OBS〉，再次选取〈OBS〉，此时示窗上显示 P_1 点的坐标，如图 5 -40 所示。

（4）选取〈OK〉，将 P_1 点记作为"01"点，如图 5 - 41 所示。

（5）重复 3，4 步骤，按逆时针（或顺时针）依次完成余下各点的观测。

（6）当观测完 3 个点之后，如图 5 - 42 所示的示窗下便会出现〈CALC〉，在全部点观测完毕后选取〈CALC〉计算并显示面积结果，如图 5 - 43 所示。选取〈OK〉结束面积计算返回测量模式。

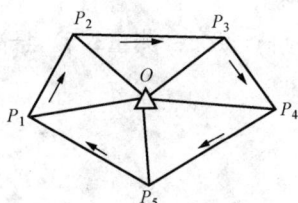

图 5 - 39　直接观测转折点坐标计算面积

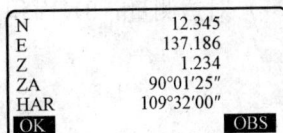

N	12.345
E	137.186
Z	1.234
ZA	90°01′25″
HAR	109°32′00″
OK	OBS

图 5 - 40　P_1 点坐标

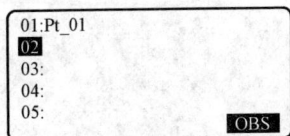

01:Pt_01	
02	
03:	
04:	
05:	OBS

图 5 - 41　将 P_1 记作"01"点

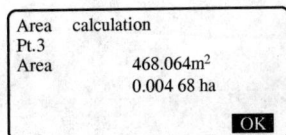

Area　calculation	
Pt.3	
Area	468.064m^2
	0.004 68 ha
	OK

图 5 - 42　显示面积结果

5.3.4　全站仪操作应注意的事项

电子全站仪是一种结构复杂而价格昂贵的先进仪器，在使用和保管中应严格按说明书的要求和步骤进行，做到专人保管与维护。

（1）一般情况。禁止在高粉尘、无通风、易燃物附近等环境下使用仪器；禁止自行拆卸和重装仪器；禁止用望远镜观察经棱镜或其他反光物体反射的阳光；禁止坐在仪器箱上或使用锁扣、背带、手提柄损坏的仪器箱；严禁直接用望远镜观测太阳，以免造成电路板烧坏或眼睛失明；确保仪器提柄固定螺栓和三角基座制动控制杆紧固可靠。

（2）电源系统。禁止使用电压不符的电源或受损的电线、插座等；严禁给电池加热或将电池扔入火中、用湿手插拔电源插头，以免爆炸伤人或造成触电事故；确保使用指定的充电器为电池充电。

（3）三脚架。禁止将三脚架的脚尖对准他人。确保脚架的固定螺旋、三角基座制动控制杆和中心螺旋紧固可靠。

（4）防尘防水。务必正确地关上电池护盖，套好数据输出和外接电源插口的护套；防止电池护盖和插口进水或受潮，保持电池护盖和插口内部干燥、无尘；确保装箱前仪器和箱内干燥。

（5）其他。严禁将仪器直接放置于地面上；防止仪器受强烈的冲击或振动；观测者不能远离仪器，搬站前应先关闭电源再从三脚架上取下仪器；务必在取出电池前关闭电源，仪器装箱前取出电池。

仪器长期不用时，至少每三个月通电检查一次，以防电路板受潮。为确保仪器的观测精度，应定期对仪器进行检验和校正。

思 考 题

5-1　全站仪主要由哪几部分组成？

5-2　从结构上分，全站仪有几种类型？各有什么特点？

5-3　简述全站仪的基本功能。

5-4　试述用 SET500 全站仪进行观测的工作步骤。

1）水平角测量；2）距离测量；3）坐标测量；4）后方交会测量；5）悬高测量；6）放样测量；7）对边测量；8）面积计算。

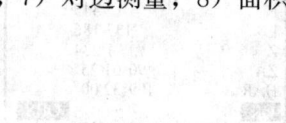

第 6 章　测量误差的基本知识

[导言] 通过前面的学习实践，已明白测量误差是客观存在的，本章适时总结了有关测量误差的基本知识，以帮助下一步测量技术的学习，以及提高执行测量规范的理解力、自觉性。通过学习要求了解误差的来源、种类、分布及特性，掌握误差传播定律和等精度观测值的平差及精度评定，达到能正确分析、判断和处理观测成果。

6.1　概　　　述

6.1.1　测量误差的概念

实践证明，对某量进行多次观测，各次所得结果总是存在差异，如对一三角形三内角进行观测，其和总不等于 $180°$，这种差异实质上表现为各次测量所得的观测值与未知量客观存在的真值之间的差值，这种差值称为测量真误差，即

$$\Delta_i = l_i - X(i = 1,2,\cdots,n) \tag{6-1}$$

式中　Δ_i——真误差；

　　　X——真值；

　　　l_i——观测值。

在测量中，某些量很难得到真值，甚至得不到真值，这时真误差也就无法知道。因此，常采用多次观测之平均值作为该量的最可靠值，称为该量的最或是值，又称似真值。观测值与平均值之差称为最或是误差，又称似真误差，即

$$v_i = l_i - L(i = 1,2,\cdots,n) \tag{6-2}$$

式中　v_i——最或是误差；

　　　L——最或是值；

　　　l_i——观测值。

有时，也用观测值改正数来计算观测值的精度。观测值的改正数与似真误差绝对值相等，符号相反。两者的意义是不同的，但用以计算观测值精度时，两者是相通的。

6.1.2　误差的来源

所有的测量工作都是观测者使用仪器和工具在一定外界条件下进行的。因此测量误差来源主要有以下三个方面：

(1) 仪器误差。测量工作依靠特制的仪器来进行，仪器的设计与制造不可能十分完美，例如，仪器各轴线间的几何条件不完全满足，刻划不均匀，仪器经检验校正仍会存在残余微小的误差，这些都会影响到观测结果的准确性。

(2) 观测者。观测者对鉴别力所不及部分往往忽略或舍去，且与观测者的技术水平、当时的生理与心理状态密切相关，所以在仪器的安置、瞄准、读数等方面都会产生误差。

(3) 外界条件的影响。外界环境与气象条件不稳定。如气温、湿度、风力、亮度及折光

等自然条件不稳定的影响，使观测结果含有误差。

观测成果精确程度称为精度，观测精度取决于观测时的有关仪器、人和外界环境所构成的观测条件。具有同样技术水平的人，用同等精度的仪器，在同样的外界环境下进行观测，即观测条件相同的各次观测称为等精度观测；观测条件不同的各次观测称为不等精度观测。在控制测量和精密工程测量中，采用不等精度观测，成果计算较复杂，所以在普通工程测量中大多采用等精度观测。

6.1.3 误差的种类

在观测过程中，可能出现粗差，亦称过失误差或错误。例如，瞄错了目标、读错了数等等，都是一种显然与事实不符、与观测量毫不相干的特殊事件，粗差多由于作业人员疏忽大意所致，所以不允许存在于观测结果中，也不属于测量误差讨论的范畴。因此，作业人员应在工作中仔细、认真，并采取必要的检校，进行多余观测，以发现和避免错误。

按照误差的性质可将测量误差分为系统误差和偶然误差两类。

（一）系统误差

在相同观测条件下对某物理量进行一系列观测，如果观测误差的正、负符号及数值大小表现出一致的倾向或保持一定的函数关系，这种误差称为系统误差。例如，钢尺的尺长误差，使丈量误差与距离成正比；地球曲率和大气折光引起的读数误差与距离构成函数关系等。产生系统误差的主要原因是仪器和工具制造不完善或校正不完善而产生的。

由于符号的一致性，使系统误差具有累积性，因而对观测结果的影响较大。在找到系统误差的规律之后，可采用各种方法（如加改正数）以消除系统误差的影响；或采取一定的观测措施（如盘左盘右测角、前后视线等长测高差等方法）以减弱或消除系统误差的影响；检校仪器，使仪器误差的残差减小到最低程度。

（二）偶然误差

偶然误差亦称随机误差。在相同观测条件下对某物理量进行一系列观测，观测误差的符号和大小没有表现出一致的倾向，但就大量观测误差来讲，具有偶然事件的统计规律，这种误差称为偶然误差。如水准测量时毫米数的估读误差，望远镜的十字丝瞄准目标，由于人眼的分辨率、望远镜的放大率的限制等影响，瞄准目标可能偏左或偏右而产生的照准误差等。

偶然误差是由人、仪器、外界条件等多方面不可预知的因素引起的，对观测结果的影响亦较大，且很难完全消除。为了减弱偶然误差的影响，可采用各种方法，如采用多余观测，即使观测次数多于必要的次数；采用一定的计算方法求最可靠值；要求所使用仪器的精度与观测值的精度相适应等。

综上所述，在观测成果中，系统误差和偶然误差同时存在。当系统误差采取了适当的观测和计算方法加以消除或减少，那么观测成果中偶然误差就占了主要地位，观测成果的误差主要体现偶然误差的性质。因此误差理论主要针对不可避免的偶然误差而言，为此需要对偶然误差的性质作进一步的讨论。

6.1.4 偶然误差的特性

在相同观测条件下，对真值为 X 的某量进行 n 次观测，观测值为 l_1，l_2，$\cdots$，l_n，每次观测的真误差为 Δ_1，Δ_2，$\cdots$，Δ_n，则 Δ_i，l_i，X 的关系如式（6-1）所示。

例如在相同观测条件下，对一个三角形的三个内角进行 100 次观测，由于观测结果中存在着偶然误差，三角形的三内角和不等于 $180°$，则可按式（6-1）求得每次观测的三角形内角和的真误差，这个误差也称为三角形闭合差。

现将 100 个真误差按每 $0.5''$ 为一区间，以误差值的大小及正负号，统计如表 6-1 所示。

表 6-1   偶 然 误 差 的 统 计

误差所在区间（″）	正误差个数	负误差个数	总　　数
0.0～0.5	21	20	41
0.5～1.0	14	15	29
1.0～1.5	7	8	15
1.5～2.0	5	4	9
2.0～2.5	2	2	4
2.5～3.0	1	1	2
3.0 以上	0	0	0
合　　计	50	50	100

由表 6-1 所示及大量观测实践的统计结果，经理论分析归纳出偶然误差有如下特性：

（1）有界性。在一定观测条件下，偶然误差的绝对值不会超过一定的限度，或者说超出该限值的误差出现的概率为零。

（2）小误差密集性。绝对值较小的误差比绝对值较大的误差出现的概率大。

（3）对称性。绝对值相等的正误差和负误差出现的概率相等。

（4）抵偿性。当观测次数无限增加，偶然误差的算术平均值趋于零，即

$$\lim_{n \to \infty} \frac{[\Delta]}{n} = 0 \qquad (6-3)$$

$$[\Delta] = \Delta_1 + \Delta_2 + \cdots + \Delta_n$$

式中　　[ ]——表示求和。

6.2　衡 量 精 度 的 指 标

既然存在观测误差，就必须了解这些误差对测量成果的影响，考核测量成果是否满足工程建设、地籍房产等工作的要求，判断观测误差是否超过允许的限度。由于误差表现出偶然性，不能根据个别误差的大小来评定精度，就需要运用合理的方式建立统一的评定精度的标准。

6.2.1　中误差

在相同观测条件下，对某量进行 n 次观测，其观测值分别为 $l_1, l_2, \cdots, l_n$，设该观测值的真值为 X，由式（6-1）得相应的真误差为 $\Delta_1, \Delta_2, \cdots, \Delta_n$。则

$$m = \pm \sqrt{\frac{[\Delta\Delta]}{n}} \qquad (6-4)$$

$$[\Delta\Delta] = \Delta_1^2 + \Delta_2^2 + \cdots + \Delta_n^2$$

式中　　m——观测值中误差；

n——观测次数。

从式（6-4）中可以看出中误差与真误差的关系。中误差不等于真误差，它仅是一组真误差的代表值，中误差 m 值的大小反映了这组观测值精度的高低，而且它能明显地反映出测量结果中较大误差的影响。因此，一般都采用中误差作为评定观测质量的标准。

例如，设对 10 个三角形进行了两组不同精度的观测，经计算分别求得真误差为：

第一组　$-3''$、$+4''$、$+3''$、$0''$、$+1''$、$-1''$、$+2''$、$-6''$、$+4''$、$-5''$

第二组　$+9''$、$-2''$、$+3''$、$+5''$、$-8''$、$0''$、$+4''$、$-6''$、$+1''$、$-5''$

通过以上数据并不能准确评定出两组观测精度的高低，所以分别计算这两组观测值的中误差为

$$m_1 = \pm\sqrt{\frac{(-3)^2 + 4^2 + 3^2 + 0^2 + 1^2 + (-1)^2 + 2^2 + (-6)^2 + 4^2 + (-5)^2}{10}} = \pm 3.4''$$

$$m_2 = \pm\sqrt{\frac{9^2 + (-2)^2 + 3^2 + 5^2 + (-8)^2 + 0^2 + 4^2 + (-6)^2 + 1^2 + (-5)^2}{10}} = \pm 5.1''$$

由于 $m_1 < m_2$，说明第一组的观测精度高于第二组。

6.2.2　极限误差

由偶然误差的第一个特性可知，在一定的观测条件下，偶然误差的绝对值不会超过一定的限值。这个限值称为极限误差。那么怎样确定极限误差呢？由前述可知，观测值的中误差只是衡量观测精度的一种指标，它不能代表某一个观测值真误差的大小，但是它和观测值的真误差之间存在着一定的统计关系。根据误差理论和实践的统计表明，在等精度观测的一组误差中，绝对值大于一倍中误差的偶然误差，其出现的几率为 32%，大于两倍中误差的偶然误差，其出现的几率只有 5%，大于三倍中误差的偶然误差，其出现的几率仅有 0.3%，即大约三百次观测中，才可能出现一次大于三倍中误差的偶然误差。因此，在观测次数不多的情况下，可认为大于三倍中误差的偶然误差实际上是不可能出现的。故通常以三倍中误差为偶然误差的极限误差，即

$$|\Delta_{极}| = 3|m|$$

在实际工作中，测量规范要求在观测值中不容许存在较大的误差，故常以两倍或三倍中误差作为偶然误差的容许值，称为容许误差，即

$$|\Delta_{容}| = 2|m| \tag{6-5}$$

或

$$|\Delta_{容}| = 3|m| \tag{6-6}$$

如果观测值中出现了大于容许误差的偶然误差，可认为该观测值不可靠，应舍去不用。

6.2.3　相对误差

在量距中，误差的大小和距离长短有关。设丈量两段距离，其中误差均为 $\pm 0.1\text{m}$，但两段距离分别为 200m 和 1000m，如果单纯以中误差相等而认为两者精度一样就显然不正确了，这时就应该用相对误差来说明两者的精度。

观测误差的绝对值与观测值之比化为 $1/M$ 形式称为相对误差。观测值中误差 m 的绝对值与观测值 D 之比化为 $1/M$ 形式称为相对中误差，即

$$K = \frac{|m|}{D} = \frac{1}{D}/|m| = \frac{1}{M} \tag{6-7}$$

上述丈量 200、1000m 的中误差均为 0.1m，则相对中误差分别为

$$K_1 = \frac{|m_1|}{D} = \frac{0.1}{200} = \frac{1}{2000}$$

$$K_2 = \frac{|m_2|}{D} = \frac{0.1}{1000} = \frac{1}{10\,000}$$

从上面计算结果可以看出，前者的精度比后者低。

相对误差的分子也可以是闭合差或容许误差，这时分别称为相对闭合差及相对容许误差。

例如，在一般钢尺量距中进行往返丈量，常采用两次结果的较差（闭合差的一种形式）与往返丈量距离的平均值之比化为 $1/M$ 的形式来衡量丈量精度，即

$$K = \frac{|D_{往} - D_{返}|}{D_{平均}} = \frac{|\Delta D|}{D_{平均}} = \frac{1}{M} \qquad (6\text{-}8)$$

它反映了往返测量结果的符合程度，M 越大，观测精度越高。

相对误差常用于距离丈量的精度评定，而不能用于角度测量和水准测量的精度评定，因为后两者的误差大小与其观测量即角度、高差大小无关。

6.3　误 差 传 播 定 律

在实际工作中有些量不能直接观测，而是由与直接观测量构成一定函数关系计算出来。如用水准仪测量 A、B 两点之间高差 $h = a - b$，读数 a，b 是直接观测值，h 是 a，b 的函数，由于 a，b 含有误差，h 必然受其影响而产生误差。根据观测值中误差去求观测值函数的中误差，阐述独立观测值中误差与函数中误差之间关系的定律，称为误差传播定律。

6.3.1　一般函数的误差传播

设一般函数为

$$z = F(x_1, x_2, \cdots, x_n) \qquad (6\text{-}9)$$

式中　x_1，x_2，$\cdots$，x_n——独立观测值，其中误差分别为 m_1，m_2，$\cdots$，m_n。

求未知量 z 的中误差 m_z 步骤如下：

设独立观测值 x_1，x_2，$\cdots$，x_n，其相应的真误差为 Δx_i。由于 Δx_i 的存在，使函数亦产生相应的真误差 Δz。将式（6-9）取全微分，得

$$dz = \frac{\partial F}{\partial x_1} dx_1 + \frac{\partial F}{\partial x_2} dx_2 + \cdots + \frac{\partial F}{\partial x_n} dx_n$$

因误差 Δx_i 及 Δz 都很小，故在上式中，可近似用 Δx_i 及 Δz 代替 dx_i 及 dz，于是有

$$\Delta z = \frac{\partial F}{\partial x_1} \Delta x_1 + \frac{\partial F}{\partial x_2} \Delta x_2 + \cdots + \frac{\partial F}{\partial x_n} \Delta x_n \qquad (6\text{-}10)$$

式中　$\dfrac{\partial F}{\partial x_i}$——函数 F 对各自变量的偏导数。

将观测值代入，$\dfrac{\partial F}{\partial x_i}$ 即为确定的常数，设 $\dfrac{\partial F}{\partial x_i} = f_i$，则式（6-10）可写成

$$\Delta z = f_1 \Delta x_1 + f_2 \Delta x_2 + \cdots + f_n \Delta x_n \qquad (6\text{-}11)$$

为了求得函数和观测值之间的中误差的关系式，设想对各 x_i 进行了 k 次观测，则可写

出 k 个类似于式（6-11）的关系式

$$\Delta z^{(1)} = f_1 \Delta x_1^{(1)} + f_2 \Delta x_2^{(1)} + \cdots + f_n \Delta x_n^{(1)}$$
$$\Delta z^{(2)} = f_1 \Delta x_1^{(2)} + f_2 \Delta x_2^{(2)} + \cdots + f_n \Delta x_n^{(2)}$$
$$\cdots$$
$$\Delta z^{(k)} = f_1 \Delta x_1^{(k)} + f_2 \Delta x_2^{(k)} + \cdots + f_n \Delta x_n^{(k)}$$

将以上各式等号两边平方后，再相加，得

$$[\Delta z^2] = f_1^2 [\Delta x_1^2] + f_2^2 [\Delta x_2^2] + \cdots + f_n^2 [\Delta x_n^2] + \sum_{\substack{i,j=1 \\ i \neq j}}^{n} f_i f_j [\Delta x_i \Delta x_j]$$

上式两端各除以 k，得

$$\frac{[\Delta z^2]}{k} = f_1^2 \frac{[\Delta x_1^2]}{k} + f_2^2 \frac{[\Delta x_2^2]}{k} + \cdots + f_n^2 \frac{[\Delta x_n^2]}{k} + \sum_{\substack{i,j=1 \\ i \neq j}}^{n} f_i f_j \frac{[\Delta x_i \Delta x_j]}{k} \quad (6-12)$$

对于 $\Delta x_i \Delta x_j$，当 $i \neq j$ 时，表现为偶然误差。根据偶然误差的第四个特性知，式（6-12）的末项有 $k \to \infty$ 时趋近于零，即

$$\lim_{k \to \infty} \frac{[\Delta x_i \Delta x_j]}{k} = 0$$

故式（6-12）可写为

$$\lim_{k \to \infty} \frac{[\Delta z^2]}{k} = \lim_{k \to \infty} \left(f_1^2 \frac{[\Delta x_1^2]}{k} + f_2^2 \frac{[\Delta x_2^2]}{k} + \cdots + f_n^2 \frac{[\Delta x_n^2]}{k} \right)$$

根据中误差的定义，上式可写成

$$m_z^2 = f_1^2 m_1^2 + f_2^2 m_2^2 + \cdots + f_n^2 m_n^2 \quad (6-13)$$

即

$$m_z = \pm \sqrt{\left(\frac{\partial F}{\partial x_1} \right)^2 m_1^2 + \left(\frac{\partial F}{\partial x_2} \right)^2 m_2^2 + \cdots + \left(\frac{\partial F}{\partial x_n} \right)^2 m_n^2} \quad (6-14)$$

式（6-14）即为误差传播定律的一般形式。应用式（6-14）时，必须注意：各观测值 x_i 必须是相互独立的变量。

【例 6-1】 设在三角形 ABC 中，直接观测 $\angle A$ 和 $\angle B$，其中误差分别为 $m_A = \pm 3''$ 和 $m_B = \pm 4''$，试求由 $\angle A$、$\angle B$ 计算 $\angle C$ 时的中误差 m_C。

解 函数关系为

$$\angle C = 180° - \angle A - \angle B$$

微分上式

$$dC = -dA - dB$$

由式（6-10）知，$f_1 = \dfrac{\partial F}{\partial A} = -1$，$f_2 = \dfrac{\partial F}{\partial B} = -1$，代入式（6-13）得

$$m_C^2 = m_A^2 + m_B^2 = (\pm 3'')^2 + (\pm 4'')^2$$

最后得

$$m_C = \pm 5''$$

【例 6-2】 设有函数关系 $h = D \tan\alpha$，已知 $D = 120.25\text{m} \pm 0.05\text{m}$，$\alpha = 12°47' \pm 0.5'$，求 h 值及其中误差 m_h。

解 $h = D \tan\alpha = 120.25 \tan 12°47' = 27.28\text{m}$

又

$$dh = \tan\alpha \cdot dD + (D \sec^2\alpha) \frac{d\alpha'}{\rho}$$

显然

$$f_1 = \tan 12°47' = 0.2269$$

$$f_2 = D\sec^2\alpha = 120.25\sec^2 12°47' = 126.44$$

则有

$$m_h^2 = \tan^2\alpha m_D^2 + (D\sec^2\alpha)\left(\frac{m_a'}{\rho'}\right)^2$$

$$= (0.226\,9)^2 \times (0.05)^2 + (126.44)^2\left(\frac{0.5'}{3438'}\right)^2$$

$$= 4.67 \times 10^{-4}\,\mathrm{m}^2$$

故　　　　　　　　　　　　　　$m_h = \pm 0.02\mathrm{m}$

最后结果写为　　　　　　　　　$h = 27.28\mathrm{m} \pm 0.02\mathrm{m}$

6.3.2　线性函数的误差传播

设线性函数为

$$z = k_1 x_1 \pm k_2 x_2 \pm \cdots \pm k_n x_n \tag{6-15}$$

式中　$x_1,x_2,\cdots,x_n$——独立的直接观测值，相应的观测值的中误差为 $m_1,m_2,\cdots,m_n$；

　　　$k_1,k_2,\cdots,k_n$——常数。

求函数 z 的中误差 m_z，将式（6-15）全微分，得

$$\Delta z = k_1 \Delta x_1 \pm k_2 \Delta x_2 \pm \cdots \pm k_n \Delta x_n \tag{6-16}$$

由于式（6-16）与式（6-11）相类似，同理可得

$$m_z = \pm \sqrt{k_1^2 m_1^2 + k_2^2 m_2^2 + \cdots + k_n^2 m_n^2} \tag{6-17}$$

由此可知，线性函数中误差等于各常数与相应观测值中误差乘积平方和的平方根。

【例 6-3】　某段距离测量了 n 次，观测值为 $l_1,l_2,\cdots,l_n$，为相互独立的等精度观测值，观测值中误差为 m，试求其算术平均值 L 的中误差 M。

解　函数关系式为

$$L = \frac{l_1 + l_2 + \cdots + l_n}{n} = \frac{1}{n}l_1 + \frac{1}{n}l_2 + \cdots + \frac{1}{n}l_n$$

上式全微分得

$$\mathrm{d}L = \frac{1}{n}\mathrm{d}l_1 + \frac{1}{n}\mathrm{d}l_2 + \cdots + \frac{1}{n}\mathrm{d}l_n$$

根据误差传播定律有

$$M^2 = \frac{1}{n^2}m^2 + \frac{1}{n^2}m^2 + \cdots + \frac{1}{n^2}m^2 = \frac{m^2}{n}$$

$$M = \frac{m}{\sqrt{n}} \tag{6-18}$$

由式（6-18）可以看出，n 次等精度观测值的算术平均值的中误差为观测值中误差的 $\frac{1}{\sqrt{n}}$。

6.3.3　运用误差传播定律的步骤

（一）运用误差传播定律计算观测值函数中误差的步骤

（1）依题意列出函数式 $Z = F(x_1,x_2,\cdots,x_n)$；

（2）对函数 Z 进行全微分，即得到函数真误差与观测值真误差的关系式

$$dz = \frac{\partial F}{\partial x_1}dx_1 + \frac{\partial F}{\partial x_2}dx_2 + \cdots + \frac{\partial F}{\partial x_n}dx_n$$

（3）最后代入误差传播公式，计算观测值函数中误差

$$m_z^2 = \left(\frac{\partial F}{\partial x_1}\right)^2 m_1^2 + \left(\frac{\partial F}{\partial x_2}\right)^2 m_2^2 + \cdots + \left(\frac{\partial F}{\partial x_n}\right)^2 m_n^2$$

（二）应用误差传播定律时应注意如下几点

（1）式中 $\left(\dfrac{\partial F}{\partial x_i}\right)$ 是用观测值代入后算出的偏导函数值。

（2）当给出的角度中误差以度分秒为单位时，则应除以 ρ（$\rho' = 3438'$，$\rho'' = 206\,265''$）。

（3）各观测值必须是相互独立的。

6.3.4 几种常用函数的误差传播定律

表 6 - 2   常用函数的误差传播定律

函 数 名 称	函 数 式	函数的中误差
倍数函数	$z = kx$	$m_z = \pm km_x$
和差函数	$z = x_1 \pm x_2 \pm \cdots \pm x_n$	$m_z = \pm\sqrt{m_1^2 + m_2^2 + \cdots + m_n^2}$
线性函数	$z = k_1 x_1 \pm k_2 x_2 \pm \cdots \pm k_n x_n$	$m_z = \pm\sqrt{k_1^2 m_1^2 + k_2^2 m_2^2 + \cdots + k_n^2 m_n^2}$
一般函数	$z = f(x_1, x_2, \cdots, x_n)$	$m_z = \pm\sqrt{\left(\frac{\partial F}{\partial x_1}\right)^2 m_1^2 + \left(\frac{\partial F}{\partial x_2}\right)^2 m_2^2 + \cdots + \left(\frac{\partial F}{\partial x_n}\right)^2 m_n^2}$

6.4 等精度直接观测值平差

对一系列观测值采用适当而合理的方法，消除或减弱其误差，求得未知量的最可靠值，并评定测量成果的精度。通常我们把求得的未知量的最可靠值，称为最或是值，它十分接近于未知量的真值。

6.4.1 求未知量的最或是值

设在相同的观测条件下，对某未知量 x 进行了 n 次观测，设观测值为 l_1，l_2，$\cdots$，l_n。现要根据这 n 个观测值确定出该未知量的最或是值。

设未知量的真值为 X，则按式（6-1）可写出观测值的真误差公式为

$$\Delta_i = l_i - X (i = 1, 2, \cdots, n)$$

则可得出一组真误差

$$\Delta_1 = l_1 - X$$
$$\Delta_2 = l_2 - X$$
$$\cdots$$
$$\Delta_n = l_n - X$$

将以上方程等号两边相加，得

$$[\Delta] = [l] - nX$$

两边同除 n，得

$$\frac{[\Delta]}{n} = \frac{[l]}{n} - X$$

由偶然误差第四特性可知

$$\lim_{n \to \infty} \frac{[\Delta]}{n} = 0$$

即 $n \to \infty$，$X = \frac{[l]}{n} = L$（算术平均值）。也就是说，$n \to \infty$ 时，算术平均值等于未知量真值。

但在实际工作中，n 总是有限，所以算术平均值最接近未知量真值。在计算时，不论观测次数的多少均以算术平均值 L 作为未知量的最或是值，这是误差理论中的一个公理。这种只有一个未知量的平差问题，在传统的平差计算中称为直接平差。

6.4.2　等精度观测值的评定精度

（一）观测值的似真误差

等精度观测值中误差的计算公式为

$$m = \pm \sqrt{\frac{[\Delta\Delta]}{n}}$$

$$\Delta_i = l_i - X(i = 1, 2, \cdots, n)$$

这是利用观测值真误差求观测值中误差的定义公式，由于未知量的真值往往是不知道的，真误差也就不知道了。所以，一般不能直接利用上式求观测值的中误差。而采用观测值的似真误差 v_i 或观测值改正数来计算观测值的中误差。观测值的改正数与似真误差绝对值相等，符号相反。

如式（6-2）

$$v_i = l_i - L$$

则

$$v_1 = l_1 - L$$
$$v_2 = l_2 - L$$
$$\cdots$$
$$v_n = l_n - L$$

将以上方程等号两边相加，得

$$[v] = [l] - nL$$

因为 $L = \frac{[l]}{n}$，所以

$$[v] = 0 \qquad\qquad\qquad (6-19)$$

即观测值的似真误差代数和等于零。该式可作为计算中的校核，当满足条件时，说明算术平均值和似真误差计算无误。

（二）用似真误差计算等精度观测值的中误差

为了评定精度，需要导出由似真误差 v_i 来计算观测值中误差的公式。

由式（6-1）和式（6-2）得到的以下两个方程组

$$\Delta_1 = l_1 - X \qquad v_1 = l_1 - L$$
$$\Delta_2 = l_2 - X \qquad\text{和}\qquad v_2 = l_2 - L$$
$$\cdots \qquad\qquad \cdots$$
$$\Delta_n = l_n - X \qquad v_n = l_n - L$$

将它们对应相减得

$$\Delta_1 - v_1 = L - X$$
$$\Delta_2 - v_2 = L - X$$
$$\cdots$$
$$\Delta_n - v_n = L - X$$

设 $L - X = \delta$，代入上式，并移项后得

$$\Delta_1 = v_1 + \delta$$
$$\Delta_2 = v_2 + \delta$$
$$\cdots$$
$$\Delta_n = v_n + \delta$$

上组式中各式分别自乘，然后求和

$$[\Delta\Delta] = [vv] + 2[v]\delta + n\delta^2$$

显然
$$[v] = 0$$

故有
$$[\Delta\Delta] = [vv] + n\delta^2$$

即
$$\frac{[\Delta\Delta]}{n} = \frac{[vv]}{n} + \delta^2 \qquad\qquad (6\text{-}20)$$

$$\delta = L - x = \frac{[l]}{n} - X = \frac{[l-X]}{n} = \frac{[\Delta]}{n}$$

故
$$\delta^2 \doteq \frac{[\Delta]^2}{n^2} = \frac{1}{n^2}(\Delta_1^2 + \Delta_2^2 + \cdots + \Delta_n^2 + 2\Delta_1\Delta_2 + 2\Delta_1\Delta_3 + \cdots)$$

$$= \frac{[\Delta\Delta]}{n^2} + \frac{2}{n^2}(\Delta_1\Delta_2 + \Delta_1\Delta_3 + \cdots)$$

由于 Δ_1，Δ_2，$\cdots$，Δ_n 是彼此独立的偶然误差，故 $\Delta_1\Delta_2$、$\Delta_1\Delta_3$、$\cdots$也具有偶然误差的性质。当 $n \to \infty$，上式等号右边第二项应趋近于零；当 n 为较大的有限值时，其值远比第一项为小，故可忽略不计。于是式（6-20）变为

$$\frac{[\Delta\Delta]}{n} = \frac{[vv]}{n} + \frac{[\Delta\Delta]}{n^2}$$

根据中误差的定义式（6-4），上式可写为

$$m^2 = \frac{[vv]}{n} + \frac{m^2}{n}$$

即
$$m = \pm\sqrt{\frac{[vv]}{n-1}} \qquad\qquad (6\text{-}21)$$

式（6-21）即为利用观测值的似真误差 v_i 计算中误差的公式。由于观测值的改正数仅与似真误差符号相反，所以说也是观测值改正数计算中误差的公式，两者的结果是相同的。

【例6-4】 设用经纬仪测量某一个角度6测回，观测值列于表6-3中。试求观测值的中误差及算术平均值的中误差。

表 6-3　　　　　　　　　　　　**利用似真误差计算观测值的中误差**

观测次序	观 测 值	v	vv	计算
1	36°50′30″	−4″	16	
2	36°50′26″	0″	0	$m=\pm\sqrt{\dfrac{[vv]}{n-1}}$
3	36°50′28″	−2″	4	
4	36°50′24″	+2″	4	$=\pm\sqrt{\dfrac{34}{6-1}}$
5	36°50′25″	+1″	1	
6	36°50′23″	+3″	9	$=\pm 2.6″$
	$L=36°50′26″$	$[v]=0″$	$[v]=34$	

算术平均值 L 的中误差根据式（6-18），有

$$M=\frac{m}{\sqrt{n}}=\pm\sqrt{\frac{[vv]}{n(n-1)}}=\pm\sqrt{\frac{34}{6(6-1)}}=\pm1.1″$$

注意，在以上计算中 $m=\pm2.6″$ 为观测值的中误差，$M=\pm1.1″$ 为算术平均值的中误差。最后结果及其精度可写为

$$L=36°50′26″\pm1.1″$$

思　考　题

6-1　测量误差产生有哪些原因？偶然误差具有哪些特性？

6-2　衡量观测值精度的标准是什么？衡量角度测量与距离测量精度的标准分别是什么？并说明其原因。

6-3　对于某个水平角以等精度观测 4 个测回，观测值分别为 55°40′47″，55°40′40″，55°40′42″，55°40′46″，计算其算术平均值、一测回的中误差和算术平均值的中误差。

6-4　对某段距离用钢尺丈量 6 次，观测结果是 246.535、246.548、246.520、246.529、246.550、246.537m，试计算其算术平均值、算术平均值的中误差及其相对误差。

6-5　在△ABC 中，直接观测了∠A 和∠B，其测角中误差为 $m_A=\pm14″$ 和 $m_B=\pm12″$。求三角形第三角 C 的中误差 m_C。

6-6　对于某一矩形场地，量得其长度 $a=156.34\pm0.03$m、宽度 $b=85.27\pm0.02$m，求该矩形场地面积的中误差及其相对中误差。

6-7　观测 n 边形的内角，每测回测角中误差为 $\pm12″$，求 n 测回平均值的中误差。

6-8　如图 6-1 所示，测得边长 a 及其中误差为 $a=230.78\pm0.012$m，∠A=52°47′36″±15″，∠B=45°28′54″±20″，试求边长 b 及其中误差。

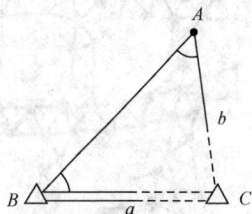

图 6-1　思考题 6-8 图

第7章 小地区控制测量

[导言] 控制测量是其他测量工作的基础。在所有测量工作中，它不仅精度要求高，理论性也最强，是本课程的学习重点。通过本章学习，应对控制测量的意义和作用有进一步认识；掌握导线测量和交会定点的外业测量与内业计算方法；理解三、四等水准测量和三角高程测量的基本方法。

7.1 控制测量概述

无论工程规划设计前的地形图测绘，还是建筑物的施工放样和施工后的变形观测等工作，都必须遵循"从整体到局部，先控制后碎部"的原则。即首先要在测区内选择若干有控制意义的控制点，按一定的规律和要求组成网状几何图形，称之为控制网。控制网有国家控制网、城市控制网和小地区控制网。为建立测量控制网而进行的测量工作称控制测量。控制测量是其他各种测量工作的基础，具有控制全局和限制测量误差传播及累积的重要作用。控制测量包括平面控制测量、高程控制测量和三维控制测量。

7.1.1 平面控制测量

确定控制点平面位置的工作，称为平面控制测量。平面控制测量的常规方法是三角测量和导线测量。三角测量，即在地面上选定一系列的点，构成连续三角形，测定三角形各顶点水平角，并根据起始边长、方位角和起始点坐标，经数据处理确定各顶点平面位置的测量方法。导线测量，即在地面上按一定要求选定一系列的点依相邻次序连成折线，并测量各线段的边长和转折角，再根据起始数据确定各点平面位置的测量方法。

在全国范围内建立的平面控制网，称为国家平面控制网。它是全国各种比例尺测图的基本控制和工程建设的基本依据，并为确定地球的形状和大小及其他科学研究提供资料。国家平面控制网精度从高到低分为一等、二等、三等、四等四个等级，逐级控制。一等精度最高，是国家控制网的骨干，二等是国家控制网的全面基础（图7-1、图7-2），三、四等是二等控制网的进一步加密。国家平面控制网主要采用三角测量的方法布设成三角网（锁），也可布设成三边网、边角网和导线网。

为城市和工程建设需要而建立的平面控制网称为城市平面控制网，它一般是以国家控制网点为基础，布设成不同等级的控制网。国家控制网和城市控制网的测量工作，由测绘部门完成，成果

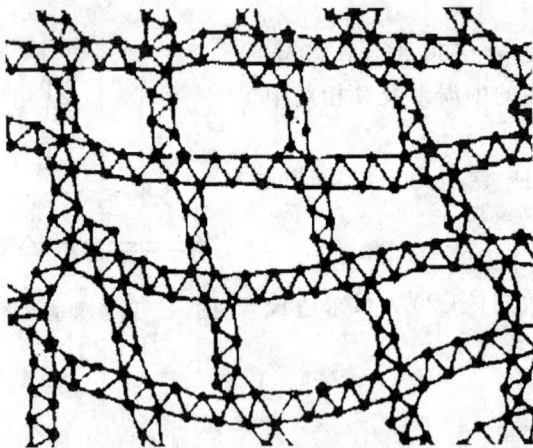

图 7-1 国家一等控制网

资料可从有关测绘部门索取。

在小地区内即一般面积在 15km² 以下范围内建立的平面控制网，称为小地区平面控制网。小地区控制网测量应与国家控制网或城市控制网联测，以便建立统一坐标系统，如果无条件与之联测时，可在测区内建立独立控制网。小地区平面控制网应视测区面积的大小按精度要求分级建立，一般采用小三角网或相应等级导线网。在测区范围内建立的精度最高的控制网称首级控制网。直接为测图需要建立控制网称为图根控制网。

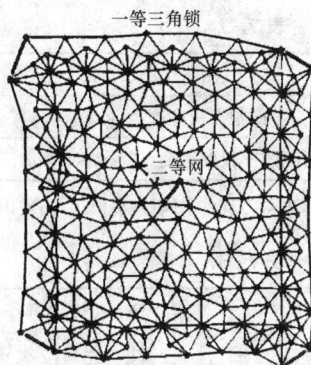

图 7 - 2　国家二等全面网

7.1.2　高程控制测量

国家高程控制网主要采用水准测量的方法，分成一、二、三、四等四个等级，低一等级受高一级控制，逐级布设（图 7 - 3）。一、二等水准测量利用高精度水准仪和精密水准测量方法施测，其成果作为全国范围内的高程控制和进行科学研究之用。三、四等水准测量除用于国家高程控制网加密外，在小地区常用作建立首级高程控制网。

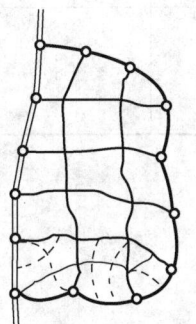

　一等水准路线
　二等水准路线
　三等水准路线
　四等水准路线

图 7 - 3　国家高程控制网

为城市建设及各种工程建设需要所建立的高程控制网分为二、三、四等水准测量及图根测量。

小地区高程控制网也应视测区面积的大小和工程要求采用分级的方法建立，一般与国家等级水准点联测，条件不许可时也可以单独建立三、四等水准控制网，再以此为基础测定图根点的高程。

控制网的建立，除了上述常规测量方法之外，还可应用 GPS 测量（即全球定位系统）。GPS 测量能测定地面点的三维坐标，其具有全天候、高精度、自动化、高效益等显著特点。其内容将在第 15 章中介绍。

控制测量工作属于全局性的基础工作。如果精度不够甚至出现错误，会对测量工作乃至工程建设造成很大损失，因此必须严格按有关规范进行，并以高度的责任感和严格的科学态度认真对待。下面结合工程测量的实际需要，着重介绍用导线测量建立小地区平面控制网的方法，以及用三、四等水准测量及三角高程测量建立小地区高程控制的方法。

根据国家建设部发布的中华人民共和国行业标准《城市测量规范》（CJJ 8—1999），城市图根控制测量的主要技术要求见下列各表。

表 7 - 1　　　　　　　　城市水准测量及图根水准测量主要技术要求

等级	每千米高差中误差 (mm)	附合路线长度 (km)	水准仪型号	测段往返测高差不符值 (mm)	附合路线或环线闭合差 (mm)
二等	≤±2	400	DS_1	≤±4$\sqrt{R}$	≤±4$\sqrt{L}$
三等	≤±6	45	DS_3	≤±12$\sqrt{R}$	≤±12$\sqrt{L}$
四等	≤±10	15	DS_3	≤±20$\sqrt{R}$	≤±20$\sqrt{L}$
图根	≤±20	8	DS_{10}	—	≤±40$\sqrt{L}$

注　R 为测段的长度；L 为附合路线或环线长度，均以 km 为单位。

表 7 - 2   各种测图比例尺图根点的密度

测图比例尺	1：500	1：1000	1：2000	1：5000
图根点密度（点/km²）	150	50	15	5
每幅图图根点密度（50cm×50cm）	8	12	15	30

注　1：5000 图幅大小为 40cm×40cm。

表 7 - 3   图根光电测距导线测量的技术要求

比例尺	附合导线长度（m）	平均边长（m）	导线相对闭合差	测回数 DJ₆	方位角闭合差（″）	测距	
						仪器类型	方法与测回数
1：500	900	80					
1：1000	1800	150	≤1/4000	1	≤±40$\sqrt{n}$	Ⅱ级	单程观测 1
1：2000	3000	250					

注　n 为测站数。

表 7 - 4   图根钢尺量距导线测量的技术要求

比例尺	附合导线长度（m）	平均边长（m）	导线相对闭合差	测回数 DJ₆	方位角闭合差（″）
1：500	500	75			
1：1000	1000	120	≤1/2000	1	≤±60$\sqrt{n}$
1：2000	2000	200			

注　n 为测站数。

7.2 导 线 测 量

7.2.1　导线测量概述

导线测量是建立局部地区平面控制网的常用方法。特别是在地物分布较复杂的建筑区、通视条件较差的隐蔽区、居民区、森林地区和地下工程等的控制测量。

根据测量任务在测区内选定若干控制点，将相邻控制点用直线连接而构成的折线，称为导线，这些点称导线点。导线测量就是依次测定各导线边的边长和各转折角；根据起算数据，推算各边的坐标方位角，从而求出各导线点的坐标。

根据测区的条件和需要，导线可布设成下列三种形式：

（一）附合导线

布设在两已知点间的导线，称为附合导线。

如图 7-4 所示，导线从已知控制点 B 和已知方向 BA 出发，经过 1、2、3 点，最后附合到另一已知控制点 C 和已知方向 CD 上。此种导线布设形式，具有很好检核观测成果的作用。

（二）闭合导线

导线从一已知点出发，经过若干点的转折，最后又回到起点的导线，称为闭合导线。

如图 7-5 所示，导线从已知的控制点 B 出发，经过 1、2、3、4 点，最后又回到起点 B，形成一闭合多边形。它本身存在着严密的几何条件，具有检核作用。

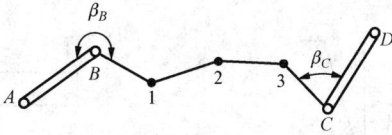

图 7 - 4　附合导线

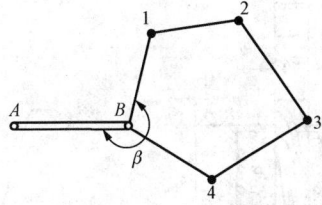

图 7 - 5　闭合导线

（三）支导线

由一已知点和一已知方向出发，既不附合到另一已知点，又不回到原起点的导线，称为支导线。如图 7 - 6 所示，B 为已知控制点，α_{BA} 为已知方向，1、2 为支导线点。由于支导线缺乏检核条件，不易发现错误，故支导线的点数一般不超过 3 个。

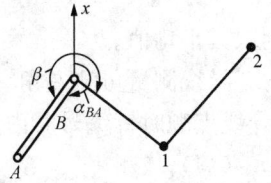

图 7 - 6　支导线

7.2.2　导线测量的外业工作

导线测量的外业工作包括：踏勘选点及建立标志、量边、测角和连测等。

（一）踏勘选点及建立标志

在踏勘选点前，应调查收集测区已有的地形图和高一级控制点的成果资料，然后到现场踏勘，了解测区现状和寻找已知点。根据已知控制点的分布、测区地形条件和测图及工程要求等具体情况，在测区原有地形图上拟定导线的布设方案，最后到实地去踏勘、核对、修改、落实点位和建立标志。

选点时应注意以下几点：

（1）邻点间应通视良好，便于测角和量距。

（2）点位应选在土质坚实，便于安置仪器和保存标志的地方。

（3）视野开阔，便于施测碎部。

（4）导线各边的长度应大致相等，除特殊情况外，应不大于 350m，也不宜小于 50m，平均边长如表 7 - 3、表 7 - 4 所示。

（5）导线点应有足够的密度，分布较均匀，便于控制整个测区。

导线点选定后，应在点位上埋设标志。一般常在点位上打一大木桩，在桩的周围浇上混凝土，桩顶钉一小钉（图 7 - 7）；也可在水泥地面上用红漆画一圈，圈内打一水泥钉或点一小点，作为临时性标志。若导线点需要保存较长时间，应埋设混凝土桩，桩顶嵌入带"十"字的金属标志，作为永久性标志（图 7 - 8）。导线点应按顺序统一编号。为了便于寻找，应量出导线点与附近固定而明显的地物点的距离，绘制一草图，注明尺寸（图 7 - 9），称为"点之记"。

（二）量边

导线量边一般用钢尺或高精卷尺直接丈量，如有条件最好用光电测距仪直接测量。

钢尺量距时，应用检定过的 30m 或 50m 钢尺。对于一、二、三级导线，应按钢尺量距的精密方法进行丈量。对于图根导线，用一般方法往返丈量或同一方向丈量两次，取其平均值。丈量结果要满足测量规范的要求。

（三）测角

测角方法主要采用测回法，每个角的观测次数与导线等级、使用的仪器有关。对于图根导线，一般用 DJ$_6$ 级光学经纬仪观测一个测回。若盘左、盘右测得的角值的较差不超过 $40''$，

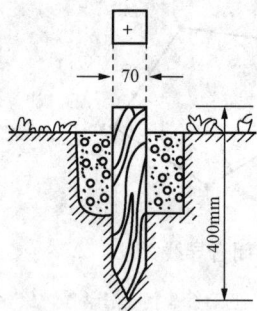

图 7-7 临时性导线点　　　　图 7-8 永久性导线点　　　　图 7-9 点之记

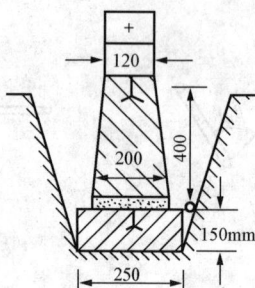

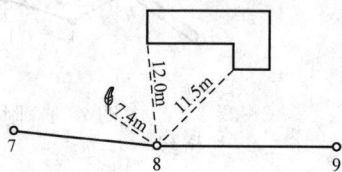

则取其平均值。

导线测量可测左角（位于导线前进方向左侧的角）或右角，在闭合导线中必须测量内角（导线点顺时针编号时内角均为右角，逆时针编号时内角均为左角）。

（四）连测

连测也称连接测量，即为导线起始边定向，目的是使导线点坐标纳入国家坐标系统或测绘区域的统一坐标系统中。图 7-10 所示为一闭合导线，A，B 为其附近的已知高级控制点，则 β_A，β_1 为连接角，D_{A1} 为连接边。这样可根据 A 点坐标和 AB 的方位角及测定的连接角、连接边，计算出 1 点的坐标和边 1—2 的方位角，作为闭合导线的起始数据。

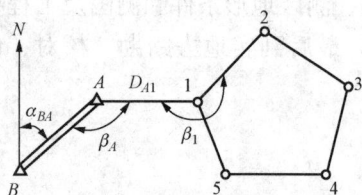

如果布设的导线无法与已知控制点连测，可建立独立坐标系统，这时须测定起始边的方位角，一般可采用罗盘仪测定导线起始边的磁方位角，或用陀螺仪测定起始边的真方位角，或是以建筑物南北轴线作为定向的标准方向，并假定起始点的坐标作为起算数据。

图 7-10 导线连测

7.2.3 导线测量的内业计算

导线测量内业计算的目的，就是根据已知的起算数据和外业的观测成果，推算各导线点的坐标。

计算之前，应全面检查导线测量外业记录，数据是否齐全，有无记错、算错，成果是否符合精度要求，起算数据是否准确。然后绘制导线略图，把各项数据注于图上相应位置。

必须注意内业计算中数字取位的要求，对于四等以下的小三角及导线，角值取至″，边长及坐标取至 mm。对于图根三角锁及图根导线，角值取至″，边长和坐标取至 cm。

（一）坐标计算的基本公式

（1）坐标正算。根据已知点的坐标、已知边长及该边坐标方位角，计算未知点的坐标，称为坐标正算。如图 7-11 所示，设 A 点坐标 x_A，y_A，AB 边的边长 D_{AB} 及其坐标方位角 α_{AB} 为已知，则未知点 B 的坐标为

$$\left.\begin{array}{l} x_B = x_A + \Delta x_{AB} \\ y_B = y_A + \Delta y_{AB} \end{array}\right\} \tag{7-1}$$

式中　Δx_{AB}，Δy_{AB}——坐标增量，也就是直线两端点 A，B 的坐标差。

从图中可看出坐标增量的计算公式为

$$\left.\begin{array}{l}\Delta x_{AB} = x_B - x_A = D_{AB}\cos\alpha_{AB}\\ \Delta y_{AB} = y_B - y_A = D_{AB}\sin\alpha_{AB}\end{array}\right\} \qquad (7\text{-}2)$$

（2）坐标反算。根据两个已知点的坐标，求两点间的边长及其方位角，称为坐标反算。当导线与高级控制点连测时，一般应利用高级控制点的坐标，反算求得高级控制点间的边长及其方位角。如图 7-11 所示，若 A，B 两点坐标已知，求方位角及边长公式如下

$$\tan\alpha_{AB} = \frac{\Delta y_{AB}}{\Delta x_{AB}} = \frac{y_B - y_A}{x_B - x_A}$$

即
$$\alpha_{AB} = \tan^{-1}\frac{\Delta y_{AB}}{\Delta x_{AB}} = \tan^{-1}\frac{y_B - y_A}{x_B - x_A} \qquad (7\text{-}3)$$

$$D_{AB} = \frac{\Delta y_{AB}}{\sin\alpha_{AB}} = \frac{\Delta x_{AB}}{\cos\alpha_{AB}} \qquad (7\text{-}4)$$

或
$$D_{AB} = \sqrt{\Delta x_{AB}^2 + \Delta y_{AB}^2} \qquad (7\text{-}5)$$

图 7-11　坐标增量

应该注意，按式（7-3）算出的是象限角，因此必须根据坐标增量 Δx，Δy 的正负号，确定 AB 边所在的象限，然后再把象限角换算为 AB 边的坐标方位角。

（二）附合导线的计算

如图 7-12 所示为一附合导线，下面将以图中所注数据为例，结合表 7-5 介绍附合导线的计算步骤。

计算时，首先应将外业观测资料和起算数据填写在表 7-5 中的相应栏目内，起算数据用双线标明。

（1）角度闭合差的计算与调整。如图 7-12 所示，A，B，C，D 为已知点，起始边的方位角 α_{AB}（$\alpha_{始}$）和终止的方位角 α_{CD}（$\alpha_{终}$）为已知或用坐标反算求得。根据导线的转折角和起始边的方位角，按第 4 章方位角推算公式推算各边的方位角

$$\alpha_{B1} = \alpha_{AB} + 180° - \beta_B; \quad \alpha_{12} = \alpha_{B1} + 180° - \beta_1; \quad \alpha_{23} = \alpha_{12} + 180° - \beta_2;$$
$$\alpha_{34} = \alpha_{23} + 180° - \beta_3; \quad \alpha_{4C} = \alpha_{34} + 180° - \beta_4; \quad \alpha'_{CD} = \alpha_{4C} + 180° - \beta_C$$

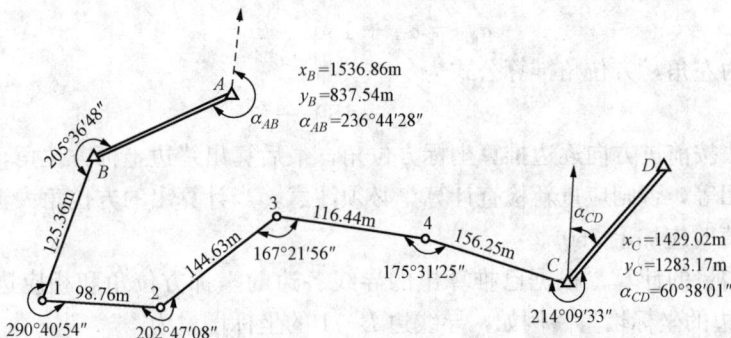

图 7-12　附合导线坐标的计算

将以上各式相加，得
$$\alpha'_{CD} = \alpha_{AB} + 6\times180° - \sum\beta_{测}$$
式中　α'_{CD}——推算出的终边坐标方位角。

写成一般公式为

$$\alpha'_{终} = \alpha_{始} + n \times 180° - \sum \beta_{测} \qquad (7-6)$$

其中 n 为观测角的个数。设各转折角右角之和的理论值为 $\sum \beta_{理}$，它与终边已知的方位角 $\alpha_{终}$ 有如下关系

$$\alpha_{终} = \alpha_{始} + n \times 180° - \sum \beta_{理} \qquad (7-7)$$

由于导线测角存在误差，故 $\sum \beta_{测}$ 与 $\sum \beta_{理}$ 不相等，二者之差为角度闭合差，其值为

$$f_\beta = \sum \beta_{测} - \sum \beta_{理} \qquad (7-8)$$

由式（7-7）可得

$$\sum \beta_{理} = \alpha_{始} - \alpha_{终} + n \times 180°$$

代入式（7-8），即

$$f_\beta = \sum \beta_{测} - \alpha_{始} + \alpha_{终} - n \times 180° \qquad (7-9)$$

同理，可推导当导线转折角为左角时，角度闭合差的计算公式为

$$f_\beta = \sum \beta_{测} + \alpha_{始} - \alpha_{终} + n \times 180° \qquad (7-10)$$

本例为图根导线

$$f_{\beta容} = \pm 60'' \sqrt{n}$$

若 $|f_\beta| \leqslant |f_{\beta容}|$，则可进行角度闭合差的调整，否则，应分析原因进行重测。角度闭合差调整的原则是，将 f_β 以相反的符号平均分配到各观测角中。

即各角的改正数为

$$v_\beta = -f_\beta/n \qquad (7-11)$$

改正后的角度为

$$\beta_{改} = \beta_{测} + v_\beta \qquad (7-12)$$

计算时，当 f_β 不能被 n 整除时，将余数均匀分配到若干较短边所夹角度的改正数中。角度改正数应满足 $\sum v_\beta = -f_\beta$，此条件用于计算检核。

（2）推算各边的坐标方位角。根据起始边已知坐标方位角和改正后角值，按方位角推算公式推算各边的坐标方位角，并填入表 7-9 的第 5 栏内。

本例导线转折角为右角，方位角推算公式为

$$\alpha_{前} = \alpha_{后} + 180° - \beta_{右}$$

若转折角为左角，方位角推算公式为

$$\alpha_{前} = \alpha_{后} + 180° + \beta_{左}$$

用上述方法按前进方向逐边推算坐标方位角，最后算出终边坐标方位角，应与已知的终边坐标方位角相等，否则应重新检查计算。必须注意，当计算出的方位角大于 360°时，应减去 360°，为负值时应加上 360°。

（3）坐标增量的计算。根据已推算出的导线各边的坐标方位角和相应边的边长，按式（7-2）计算各边的坐标增量。例如，导线边 B—1 的坐标增量为

$$\Delta x_{B1} = D_{B1} \cos\alpha_{B1} = 125.36 \times \cos 211°07'53'' = -107.31 \text{m}$$

$$\Delta y_{B1} = D_{B1} \sin\alpha_{B1} = 125.36 \times \sin 211°07'53'' = -64.81 \text{m}$$

同法算得其他各边的坐标增量值，填入表 7-5 的第 7、8 两栏的相应格内。

（4）坐标增量闭合差的计算和调整。理论上，各边的纵、横坐标增量代数和应等于终、始两已知点间的纵、横坐标差，即

$$\sum \Delta x_{理} = x_C - x_B$$

$$\sum \Delta y_{理} = y_C - y_B$$

而实际上，由于调整后的各转折角和实测的各导线边长均含有误差，导致实际计算的各边纵、横坐标增量的代数和不等于附合导线终点和起始点的纵、横坐标之差。它们的差值即为纵、横坐标增量闭合差 f_x 和 f_y，即

$$f_x = \sum \Delta x - \sum \Delta x_{理} = \sum \Delta x - (x_C - x_B)$$

$$f_y = \sum \Delta y - \sum \Delta y_{理} = \sum \Delta y - (y_C - y_B)$$

坐标增量闭合差的一般公式为

$$\left. \begin{array}{l} f_x = \sum \Delta x - (x_{终} - x_{始}) \\ f_y = \sum \Delta y - (y_{终} - y_{始}) \end{array} \right\} \tag{7-13}$$

由于 f_x，f_y 的存在，使导线不能和 CD 连接，存在一个缺口 $C—C'$。$C—C'$ 的长度称为导线全长闭合差（图 7 - 13），用 f_D 表示，计算公式为

$$f_D = \sqrt{f_x^2 + f_y^2} \qquad (7-14)$$

导线越长，全长闭合差也越大。因此，以 f_D 值的大小不能显示导线测量的精度，应当将 f_D 与导线全长 $\sum D$ 相比较。通常用相对闭合差来衡量导线测量的精度，计算公式为

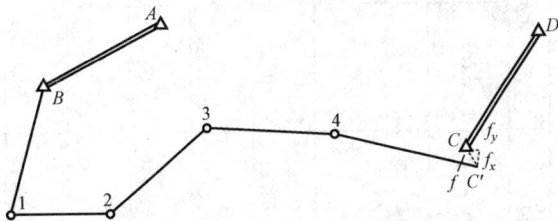

图 7 - 13 导线全长闭合差

$$K = \frac{f_D}{\sum D} = \frac{1}{\sum D / f_D} \tag{7-15}$$

导线的相对全长闭合差应小于容许相对闭合差 $K_{容}$。图根导线的 $K_{容}$ 为 1/2000。

本例中 f_x，f_y，f_D 及 K 的计算见表 7 - 5 辅助计算栏。

若 K 大于 $K_{容}$，则说明成果不合格，应首先检查内业计算有无错误，然后检查外业观测成果，必要时重测。若 K 不超过 $K_{容}$，则说明测量成果符合精度要求，可以进行调整。调整的原则是：将 f_x，f_y 以相反符号按与边长成正比分配到相应的纵、横坐标增量中去。以 v_{xi}，v_{yi} 分别表示第 i 边的纵、横坐标增量改正数，即

$$\left. \begin{array}{l} v_{xi} = -\dfrac{f_x}{\sum D} \times D_i \\[3mm] v_{yi} = -\dfrac{f_y}{\sum D} \times D_i \end{array} \right\} \tag{7-16}$$

利用以上公式求得各导线边的纵、横坐标增量改正数填入表 7 - 5 的第 7、8 栏相应坐标增量值的上方。

纵、横坐标增量改正数之和应满足下式

$$\left. \begin{array}{l} \sum v_x = -f_x \\ \sum v_y = -f_y \end{array} \right\} \tag{7-17}$$

各边坐标增量计算值加改正数，即得各边的改正后的坐标增量，即

$$\left. \begin{array}{l} \Delta x_{改} = \Delta x_i + v_{xi} \\ \Delta y_{改} = \Delta y_i + v_{yi} \end{array} \right\} \tag{7-18}$$

表7-5

附合导线坐标计算表

点号	观测角(右角)(° ′ ″)	改正数(″)	改正角(° ′ ″) 4=2+3	坐标方位角 α(° ′ ″)	距离 D(m)	增量计算值 Δx(m)	增量计算值 Δy(m)	改正后增量 Δx(m)	改正后增量 Δy(m)	坐标值 x(m)	坐标值 y(m)	点号
1												1
A				236 44 28								A
B	205 36 48	−13	205 36 35	211 07 53	125.36	+4 −107.31	−2 −64.81	−107.27	−64.83	1536.86	837.54	B
1	290 40 54	−12	290 40 42	100 27 11	98.76	+3 −17.92	−2 +97.12	−17.89	+97.10	1429.59	772.71	1
2	202 47 08	−13	202 46 55	77 40 16	144.63	+4 +30.88	−2 +141.29	+30.92	+141.27	1411.70	869.81	2
3	167 21 56	−13	167 21 43	90 18 33	116.44	+3 −0.63	−3 +116.44	−0.60	+116.42	1442.62	1011.08	3
4	175 31 25	−13	175 31 12	94 47 21	156.25	+5 −13.05	−3 +155.70	−13.00	+155.67	1442.02	1127.50	4
C	214 09 33	−13	214 09 20	60 38 01						1429.02	1283.17	C
D								−107.84	+445.63			D
总和	1256 07 44	−77	1256 06 27		641.44	−108.03	+445.74					

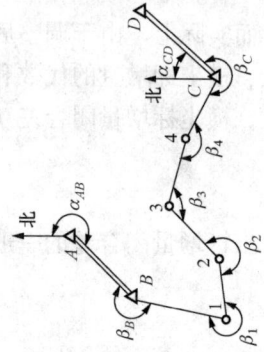

辅助计算

$f_\beta = \sum\beta_测 - \alpha_始 + \alpha_终 - n\times180°$
$= 1256°07'44'' - 236°44'28''$
$+ 60°38'01'' - 6\times180°$
$= +1'17''$
$f_容 = \pm60''\sqrt{6} = \pm147''$

$\sum\Delta x_测 = -108.03$
$x_C - x_B = -107.84$
$f_x = -108.03 - (-107.84) = -0.19$

$\sum\Delta y_测 = +445.74$
$y_C - y_B = +445.63$
$f_y = 445.74 - 445.63 = +0.11$

导线全长闭合差 $f_D = \sqrt{f_x^2 + f_y^2} = 0.22$ m
相对闭合差 $K = \dfrac{0.22}{641.44} \approx \dfrac{1}{2900}$
容许相对闭合差 $K_容 = \dfrac{1}{2000}$

求得各导线边的改正后坐标增量,填入表 7-5 的第 9、10 栏内。

经过调整,改正后的纵、横坐标增量之代数和应分别等于终、始已知点坐标之差,以资检核。

(5) 导线点的坐标计算。根据导线起始点 B 的已知坐标及改正后的坐标增量,按式 (7-1) 依次推算出其他各导线点的坐标,填入表 7-5 中的第 11、12 栏内。最后推算出终点 C 的坐标,其值应与 C 点已知坐标相同,以此作为计算检核。

（三）闭合导线计算

闭合导线计算步骤与附合导线基本相同,两种导线计算的区别主要是角度闭合差和坐标增量闭合差的计算方法不同,以下是闭合导线角度闭合差和坐标增量闭合差的计算方法。

(1) 角度闭合差的计算。图 7-14 所示为一闭合导线,n 边形闭合导线内角和的理论值应为

$$\sum \beta_{\text{理}} = (n-2) \times 180°$$

由于观测角不可避免地存在误差,使得实测的内角总和 $\sum \beta_{\text{测}}$ 不等于 $\sum \beta_{\text{理}}$,其差值为闭合导线的角度闭合差 f_β

$$f_\beta = \sum \beta_{\text{测}} - \sum \beta_{\text{理}} = \sum \beta_{\text{测}} - (n-2) \times 180°$$

$$(7-19)$$

当 $|f_\beta|$ 小于规定的容许值 $|f_{\beta容}|$ 时,可对角度闭合差进行调整。调整的方法与附合导线相同。

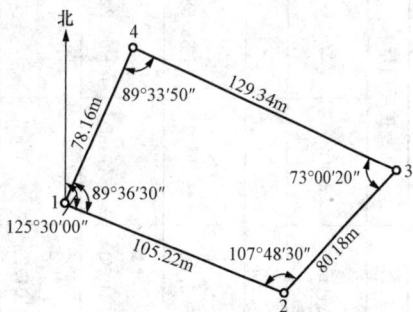

图 7-14　闭合导线的坐标计算

(2) 坐标增量闭合差的计算。

根据闭合导线本身的几何特点,由边长和坐标方位角计算的各边纵、横坐标增量,其代数和的理论值应等于 0,即

$$\sum \Delta x_{\text{理}} = 0$$
$$\sum \Delta y_{\text{理}} = 0$$

实际上由于量边的误差和角度闭合差调整后的残余误差,往往使 $\sum \Delta x_{\text{测}}$, $\sum \Delta y_{\text{测}}$ 不等于零,从而产生坐标增量闭合差,即

$$\left. \begin{array}{l} f_x = \sum \Delta x_{\text{测}} \\ f_y = \sum \Delta y_{\text{测}} \end{array} \right\}$$

$$(7-20)$$

闭合导线坐标增量闭合差的调整与附合导线相同,表 7-6 是如图 7-14 所示图根闭合导线计算的全过程的算例。

由于电子计算机的广泛使用,使导线计算简单化。实际工作中,可利用闭合导线和附合导线的计算机程序进行计算。

（四）支导线计算

支导线中没有多余观测值,因此也没有任何闭合差产生,导线的转折角和计算的坐标增量不需要进行改正。支导线的计算步骤如下:

(1) 根据观测的转折角推算各边坐标方位角;

(2) 根据各边的边长和方位角计算各边的坐标增量;

(3) 根据各边的坐标增量推算各点的坐标。

表 7-6　　闭合导线坐标计算表

点号	观测角（左角）(° ′ ″)	改正数 (″)	改正角 (° ′ ″)	坐标方位角 α (° ′ ″)	距离 D (m)	增量计算值 Δx(m)	增量计算值 Δy(m)	改正后增量 Δx(m)	改正后增量 Δy(m)	坐标值 x(m)	坐标值 y(m)	点号
1	2	3	4=2+3	5	6	7	8	9	10	11	12	13
1										<u>500.00</u>	<u>500.00</u>	1
				<u>125 30 00</u>	105.22	−2 / −61.10	+2 / +85.66	−61.12	+85.68			
1	107 48 30	+13	107 48 43							438.88	585.68	2
				53 18 43	80.18	−2 / +47.90	+2 / +64.30	+47.88	+64.32			
2	73 00 20	+12	73 00 32							486.76	650.00	3
				306 19 15	129.34	−3 / +76.61	+2 / −104.21	+76.58	−104.19			
3	89 33 50	+12	89 34 02							563.34	545.81	4
				215 53 17	78.16	−2 / −63.32	+1 / −45.82	−63.34	−45.81			
4	89 36 30	+13	89 36 43	125 30 00						<u>500.00</u>	<u>500.00</u>	1
												2
总和	359 59 10	+50	360 00 00		392.90	+0.09	−0.07	0.00	0.00			

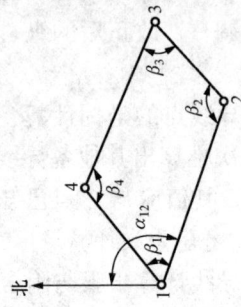

北　　α_{12}　　β_1　β_2　β_3　β_4

辅助计算

$\sum\beta_{测}=359°59′10″$
$-\sum\beta_{理}=360°00′00″$
　　　　$f_{\beta}=-50″$
$f_{容}=\pm60″\sqrt{4}=\pm120″$

$f_x=\sum\Delta x_{测}=-0.09$　　　$f_y=\sum\Delta y_{测}=-0.07$

导线全长闭合差 $f_D=(\sqrt{f_x^2+f_y^2})=0.11\text{m}$

相对闭合差 $K=\dfrac{0.11}{392.90}\approx\dfrac{1}{3500}$

容许相对闭合差 $K_{容}=\dfrac{1}{2000}$

7.3 交 会 定 点

当用导线布设的图根点密度不够时，还可用交会法进行加密。交会法是利用已知控制点，通过观测水平角或测定边长来确定未知点坐标的方法。交会法有前方交会［图 7-15 (a)］、测边交会［图 7-15 (b)］等。

7.3.1 前方交会

如图 7-15 (a) 所示，已知 A，B 的坐标分别为 $(x_A，y_A)$ 和 $(x_B，y_B)$，在 A，B 两点设站测得 α，β 两角，则未知点 P 的坐标计算公式（证明从略）如下

图 7-15 交会定点

$$\left.\begin{array}{l} x_P = \dfrac{x_A\cot\beta + x_B\cot\alpha + (y_B - y_A)}{\cot\alpha + \cot\beta} \\[3mm] y_P = \dfrac{y_A\cot\beta + y_B\cot\alpha + (x_A - x_B)}{\cot\alpha + \cot\beta} \end{array}\right\} \qquad (7-21)$$

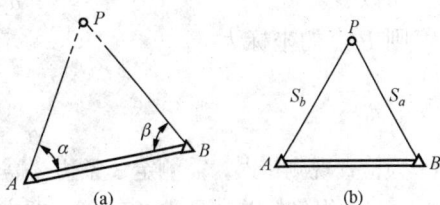

式（7-21）中除已知点坐标外，就是观测角余切，故称余切公式。

用计算器计算前方交会点时要注意：三角形 A，B，P 是逆时针方向编号的，A，B 为已知点，P 为未知点。若 α，β 角值大于 90°时其余切为负值，小数取位要正确，角的余切一般取六位，坐标值取二位。

为防止外业观测的错误，提高未知点 P 的精度，测量规范要求布设有 3 个已知点的前方交会，如表 7-7 中的插图所示，这时在 A，B，C 三个已知点上向 P 点观测，测出四个角值 α_1，β_1，α_2，β_2，分两组计算 P 点坐标，若两组 P 点坐标的较差在容许范围内，则取它们的平均值作为 P 点的最后坐标，一般其较差的容许值以下式表示

$$\Delta\varepsilon_{容} = \sqrt{\delta_x^2 + \delta_y^2} \leqslant 2\times 0.1M\,\text{mm} \qquad (7-22)$$

式中　δ_x——P 点 x 坐标值的较差；

　　　δ_y——P 点 y 坐标值的较差；

　　　M——测图比例尺分母。

计算实例见表 7-7。

表 7-7　　　　　　　　　　前 方 交 会 计 算 表

点　名		x(m)	观测角		y(m)
A	x_A	37 477.54	α_1	40°41′57″	y_A 16 307.24
B	x_B	37 327.20	β_1	75°19′02″	y_B 16 078.90
P	x_P'	37 194.57			y_P' 16 226.42
B	x_A	37 327.20	α_2	59°11′35″	y_A 16 078.90
C	x_B	37 163.69	β_2	69°06′23″	y_B 16 046.65
P	x_P''	37 194.54			y_P'' 16 226.42
中数	x_P	37 194.56			y_P 16 226.42
略图			辅助计算		$\delta_x = 0.03$ $\delta_y = 0$ $\Delta\varepsilon = 0.03$ $\Delta\varepsilon_{容} = 0.2\times 10^{-3}M = 0.2$ $M = 1000$

7.3.2 测边交会

由于全站仪的普及，测边交会也非常容易。如图 7-15（b）所示，已知 A，B 两点的坐标为（x_A，y_A），（x_B，y_B），则可反算出 A，B 两点间的水平距离 S_{AB} 及直线 AB 的坐标方位角为 α_{AB}，测定 S_a，S_b 后，就可算出 P 点坐标（x_P，y_P）。

因为

$$\angle A = \arccos \frac{S_b^2 + S_{AB}^2 - S_a^2}{2S_b S_{AB}}$$

所以

$$\alpha_{AP} = \alpha_{AB} - \angle A$$

则 P 点的坐标为

$$\left. \begin{aligned} x_P = x_A + S_b \cos\alpha_{AP} \\ y_P = y_A + S_b \sin\alpha_{AP} \end{aligned} \right\} \tag{7-23}$$

为检查观测错误，需测定 3 条边（需 3 个已知点），组成两个距离交会图形，解出两组 P 点坐标，当两组坐标差满足式（7-22）要求时，取其平均值作为 P 点坐标。具体算例如表 7-8。

表 7-8   测 边 交 会 计 算 表

三角形编号	边名	边长(m)	点名	坐标		略 图
				x(m)	y(m)	
I	AP（D_b）	321.180	A（A）	524.767	919.750	
	AB（D_{AB}）	301.065	B（B）	479.593	1217.407	
	BP（D_a）	312.266	P（P）	776.161	1119.644	
II	BP（D_b）	312.266	B（B）	479.593	1217.407	
	BC（D_{AB}）	260.722	C（B）	566.558	1355.991	
	CP（D_a）	248.177	P（P）	776.163	1119.650	
	P 点最后坐标			776.162	1119.647	
辅助计算	$\alpha'_{AB} = 98°37'47''$		$\alpha''_{AB} = 32°06'34''$	$\delta_x = -0.002$		$\delta_y = -0.006$
	$\dfrac{-\angle A' = 60°08'24''}{\alpha'_{AP} = 38°29'23''}$		$\dfrac{-\angle A'' = 60°08'24''}{\alpha''_{AP} = 341°45'23''}$	$\Delta\varepsilon = 0.006$		$M = 1000$
				$\varepsilon_{容} \leqslant 0.2 \times 10^{-3} \times M = 0.2$		$M = \pm 0.2$

7.4 高 程 控 制 测 量

为满足地形测绘和工程建设需要，除进行平面控制测量外，还要进行高程控制测量。首级高程控制主要用三、四等水准测量完成，再以三、四等水准点为起始点，进行图根水准测量，测出各图根控制点的高程。当测区地形起伏较大时，水准测量的工作量太大，不便操作，此时，可用三角高程测量方法测定控制点的高程。

7.4.1 三、四等水准测量

（一）主要技术要求

三、四等水准测量的精度要求高于普通水准测量，其技术指标见表 7-1。

（二）三、四等水准测量的观测方法

1. 双面尺法

（1）双面尺法是三、四等水准测量常用的观测方法，其一个测站上的观测顺序是：

1）在两尺中间安置仪器，使前后视距大致相等。

2）用圆水准器整平仪器，照准后视尺黑面，转动微倾螺旋使水准管气泡严格居中，分别读取下、上、中丝读数①、②、③。

3）照准前视尺黑面，符合气泡居中后分别读下、上、中丝读数④、⑤、⑥。

4）照准前视尺红面，符合气泡居中后读中丝读数⑦。

5）照准后视尺红面，符合气泡居中后读中丝读数⑧。

上述①、②…⑧表示观测与记录次序，记入表 6-7 的相应栏中。

这样的观测顺序称为"后—前—前—后"，即"黑—黑—红—红"。若在土质坚硬地区施测，也可采用"后—后—前—前"，即"黑—红—黑—红"的观测步骤。

（2）为及时发现错误，每个测站都要随时进行如下计算和检核：

1）视距的计算：

后视距离⑨＝①－②

前视距离⑩＝④－⑤

2）本站的前、后视距差及本站的视距累积差的计算：

前后视距差⑪＝⑨－⑩。该值在三等水准测量时，不得超过 3m；四等水准测量时，不得超过 5m。

前后视距累积差⑫＝前站的⑫＋本站的⑪。三等水准测量，不得超过 6m；四等水准测量，不得超过 10m。

3）同一水准尺黑、红面中丝读数的检核：同一水准尺红、黑面中丝读数之差，应等于该尺红、黑面的常数 K（4.687 或 4.787），其差值为：

前视尺⑬＝⑥＋K－⑦

后视尺⑭＝③＋K－⑧

⑬和⑭的理论值应为 0，实际值在三等水准测量时，不得超过 2mm；四等水准测量，不得超过 3mm。

4）黑面高差和红面高差的计算与检核：

黑面所测高差⑮＝③－⑥

红面所测高差⑯＝⑧－⑦

黑、红面所测高差之差⑰＝⑮－⑯±0.100m＝⑭－⑬

该值在三等水准测量中不得超过 3mm，四等水准测量不得超过 5mm。式中 0.100m 是单双号两根水准尺红面底部注记之差。

5）黑、红面高差平均值的计算

$$⑱=\frac{1}{2}[⑮+(⑯±0.100)]$$

（3）除测站检核以外，每页计算还要进行校核。

1）视距计算检核：后视距离总和减前视距离总和应等于末站视距累积差，即

$$\sum ⑨-\sum ⑩=末站的 ⑫$$

检核无误后，算出总视距为：

$$总视距=\sum ⑨+\sum ⑩$$

2）高差计算检核：红、黑面后视总和减红、黑面前视总和应等于红、黑面高差总和，还应等于平均高差总和的两倍。即

$$\sum(③+⑧)-\sum(⑥+⑦)=\sum(⑮+⑯)=2\sum⑱$$

上式适用于测站数为偶数。

$$\sum(③+⑧)-\sum(⑥+⑦)=\sum(⑮+⑯)=2\sum⑱\pm0.100$$

上式适用于测站数为奇数。

用双面尺法进行三、四水准测量的记录、计算与检核见表7-9。

表7-9　　　　　　　　三、四等水准测量记录(双面尺法)

测站编号	点号	后尺 下丝 上丝 / 后视距 / 视距差 d(m)	前尺 下丝 上丝 / 前视距 / ∑d(m)	方向及尺号	水准尺读数(m) 黑面	红面	K+黑-红	平均高差(m)	备注
		①	④	后	③	⑧	⑭		
		②	⑤	前	⑥	⑦	⑬		
		⑨	⑩	后一前	⑮	⑯	⑰	⑱	
		⑪	⑫						
1	BM₁—TP₁	1.536	1.030	后5	1.242	6.030	−1		
		0.947	0.442	前6	0.736	5.422	+1		
		58.9	58.8	后一前	+0.506	+0.608	−2	+0.5070	
		+0.1	+0.1						
2	TP₁—TP₂	1.954	1.276	后6	1.664	6.350	+1		
		1.373	0.694	前5	0.985	5.773	−1		
		58.1	58.3	后一前	+0.679	+0.577	+2	+0.6780	K为尺常数: K5=4.787 K6=4.687
		−0.2	−0.1						
3	TP₂—TP₃	1.146	1.744	后5	1.024	5.811	0		
		0.903	1.499	前6	1.622	6.308	+1		
		48.6	49.0	后一前	−0.598	−0.497	−1	−0.5975	
		−0.4	−0.5						
4	TP₃—A	1.479	0.982	后6	1.171	5.859	−1		
		0.864	0.373	前5	0.678	5.465	0		
		61.5	60.9	后一前	+0.493	+0.394	−1	+0.4935	
		+0.6	+0.1						
				后					
				前					
				后一前					
每页校核		∑⑨=227.1 −)∑⑩=227.0 =+0.1 =4站⑫ 总视距∑⑨+∑⑩=454.1m		∑(③+⑧)=29.151 −)∑(⑥+⑦)=26.989 =+2.162	∑(⑮+⑯) =+2.162	∑⑱=+1.081 2∑⑱=+2.162			

（4）成果计算。外业成果经检核无误后，按第 2 章普通水准测量成果计算的方法，计算各水准点的高程。

　2. 变动仪器高法

当四等水准测量采用单面水准尺时，可用变动仪器高法进行观测。在每一测站上需变动仪器高度 0.1m 以上。观测时将上述手簿中黑、红面中丝读数改为第一次和第二次仪器高读数，⑬和⑭两项不必计算。变动仪器高所测得的两次高差之差按规定不得超过 ±5mm，其他要求与双面尺法相同。

7.4.2　图根水准测量

图根水准测量用于测定测区首级平面控制点和图根点高程，其精度低于四等水准测量，故又称等外水准测量。具体观测、记录、计算方法详见第 2 章。

7.4.3　三角高程测量

在山区及位于较高建筑物上的控制点，用水准测量方法测定控制点高程较为困难，通常采用三角高程测量方法。随着光电测距仪器的普及，光电测距三角高程测量也得到广泛应用。《工程测量规范》对其技术要求作了规定，其四等三角高程可以代替四等水准测量。

（一）三角高程测量的原理

如图 7-16 所示，已知 A，B 两点间的水平距离为 D，A 点高程 H_A 已知，观测竖直角 α 和目标高 v，量得仪器高 i，则 B 点高程 H_B 为

$$\left.\begin{array}{l} H_B = H_A + h_{AB} \\ h_{AB} = D\tan\alpha + i - v \end{array}\right\} \qquad (7-24)$$

式中　$D\tan\alpha$——高差主值，以 h' 表示。

用三角高程测量方法测定控制点高程，必须进行对向（往返）观测，即由 A 到 B 观测（称为直觇），再由 B 向 A 观测（称为反觇）。对于图根光电测距三角高程测量，两次测得高差较差不超过 $400D$mm（D 为两点间水平距离，以 km 为单位），取其平均值作为最后结果。当 A，B 两点的距离超过 400m 时，还需考虑地球曲率及大气折光的影响，其改正数计算公式为

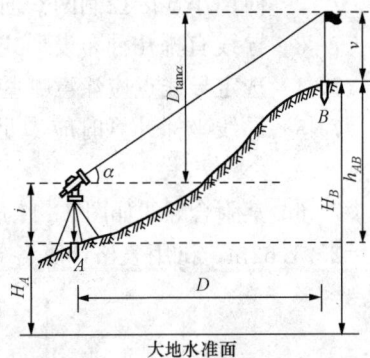

图 7-16　三角高程测量原理

$$f = C - \gamma = \frac{D^2}{2R} - 0.14\frac{D^2}{2R} = 0.43\frac{D^2}{R} \qquad (7-25)$$

式中　f——地球曲率及大气折光对高差的改正数；

　　　C——地球曲率改正；

　　　γ——大气折光改正；

　　　R——地球半径。

注意，采用对向观测能抵消地球曲率及大气折光的影响。

（二）三角高程测量步骤

（1）在测站点安置仪器，量取仪器高 i 和目标高 v。

（2）测量竖直角 α 一至两个测回，再将仪器搬至目标点进行对向观测。

（3）计算高差和高程，注意计算检核。具体计算见表 7-10。

表 7 - 10　　　　　　三角高程测量计算表

所求点	B	
起算点	A	
觇法	直	反
平距 D (m)	286.36	286.36
竖直角 α	$+10°32'26''$	$-9°58'41''$
$D\tan\alpha$ (m)	$+53.28$	-50.38
仪器高 i (m)	$+1.52$	$+1.48$
觇标高 v (m)	-2.76	-3.20
高差改正数 f (m)		
高差 h (m)	$+52.04$	-52.10
平均高差 (m)	$+50.07$	
起算点高程 (m)	105.72	
所求点高程 (m)	157.79	

三角高程控制应布置为闭合或附合的高程路线。用对向观测所求得的高差平均值，计算闭合环线或附合路线的高程闭合差的限差值。当 f_h 不超过 $f_{h容}$（图根光电测距三角高程测量 $f_{h容}=0.1H_d\sqrt{n}$，其中 n 为边数，H_d 为等高距，单位为 m）时，则根据边长按正比例原则，将 f_h 反符号分配于各高差之中，然后用改正后高差，从起始点的高程计算各点高程。

思 考 题

7 - 1　控制测量有何作用？控制网分为哪几类？

7 - 2　何谓小地区控制网？何谓图根控制网？

7 - 3　导线有哪几种布设形式？各在什么情况下采用？

7 - 4　选定导线点应注意哪些问题？导线的外业工作有哪些？

7 - 5　导线坐标计算时应满足哪些几何条件？闭合导线和附合导线在计算中有哪些异同点？

7 - 6　某附合导线如图 7 - 17 所示，已知 $x_A=784.36$m，$y_A=2012.12$m，$x_C=789.40$m，$y_C=2591.62$m，试用表格计算各导线点坐标。

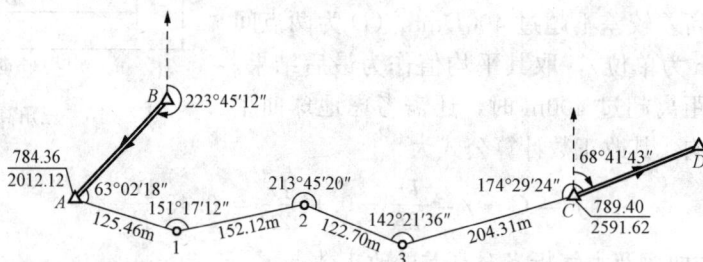

图 7 - 17　思考题 7 - 6 图

7 - 7　某闭合导线 A2345A 的观测数据如图 7 - 18 所示，已知 $x_A=1000.00$m，$y_A=2000.00$m 试用表格计算各导线点坐标。

7 - 8　前方交会观测数据如图 7 - 19 所示，已知 $x_A=1112.342$m，$y_A=351.727$m，$x_B=659.232$m，$y_B=355.537$m，$x_C=406.593$m，$y_C=654.051$m，试求 P 点坐标。

7 - 9　测边（距离）交会观测数据见图 7 - 20，已知 $x_A=1223.453$m，$y_A=462.838$m，$x_B=770.343$m，$y_B=466.648$m，$x_C=517.704$m，$y_C=765.162$m，试求 P 点坐标。

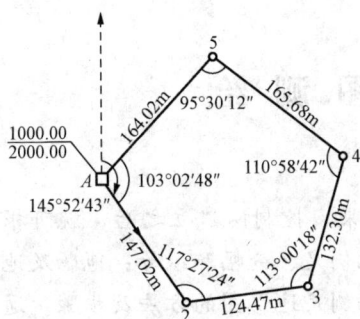

图 7-18　思考题 7-7 图

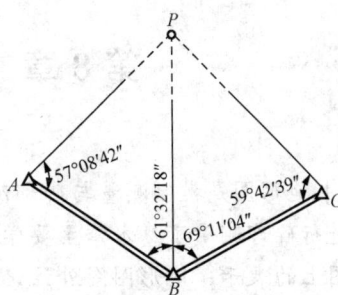

图 7-19　思考题 7-8 图

7-10　用三、四等水准测量建立高程控制时，怎样观测、记录和计算？

7-11　在什么情况下采用三角高程测量？如何观测、记录和计算？

7-12　三角高程测量时，已知 A、B 两点间平距为 375.11m，在 A 点观测 B 点：$\alpha=+4°30'$，$i=1.50$m，$v=1.80$m；在 B 点观测 A 点：$\alpha=-4°18'$，$i=1.40$m，$v=2.40$m。求 A、B 两点间的高差。

7-13　试使用 EXCEL 或计算机语言编程计算 7-6、7-7 题。

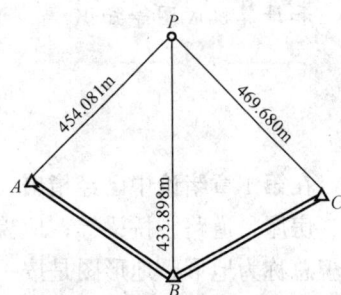

图 7-20　思考题 7-9 图

第8章 地形图测绘

[导言] 地形图是控制测量与碎部测量的综合成果，控制网建立之后，就可根据控制点进行碎部测量了。本章主要学习地形图的比例尺、分幅和编号；地物及地貌在地形图上的表示；地形图图外注记以及测绘大比例尺地形图的方法及步骤。通过学习应掌握地形图的基本知识和经纬仪测绘大比例尺地形图的内容；以及了解数字化测图的基本原理、数据采集的作业模式、测点编码的含义及方案、测图的主要步骤和计算机成图等知识。

8.1 地形图的比例尺

在第1章绪论中已经指出，地物是指地面上天然或人工形成的物体，如湖泊、河流、海洋、房屋、道路、桥梁等；地貌是指地表高低起伏的形态，如山地、丘陵和平原等，地物和地貌总称为地形。地形图是按一定的比例尺，用规定的符号表示的地物、地貌平面位置和高程的正射投影图。

8.1.1 比例尺的表示方法

图上一段直线长度 d 与地面上相应线段的实际长度 D 之比，称为地形图的比例尺。比例尺又分数字比例尺和图示比例尺两种。

（一）数字比例尺

数字比例尺的定义为

$$\frac{d}{D} = \frac{1}{D/d} = \frac{1}{M} = 1:M \tag{8-1}$$

一般将数字比例尺化为分子为 1，分母为一个比较大的整数 M 表示。M 越大，比例尺的值就越小；M 越小，比例尺的值就越大，如数字比例尺 1:500 > 1:1000。通常称比例尺为 1:500、1:1000、1:2000、1:5000 的地形图为大比例尺地形图；称比例尺为 1:1万、1:2.5万、1:5万、1:10万的地形图为中比例尺地形图；称比例尺为 1:20万、1:50万、1:100万的地形图为小比例尺地形图。我国规定 1:1万、1:2.5万、1:5万、1:10万、1:20万（现已为 1:25万）、1:50万、1:100万7种比例尺地形图为国家基本比例尺地形图。地形图的数字比例尺注记在南面图廓外的正中央，如图8-1所示。

中比例尺地形图系国家的基本地图，由国家专业测绘部门负责测绘，目前均用航空摄影测量方法成图，小比例尺地形图一般由中比例尺地图缩小编绘而成。

城市和工程建设一般需要大比例尺地形图，其中比例尺为 1:500 和 1:1000 的地形图一般用平板仪、经纬仪或全站仪等测绘；比例尺为 1:2000 和 1:5000 的地形图一般用由 1:500 或 1:1000 的地形图缩小编绘而成。大面积 1:500～1:5000 的地形图也可以用航空摄影测量方法成图。

（二）图示比例尺

如图8-1所示，图示比例尺绘制在数字比例尺的下方，其作用是便于用分规直接在图上量取直线段的水平距离，同时还可以抵消在图上量取长度时图纸伸缩的影响。

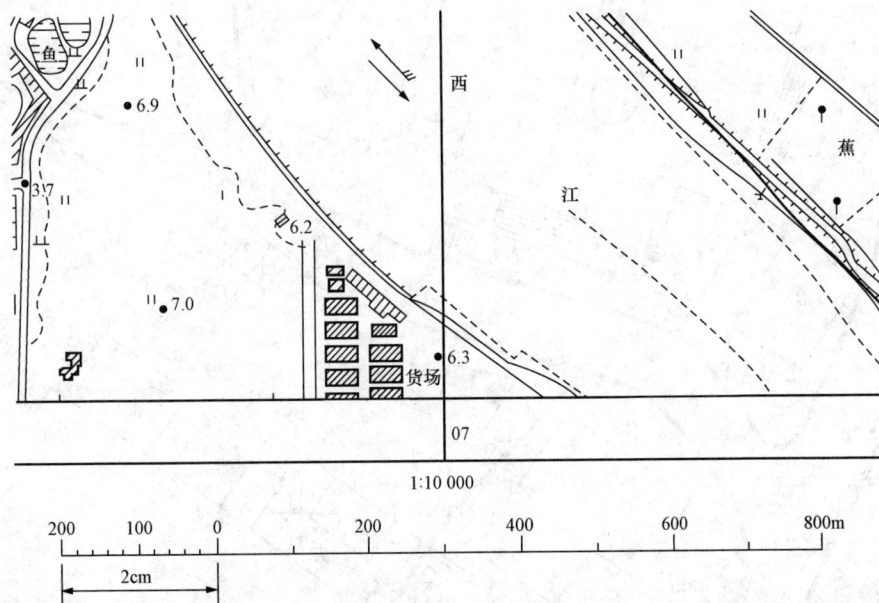

图8-1 地形图上的数字比例尺和图示比例尺

8.1.2 地形图比例尺的选择

在城市和工程建设的规划、设计和施工中，需要用到的比例尺是不同的，具体列在表8-1中。

表8-1　　　　　　　　　　　　　　地形图比例尺的选用

比 例 尺	用 途	比 例 尺	用 途
1:10 000	城市总体规划、厂址选择、区域布置、方案比较	1:2000	城市详细规划及工程项目初步设计
1:5000		1:1000	建筑设计、城市详细规划、工程施工设计、竣工图
		1:500	

图8-2所示1:500地形图样图，图8-3所示1:1000地形图样图，两幅地形图中的内容主要是以城区平坦地区的地物为主。图8-4所示1:1000丘陵地区农村地形图样图。

8.1.3 比例尺的精度

人的肉眼能分辨的图上最小距离是0.1mm，如果地形图的比例尺为$1:M$，则将图上0.1mm所表示的实地水平距离0.1M（mm）称为比例尺的精度。根据比例尺的精度，可以确定测绘地形图的距离测量精度。例如，测绘1:1000比例尺的地形图时，其比例尺的

城区居民地

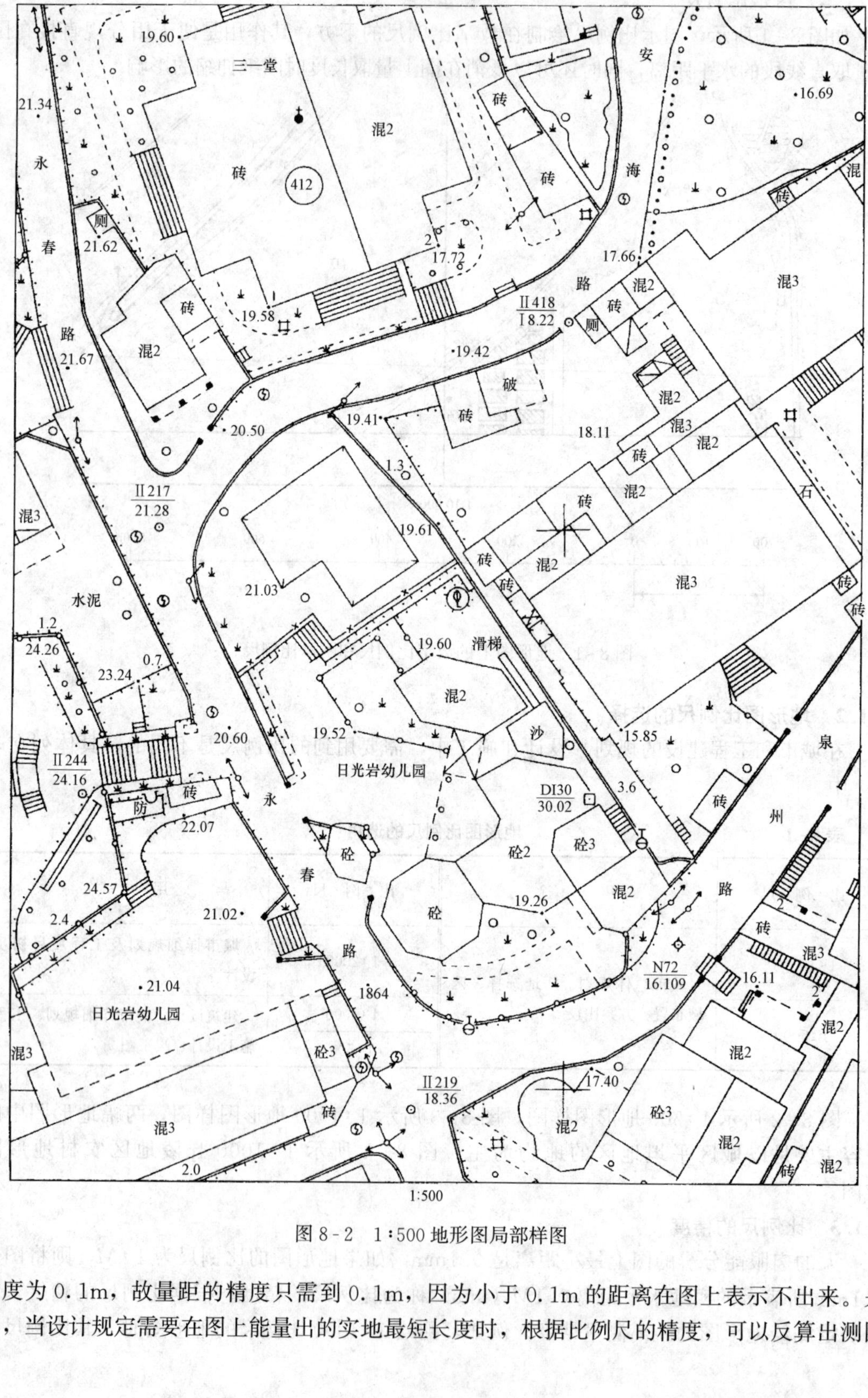

1:500

图 8-2　1∶500 地形图局部样图

精度为 0.1m，故量距的精度只需到 0.1m，因为小于 0.1m 的距离在图上表示不出来。另外，当设计规定需要在图上能量出的实地最短长度时，根据比例尺的精度，可以反算出测图

城镇居民地

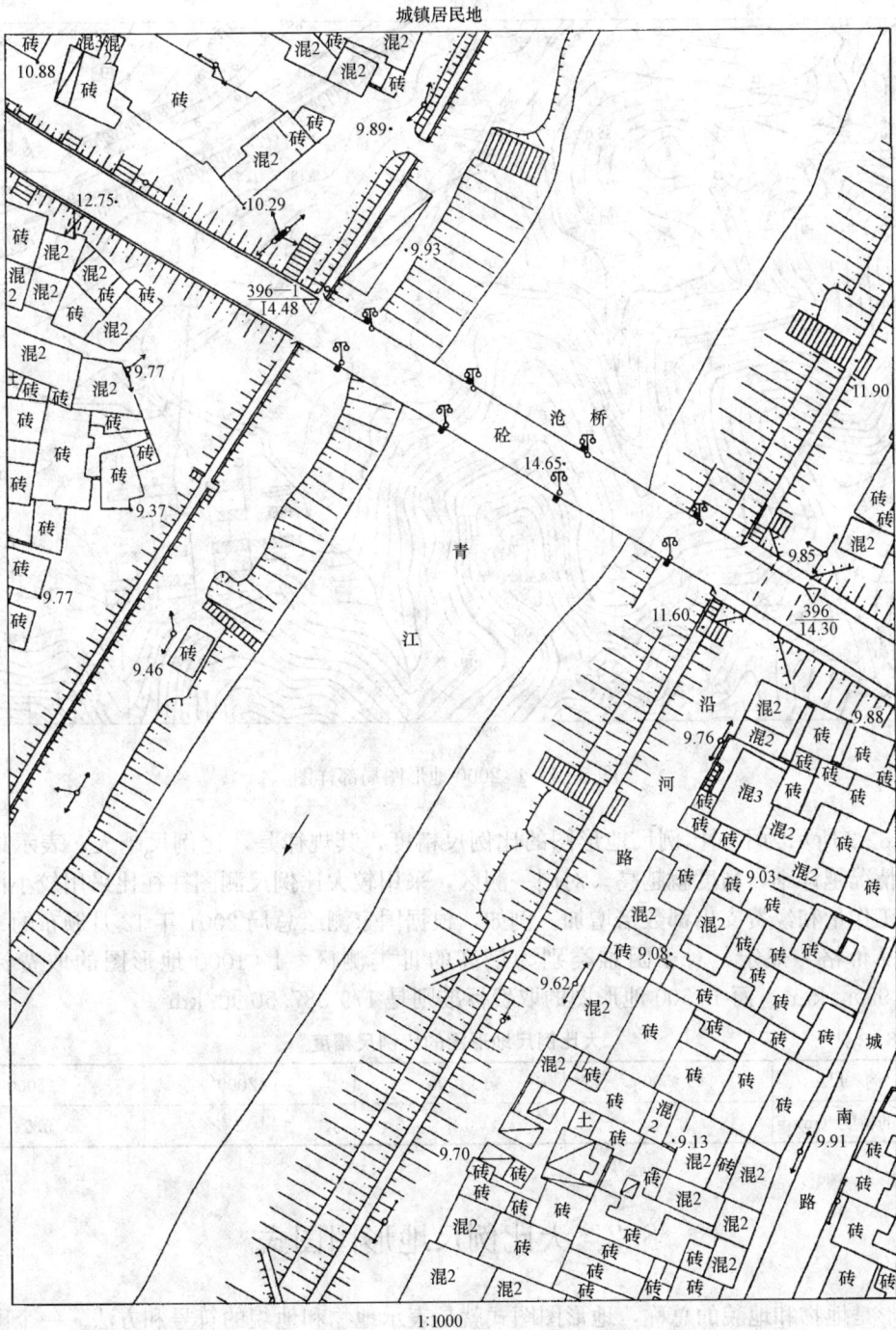

图 8-3 1:1000 地形图局部样图

比例尺。如欲使图上能量出的实地最短线段长度为 0.05m，则所采用的比例尺不得小于

$$\frac{0.1mm}{0.05m} = \frac{1}{500}。$$

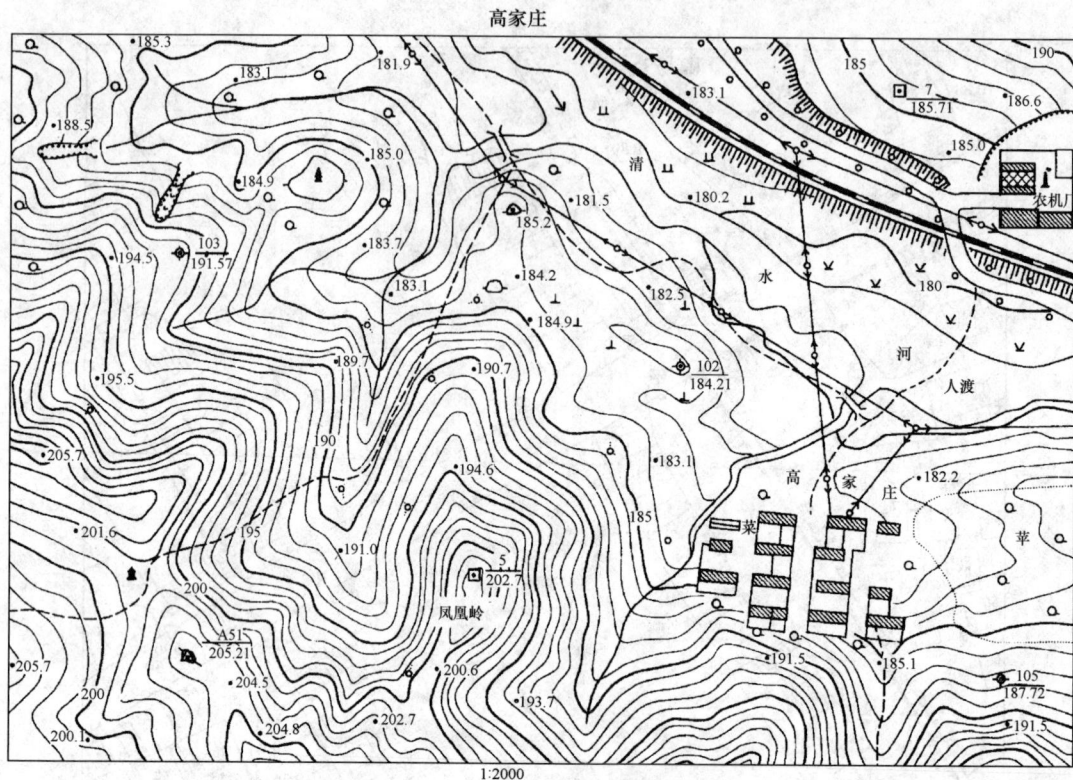

图 8-4　1:2000 地形图局部样图

表 8-2 所示为不同比例尺地形图的比例尺精度，其规律是，比例尺越大，表示地物和地貌的情况越详细，精度就越高。对同一测区，采用较大比例尺测图往往比采用较小比例尺测图的工作量和经费支出都数倍增加。例如，根据国家测绘总局 2001 年 12 月颁布的《测绘工程产品价格》规定，对于困难类别为最高的 Ⅲ 类测区，1:1000 地形图的取费标准是66 181.92元/km²；而 1:500 地形图的取费标准则是 179 387.50 元/km²。

表 8-2　　　　　　　　　　　大比例尺地形图的比例尺精度

比　例　尺	1:500	1:1000	1:2000	1:5000
比例尺的精度（m）	0.05	0.1	0.2	0.5

8.2　大比例尺地形图图式

地形是地物和地貌的总称，地形图图式就是表示地物和地貌的符号和方法。一个国家的地形图图式是统一的，它属于国家标准。我国当前使用的、最新的大比例尺地形图图式是由国家测绘总局组织制定的、国家技术监督局发布的、1996 年 5 月 1 日开始实施的《1:500、1:1000、1:2000 地形图图式》（GB/T 7929—1995）。

地形图图式中的符号有三类：地物符号、地貌符号和注记符号。

8.2.1　地物符号

地物符号分比例符号、非比例符号和半比例符号。

（一）比例符号

可以按测图比例尺缩小，用规定符号画出的地物符号称为比例符号，如房屋、较宽的道路、稻田、花圃、湖泊等。如表8-3中，从编号1到26都是比例符号（除编号14b和15以外）。

表8-3　　　　　　　　　　　　　　常用地物、地貌和注记符号

编号	符号名称	1:500 1:1000 1:2000	编号	符号名称	1:500 1:1000 1:2000
1	一般房屋 混—房屋结构 3—房屋层数	混 3 / 2 （1.6）	20	人工草地	2.0 3.0 10.0 -10.0
2	简单房屋		21	菜地	2.0 2.0 10.0 -10.0
3	建筑中的房屋	建			
4	破坏房屋	破	22	苗圃	1.0 苗 10.0 -10.0
5	棚房	45° 1.6			
6	架空房屋	砼4 砼4 砼4 1.0	23	果园	1.6 3.0 梨 10.0 -10.0
7	廊房	混3 :1.0 :1.0			
8	柱廊 a. 无墙壁的 b. 一边有墙壁的	:1.0	24	有林地	1.6 松6
9	门廊	混5 :1.0	25	稻田、田埂	0.2 3.0 1.0 10.0 10.0
10	檐廊	砼 4			
11	悬空通廊	砼4 砼4	26	灌木林 a. 大面积的 b. 独立灌木丛 c. 狭长的	a 1.0 0.6 b c.1 6.0 10.0 3.0 c.2
12	建筑物下的通道	砼 3			
13	台阶	0.6 1.0 1.0			
14	门墩 a. 依比例尺的 b. 不依比例尺的	a 1.0 b	27	等级公路 2—技术等级代码 （G301）—国道 路线编号	0.2 0.4 2(G301)
15	门顶	1.0			
16	支柱（架）、墩 a. 依比例尺的 b. 不依比例尺的	a 0.6: :1.0 b 1.0 1.0	28	等外公路	0.2
17	打谷场、球场	球	29	乡村路 a. 依比例尺的 b. 不依比例尺的	a 4.0 1.0 0.2 b 8.0 2.0 0.3
18	旱地	1.0 2.0 10.0 -10.0	30	小路	4.0 1.0 0.3
19	花圃	1.6 1.6 10.0 -10.0	31	内部道路	1.0 1.0
			32	阶梯路	1.0

编号	符号名称	1:500　1:1000　1:2000	编号	符号名称	1:500　1:1000　1:2000
33	三角点 凤凰山—点名 394.468—高程	△ 凤凰山/394.468　3.0	49	电信检修井 a. 电信入口 b. 电信手孔	a ⊙ 2.0 b ⊡ 2.0 2.0
34	导线点 I16—等级、点名 84.46—高程	□ I 16/84.46　2.0	50	电力检修井	⊙ 2.0
35	埋石图根点 16—点号 84.46—高程	1.6 ◇ 16/84.46　2.6	51	污水箅子	⊖ 2.0　2.0 ▭ 1.0
36	不埋石图根点 25—点号 62.74—高程	1.6 ○ 25/62.74	52	消火栓	1.6 2.0 ○ 3.6
37	水准点 Ⅱ京石 5—等级点 名、点号 32.804—高程	2.0 ○ Ⅱ京石5/32.804	53	水龙头	2.0 ⊥ 3.6
38	GPS控制点 B14—级别、点号 495.267—高程	▲ B14/495.267　3.0	54	独立树 a. 阔叶 b. 针叶	1.6　　　1.6 a 2.0 ● 3.6　b ▲ 3.6 1.0　　　1.0
39	加点站	1.6 ○ 3.6 1.0	55	围墙 a. 依比例尺的 b. 不依比例尺的	a ——10.0—— 0.6 b ▲ 10.0 ▲ 0.3
40	照明装置 a. 路灯 b. 杆式照射灯	2.0　　　1.6 a 1.6 ○ 1.0　b 4.0 ◀ 1.6 1.0　　　1.0	56	栅栏、栏杆	10.0　1.0 ○——○——○
41	假石山	4.0 ⊿ 2.0 1.0	57	篱笆	10.0　1.0
42	喷水池	⊕ 3.6 1.0	58	活树篱笆	6.0　1.0 0.6
43	纪念碑 a. 依比例尺的 b. 不依比例尺的	1.6 a □ 　b 1.6 ⊥ 4.0 3.0	59	铁丝网	10.0 ×——×——×
44	塑像 a. 依比例尺的 b. 不依比例尺的	1.0 a □ 　b ⊥ 4.0 2.0	60	电杆及地面上的配 电线	4.0　1.0 ●——○——●
45	亭 a. 依比例尺的 b. 不依比例尺的	3.0 a □ 　b 1.6 ⊥ 3.0 1.6	61	电杆及地面上的通 信线	4.0　1.0 ●——○——●
46	旗杆	1.6 1.0 4.0 ⊥ 1.0	62	陡坎 a. 未加固的 b. 已加固的	2.0 a ┴┴┴┴┴┴ 4.0 b ┴┴┴┴┴┴
47	上水检修井	⊖ 2.0	63	散数、行数 a. 散数 b. 行数	a ○ 1.6 10.0　1.0 b ○ ○ ○ ○
48	下水（污水）、雨水 检修井	⊕ 2.0	64	地类界、地物范围物	1.6 ·······0.3
			65	等高线 a. 首曲线 b. 计曲线 c. 间曲线	a ～～～ 0.15 b ～～～ 0.3 1.0　6.0 c - - - 0.15
			66	等高线注记	～25～
			67	一般高程点及注记 a. 一般高程点 b. 独立性地物的 高程	a　　　　b 0.5 ·· 163.2　▲ 75.4

（二）非比例符号

有些地物，如三角点、导线点、水准点、独立树、路灯、检修井等，其轮廓较小，无法将其形状和大小按照地形图的比例尺绘到图上，则不考虑其实际大小，而是采用规定的符号表示。这种符号称为非比例符号。如表8-3所示，从编号28到44都是非比例符号。

（三）半比例符号

对于一些带状延伸地物，如小路、通信线、管道、垣栅等，其长度可按比例缩绘，而宽度无法按比例表示的符号称为半比例符号。如表8-3所示，从编号47到56都是半比例符号，另外，编号14b和15也是半比例符号。

8.2.2　地貌符号

地貌形态多种多样，对于一个地区可按其起伏的变化分为以下四种地形类型：地势起伏小，地面倾斜角在3°以下，比高不超过20m的，称为平坦地；地面高低变化大，倾斜角在3°～10°，比高不超过150m的，称为丘陵地；高低变化悬殊，倾斜角为10°～25°，比高在150m以上的，称为山地；绝大多数倾斜角超过25°的，称为高山地。

地形图上表示地貌的主要方法是等高线。

一、等高线

（一）等高线的定义

等高线是地面上高程相等的相邻各点所连的闭合曲线。如图8-5所示，设想有一座高出水面的小岛，与某一静止的水面相交形成的水涯线为一闭合曲线，曲线的形状随小岛与水面相交的位置而定，曲线上各点的高程相等。例如，当水面高为70m时，曲线上任一点的高程均为70m；若水位继续升高至80m，90m，则水涯线的高程分别为80m，90m。将这些水涯线垂直投影到水平面H上，并按一定的比例尺缩绘在图纸上，这就相当于将小岛用等高线表示在地形图上了。这些等高线的形状和高程，客观地显示了小岛的空间形态。

（二）等高距与等高线平距

地形图上相邻等高线间的高差，称为等高距，用h表示，如图8-5所示，h=10m。同一幅地形图的等高距是相同的，因此，地形图的等高距也称为基本等高距。大比例尺地形图常用的基本等高距为0.5、1、2、5m等。等高距越小，用等高线表示的地貌细部就越详尽；等高距越大，地貌细部表示的越粗略。但是，当等高距过小时，图上的等高线过于密集，将会影响图面的清晰度。因此，在测绘地形图时，要根据测图比例尺、测区地面的坡度情况和按国家规范要求选择合适的基本等高距，见表8-4。

图8-5　等高线的绘制原理

相邻等高线间的水平距离称为等高线平距，用d表示，它随着地面的起伏情况而改变。相邻等高线之间的地面坡度为

$$i = \frac{h}{dM} \tag{8-2}$$

式中　M——地形图的比例尺分母。

在同一幅地形图上，等高线平距愈大，表示地貌的坡度愈小；反之，坡度愈大，见图

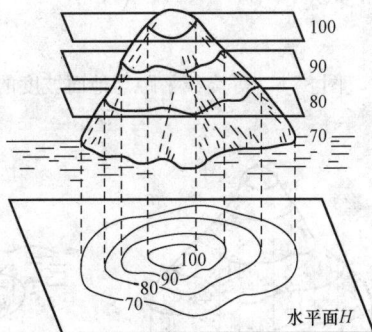

8-6。因此，可以根据图上等高线的疏密程度判断地面坡度的陡缓。

表8-4   地形图的基本等高距   m

比例尺 地形类别	1:500	1:1000	1:2000	1:5000
平坦地	0.5	0.5	1	2
丘 陵	0.5	1	2	5
山 地	1	1	2	5
高山地	1	2	2	5

（三）等高线的分类

（1）首曲线。按规范规定的基本等高距描绘的等高线称为首曲线，线粗0.15mm的细实线。如图8-6所示。

（2）计曲线。为了便于读图，每隔四条首曲线加粗的一条等高线称为计曲线，线粗0.3mm粗实线。在计曲线的适当位置注记高程，注记时等高线断开，字头朝向高处。

（3）间曲线和助曲线。在个别地方，为了显示局部地貌特征，可按1/2基本等高距用虚线加绘半距等高线，称为间曲线，线粗0.15mm长虚线。按1/4基本等高距用虚线加绘的等高线，称为助曲线，线粗0.15mm短虚线。

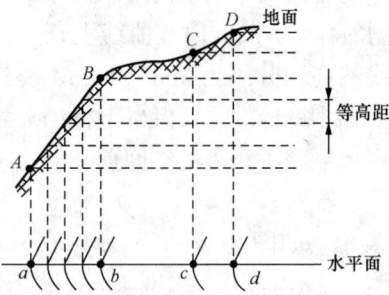

图8-6 等高线平距与地面坡度的关系

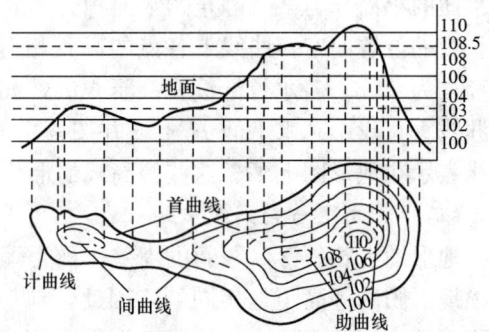

图8-7 等高线的分类

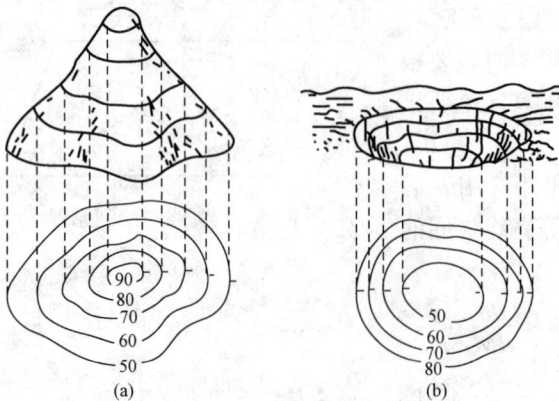

图8-8 山头和洼地的等高线

二、典型地貌的等高线

地球表面高低起伏的形态千变万化，但经过仔细研究分析就会发现它们都是由几种典型的地貌综合而成的。了解和熟悉典型地貌的等高线，有助于正确地识读、应用和测绘地形图。典型地貌主要有：山头和洼地、山脊和山谷、鞍部、陡崖和悬崖等。

（一）山头和洼地

如图8-8（a）和图8-8（b）所示，分别表示山头和洼地的等高线，它们都是一组闭合曲线，其区别在于：山头的等高线由外圈向内圈高程逐渐增加，洼地的等高线外圈向内圈高程逐渐减小，这样就可以根据高程注记区分山头和洼地。也可以用示坡线来指示斜坡向下的方向。在山头、洼地的等高线上绘出示坡线，有助于地貌的识别。

（二）山脊和山谷

山坡的坡度和走向发生改变时，在转折处就会出现山脊或山谷地貌（图 8-9）。山脊的等高线均向下坡方向凸出，两侧基本对称。山脊线是山体延伸的最高棱线，也称分水线。山谷的等高线均凸向高处，两侧也基本对称。山谷线是谷底点的连线，也称集水线。在土木工程、规划及设计中，要考虑地面的水流方向、分水线、集水线等问题。因此，山脊线和山谷线在地形图测绘及应用中具有重要的作用。

（三）鞍部

相邻两个山头之间呈马鞍形的低凹部分称为鞍部。鞍部是山区道路选线的重要位置。鞍部左右两侧的等高线是近似对称的两组山脊线和两组山谷线，见图 8-10。

图 8-9 山脊和山谷的等高线

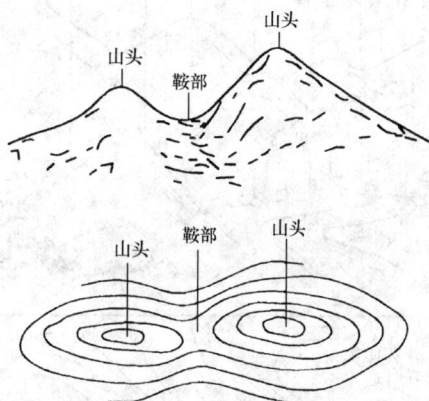

图 8-10 鞍部的等高线

（四）陡崖和悬崖

陡崖是坡度在 70°以上的陡峭崖壁，有石质和土质之分。如果用等高线表示，将是非常密集或重合为一条线，因此采用陡崖符号来表示，如图 8-11（a）和图 8-11（b）所示。

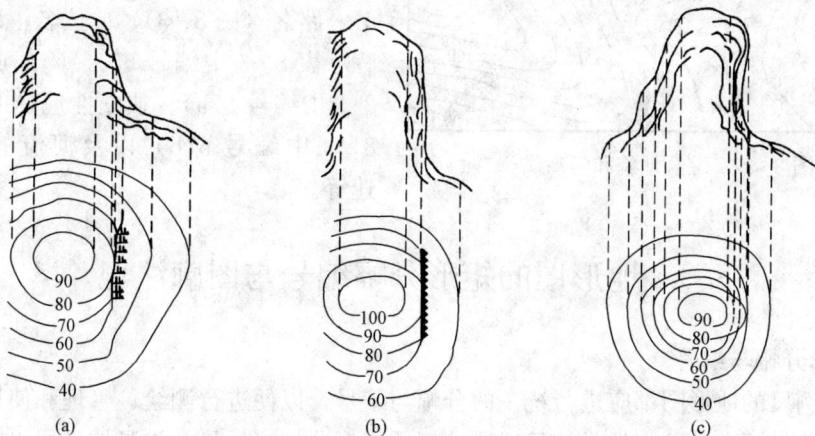

图 8-11 陡崖和悬崖的表示

　　悬崖是上部突出、下部凹进的陡崖。悬崖上部的等高线投影到水平面时，与下部的等高线相交，下部凹进的等高线部分用虚线表示，如图 8-11（c）所示。

　　还有某些变形地貌，如滑坡、冲沟、悬崖、崩崖等，其表示方法亦可参见《地形图图式》。掌握了典型地貌的等高线，就不难了解地面复杂的综合地貌。如图 8-12 所示是某地区的综合地貌和等高线图，可对照阅读。

三、等高线的特征

　　通过研究等高线表示地貌的规律性，可以归纳出等高线的特征，它对于正确地测绘地貌并勾画等高线以及正确使用地形图都有很大帮助。

　　（1）同一条等高线上各点的高程相等。

　　（2）等高线是闭合曲线，不能中断（间曲线除外），如果不在同一幅图内闭合，则必定在相邻的其他图幅内闭合。

　　（3）等高线只有在陡崖或悬崖处才会重合或相交。

　　（4）等高线经过山脊或山谷时改变方向，因此，山脊线与山谷线应和改变方向处的等高线的切线垂直相交，如图 8-9 所示。

　　（5）在同一幅地形图内，基本等高距是相同的，因此，等高线平距大表示地面坡度小；等高线平距小则表示地面坡度大；平距相等则坡度相同。倾斜平面的等高线是一组间距相等且平行的直线。

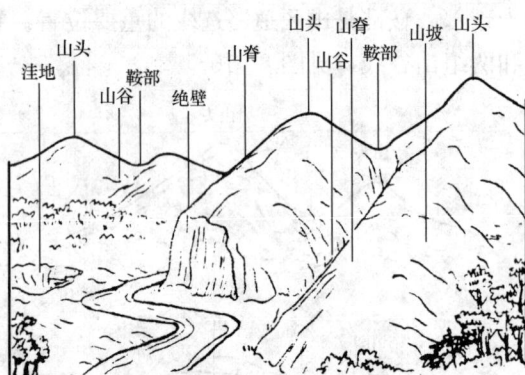

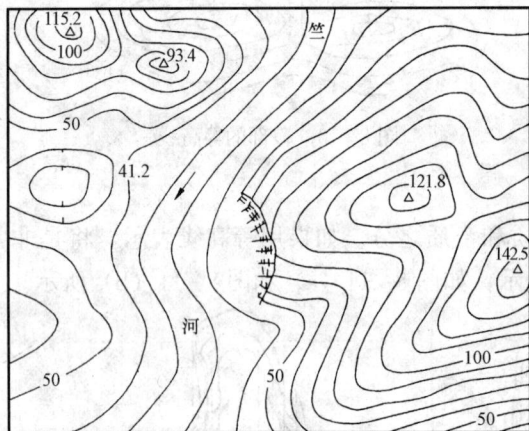

图 8-12　综合地貌和等高线

8.2.3　注记

　　有些地物除了用相应的符号表示外，对于地物的性质、名称等在图上还需要用文字和数字加以注记，如房屋的结构、层数（表 8-3 中编号 1、6、7）、地名（图 8-3）、路名（图 8-3）、单位名、计曲线的高程（表 8-3 中编号 65）、碎部点高程（表 8-3 中编号 57a）、独立性地物的高程（表 8-3 中编号 67b）以及河流的水深、流速等。

8.3　地形图的矩形分幅编号与图廓注记

8.3.1　矩形分幅与编号

　　各种比例尺的地形图都应进行统一的分幅与编号，以便进行测绘、管理和使用。地形图的分幅方法分为两大类，一类是按经纬线分幅的梯形分幅法，另一类是按坐标格网分幅的矩形分幅法。

梯形分幅法适用于中、小比例尺的地形图，例如1∶100万比例尺的图，一幅图的大小为经差6°，纬差4°，编号采用横行号与纵行号组成，有关梯形分幅编号详细内容将在第10章地形图的应用中介绍。这里重点介绍适用于大比例尺地形图的矩形分幅法，它是按统一的直角坐标格网划分的。图幅大小一般采用50cm×50cm的正方形分幅，而1∶5000比例尺地形图常采用的40cm×40cm正方形分幅。其图幅大小、对应的实地面积以及包含关系等，见表8-5所示。

表8-5　　　　　大比例尺地形图的图幅大小、对应的实地面积以及包含关系等

比例尺	图幅大小 （cm×cm）	实地面积 （km²）	一幅1∶5000的 图幅包含的图幅数	每平方公里 包含的图幅数	图廓坐标值
1∶5000	40×40	4	1	0.25	1km的整倍数
1∶2000	50×50	1	4	1	1km的整倍数
1∶1000	50×50	0.25	16	4	0.5km的整倍数
1∶500	50×50	0.0625	64	16	0.05km的整倍数

此外，根据需要也采用其它规格的分幅，如1∶500、1∶1000、1∶2000大比例尺地形图可以采用40cm×50cm的矩形分幅。

大比例尺地形图矩形分幅的编号方法主要有：

（一）图幅西南角坐标公里数编号法

例如图8-13所示1∶5000图幅西南角的坐标$x=32.0$km，$y=56.0$km，因此，该图幅编号为"32-56"。编号时，对于1∶5000取至1km，对于1∶1000、1∶2000取至0.1km，对于1∶500取至0.01km。

（二）以1∶5000编号为基础并加罗马数字的编号法

如图8-13所示，以1∶5000地形图西南坐标公里数为基础图号，后面再加罗马数字Ⅰ，Ⅱ，Ⅲ，Ⅳ组成。一幅1∶5000地形图可分成4幅1∶2000地形图，其编号分别为32-56-Ⅰ、32-56-Ⅱ、32-56-Ⅲ及32-56-Ⅳ。一幅1∶2000地形图又分成4幅1∶1000地形图，其编号为1∶2000图幅编号后再加罗马数字Ⅰ，Ⅱ，Ⅲ，Ⅳ。1∶500地形图编号按同样方法编号。注意罗马数字Ⅰ，Ⅱ，Ⅲ，Ⅳ排列均是先左后右，不是顺时针排列。

（三）数字顺序编号法

带状测区或小面积测区，可按测区统一用顺序进行标号，一般从左到右，而后从上到下用数字1，2，3，4，…编定，如图8-14所示，其中"新镇-14"为测区新镇的第14幅图编号。

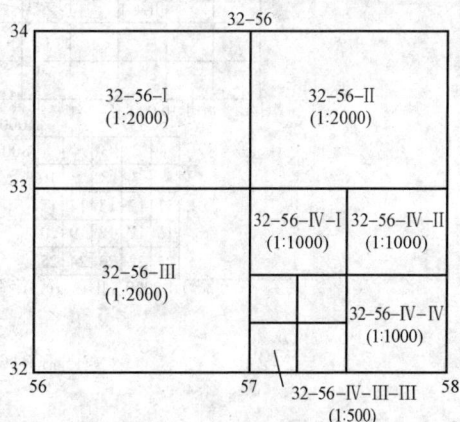

图8-13　大比例尺地形图矩形分幅

（四）行列编号法

行列编号法的横行是指以A，B，C，D，…编排，由上到下排列；纵列以数字1，2，3，…从左到右排列。编号是"行号-列号"，如图8-15所示，"C-4"为其中3行4列的

一幅图幅编号。

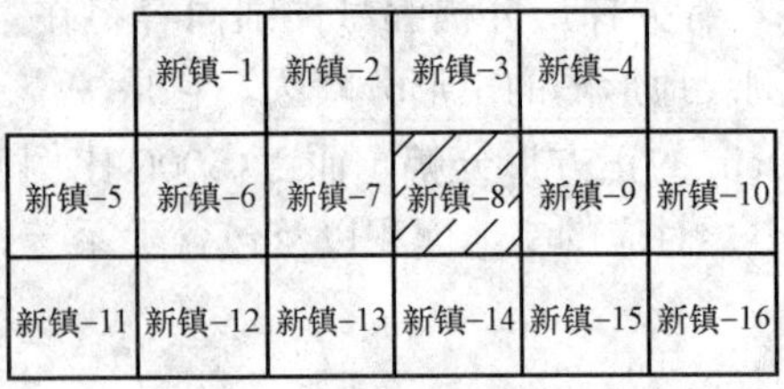

新镇-1
新镇-2
新镇-3
新镇-4
新镇-5
新镇-6
新镇-7
新镇-8
新镇-9
新镇-10
新镇-11
新镇-12
新镇-13
新镇-14
新镇-15
新镇-16

图 8-14 数字顺序编号法

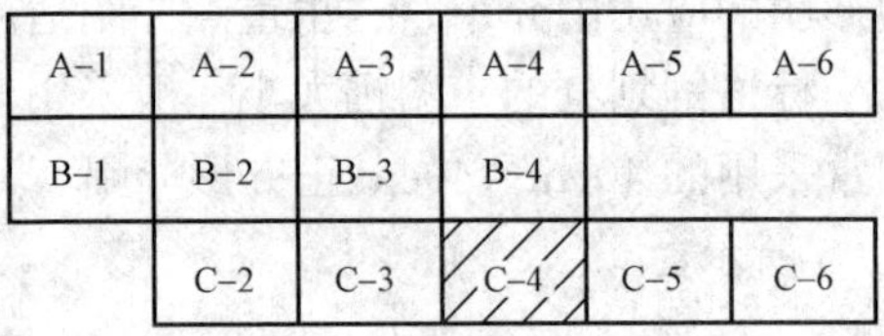

A-1
A-2
A-3
A-4
A-5
A-6
B-1
B-2
B-3
B-4
C-2
C-3
C-4
C-5
C-6

图 8-15 行列编号法

（五）象限行列编号法

北京市大比例尺地形图采用象限行列编号法，把北京市分成四个象限，每个象限内再按行列编号。

如图 8-16 所示，把北京市分为 4 个象限，顺时针排列Ⅰ，Ⅱ，Ⅲ和Ⅳ。在每个象限内，以纵 4 公里，横 5 公里为 1∶1 万比例尺的一幅图，例如编号Ⅱ－2－1 表示在第 2 象限第 2 列第 1 行，见图 8-16（a）。各象限内行列均自原点向外延伸。1∶5000 比例尺的图幅大小是把 1∶1 万图幅分为 4 个象限，见图 8-16（b）箭头所指的编号为Ⅱ－2－1（1）。1∶2000比例尺图幅大小是把 1∶1 万图幅分成 25 幅，图 8-16（c）所示箭头所指的编号为Ⅱ－2－1－［15］。1∶1000 比例尺图幅大小是把 1∶1 万图幅分成 100 幅，箭头所指编号为Ⅱ－2－1－73。1∶500 比例尺图幅大小是把一幅 1∶1000 图幅再分为 4 幅，它的编号是Ⅱ－2－1－73（4），见图 8-16（d）。

Ⅳ-2-3
5km
4km
Ⅰ-1-1
o
Ⅲ-1-1
Ⅱ-2-1
(a) 1:10 000 Ⅱ-2-1
2.5km
2km
4
1
3
2
(b) 1:5000 Ⅱ-2-1(1)
1000m
800m
(c) 1:2000 Ⅱ-2-1(15)
500m
(d) 1:1000 Ⅱ-2-1-73
1:500 Ⅱ-2-1-73(4)

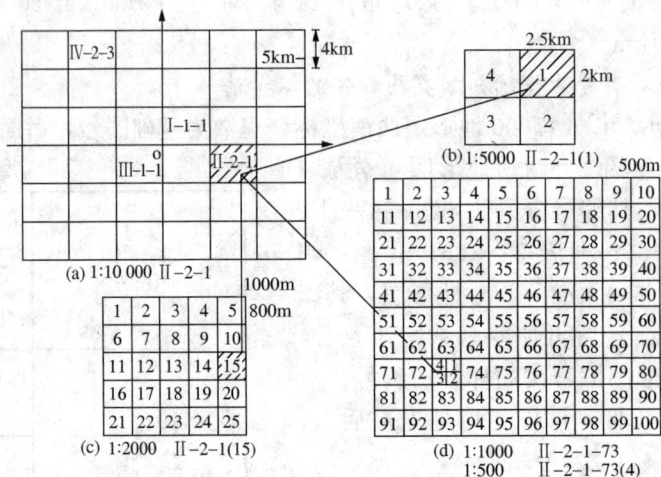

图 8-16 象限行列编号法

8.3.2 图廓注记

有关梯形分幅的图廓注记详细内容将在第 10 章中介绍。1∶500、1∶1000、1∶2000 等大比例尺地形图的图廓及图外注记（图 8-17），主要包括如下内容：

（一）图名、图号

图名即本幅图的名称，一般以所在图幅内的主要地名来命名。图名选取有困难时，也可不注图名，仅注图号。图号即图的编号。图名和图号应注写在图幅上部中央，图名在上，图

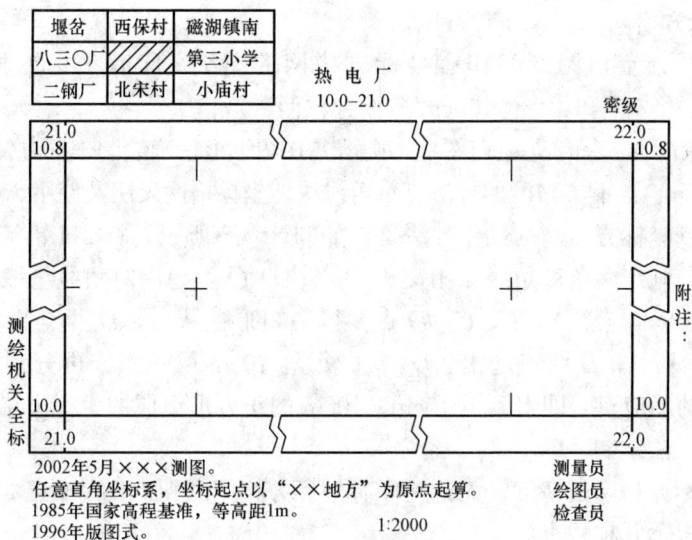

图 8-17 大比例尺地形图的图廓注记

号在下。

（二）图幅接合表（接图表）

图幅接合表绘在图幅左上角，说明本图幅与相邻图幅的关系，供索取相邻图幅时用。图幅接合表可采用图名注出，也可采用图号（仅注有图号时）注出。

（三）内、外图廓和坐标网线

图廓是地形图的边界，采用矩形分幅的大比例尺地形图只有内图廓和外图廓。内图廓就是地形图的边界线，也是坐标格网线。在内图廓外四角处注有坐标值，在内图廓的内侧，每隔 10cm 绘有 5mm 长的坐标短线，并在图幅内绘制为每隔 10cm 的坐标格网交叉点。

外图廓是图幅最外边的粗线，一般起装饰作用。

（四）其他图外注记

在外图廓的左下方应注记测图日期、测图方法、平面和高程坐标系统、等高距及地形图图式的版别。在外图廓下方中央应注写比例尺。在外图廓的左侧偏下位置应注明测绘单位的全称。

8.4 测图前的准备工作

大比例尺地形图的测绘是为国家经济建设服务的一项重要的基础性工作。在测区完成控制测量工作后，就可以测定的图根控制点作为基准，进行地形图的测绘。测图前应做好下列准备工作。

8.4.1 图纸准备

测绘地形图使用的图纸一般为聚酯薄膜。聚酯薄膜图纸厚度一般为 0.07～0.1mm，经过热定型处理后，伸缩率小于 0.2‰。聚酯薄膜图纸具有透明度好、伸缩性小、不怕潮湿等优点。图纸弄脏后，可以水洗，便于野外作业。在图纸上着墨后，可直接复晒蓝图；缺点是易燃、易折，在使用与保管时，要注意防火防折。

8.4.2 绘制坐标方格网

聚酯薄膜图纸分空白图纸和印有坐标方格网的图纸。印有坐标方格网的图纸又有 50cm×50cm 正方形分幅和 40cm×50cm 矩形分幅两种规格。

如果购买的聚酯薄膜图纸是空白图纸，则需要在图纸上精确绘制坐标方格网，每个方格的尺寸为 10cm×10cm。绘制方格网的方法有对角线法、坐标格网尺法及使用 Auto CAD 绘制等。

对角线法绘制坐标方格网的操作方法是：如图 8-18 所示，将 2H 铅笔削尖，用长直尺沿图纸的对角方向画出两条对角线，相交于 O 点；自 O 点起沿对角线量取等长的 4 条线段 OA，OB，OC，OD，连接 A，B，C，D 点，得一矩形；从 A，D 两点起，沿 AB，DC 每隔 10cm 取一点；从 A，B 两点起沿 AD，BC 每隔 10cm 取一点。再分别连接对边 AD 与 BC，AB 与 DC 的相应点，即得到由 10cm×10cm 的正方形组成的坐标方格网。也可利用坐标格网尺按上述方法绘制。

为了保证坐标方格网的精度，无论是印有坐标方格网的图纸还是自己绘制的坐标方格网图纸，都应进行以下几项检查：

(1) 将直尺沿方格的对角线方向放置，同一条对角线方向的方格角点应位于同一直线上，偏离不应大于 0.2mm。

(2) 检查各个方格的对角线长度，其长度与理论值 14.14cm 之差不应超过 0.2mm。

(3) 图廓对角线长度与理论值之差不应超过 0.3mm。

如果超过限差要求，应该重新绘制，对于印有坐标方格网的图纸，则应予以作废。

8.4.3 展绘控制点

根据图根平面控制点的坐标值，将其点位在图纸上标出，称为展绘控制点。展点前，根据地形图的分幅位置，将坐标格网线的坐标值注记在图框外相应的位置，如图 8-19 所示。

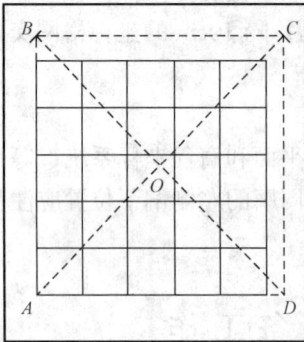

图 8-18 对角线法绘制坐标方格网　　　图 8-19 展绘控制点

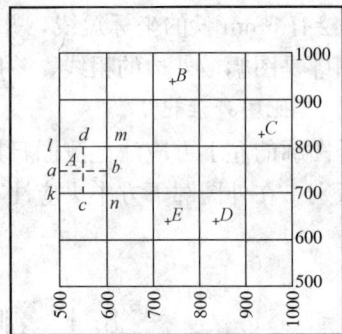

展点时，先根据控制点的坐标，确定其所在的方格。例如 A 点的坐标为 $x_A = 764.30$m，$y_A = 566.15$m，由图 8-19 可以查看出，A 点在方格 $klmn$ 内。分别从 l，k 点向右量取 $\Delta y_{kA} = (566.15\text{m} - 500)/1000 = 6.615$cm，得 d，c 两点；从 k，n 点分别向上量取 $\Delta x_{kA} = (764.30\text{m} - 700)/1000 = 6.430$cm，定出 a，b 两点。连接 a，b 和 c，d 得到交点即为 A 点的位置。同法，可将其余控制点 B，C，D，E 点展绘在图上。

展绘完图幅内的全部控制点后，要进行检查。检查的方法是，在图上分别量取已展绘控制点间的长度，如线段 AB，BC，CD，DE，EA 的长度，其值与已知值（由坐标反算的长度除以地形图比例尺的分母）之差应不超过±0.3mm，否则应重新展绘。

表 8-6　　　　　　　　　　　　　一般地区解析图根点的密度

测图比例尺	图幅尺寸（cm）	解析图根点（个）
1:500	50×50	8
1:1000	50×50	12
1:2000	50×50	15

为了保证地形图的精度，测区内应有一定数目的图根控制点。《城市测量规范》规定，测区内解析图根点的个数应不少于表 8-6 的要求。

8.5　经纬仪测绘法

地形图的测绘又称碎部测量。它是依据已知点的平面位置和高程，使用测绘仪器和方法来测定碎部点的平面位置和高程并按测图比例尺缩绘在图纸上的工作。

大比例尺地形图的测绘方法有解析测图法和数字测图法。解析测图法又分为经纬仪测绘法、经纬仪联合光电测距仪测绘法、大平板仪测绘法和小平板仪与经纬仪联合测绘法，本节只介绍目前通常使用的经纬仪测绘法。数字测图法在本章 8.7 中介绍。

8.5.1　碎部点的选择

碎部点指地物、地貌的特征点。碎部点选择的是否正确恰当是影响成图质量和测图效率的关键因素。

（一）地物的特征点

地物的特征点指决定地物形状的地物轮廓线上的转折点、交叉点、弯曲点及独立地物的中心等，如房角点、道路转折点、交叉点、河岸线转弯点、窨井中心点等。连接这些特征点，便可得到与实地相似的地物形状。一般规定主要地物凸凹部分在图上大于 0.4mm 均要表示出来。在地形图上小于 0.4m，可以用直线连接。

（二）地貌的特征点

对于地貌，其形状更是千变万化的，地性线（即山脊线、山谷线、山脚线）是构成各种地貌的骨骼，骨骼绘正确了，地貌形状自然能绘得相似。因此，其碎部点应注意选在地性线的起止点、倾斜变换点、方向变换点上，如图 8-20 所示。对这些主要碎部点应按其延伸的顺序测定，不能漏失一点。否则，将造成勾绘等高线时产生很大的错误。在坡度无显著变化的坡面或较平坦的地面，为了较精确地勾绘等高线，也应在比例尺图上每隔 2～3cm 测定一点。

碎部点的间距和碎部点的最大视距应符合表 8-7 的规定。城市建筑区的最大视距，见表 8-8。

图 8-20　地貌碎部点的选择

表 8 - 7 碎部点间距和碎部点最大视距

测图比例尺	地形点最大间距（m）	最大视距（m）	
		主要地物点	次要地物点和地形点
1∶500	15	60	100
1∶1000	30	100	150
1∶2000	50	180	250
1∶5000	100	300	350

表 8 - 8 城市建筑区碎部点最大视距

测图比例尺	最大视距（m）	
	主要地物点	次要地物点和地形点
1∶500	50（量距）	70
1∶1000	80	120
1∶2000	120	200

8.5.2 一个测站点的测绘工作

经纬仪测绘法是将经纬仪安置在测站上，测定碎部点的方向与已知方向之间的夹角，并用视距测量方法测出测站点至碎部点的高程。它的实质是按极坐标法定点进行测图。绘图板安置于测站旁，根据测定数据，用量角器（又称半圆仪）和比例尺把碎部点的平面位置展绘在图纸上，并在点的右侧注明其高程。最后再对照实地描绘地物和地貌。一个测站上的测绘工作步骤如下：

（1）安置仪器。如图 8-21 所示，将经纬仪安置于控制点 A 上，对中、整平，并量出仪器高度 i。

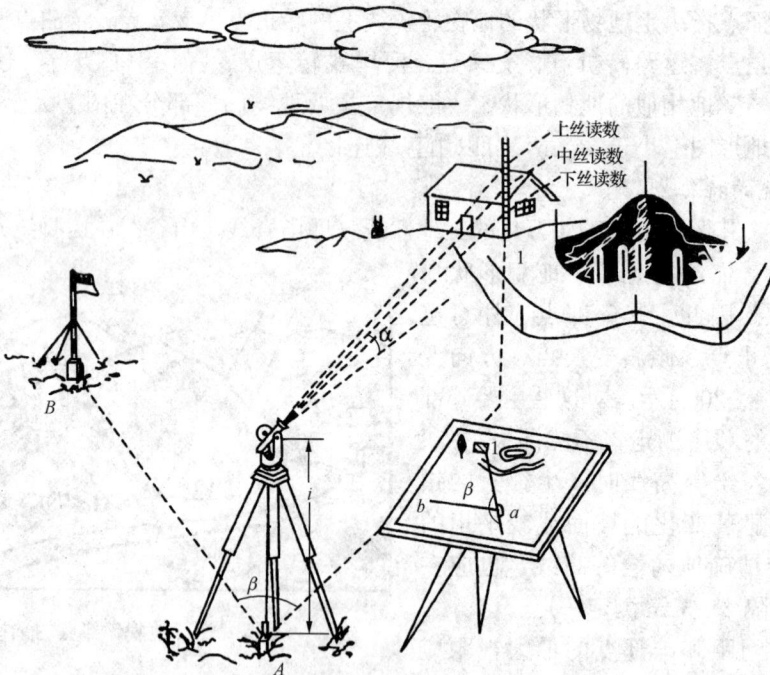

图 8 - 21 经纬仪测绘法

（2）定向。用经纬仪盘左位置瞄准另一控制点 B，设置水平度盘读数为 $0°00'00''$。B 点称为后视点，AB 方向称为起始方向（也称零方向或后视方向）。在小平板上固定好图纸，并安置在测站附近，注意使图纸上控制边方向与地面上相应控制边方向大致相同。连接图上对应的控制点 a，b，并适当延长 ab 线，ab 即为图上起始方向线。然后用小针通过量角器圆心插在 a 点，使量角器圆心固定在 a 点上。

（3）立尺。立尺员将视距尺依次立在地物和地貌的碎部点上。立尺前，立尺员应根据实地情况及本测站实测范围，按照"概括全貌、点少、能检核"的原则选定立尺点，并与观测员、绘图员共同商定跑尺路线。比如在平坦地区跑尺，可由近及远，再由远及近地跑尺，立尺结束时处于测站附近。在丘陵或山区，可沿地性线或等高线跑尺。

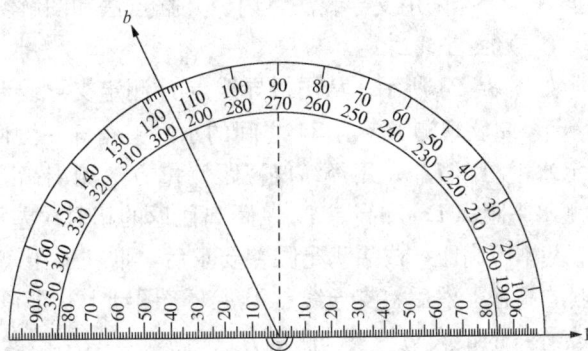

图 8-22　用量角器展碎部点

（4）观测。观测员转动经纬仪照准部，瞄准 1 点视距尺，读尺间隔、中丝读数 v、竖盘读数及水平角。同法依次观测周围各碎部点。工作中间每测 20～30 个点和结束前，观测员应继续转动经纬仪至起始方向进行归零检查，归零差不应大于 $4'$。

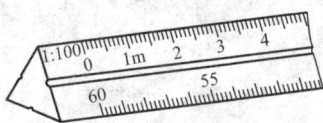

图 8-23　比例尺

（5）记录与计算。记录员将测得的尺间隔、中丝读数、竖盘读数及水平角等数据依次填入地形测量手簿（表 8-9）中。对特殊的碎部点，如道路交叉口、山顶、鞍部等，还应在备注中加以说明，以备查用。然后根据测得数据按视距测量计算公式计算水平距离 D 和高程 H。

表 8-9   **地 形 碎 部 测 量 手 册**

测站：A	后视点：B	仪器高 $i=1.42$m	指标差 $x=0$
测站高程 $H_A=27.40$m		视线高 $H_视=H_A+i=28.82$m	

点号	视距 Kl (m)	中丝读数 v (m)	竖盘读数 L (° ′)	竖直角 α (° ′)	水平角 β (° ′)	水平距离 D (m)	高程 H (m)	备注
1	76.0	1.42	93　28	－3　28	114　00	75.7	22.81	
2	51.4	1.55	91　45	－1　45	172　40	51.4	25.70	房角
3	37.5	1.60	93　00	－3　00	327　36	37.4	25.26	电杆
4	25.7	2.42	87　26	＋2　34	16　24	25.7	27.55	

（6）展绘碎部点。绘图员转动量角器，将量角器上等于水平角值（如碎部点 1 的水平角 $\beta_1=114°00'$）的刻画线对准起始方向线 ab，如图 8-21 所示。此时量角器的零方向便是碎部点 1 的方向。然后在零方向线上，利用比例尺（图 8-23）按所测的水平距离定出点 1 的位置，用铅笔在图上标定，并在点的右侧注明其高程。同法，将其余各碎部点的平面位置及高程绘于图上。

仪器搬到下一站时，应先观测前站所测的某些明显碎部点，以检测由两站测得该点的平面位置和高程是否相符。如相差较大，则应查明原因，纠正错误，再继续进行测绘。

经纬仪测绘法利用光电测距仪进行测距的话，表 8-7、表 8-8 中，测站至测点的最大距离的规定可大大放宽。

8.5.3　增补测站点

地形图测绘时应充分利用已布设测定的控制点和图根点。当图根点的密度不够时，可以根据具体情况采用支导线法、内、外插点法和图解交会法增补测站点，以满足测图的需要。

（一）支导线法

如图 8-24 所示，从图根导线点 B 测定支导线点 1。其施测方法是：在 B 点用 DJ_6（或 DJ_2）经纬仪观测 BA 与 $B1$ 之间的水平夹角 β 一测回；用视距（或量距、光电测距仪测距）测定水平距离 D_{B1}；用经纬仪视距测量方法测出高差 h_{B1}；将仪器搬到 1 点，用同样的方法返测水平距离 D_{1B} 和高差 h_{1B}。距离往返的相对误差不得大于 1/200，高差往返的较差不超过 1/7 基本等高距，成果满足限差要求后，取往返距离和高差的平均值作为施测成果，并求出 1 点的高程，然后将支导线点 1 展绘于图纸上，即可作为增补的测站点使用。表 8-10 规定了支导线的最大边长及其测量方法。

表 8-10　　　　支导线的最大边长及其测量方法

比例尺	最大边长（m）	测量方法
1:500	50	实量
1:1000	100	实量
1:1000	70	视距
1:2000	160	实量
1:2000	120	视距

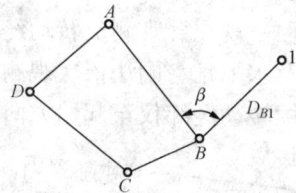

图 8-24　支导线法

（二）内、外插点法

如图 8-25 所示，在图根点 A，B 的连线上选定点 1，称为内插点。或在 A，B 连线的延长线上选定点 2，称为外插点。用经纬仪视距测量方法从 B 点和 1 点（或 2 点）分别测出 D_{B1}，h_{B1}，D_{1B}，h_{1B}（或 D_{B2}，h_{B2}，D_{2B}，h_{2B}）。距离往返相对误差不得大于 1/200，

图 8-25　内、外插点法

高差往返的较差不超过 1/7 基本等高距。取往返距离和高差的平均值，依此求出 1 点（或 2 点）的高程，并展绘于图纸上，作为增补测站点使用。距离测量也可采用量距和光电测距仪测距，最大边长和测量方法应符合表 8-10 的要求。

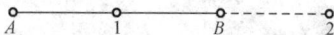

（三）图解交会法

采用交会定点的方法增补测绘点时，前方交会不得少于三个方向，1:2000 比例尺测图时可采用后方交会，但不得少于四个观测方向。交会角应在 30°～150°之间。

所有交会方向应精确交于一点。前方交会出现的示误三角形内切圆直径小于 0.4mm 时，可按与交会边长成比例的原则分配，刺出点位。后方交会利用三个方向精确交出点位后，第四个方向检查误差不得超过 0.3mm。

8.5.4　碎部测量中的注意事项

（1）高程点的测定。在平坦地区的地形图上（图 8-2）主要是表示出地物平面位置的相

互关系，但地面各处仍有一定的高差，因此还需要在图上加测某些高程注记点（简称高程点）。

1）高程点的选择：①在每块耕地、草地和广场上，应测定代表性的高程点，高程点的间距一般为图上5～10cm；②在主要道路中心线上每隔图上10cm应测定高程点，在路的交叉口、转折处、坡度变化处、桥面上应测定高程点；③范围较大的土堆、洼坑的顶部和底部应测定高程点；④铁路路轨的顶部、土堤、防洪墙的顶部应测定高程点。

2）高程点的测定方法。根据图根控制点的高程，用水准测量或视距测量的方法测定高程点的高程。

用水准测量方法时，安置一次水准仪可以测定若干个高程点，因此可以采用"仪器视线高程减前视读数"的方法。

（2）在测站上，测绘开始前，对测站周围地形的特点、测绘范围、跑尺路线和分工等应有统一的认识，以便在测绘过程中配合默契，做到既不重测，又不漏绘。

（3）立尺员在跑尺过程中，除按预定的分工路线跑尺外，还应有其本身的主动性和灵活性，务必使测绘方便为宜；为了减少差错，对隐蔽或复杂地区的地形，应画出草图、注明尺寸、查明有关名称和量测陡坎、冲沟等比高，及时交给绘图员作为绘图时的依据之一。

（4）测区地形情况不同，跑尺方法也不一样。平坦地区的特点是等高线稀少、地物多且较复杂，测图工作的重点是测绘地物，因此，跑尺时既要考虑少跑弯路，又要顾及绘图时连线的方便，以免出差错。在水网或道路密集地区，宜一个地物一个地物地立尺，如采用一人跑沟、一人测路，或先测沟、再跑路，对重要地物，尽量逐一测完，不留单点，避免图上紊乱；在山区测图时，立尺员可沿地性线跑尺，例如，从山脊线的山脚开始，沿山脊线往上立尺，测至山顶后，再沿山谷线往下施测。这种跑尺路线便于图上连线，但跑尺者体力消耗较大，因此，可由两人跑尺，一人负责山腰上部，一人位于山腰下侧，基本保持平行前进。

（5）在测图过程中，对地物、地貌要做好合理的综合取舍。

（6）加强检查，及时修正，只有当确认无误后才能迁站。

（7）保持图面清洁，图上宜用洁净布绢覆盖，并随时使用软毛排刷刷净图面。

8.6　地形图的绘制

外业工作中，把碎部点展绘在图上后，就可以对照实地进行地形图的绘制工作了。主要内容就是地物、地貌的勾绘，以及大测区地形图的拼接、检查和整饰工作。

8.6.1　地物描绘

（一）测绘地物的一般原则

地物在地形图上的表示原则是：凡能依比例表示的地物，则将其水平投影位置的几何形状相似地描绘在地形图上，如双线河流、运动场等，或是将它们的边界位置表示在图上，边界内再绘上相应的地物符号，如森林、草地、沙漠等。对不能依比例表示的地物，则用相应的地物符号表示在地物的中心位置上，如水塔、烟囱、纪念碑、单线道路、单线河流等。

（二）居民地的测绘

房屋只要测出它的几个房角位置，即可确定其位置。测图比例尺不同，居民地的测绘在综合取舍方面也不一样。居民地的外轮廓应准确测绘，其内部的主要街道以及较大的空地应区分出来。散列式的居民地、独立房屋应分别测绘。

（三）道路的测绘

（1）铁路。测绘铁路时，标尺应立于铁轨中心线上。对 1∶2000 或更大比例尺，可测定下列点位，如图 8‐26 所示（路堤部分的断面），特征点 1 用于测绘铁路的平面位置；特征点 2、3 用于测绘路堤部分的路肩位置；特征点 4、5 用于测绘路堤的坡足或边沟位置。有时特征点 2、3 可以不立尺而是量出铁路中心至它们的距离直接在图上绘出。铁路线的高程应测铁轨面高度。图 8‐27 所示是路堑部分的断面，与路堤比较可以看出除 1、2、3、4、5 点

要立尺之外，在 6、7 点路堑的上边缘也要立尺。铁路的直线部分立尺可稍稀一些，曲线及道岔部分立尺要密一些，以便正确地表示铁路的实际位置。铁路两旁的附属建筑物如信号灯、扳道房、里程碑等，要按实际位置测出。

图 8‐26 铁路及路堤

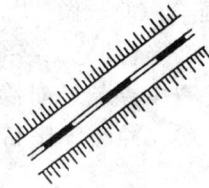

（2）公路。公路在图上一律按实际位置测绘。在测量方法上有的将标尺立于公路路面中心，有的将标尺交错立在路面两侧，也可将标尺立在路面的一侧，实量路面的宽度，作业时可视具体情况而定。公路的转弯处，交叉处，标尺点应密一些，公路两旁的附属建筑物都应按实际位置测出，公路和路堤及路堑的测绘方法与铁路相同。

大车路和通往居民地的小路应按实际位置测绘，田间劳动的小路一般不测绘，上山小路应视其重要程度选择测绘。由于小路弯曲较多，立标尺点时要注意弯曲部分的取舍，使标尺点不致太密，又要正确表示小路的位置。人行小路若与田埂重合，应绘小路不绘田埂。与大车路、公路或铁路相连的小路应根据测区道路网的情况决定取舍。

要注意道路与道路的相交情况；上下相交要绘出桥梁、路堑（或路堤），各绘至桥梁处；平面相交要按级别进行描绘，例如铁路与公路相遇，铁路符号完整，公路符号绘至铁路符号边；公路与公路相遇，则各自绘至符号边；单线路与双线路相遇，则单线路绘至双线路符号，如图 8‐28 所示。

图 8‐27 铁路及路堑   图 8‐28 道路的描绘

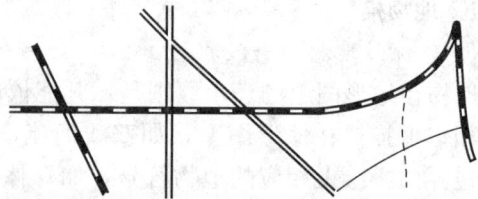

（四）境界、管线及垣栅的测绘

境界是指行政区划的界线，实地是根据界标、界桩及地物来定出界线的位置。描绘境界，由高级至低级进行，当两种界线重合时只绘高一级的界线，描绘境界，要连续地全部绘出，当与线状符号相交时，在相交处间断境界符号，但与河流、运河相交则不间断。描绘管线时，要绘出有方位意义的电杆及电架。对管线要加注说明注记。描绘垣栅时一般先绘垣栅的主轴线，后绘其余部分。这三种符号都是半依比例符号，要精确按定位线位置进行描绘。

（五）水系的测绘

水系包括河流、渠道、湖泊、池塘等地物，通常无特殊要求时均以岸边为界。河流的两岸一般不大规则，在保证精度的前提下，对于小的弯曲和岸边不甚明显的地段可适当取舍。对于在图上只能以单线表示的小沟，不必测绘其两岸，只要测出其中心位置即可。两岸有堤的规则渠道可比照公路进行测绘。对那些田间临时性的渠不必测出，以免影响图面清晰。

湖泊的边界经人工整理、筑堤、修有建筑物的地段是明显的，在自然耕地的地段大多不甚明显，测绘时要根据具体情况和用图单位的要求确定。在不甚明显地段确定湖岸线时，可采用调查平水位的边界或根据农作物的种植位置等方法来定。

（六）植被的测绘

植被测绘应测出各类植物的边界，用地类界符号表示其范围，再加注植物符号和说明。地类界与道路、河流、拦栅等重合时，则可不绘出地类界；与境界、高压线等重合时，地类界应移位绘出。

地物测绘过程中，若发现图上绘出的地物与地面情况不符，如本应为直角的房屋角，但图上不成直角；在一直线上的电杆，但图上不在一直线上等，要认真检查产生这种现象的原因，如属于观测错误，则必须立即纠正。若不是观测错误，可能是由于各种误差的积累所引起的，或在两个测站观测了同一个地物的不同部位所引起。当这些不符的现象在图上小于规范规定的地物误差时，则可以采用分配的办法予以消除，使地物的形状与地面相似。

8.6.2 等高线勾绘

在地形图上，地貌主要以等高线来表示。所以地貌的勾绘，即等高线的勾绘。

如图 8-29（a）所示碎部测量后，图板展绘若干个碎部点的情况。勾绘等高线时，首先用铅笔画地性线，山脊线用虚线，山谷线用实线。然后用目估内插等高线通过的点。图中 ab，ad 以为山脊线，ac，ae 为山谷线。图中 a 点高程为 48.5m，b 点高程为 43.1m，若等高距为 1m，则 ab 间有 44、45、46、47、48 共 5 条等高线通过。由于同一坡度，高差与平距成正比例，先估算一下 1m 等高距相应的平距为多少，图 8-29 中 ab 两点高差：48.5－43.1＝5.4m，对应平距为 ab（例如 38mm），按比例算得高差 1m 平距为 7mm。首尾两段高差，a 端为 0.5m（48.5 与 48m 之差），相应平距为 4mm，即距 a 点 4mm 画 48m 等高线。

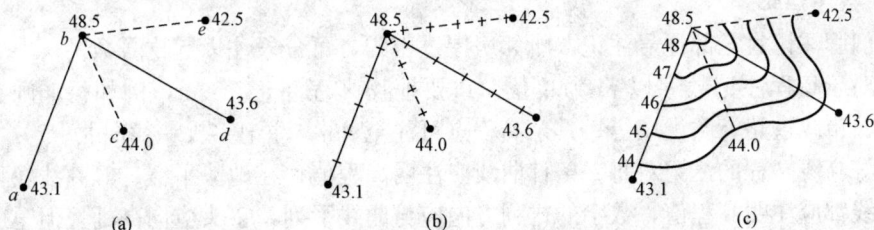

图 8-29　等高线的勾绘

b 端为 0.9m（43.1m 与 44m 之差），相应平距为 6mm，即距 b 点 6mm 画 44m 等高线。

实际工作中目估即可，不必做上述计算，方法是先"目估首尾，后等分中间"，如图 8-29（b）所示。然后对照实际地形，把高程相同的相邻点用光滑曲线相连，便得等高线，如图 8-29（c）所示。一般先勾绘计曲线，再勾绘首曲线，当一个测站或一小局部碎部测量完成之后，应立即勾绘等高线，以便及时改正测错和漏测。

8.6.3 图的注记

名称的注记必须使用我国国务院公布的简化汉字，各种注记的字意、字体、字大、字向、字序、字位应准确无误，字间隔应均匀，宜根据所指地物的面积和长度妥善配置。

（一）注记的排列形式

（1）水平字列——各字中心连线应平行于南、北图廓，由左向右排列；

（2）垂直字列——各字中心连线应垂直于南、北图廓，由上而下排列；

（3）雁行字列——各字中心连线应为直线且斜交于南、北图廓；

（4）屈曲字列——各字字边应垂直或平行于线状地物，且依线状地物的弯曲形状而排列。

（二）注记的字向

注记的字向一般为正向，即字头朝向北图廓。对于雁行字列，如果字中心连线与南、北图廓的交角小于 45°，则字向垂直于连线；如果交角大于 45°，则字向平行于连线；称为注字的"光线法则"，如图 8-30 所示。道路名、弄堂和门牌号等应按光线法则进行注记。

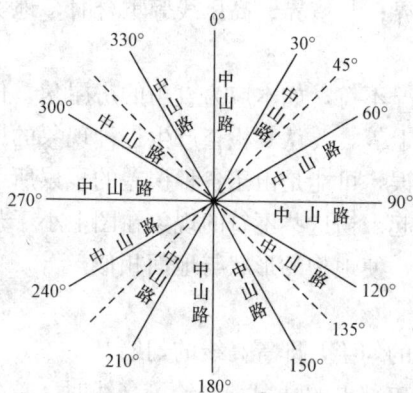

图 8-30 雁行字列光线法则

（三）名称注记

城市、集镇、村宅、街道、里弄、新村、公寓等居民地名称和政府机构、企业单位等名称，均应查明注记；一般应采用水平字列，根据图形的特殊情况，也可采用垂直字列或雁行字列。

（四）说明注记

建筑物的结构（砖木结构、混凝土结构、混合结构、钢结构等）、层次，道路的等级、路面材料，管线的用途、属性、土地的土质和植被种类等等，凡属用图形线条和图式符号不能充分说明的地物，需加说明注记。说明注记用的字符应尽可能简单，例如对于房屋结构和层次，说明用"砼 5"（混凝土结构 5 层）、"混 3"（混合结构 3 层）、"钢 10"（钢结构 10 层）等。注记的位置应在地物内部适中的位置，不偏于一隅，并以不妨碍地物线条为原则。

（五）数字注记

（1）门牌注记宜全部逐号注记，毗邻房屋过密的，可分段注以起讫号数。

（2）对于高程注记数字以 m 为单位，重要地物高程注记至 cm，例如桥、闸、坝、铁路、公路、市政道路、防洪墙等，其余高程点可注至 dm，注记字头一律向北。

（3）等高线高程的注记对每一条计曲线应注明高程值；在地势平缓、等高线较稀时，每一条等高线都应注明高程值，数字的排列方向应与曲线平列，字头应向高处，但也应尽量避免注记的数字成倒置形状。

8.6.4 地形图的拼接、检查与整饰

（一）地形图的拼接

测区面积较大时，整个测区划分为若干幅图进行施测，这样，在相邻图幅的连接处，由于测量误差和绘图误差的影响，无论地物轮廓线还是等高线往往不能完全吻合。图 8 - 31 所示相邻两幅图相邻边的衔接情况。由图可知，将两幅图的同名坐标格网线重叠时，图中的房屋、河流、等高线、陡坎都存在接边差。若接边差小于表 8 - 11 规定的平面、高程中误差的 $2\sqrt{2}$ 倍时，可平均配赋，并据此改正相邻图幅的地物、地貌位置，但应注意保持地物、地貌相互位置和走向的正确性。超过限差时，则应到实地检查纠正。

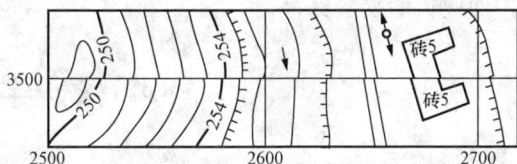

图 8 - 31　地形图的拼接

表 8 - 11　　　　　　　　　　　地物点、地形点平面和高程中误差

地区分类	点位中误差（图上 mm）	邻近地物点间距中误差（图上 mm）	等高线高程中误差			
			平地	丘陵地	山地	高山地
城市建筑区和平地、丘陵地	≤0.5	≤±0.4	≤1/3h	≤1/2h	≤2/3h	≤1h
山地、高山地和设站施测困难的旧街坊内部	≤0.75	≤±0.6				

注　h 为等高距。

（二）地形图的检查

为了保证地形图的质量，除施测过程中加强检查外，在地形图测绘完成后，作业人员和作业小组应对完成的成果、成图资料进行严格的自检和互检，确认无误后，方可上交。地形图检查的内容包括内业检查和外业检查。

（1）内业检查：

1）图根控制点的密度应符合要求，位置恰当；各项较差、闭合差应在规定范围内；原始记录和计算成果应正确，项目填写齐全。

2）地形图图廓、方格网、控制点展绘精度应符合要求；测站点的密度和精度应符合规定；地物、地貌各要素测绘应正确、齐全，取舍恰当，图式符号运用正确；接边精度应符合要求；图历表填写应完整清楚，各项资料齐全。

（2）外业检查。根据内业检查的情况，有计划地确定巡视路线，进行实地对照查看，检查地物、地貌有无遗漏；等高线是否逼真合理，符号、注记是否正确等。再根据内业检查和巡视检查发现的问题，到野外设站检查，除对发现的问题进行修正和补测外，还要对本测站所测地形进行检查，看原测地形图是否符合要求。仪器检查量为每幅图内容的 10% 左右。

（3）地形测图全部工作结束后应提交下列资料：

1）图根点展点图、水准路线图、埋石点之记、测有坐标的地物点位置图、观测与计算手簿、成果表。

2）地形原图、图历簿、接合表、按板测图的接边纸。

3）技术设计书、质量检查验收报告及精度统计表、技术总结等。

（三）地形图的清绘与整饰

经过拼接，检查且均符合要求后，即可进行图的清绘和整饰工作。清绘和整饰必须按照地形图图式，顺序是先图内后图外，先地物后地貌，先注记后符号。注意等高线不能通过注记和地物。清绘原图应清晰美观，符合图式要求。经过清绘和整饰后，图上内容齐全，线条清晰，取舍合理，注记正确。清绘原图是地形测绘的最后成果，除用于复制外，不应直接使用，而应长期妥善保存。

8.7 数 字 化 测 图

8.7.1 数字化测图概述

随着电子技术和计算机的发展及其在测绘领域的广泛应用，20 世纪 80 年代产生了电子速测仪、电子数据终端，并逐步构成了野外数据采集系统。将其与内外业机助制图系统结合，形成了一套从野外数据采集到内业制图全过程的数字化和自动化的测量制图系统，通常称为数字化测图或机助成图。广义的数字测图主要包括：全野外数字化测图、地图数字化成图、摄影测量与遥感数字化测图。

（一）数字化测图的基本原理

（1）传统的地形测图。本章 8.5 所介绍的经纬仪测图法即传统地形测图法，也称白纸测图，是将野外测得的数值（一般为测量距离、角度、高差）用图解的方法转化为图形。这一过程几乎在外业进行，劳动强度大，在该转换过程中还使得数据所达到的精度大幅度降低，另外纸质地图难以承载诸多图形信息，变更修改极不方便，因此传统的地形测图难以适应当前经济建设发展的需要。

（2）数字化测图。随着全站型电子速测仪和计算机的发展与广泛应用，以及测图软件的迅猛发展与完善，使得数字化地形图测绘成为可能。

数字化测图（Digital Surveying and Mapping, DSM）是以电子计算机为核心，以测绘仪器和打印机等输入、输出设备为硬件，在测绘软件的支持下，对地形空间数据进行采集、传输、处理编辑、入库管理和成图输出的一整套过程。它是近 20 年发展起来的一种全新的测绘地形图方法。

（二）数字测图的优点

数字化测图技术在野外数据采集工作的实质是解析法测定地形点的三维坐标，是一种先进的地形图测绘方法，与传统的图解法相比，具有以下几方面的优势：

（1）自动化程度高。由于采用全站式电子速测仪在野外采集数据，自动记录存储，并可直接传输给计算机进行数据处理、绘图，不但提高了工作效率，而且减少了测量错误的发生，使得绘制的地形图精确、美观、规范。同时由计算机处理地形信息，建立数据和图形数据库，并能生成数字地图和电子地图，有利于后续的成果应用和信息管理工作。

（2）精度高。数字化测图的精度主要取决于对地物和地貌点的野外数据采集的精度，其他因素的影响很小，而全站仪的解析法数据采集精度要远远高于图解法平板绘图的精度。

（3）使用方便。数字化测图采用解析法测定点位坐标依据的是测量控制点。测量成果的精度均匀一致，并且与绘图比例尺无关，利用分层管理的野外实测数据，可以方便地绘制不同比例尺的地形图或不同用途的专题地图，实现了一测多用，同时便于地形图的检查、修测和更新。

（三）数字化测图的现状与发展

大比例尺地面数字化测图，20 世纪 70 年代由轻小型、自动化、多功能电子速测仪问世后发展起来。80 年代全站型电子速测仪迅猛发展，加速了数字化测图的研究与发展。我国从 1983 年开始对大比例尺地面数字化测图进行研究，发展过程大致可以分为以下两个阶段：

第一阶段主要利用全站仪在野外测量，电子手簿记录（全站仪配套的电子手簿或 PC－1500、PC－E500），同时配以人工画草图，然后到室内将数据用电子手簿传输到计算机，配以成图软件编辑成数字地图，最后由绘图仪输出。

第二阶段所使用的测量方法仍然采用野外数字测记模式，但成图软件有了实质性进展。主要表现在两个方面：一是开发了智能化外业数据采集软件；二是自动成图软件能直接针对电子手簿记录的地形信息数据进行处理。

有的采用电子平板测绘模式，将安装了测图软件的便携机，称为电子平板。把它带到野外，边测边绘，直接实时成图。这种数字化测图真正实现了内外业一体化，外业结束，图也出来了。电子平板模式由清华大学与清华山维新技术开发公司首创，其测图软件名为 EPSW 电子平板测绘系统。

随着科学技术水平的进一步发展，地面数字测图系统将可以发展为更自动化的以下两种模式：

（1）全站仪自动跟踪测量模式。在测站上安置自动跟踪式全站仪，无人操作；棱镜站则有司镜员和电子平板操作员（或由一人兼担）。全站仪通过自动跟踪，照准立在测点上的反射棱镜，测量的数据由测站自动传输给棱镜站的电子平板系统，棱镜站上的操作人员对数据进行记录、编辑、修改、成图。现在一些公司生产的自动跟踪全站仪单人测量系统，配上电子平板即可实现此模式。

（2）GPS 测量模式。近几年发展起来的 GPS 载波相位差分技术，又称 RTK（Real Time Kinematic），即实时动态定位，能够实时给出厘米级的定位结果。

在 RTK 作业模式，测程可以达到 10～20km，若与电子平板测图系统连接，就可现场实时成图，避免了测后返工问题。实时差分观测时间短，并能实时给出点位坐标，实现数字测图，这将显著地提高开阔地区数字测图的劳动生产率。

随着 RTK 技术的不断发展和系列化产品的不断出现，一些更轻小、更廉价的 RTK 模式的 GPS 接收机正在不断地推向市场。GPS 大比例尺数字测图系统将成为地面数字测图新的里程碑，标志着地面数字测图技术的新篇章，并将会在许多地方取代全站仪数字测图。现在有一些厂家还生产出了用于地形测量的 GPS 产品，称为 GPS Total Station（GPS 全站仪）。

8.7.2　数字化测图的基本过程

（一）数据采集

数据采集主要有以下几种方法：

（1）全站仪坐标，通过坐标测量方法采集地形点的信息数据。

（2）GPS 法，通过 GPS 接收机采集野外碎步点的信息数据。

（3）航测法，通过航空摄影测量和遥感手段采集地形点的信息数据。

（4）数字化仪法，对现有地图进行数字化法，即利用手扶数字化仪或扫描数字化仪对传统方法测绘的原图进行数字化。

（二）数据处理

数据处理指在数据采集之后到成果输出之前对图形数据进行的各种处理。主要包括：数据传输、数据预处理、数据转换、数据计算、图形生成、图形编辑和修饰、图形信息的管理和应用等。经过数据处理后，可产生平面图形数据文件和数字地面模型文件。

数据处理是数字化测图的关键阶段。数字化测图系统的优劣取决于数字处理的功能是否完善。

（三）成果输出

输出图形是数字化测图的主要目的，通过对图层的控制，可以编制和输出各种专题地图（平面图、地籍图、地形图、管网图、带状图、规划图等），满足不同用户需要。生成的图形文件可以存储在磁盘上，也可以通过自动绘图仪打印出纸质地图。其他成果（如数据与表格）还可由打印机输出。

自动化数字测图系统组成如图 8-32 所示。

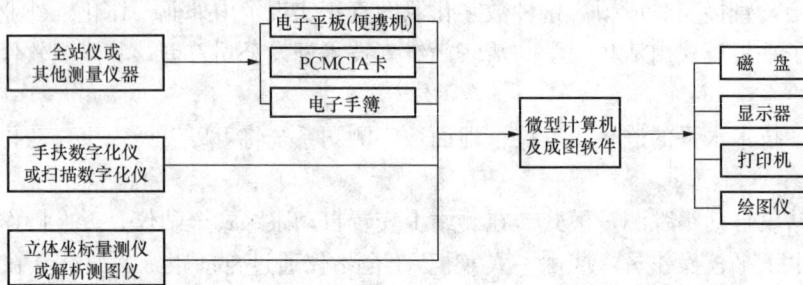

图 8-32　自动化数字测图系统

8.7.3　数字化测图实施

在一般工程中，目前使用较多的数字化测图方法为地面数字化测图和普通地形图的数字化。

地面数字化测图是利用电子全站仪或其他测量仪器，在野外采集地形数据，通过便携式电子计算机或野外电子手簿与野外草图，利用测图软件进行野外数字化测图。

普通地形图的数字化是采用常规测图方法测绘，通过地图数字化，转换成计算机能存储和处理的数字地图。采用普通地形图数字化，地形要素的位置精度不会高于原地图的精度。本书只介绍地面数字化测图的内容。

（一）数据采集的作业模式

地面数字化测图依其发展过程看，主要可分为数字测记法模式和数字测绘法模式。

（1）数字测记法模式，就是将野外采集的地形数据传输给电子手簿，利用电子手簿的数据和野外详细绘制的草图，在室内通过计算机屏幕进行人机交互编辑、修改，生成图形文件或数字地图。

（2）数字测绘法模式（又称电子平板模式），将安装了测图软件的便携机，称为电子平板，在野外利用电子全站仪测量，将采集到的地形数据传输给便携式计算机，测量工作者在野外实时地在屏幕上进行人机对话，对数据、图形进行处理、编辑，最后生成图形文件或数字地图，所显即所测，实时成图，真正实现内外业一体化，如图 8-33 所示。

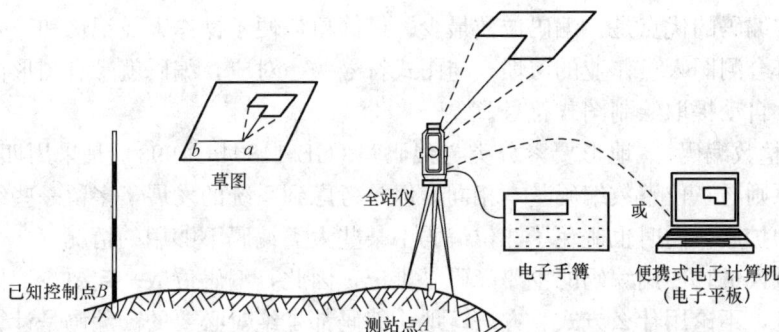

图 8-33　全站仪配合便携式计算机测图

（二）地形信息编码的要义及编码方案

由于地形图是依野外测量数据，由计算机软件自动处理（自动识别、检索、连接、自动调用图式符号等），并在测量工作者的干预下自动完成地形图的绘制。为此，在数字测图时，必须对点赋予如下三种信息：①测点的位置；②测点的属性；③测点间的连接关系。这也就是说，如果测得点位，又知道该点与哪个测点相连，还知道相对应的图式符号，那么计算机就可以将所测的图绘制出来。

测点位置是用仪器在野外测得。测点的属性是用地形信息编码表示。测点间的连接关系，当测点是独立地物，可用地形编码表示它的属性，即知道是什么地物及其相应符号；当线状地物或面状地物时，需要知道这个测点与哪个点相连，以什么线型（直线、曲线或圆弧等）相连。

（1）地形信息编码应包含的信息：①测点的三维坐标；②测点的属性，即点的特征信息；③测点间的连接关系。

（2）地形信息编码的原则：①规范性。图示分类应符合国家标准、符合测图规范；②简易实用性。尊重传统方法，容易为野外作业和图形编辑人员理解、接受和记忆，并能正确、方便地使用；③便于计算机处理，且具有唯一性。

（3）地形编码的方案：

1）三位整数编码。三位整数是最少位数的地形编码，它主要依据地形图图式符号，对地形要素进行分类、排序编码。一般按照《1∶500、1∶1000、1∶2000 地形图图式》，把地形要素分为十大类，见表 8-12。

表 8-12　　　　　　　　　地 形 要 素 分 类

类　别	代表的地形要素	类　别	代表的地形要素
0	地貌特征点	5	线及垣栅
1	测量控制点	6	系及附属设施
2	居民地、工矿企业建筑和公共设施	7	境界
3	独立地物	8	貌及土质
4	道路及附属设施	9	植被

在每一大类中又有许多地形元素，在设计三位整数编码时，第一位为类别号，代表上述地类；第二、三位为顺序号，即地物符号在某大类中的序号。

三位整数编码的优点是：编码位数最少、最简单，便于操作人员记忆和输入；依据图式符号分类，符合测图人员作业的习惯；与图式符号一一对应，编码就带有图形信息，计算机可自动识别，自动提取绘制图式符号。

2）四位整数编码。《地形要素分类与代码》（GB 14804—1993）是采用四位整数编码，编码的制定原则与三位整数编码基本相同，但是考虑到系统的发展，多留一些编码余地，以便地物要素的扩展，同时也避免了三位编码中某些大类编码不够用的情况。

对于测量人员，使用编码的主要障碍是难记，因此，编码位数一定要少。但对数字测图及其应用来讲，不论用什么方式、方法，地物编码都是绝对必要的。编码是计算机自动识别地物的唯一途径。

（三）地面数字化测图的实施

（1）施测方法。传统的测图作业步骤是"先控制后碎部，先整体后局部"。数字测图同样可以采取相同的作业步骤，但考虑到全站仪数字测图的特点，充分发挥其优越性，图根控制测量与碎部测量可以同步进行。

在采用图根控制测量与碎部测量同步进行的作业过程中，图根控制测量与传统的作业方法相同；所不同的是在进行图根控制测量的同时，即在施测每个图根点的测站上，同步测量图根点站周围的地形，并实时计算出各图根点和碎部点坐标。这时的图根点坐标是未经平差的。

待图根控制导线测毕，由系统提供的程序对图根导线进行平差计算。若闭合差在允许范围之内，则认可计算出的各导线点的坐标。若平差后坐标值与现场测图时计算出的坐标值相差无几，则不必重新计算；如两者相差很大，则根据平差后的坐标值重新计算各碎部点的坐标，然后再显示成图。若闭合差超限，则应查找出错误的症结所在，进行返工，直至闭合差在限差允许的范围之内，然后根据平差所得各图根导线点的坐标值重算各碎部点坐标。

（2）碎部测量：

1）测站设置与检校。将全站仪安置在测站点上，经对中、整平后量取仪器高，连接电子手簿或便携式计算机，启动野外数据采集软件，按菜单提示键盘输入测站信息，如测站点号、后视点点号、检核点点号及测站仪器高等。根据所输入的点号即可提取相应控制点的坐标，并反算出后视方向的坐标方位角，以此角值设定全站仪的水平度盘起始读数。然后，用全站仪瞄准检核点反光镜，测量水平角、竖直角及距离，输入反光镜高度。即可自动算出检核点的三维坐标，并与该点已知信息进行比较，若检核不通过则不能继续进行碎部测量。

2）碎部点的信息采集。数字化测图野外数据的采集方式可根据实测条件和测区具体情况来选择，常用的方法有极坐标测量，此外，还有方向直线交会、垂直量边、交会定点等，其中极坐标法即传统测图方法中的经纬仪单点测绘法，特别适用于大范围开阔地区的碎部点测定工作。在实际野外作业时，完成好测站设置和检核后，即可用全站仪瞄准选定的碎部点反光镜，使全站仪处于测量状态；同时按照电子手簿或便携机的菜单提示输入碎部点信息，如镜站高度 v（多数可设置成默认值）和前述碎部点地形信息编码等，并控制全站仪自动测量其水平角（实测角值即为测站点至待测碎部点间的坐标方位角）、竖直角和距离。经过测图软件的自动处理，即可迅速算出待定点的三维坐标，以数据文件的形式存储或在便携机屏幕上显示点位。其平面坐标计算方法等同于支导线计算，高程计算方法等同于三角高程测量计算。记录碎部点全部信息后，自动计算出碎部点的坐标值，并可实时展点、显示、成图。

现在的电子测图软件，基本能够在现场自动完成成图工作，碎部点测完后，图也全部显示出来了。经过现场的编辑、修改，可确保测图的正确性，真正做到内外业一体化。

（四）地形图的处理与输出

绘制出清晰、准确、符合标准的地形图是大比例尺数字化地形测量工作的主要目的之一。因此对图形的处理与输出也就成为数字化测图系统中不可缺少的重要组成部分，野外采集的地物与地貌特征点信息，经过数据处理之后形成了图形数据文件，其数据是以高斯直角坐标的形式存放的，而图形输出无论是在显示器上显示图形，还是在绘图仪上自动绘图，都存在一个坐标转换问题，另外，还有图形的截幅、绘图比例尺的确定、图式符号注记及图廓整饰等内容，都是计算机绘图不可缺少的内容。

（1）图形截幅。因为在数字化地形测量中野外数据采集时采用全站仪等设备自动记录或手工键入实测数据、信息等，大多并未在现场成图，因此，对所采集的数据范围应按照标准图幅的大小或用户确定的图幅尺寸，进行截取。对自动成图来说，这项工作就称为图形截幅。

图形截幅的基本思路是，首先根据四个图廓点的高斯平面直角坐标，确定图幅范围；然后，对数据的坐标项进行判断，将属于图幅矩形框内的数据，以及由其组成的线段或图形等，组成该图幅相应的图形数据文件，而将图幅以外的数据以及由其组成的线段或图形，仍保留在原数据文件中，以供相邻图幅提取。图形截幅的原理和软件设计的方法很多，常用的有四位码判断截幅、二位码判断截幅和一位码判断截幅等方法，详见有关书籍。

（2）图形的显示与编辑。要实现图形屏幕显示，首先要将用高斯平面直角坐标形式存放的图形定位，并将这些数据转换成屏幕坐标。高斯平面直角坐标系 x 轴向北为正，y 轴向东为正；对于一幅地形图来说，向上为 x 轴正方向，向右为 y 轴正方向。而计算机显示器则以屏幕左上角为坐标系原点（0，0），x 轴向右为正，y 轴向下为正，$(x，y)$ 坐标值的范围则以屏幕的显示方式决定。因此，只需将高斯坐标系的原点平移至图幅左上角，再按顺时针方向旋转 90°，并考虑两种坐标系的变换比例，即可实现由高斯直角坐标向屏幕坐标的转换。有了图形定位点的屏幕坐标，就可充分利用计算机语言中各种基本绘图命令及其有机的结合，编制程序，自动显示图形。

对在屏幕上显示的图形，可根据野外实测的草图或记录的信息进行检查，若发现问题，用程序可对其进行屏幕编辑和修改，同时按成图比例尺完成各类文字注记、图式符号以及图名图号、图廓等成图要素的编辑。经检查和编辑修改成为准确无误的图形，软件能自动将其图形定位点的屏幕坐标再转换成高斯坐标。连同相应的信息编码保存在图形数据文件中（原有误的图形数据自动被新的数据所代替）或组成新的数据文件，供自动绘图时调用。

（3）等高线的自动绘制。目前，数字化测图中生成等高线主要有两种方法：一种是根据实测的离散高程点自动建立不规则的三角网数字高程模型，并在该模型上内插等值点生成等高线；二是根据已建立的规则网格数字高程模型数据点生成等高线。

由于不规则三角网数字高程模型点（三角形的顶点）全为实测的碎部点，地形特征数据得到充分利用，完全依据碎部点高程的原始数据插绘等高线，几何精度高，且算法简单，等高线和碎部点的位置关系与原始数据完全相符，减少了模型中错误的发生。因此，数字化测图中生成等高线，多数采用建立不规则的三角网数字高程模型生成等高线。

（4）绘图仪自动绘图。野外采集的地形信息经数据处理、图形截幅、屏幕编辑后，形成了绘图数据文件，利用这些绘图数据，即可由计算机软件控制绘图仪自动输出地形图。

　　绘图仪作为计算机输出图形的重要设备，其基本功能是将计算机中以数字形式表示的图形描绘到图纸上，实现数（x，y 坐标串）→模（矢量）的转换。绘图仪有矢量绘图仪和扫描绘图仪两大类。当用扫描数字化仪采集的栅格数据绘制地形图时，常使用扫描绘图仪。矢量绘图仪依据的是矢量数据或称待绘点的平面（x，y）坐标，常使用绘图笔画线，故矢量绘图仪常称为笔式绘图仪。

　　矢量绘图仪一般可分为平台式绘图仪和滚筒式绘图仪两种。平台式绘图仪因其具有性能良好的 x 导轨和 y 导轨、固定光滑的绘图面板，以及高度自动化和高精度的绘图质量，故在数字化地形图测绘系统中应用最为普及，但绘图速度较慢。滚筒式绘图仪的图纸装在滚筒上，前后滚动作为 x 方向，电机驱动笔架作为 y 轴方向，因此图纸幅面在 x 轴方向不受限制，绘图速度快，但绘图精度相对较低。

　　利用绘图仪绘制地形图，同样存在坐标系的转换问题，一般绘图仪坐标系的原点在图板中央，横轴为 x 轴，纵轴为 y 轴。当绘图仪通过 RS－232C 标准串行口与微机连通后，用启动程序启动绘图仪，再经初始化命令设置，其坐标原点和坐标单位将被确定。绘图仪一个坐标单位＝0.025mm，即 1mm＝40 个绘图单位。

　　实际绘图操作时，用户通过软件可自行定义并设置坐标原点和坐标单位，以实现高斯坐标系向绘图坐标系的转换，称为定比例。通过定比例操作，用户可根据实际需要来缩小或者扩大绘图坐标单位，以实现不同比例尺和不同大小图幅的自动输出。

　　如前所述，要使绘图仪自动完成地形图的输出，必须要编制既能自动提取图形数据，又能驱动绘图仪，控制其抬笔、落笔和走笔等动作的绘图软件。关于绘图仪的详细使用方法，请参阅仪器使用说明书和其他有关书籍。

8.7.4　数字测图应用软件介绍

　　数字测图的软件是数字测图系统的关键，一个功能比较完善的数字测图系统软件，应集数据采集、数据处理（包括图形数据的处理和属性数据以及其它数据格式的处理）、图形编辑与修改、成果输出与管理于一身，且通用性强、稳定性好，并提供与其它软件进行数据转换的接口。目前，用于数字测图的应用软件很多，三种典型数字成图软件，EPSW 是电子平板式测图系统，它是在 Windows 环境下用 C++语言开发的，具有七大模块功能：作业准备、测站设置、图形编辑、数字地模、目标编辑、窗口查询、数据处理。这七大功能包括了由工作准备、外业测量、数据处理与显示、成果输出等测图工作过程。瑞得数字测图系统 RDMS 是由武汉瑞得测绘自动化公司研制推出的，RDMS 是一套集外业数据采集、数据处理、图形编辑为一体的数字测图系统。CASS7.0 是南方仪器公司最新推出的一个综合性数字化测图软件。它具有完备的数字（图形）采集、数据处理、图形生成、图形编辑、图形输出等功能。不同的软件各有其特点，即使是同一种软件由于版本的不同，其功能也有差异。本节以 CASS7.0 软件为例介绍数字测图软件的使用方法。

　　（一）CASS7.0 的操作界面

　　双击 CASS7.0 图标，启动 CASS7.0 软件。图 8-34 所示是在 AutoCAD2006 上安装 CASS7.0 的界面。它与 AutoCAD2006 的界面及操作方法基本是相同的。

　　（二）CASS7.0 软件的草图法数字测图

　　外业全站仪采集碎部点三维坐标，测图人员绘制碎部点构成的地物形状和类型的草图，同时记录下碎部点点号（必须与全站仪自动记录的点号一致）。内业将全站仪或电子手簿记录的碎部点三维坐标，通过 CASS7.0 软件传输到计算机、转换成 CASS7.0 坐标格式文件并展点在计算机屏幕上，根据野外绘制的草图在 CASS7.0 中绘制地物地貌。草图法数字测图是一种实用、快速的测图方法，虽然不需要记忆过多的地形符号属性编码，但是缺点是绘图不直观，容易出错。

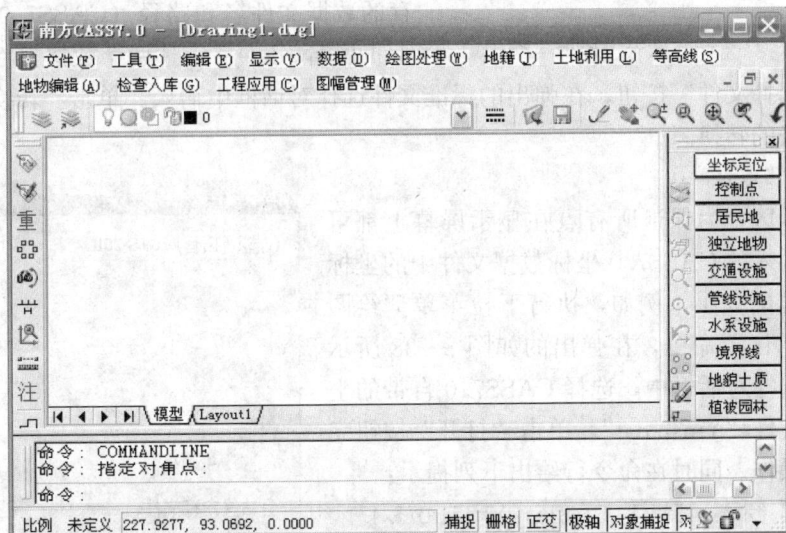

图 8-34 CASS7.0 操作界面

（1）采集数据设备。数据采集设备一般选择带有可以存储 4000 个以上碎部点的内存（或 PC 卡）装置的全站仪，即可以直接记录观测数据。

（2）传输野外采集数据。使用与全站仪型号匹配的通信电缆连接全站仪与计算机的端口，设置好全站仪的通信参数后，执行下拉菜单"数据/读取全站仪数据"命令，弹出如图 8-35 所示的"全站仪内存数据转换"对话框。对话框操作如下：

1）在"仪器"下拉列表中选择对应的全站仪型号。

2）设置全站仪的通信参数（通信口、波特率、数据位、停止位、校验位等）；选择"联机"复选框；单击"选择文件"按钮，在弹出的标准文件选择对话框中选择路径和输入文件名。

3）单击"转换"按钮，CASS7.0 弹出如图 8-36 所示的对话框，操作全站仪发送数据，单击"确定"按钮，即可将发送数据保存到如图 8-35 所示设定的".dat"文件中。将全站仪中的数据保存到文件中将保存的数据文件转换为 CASS7.0 格式文件。

4）将数据文件转换为 CASS7.0 格式的坐标文件格式，执行"数据/读全站仪数据"命令，在弹

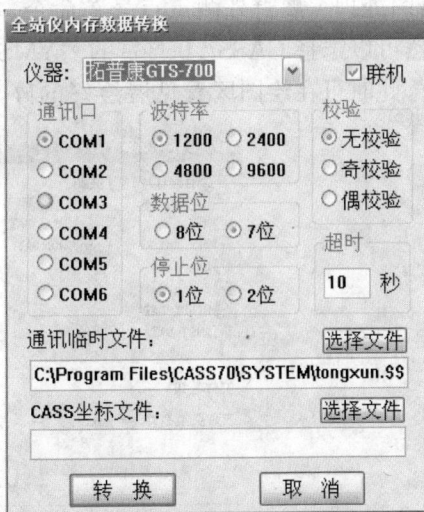

图 8-35 勾选"联机"复选框

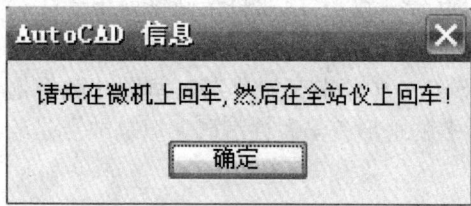

图 8-36　计算机等待全站仪信号提示

出如图 8-35 所示的"全站仪内存数据转换"对话框中,不勾选"联机"复选框后的对话框界面如图 8-37 所示。在"全站仪内存文件"文本框中输入需要转换的数据文件名和路径,在"CASS7.0 坐标文件"文本框中输入转换后保存的数据文件名和路径(CASS7.0 自动为其加上扩展名 .dat)。上述两个数据文件名和路径都可以单击"选择文件"按钮,在弹出的标准文件选择对话框中输入。单击"转换"按钮完成数据文件格式的转换。

5)展碎部点:

①定显示区。为保证所有点在显示屏幕上都可见,根据要输入的 CASS7.0 坐标数据文件中的坐标值定义绘图区的大小,例如,执行下拉菜单"绘图处理\定显示区"命令,在弹出的如图 8-38 所示的标准文件选择对话框中,选择 CASS7.0 自带的坐标数据演示文件"Ymsj.dat",单击"打开"按钮完成定显示区操作。同时在命令行给出下列提示:

最小坐标(米):X=31 067.315,Y=54 075.471
最大坐标(米):X=31 241.270,Y=54 220.000

②展野外测点点号。该方法是将 CASS7.0 坐标数据文件中点的三维坐标展绘在绘图区,并注记点号,以方便用户结合野外绘制的草图绘制地物。其创建的点位和点号对象位于"ZDH"(意为展点号)图层,其中点位对象是 AutoCAD 的

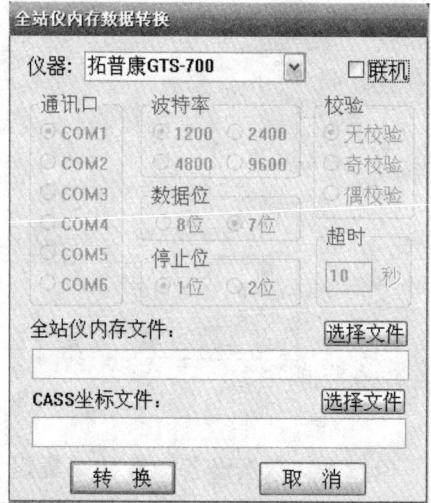

图 8-37　不勾选"联机"复选框

"Point"对象,用户可以执行 AutoCAD 的 Ddptype 命令修改点样式。例如,执行下拉菜单"绘图处理\展野外测点点号"命令,在弹出的图 8-38 所示的标准文件选择对话框中,仍然可以选择 CASS7.0 自带的"YMSJ.DAT"演示文件,单击"打开"按钮完成展点操作。此时可在绘图区看见展绘好的碎部点位和点号。需要说明的是:虽然没有注记点的

图 8-38　"输入坐标数据文件名"对话框

高程数值，但点位本身是包含高程坐标的三维空间点。用户可以使用 AutoCAD 的 Id 命令，打开"节点"捕捉拾取任一碎部点来查看。

③展高程点。作用是将 CASS7.0 坐标数据文件中点的三维坐标展绘在绘图区，并根据用户选定的间距注记点位的高程值。其创建的点位对象位于"GCD"（高程点）图层。例如，执行下拉菜单"绘图处理\展高程点"命令，命令行提示如下：

绘图比例尺 1:〈500〉

输入绘图比例尺的分母值后，按回车键确定，在弹出的对话框中，仍选择前面选定的"Ymsj.dat"文件，单击"打开"按钮，命令行提示如下：

注记高程点的距离（米）：

输入注记高程点的距离，按回车键完成操作。此时点位和高程注记对象与前面绘制的点位和点号对象重叠。为了绘制地物的方便，用户可先关闭暂时不用的"GCD"图层。需要绘等高线时，再打开相应的图层。

6）结合草图绘制地物。单击屏幕菜单的"坐标定位"按钮，用户可以根据草图和将要绘制的地物在该菜单中选择相应的操作。

①绘制简单房屋的操作步骤为：单击屏幕菜单中的"居民地"按钮下"普通房屋"，弹出如图 8-39 所示的"普通房屋"对话框，选中"四点简单房屋"，单击"确定"按钮，关闭对话框，命令行提示如下：

1.已知三点/2.已知两点及宽度/3.已知四点〈1〉：1

输入点：（第 1 个捕捉点）

输入点：（第 2 个捕捉点）

输入点：（第 3 个捕捉点）

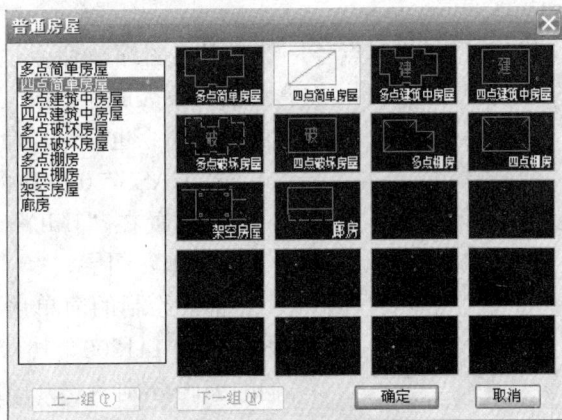

图 8-39　"普通房屋"对话框

②绘制一条小路的操作步骤为：单击屏幕菜单中的"交通设施"按钮，在弹出的"交通及附属设施类"对话框中下"其他道路"选择"小路"，单击"确定"按钮，关闭对话框，根据命令行的提示分别捕捉五个点位后按回车键结束指定点位操作，命令行最后提示如下：

拟合线〈N〉? y

一般选择拟合，键入 y 按回车键，完成小路的绘制。

③绘制一路灯的操作步骤为：单击屏幕菜单中的"独立地物"按钮，在弹出的"公共设施"对话框中选中"路灯"后单击"确定"按钮，关闭对话框，点击指定点位，完成"路灯"的绘制。

上述绘制的三个地物如图 8-40 所示。在绘制地物的过程中要注意以下要求：

a）为了准确地捕捉到碎部点，必须将 AutoCAD 的自动对象捕捉类型设置为"节点"捕捉。方法是鼠标右键单击状态栏的"对象捕捉"按钮，在弹出的快捷下拉菜单中选择"设置"选项，在弹出的"草图设置"—"对象捕捉"选项卡勾选"节点"复选框，单击确定即完成设置。自动对象捕捉设置可以在命令执行之前或执行过程中进行。

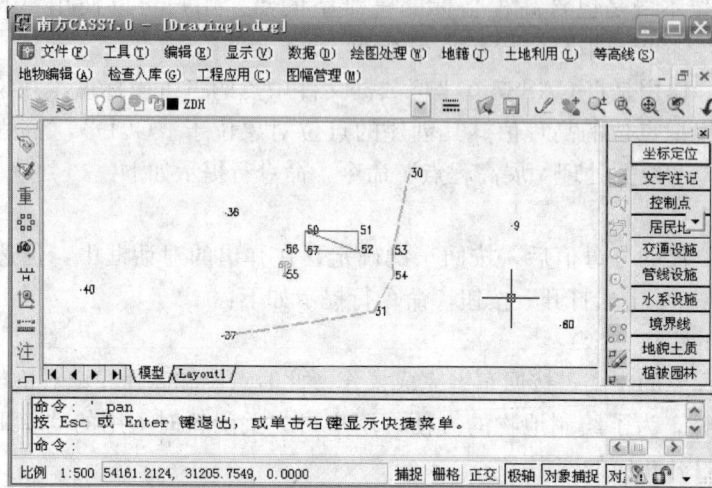

图 8-40 绘制完成的简单房屋

b）为便于查看点号，要使用视图缩放命令适当放大绘图区，方法是单击"标准工具栏"中的视图缩放命令（常用窗口放大命令）放大绘图区。由于 AutoCAD 自动将缩放命令作为透明命令使用，所以视图缩放命令也可以在命令执行过程中进行。

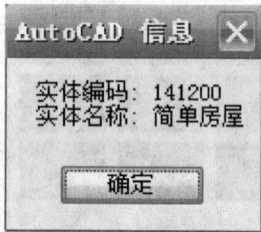

图 8-41 查看地形
对象编码

c）CASS7.0 自动将绘制的地物放置在相应的图层中，如简单房屋放置在"JMD"（居民点）图层，小路放置在"DLSS"（道路设施）图层。

上述绘制的简单房屋、小路、路灯 CASS7.0 赋予它们的编码分别为 141200、164300、155210。绘等高线 CASS7.0 赋予它们的编码分别为 201101（首曲线）、201102（计曲线）、201103（间曲线）。如图 8-41 所示为查看前已绘制的简单房屋编码提示的内容。

思 考 题

8-1 何谓地物、地貌？

8-2 地形图比例尺的表示方法有哪些？

8-3 何谓比例尺精度？它在测绘工作中有何用途？

8-4 地物符号分为哪些类型？

8-5 何谓等高线、等高距、等高线平距？试用等高线绘出山头、洼地、山脊和鞍部等典型地貌。

8-6 等高线可以分为哪些类型？等高线有哪些特性？

8-7 测图前，如何绘制坐标格网和展绘控制点，应进行哪些检核和检查？

8-8 试述经纬仪测绘法在一个测站测绘地形图的工作步骤。

8-9 根据表 8-13 中的视距测量数据，计算出各碎部点的水平距离及高程。

表 8-13 　　　　　　　　　　**思考题 8-9 视距测量数据**

	测站：A	后视点：B	仪器高 $i=1.50$m		指标差 $x=0$			
	测站高程 $H_A=28.34$m			视线高 $H_视=H_A+i=29.84$m				

点 号	视距 Kl (m)	中丝读数 v (m)	竖盘读数 L (° ′)	竖直角 α (° ′)	水平角 β (° ′)	水平距离 D (m)	高程 H (m)	备 注
1	28.6	1.50	87 42		26 30			望远镜视线水平时，竖盘读书为90；向上倾斜时，读数减少
2	54.2	1.48	84 54		72 36			
3	42.5	1.55	92 48		102 18			

8-10　简述地物描绘和地貌勾绘的原则。

8-11　根据图 8-42 所示的各碎部点的平面位置和高程，试勾绘等高距为 1m 的等高线。

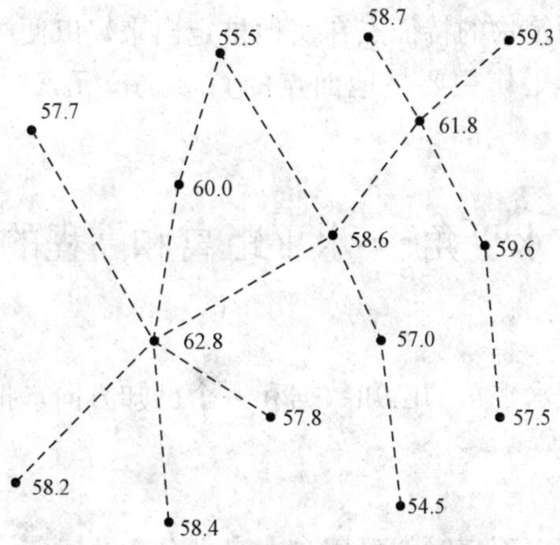

图 8-42　思考题 8-11 图

8-12　如何进行地形图的拼接、检查、整饰？

8-13　何谓数字化测图？数字化测图的基本作业过程有哪些？数据采集的作业模式有哪几种？

8-14　地面数字化测图和传统测图在测图方法上有什么区别？

第9章 测设的基本工作

[导言] 测设是测绘工作的第二大任务。本章详细介绍了水平角、水平距离、高程、点的平面位置以及坡度测设的基本原理和方法。通过本章学习，应重点掌握水平角、水平距离测设的一般方法及精密方法的有关操作技巧，理解高程测设、坡度测设的原理，熟练应用极坐标法、直角坐标法与角度交会法等进行点位测设。

测设，又称放样，测设工作与测定工作恰好相反。它是根据工程设计图纸上待建的建筑物、构筑物的轴线位置、尺寸及高程，算出待建的建筑物、构筑物各特征点（或轴线交点）与控制点（或已建成建筑物特征点）之间的角度、距离、高差等测设数据，然后以地面控制点为根据，将待建的建、构筑物的特征点在实地桩定出来，以便施工。

简而言之，测设的基本工作主要是地面点的直接定位元素（水平角度、水平距离、高程）的放样。

9.1 水平角、水平距离和高程的测设

9.1.1 水平角的测设方法

测设已知水平角是根据水平角的已知数据和一个已知方向，把该角的另一个方向测设在地面上。测设方法如下：

（一）一般方法

当测设水平角的精度要求不高时，可用盘左盘右分中法进行，如图9-1所示。OA 为地面上已知方向，要从 OA 向右测设已知水平角 β 值。为此，在 O 点设置经纬仪，用盘左瞄准 A 点，读取度盘读数；松开水平制动螺旋，旋转照准部，使读盘读数增加 β 角值，在此视线方向上定出 B' 点。为了消除仪器误差的影响，再以盘右重复上述步骤，测设 β 角得 B'' 点，取 $B'B''$ 的中点 B，则 $\angle AOB$ 就是要测设的 β 角。

（二）精确方法

测设水平角精度要求较高时，可采用改化法角度放样，以提高测设的精度。如图9-2所示，要精确的测设 β 角，则按上述一般方法定出 $\angle AOB'$ 之后，再用经纬仪按测回法测若干测回，测出 $\angle AOB'$ 的角值 β'，β' 与给定的 β 值之差为 $\Delta\beta$，再量出 OB' 的距离，并过 B' 作 OB' 的垂线，在垂线上量取 $B'B$ 得 B 点，则 $\angle AOB$ 即为精确测设的 β 角。其中，$B'B$ 按式（9-1）计算

$$B'B = OB' \times \tan(\beta - \beta') \approx OB' \times \frac{\Delta\beta}{\rho} \tag{9-1}$$

$$\rho = 206\,265''$$

式中 ρ——一个弧度的角，以秒计。

在改正时应注意方向：当 $\Delta\beta > 0$ 时，从 B' 点沿垂线方向向角外侧量取 $B'B$ 定出点 B，反之则向内侧改正。为检查测设是否正确，还需进行检查测量。

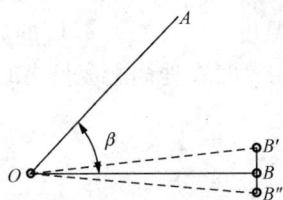

图 9-1　已知角度一般测设

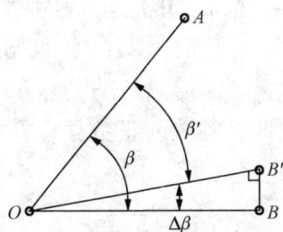

图 9-2　精确方法测设已知角度

【例 9-1】　设 $OB'=80.500\text{m}$，$\beta-\beta'=+40''$，则求改正量 $B'B$ 是多少？

解　$B'B = OB' \times \tan(\beta-\beta') \approx OB' \times \dfrac{\Delta\beta}{\rho} = 80.500 \times \dfrac{+40''}{206\,265''} = +0.016\text{m}$

过 B' 点沿垂线方向向角外侧量取垂距 0.016m，定出 B 点，则 $\angle AOB$ 即为精确测设的 β 角。

9.1.2　水平距离的测设方法

从一个已知点开始沿已定的方向，按拟定的直线水平长度确定待定点的位置，称为水平距离的测设。

（一）一般方法

如图 9-3 所示，较平坦的地面上有已知点 A 及已知方向 AB，设计沿 AB 方向测设平距 $AP=D$，实地测设 P 点的过程如下。

（1）在实地以钢尺的零点对准 A 点，沿 AB 方向拉紧钢尺（100N 左右），在长度 D 处的地面上定出 P 点位置。

（2）检验丈量，即用钢尺再丈量或返测 AP 的长度，检验放样点位的正确性。若复测或往返测测量较差在限差之内，取平均值作为最后结果。如果丈量结果不符合拟定的 D 值，则应返工重测。

图 9-3　水平距离的测设

（二）精确方法

当地面坡度较大及测设精度要求较高时，可用钢尺量距的精密方法测设，也可用光电测距仪（或全站仪）跟踪放样。

（1）钢尺精密距离测设。钢尺精密距离测设的原理是依据钢尺精密量距的原理。已知设计上的平距 D，按钢尺精密量距原理，D 满足下式

$$D = S + \Delta D_k + \Delta D_t + \Delta D_h \qquad (9-2)$$

式中　S——钢尺丈量的长度；

　　ΔD_k——尺长改正数；

　　ΔD_t——钢尺温度改正数；

　　ΔD_h——倾斜改正。

根据式（9-2），要使放样的最终结果满足 D 的要求，则精密丈量的实际长度 S 为

$$S = D - \Delta D_k - \Delta D_t - \Delta D_h \qquad (9-3)$$

由此可见，钢尺精密距离测设的方法，首先按式（9-3）的有关参数计算 S，然后以 100N 的拉力在实地精密放样 S 的长度。

【**例 9 - 2**】 设已知图 9 - 3 中设计水平距离 $D_{AP}=46.000$m，所用钢尺的名义长度 $l_0=30.000$m，经鉴定该钢尺实际长度 30.005m，测设时温度 $t=10$℃，钢尺的膨胀系数 $\alpha=1.25\times10^{-5}$℃$^{-1}$，测得 AP 的高差 $h=1.38$m，试计算测设时在地面上应量出的距离 S。

解 首先计算各项改正数

1）尺长改正数

$$\Delta D_k = \frac{l-l_0}{l_0}D_{AP} = \frac{30.005-30.000}{30.000}\times46.000 = +0.008\text{m}$$

2）温度改正数

$$\Delta D_t = \alpha(t-t_0)D_{AP} = 1.25\times10^{-5}\times(10-20)\times46.000 = -0.006\text{m}$$

3）倾斜改正数

$$\Delta D_h = -\frac{h^2}{2D_{AP}} = -\frac{1.38^2}{2\times46.000} = -0.021\text{m}$$

4）实地丈量距离

$S = D_{AP} - \Delta D_k - \Delta D_t - \Delta D_h = 46.000 - 0.008 - (-0.006) - (-0.021) = 46.019$m

（2）光电测距跟踪放样法：

1）准备。在 A 点安置测距仪（或全站仪），丈量测距仪仪器高 i，反射器安置与测距仪同高，如图 9 - 4 所示。反射器立在 AB 方向 P 点概略位置上（图 9 - 4 中 P' 处），反射面对准测距仪。

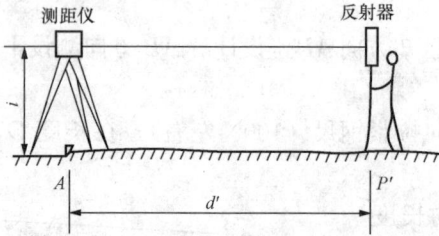

图 9 - 4 光电测距一般跟踪放样

2）跟踪测距。测距仪瞄准反射器，启动测距仪的跟踪测距按钮，观察测距仪的距离显示值 d'，比较 d' 与设计拟定 d 的差别，指挥反射器沿 AB 方向前后移动。当 $d'<d$ 时，反射器向后移动，反之向前移动。

3）精确测距。当 d' 比较接近 d 值时停止反射器的移动，测距仪终止跟踪测距功能，同时启动正常测距功能，进行精密的光电测距，记下测距的精确值 d''。

4）调整反射器所在的点位。因上述精确值 d'' 与设计值 d 有微小差值 Δd（$\Delta d=d''-d$），故必须调整反射器所在的点位消除微小差值。可用小钢尺丈量 Δd，使反射器所在的点位沿 AB 方向移动丈量的 Δd 值，确定精确的点位（必要时应在最后点位上安置反射器重新精确测距，检核所定点位的准确性）。

9.1.3　高程的测设方法

（一）地面上点的高程测设

测设由设计所给定的高程是根据施工现场已有的水准点引测的。它与水准测量不同之处在于：不是测定两固定点之间的高差，而是根据一个已知高程的水准点，测设设计所给定点的高程。在建筑设计和施工的过程中，为了计算方便，一般把建筑物的室内地坪用±0.000 标高表示，基础、门窗等的标高都是以±0.000 为依据，相对于±0.000 测设的。

假设在设计图纸上查得建筑物的室内地坪高程 $H_B=8.600$m，而附近有一已知水准点 A（图 9 - 5），其高程为 8.352m，现要把建筑物的室内地坪标高测设到木桩 B 上。如图 9 - 5 所示，在木桩 B 与水准点 A 之间安置水准仪，先在水准点 A 上立尺，若尺上读数为 1.148m，

则视线高程 $H_i = 8.352 + 1.148 = 9.500$m。根据视线高程和室内地坪高程即可算出 B 点尺上的应有读数为

$$b = H_i - H_B = 9.500 - 8.600 = 0.900\text{m}$$

在 B 点立尺，使尺根紧贴木桩一侧上下移动，直至水准仪水平视线在尺上的读数为 0.900m 时，紧靠尺低在木桩上划一道红线，称为标高线。沿标高线向下划一个三角形来表示，如图 9-6 所示。此标高线就是室内地坪±0.000 标高位置，且 B 点与 A 点的高差等于 h。

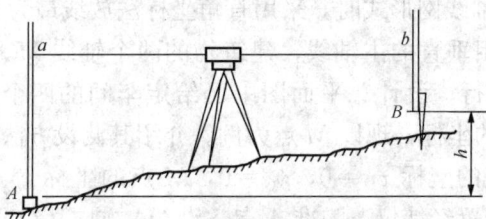

图 9-5 水准测量法高程测设

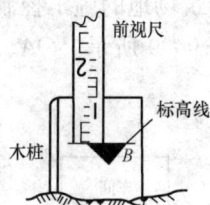

图 9-6 标高线标注示意

（二）水准测量法高程传递

当开挖较深的基槽或将高程引测到建筑物的上部时，可用水准测量传递高程。

如图 9-7 所示是向低处传递高程的情形。作法是：在坑边架设一吊杆，从杆顶向下挂一根钢尺（钢尺 0 点在下），钢尺下端吊一重锤，重锤的重量应与检定钢尺时所用的拉力相同。为了将地面水准点 A 的高程 H_A 传递到坑内的临时水准点 B 上，在地面水准点和基坑之间安置水准仪，先在 A 点立尺，测出后视读数 a，然后前视钢尺，测出前视读数 b。接着将仪器搬到坑内，测出钢尺上后视读数 c 和 B 点前视读数 d。则坑内临时水准点 B 之高程 H_B 按下式计算

$$H_B = H_A + a - (b-c) - d \qquad (9-4)$$

式中　$b-c$——通过钢尺传递的高差。

如高程传递的精度要求较高时，对 $(b-c)$ 之值应进行尺长改正及温度改正。上例是由地面向低处引测高程点的情况，当需要由地面向高处传递高程时，也可以采用同样方法进行。

如图 9-8 所示，是将地面水准点 A 的高程传递到高层建筑物上，方法与上述相仿，任一层上临时水准点 B_i 的高程为 $H_{Bi} = H_A + a - (c-d) - b_i$。$H_{Bi}$ 求出后，即可以临时水准点 B_i 为后视点，测设第 i 层高楼上其他各待测设高程点的设计高程。

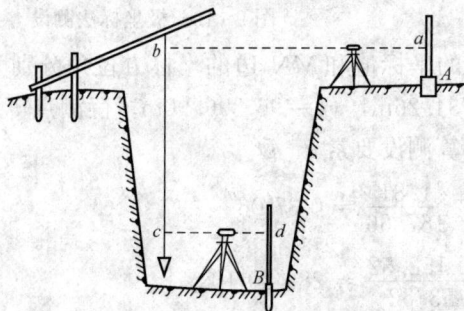

图 9-7 水准测量法向下高程传递

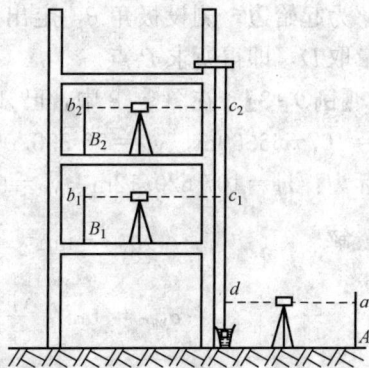

图 9-8 水准测量法向上高程传递

9.2 点 的 平 面 位 置 测 设

测设点的平面位置方法很多，要根据控制网的形式及分布、测设的精度要求及施工现场的条件来选用，现介绍常用的几种方法。

9.2.1 直角坐标法

当建筑场地的施工控制网为方格网或轴线网形式时，采用直角坐标法放线最为方便。

如图 9-9 所示，OA、OB 为两条互相垂直的主轴线，建筑物的两个轴线 MQ、PQ 与 OA、OB 平行。设计总平面图中已给定车间的四个角点 M、N、P、Q 的坐标，现以 M 点为例。介绍其测设方法。

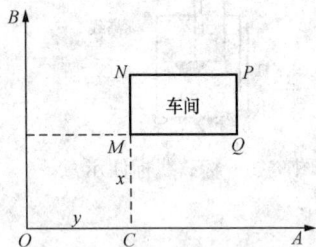

设 O 点的坐标 $x_O = 0$，$y_O = 0$，M 点的坐标 x，y 已知，先在 O 点安置经纬仪，瞄准 A 点，沿 OA 方向从 O 点向 A 测设距离 y 得 C 点，然后将仪器搬至 C 点，仍瞄准 A 点，向左测设 $90°$ 角，沿此方向从 C 点测设距离 x 即得 M 点，并沿此方向测设出 N 点。同法测设出 P 点和 Q 点。最后检查建筑物的四角是否等于 $90°$，各边是否等于设计长度，误差在允许范围之内即可。

图 9-9 直角坐标法测设

从上述可见，该方法计算简单，施测方便，精度较高。

9.2.2 极坐标法

极坐标法是根据水平角和距离测设点的平面位置。适用于测设点靠近控制点便于量距的地方。

用极坐标法测定一点的平面位置时，是在一个控制点上进行，但该点必须与另一控制点通视。根据测定点与控制点的坐标，计算出它们之间的夹角（极角 β）与距离（极距 D），按 β 与 D 之值即可将给定的点位定出。如图 9-10 所示，M、N 为已知坐标的控制点，现在要求根据控制点 M 测定 P 点。首先进行内业计算，放样要素。具体算法如下

$$\alpha_{MN} = \tan^{-1} \frac{y_N - y_M}{x_N - x_M} \qquad \alpha_{MP} = \tan^{-1} \frac{y_P - y_M}{x_P - x_M}$$

$$\beta = \alpha_{MN} - \alpha_{MP} \qquad D = \frac{y_P - y_M}{\sin\alpha_{MP}} = \frac{x_P - x_M}{\cos\alpha_{MP}}$$

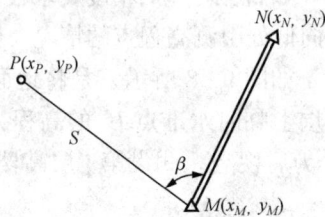

在实地测定 P 点的步骤：将经纬仪安置于 M 点上，以 MN 为起始边，测设极角 β，定出 MP 之方向，然后在 MP 上量取 D，即得所求 P 点。

图 9-10 极坐标法测设

【例 9-3】 在图 9-8 中，已知控制点 M、N 的坐标值和 MN 边的坐标方位角分别为：$x_M = 107\,566.60\text{m}$，$y_M = 96\,395.09\text{m}$；$x_N = 107\,734.26\text{m}$，$y_N = 96\,396.90\text{m}$。待测点 P 的坐标为：$x_P = 107\,620.12\text{m}$，$y_P = 96\,242.57\text{m}$。计算测设要素 β、D。

解

$$\alpha_{MN} = \tan^{-1}\frac{y_N - y_M}{x_N - x_M} = \tan^{-1}\frac{1.81}{167.66} = 0°37'06''$$

$$\alpha_{MP} = \tan^{-1}\frac{y_P - y_M}{x_P - x_M} = \tan^{-1}\frac{-152.52}{53.52} = 289°20'10''$$

$$\beta = \alpha_{MN} - \alpha_{MP} = 0°37'06'' + 360° - 289°20'10'' = 71°16'56''$$

$$D = \frac{y_P - y_M}{\sin\alpha_{MP}} = \frac{x_P - x_M}{\cos\alpha_{MP}} = 161.638\text{m}$$

9.2.3　角度交会法

此法又称方向线交会法。当待测设点远离控制点且不便量距时，采用此法较为适宜。

如图 9-11 所示，根据 P 点的设计坐标及控制点 A、B、C 的坐标，首先算出测设数据 β_1、γ_1、β_2、γ_2 角值。然后将经纬仪安置在 A，B，C 三个控制点上测设 β_1、γ_1、β_2、γ_2 各角。并且分别沿 AP、BP、CP 方向线，在 P 点附近各打两个小木桩，桩顶上钉上小钉，以表示 AP、BP、CP 的方向线。将各方向的两个方向桩上的小钉用细线绳拉紧，即可得到 AP、BP、CP 三个方向的交点，此点即为所求的 P 点。

由于测设误差，若三条方向线不交于一点时，会出现一个很小的三角形，称为误差三角形。当误差三角形边长在允许范围内时，可取误差三角形的重心作为 P 点的点位。如超限，则应重新交会。

9.2.4　距离交会法

距离交会法是根据两段已知距离交会出点的平面位置。如建筑场地平坦，量距方便，且控制点离测设点又不超过一整尺的长度时，用此法比较适宜。在施工中细部位置测设常用此法。

距离交会测设法如下：如图 9-12 所示，设 A，B 是设计管道的两个转折点，从设计图纸上求得 A、B 点距附近控制点的距离为 D_1、D_2、D_3、D_4。用钢尺分别从控制点 1、2 量取 D_1、D_2，其交点即为 A 点的位置。同法定出 B 点。为了检核，还应量 AB 长度与设计长度比较，其误差应在允许范围之内。

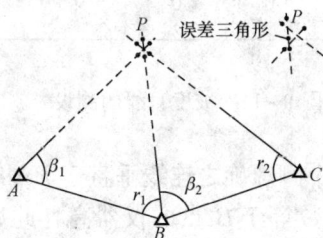

图 9-11　角度交会法示意图　　　　　图 9-12　距离交会法示意

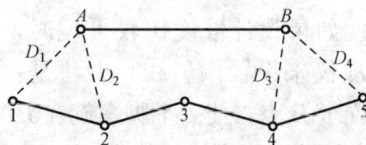

9.3　已知坡度直线的测设

在道路、排水沟渠、上下水道等工程施工时，往往要按指定的设计坡度（倾斜度）进行施工，这时需要在地面上测设坡度线（倾斜线）。测设已知的坡度线就是根据附近的水准点、设计坡度和坡度线端点的设计高程，用测设高程的方法将坡度线上各点标定在地面上的测量工作。测设方法分水平视线法和倾斜视线法两种。

（一）水平视线法

如图 9-13 所示，A，B 为设计坡度线的两端点，A 点设计高程为 H_A，B 点高程可计算得到：$H_B = H_A + i \times D_{AB}$。为了施工方便，每隔一定的距离 d 打入一木桩，要求在木桩上标出设计坡度为 i 的坡度线。施测步骤如下：

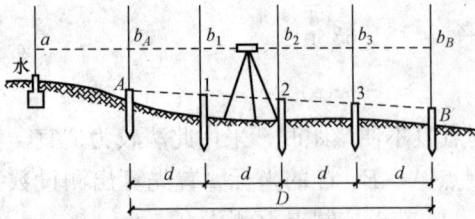

图 9-13 水平视线法测设坡度线

(1) 先用高程放样的方法，将坡度线两端点 A，B 的高程标定在地面木桩上；然后按照公式 $H_n = H_{n-1} + i \times d$（$n$ 表示某桩号点）计算出各桩点的高程，即：

第 1 点的计算高程 $H_1 = H_A + i \times d$

第 2 点的计算高程 $H_2 = H_1 + i \times d$

⋮

B 点的计算高程 $H_B = H_n + i \times d = H_A + i \times D_{AB}$（用于计算检核）

(2) 沿 AB 方向，用木桩按一定间距 d 标定出中间 1，2，3，…，n。

(3) 在坡度线上靠近已知水准点附近安置水准仪，瞄准立在水准点上的标尺，读后视读数 a，并计算视线高程 $H_i = H_水 + a$。根据各桩点已知的高程值，分别计算其相应点上水准尺的前视读数 $b_n = H_i - H_n$。

(4) 在各桩处立水准尺，上下移动水准尺，当水准仪视线对准该尺前视读数 b_n 时，水准尺零点位置即为所测设高程标志线。

（二）倾斜视线法

如图 9-14 所示，A、B 为地面上两点，要求沿 AB 测设一条倾斜线。设倾斜度为 i，AB 之间的距离为 D，A 点的高程为 H_A。为了测出倾斜线，首先应根据 A、B 之间的距离 D 及倾斜度 i，计算 B 点的高程 H_B。

$$H_B = H_A + i \times D$$

然后按前述地面上点的高程测设方法，将算出的 H_B 值测定于 B 点。A、B 之间的 M_1、M_2、M_3 各点则可以用经纬仪或水准仪来测定。如果设计坡度比较平缓时，可以使用水准仪来设置倾斜线。方法是：将

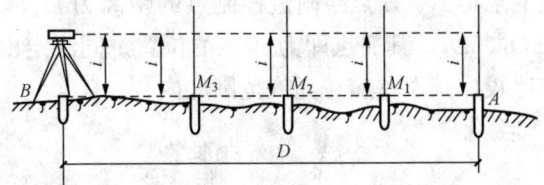

图 9-14 坡度直线的测设

水准仪安置于 B 点，使一个脚螺旋在 BA 线上，另外两个脚螺旋之连线垂直于 BA 线，旋转在 BA 线上的那个脚螺旋，使立于 A 点的水准尺上的读数等于 B 点的仪器高，此后在 M_1、M_2、M_3 各点打入木桩，使尺立于各桩上时其尺上读数皆等于仪器高 i，这样就在地面上测出了一条倾斜线。对于坡度较大的倾斜线，则应采用经纬仪来测设。将仪器安置于 B，纵转望远镜，对准 A 点水准尺上等于仪器高的地方。其他步骤与水准仪的测法相同。

思 考 题

9-1 测设与测定有何区别？

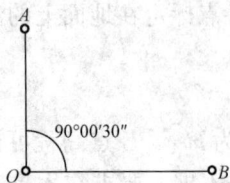

图 9-15 思考题 9-3 图

9-2 试述用 DJ_6 光学经纬仪按精确方法进行角度测设的基本步骤。

9-3 在地面上要求测设一个直角，先用一般方法测设出 $\angle AOB$，然后测量该角若干测回取平均值为 $\angle AOB = 90°00'30''$，如图 9-15 所示。又知 OB 的长度为 150m，问在垂直于 OB 的方向上，B 点应该移动多少距离才能得到 90° 的角？

9-4　在地面上要设置一段 28.000m 的水平距离 AB，所使用的钢尺方程式为 $l_t = 30 + 0.005 + 1.25 \times 10^{-5} \times (t - 20) \times 30$。测设时钢尺的温度为 12℃，所施于钢尺的拉力与检定时的拉力相同。当概量后测得 AB 两点间桩顶的高差 $h = +0.40m$，试计算在地面上需要丈量的长度。

9-5　说明光电测距跟踪距离放样的步骤。

9-6　利用高程为 7.531m 的水准点，测设高程为 7.831m 的室内 ±0.000 标高。设尺立在水准点上时，按水准仪的水平视线在尺上划一条线，问在该尺的何处再划一条线，才能使视线对准此线时，尺子底部就在 ±0.000 高程的位置。

9-7　如图 9-16 所示，B 点的设计高差 $h = 13.6m$（相对于 A 点），如图所示，按两个测站高差测设（高程传递），中间悬挂一把钢尺，$a_1 = 1.530m$，$b_1 = 0.380m$，$a_2 = 13.480m$。计算 b_2 的值。

9-8　测设点的平面位置有哪几种方法？各适用于什么情况？

9-9　已知 $\alpha_{MN} = 300°04'$，M 点的坐标为 $x_M = 14.22m$，$y_M = 86.71m$；如要测设坐标为 $x_A = 42.34m$，$y_A = 85.00m$ 的点 A，试计算仪器安置在 M 点用极坐标法测设 A 点所需的数据。

9-10　如图 9-17 所示，已知点 A、B 和待测设点 P 的坐标是：

A：$x_A = 2250.346m$，$y_A = 4520.671m$；

B：$x_B = 2786.386m$，$y_B = 4472.145m$；

P：$x_P = 2285.834m$，$y_P = 4780.617m$。

按极坐标法计算测设的 β、D_{AP} 值。

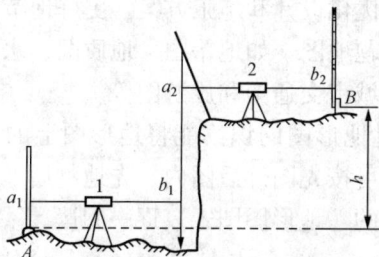

图 9-16　思考题 9-7 图

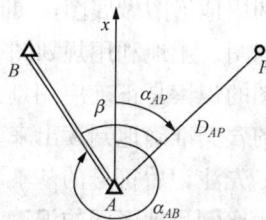

图 9-17　思考题 9-10 图

9-11　用水准仪测设已知坡度线时，安置仪器有何要求？

9-12　要在 AB 方向测设一个坡度为 -1% 的坡度线，已知 A 点的高程为 36.425m，AB 之间的水平距离为 130m，另又在 AB 间架设水准仪，测得 B 点水准尺的读数为 3.638m，试求视线高程、A 点水准尺的读数及 B 点的高程。

第 2 篇 应 用 篇

第 10 章 地 形 图 的 应 用

[导言] 对于工程设计人员，要求能够熟练地阅读地形图，并能借助地形图解决工程上的一些基本问题。本章主要讲述地形图的识读及地形图在工程建设中的应用。主要学习内容包括：地形图的识读，应用地形图求某点的平面坐标和高程，确定某直线的水平长度、方位角，确定两点间的坡度，量算图形面积，以及用地形图绘制地形断面图、按限制坡度选最短路线、确定汇水区域和进行土地整理及土石方计算等。

10.1 地 形 图 的 识 读

地形图是测绘工作的主要成果，是包含了丰富的自然地理、人文地理和社会经济信息的载体，并且具有可量性、可定向性等特点，在经济建设的各个方面有着广泛的应用。尤其在工程建设中，可借助地形图了解自然和人文地理、社会经济等诸方面因素对工程建设的综合影响，使勘测、规划、设计能充分利用地形条件、优化设计和施工方案，更好地节省工程建设费用。利用地形图做底图，可以编绘出一系列专题地图，如地籍图、地质图、水文图、农田水利规划图、土地利用规划图、建筑总平面图、城市交通图和旅游图等。

地形图的识读是正确应用地形图的基础。通过地形图的识读能将地形图上的每一种注记、符号的含义准确地判读出来。地形图的识读，可按先图外后图内、先地物后地貌、先主要后次要、先注记后符号的基本顺序，并参照相应的《地形图图式》逐一阅读。

10.1.1 大比例尺地形图的识读

（一）图外注记识读

读图时，先了解所读图幅的图名、图号、接合图表、比例尺、坐标系统、高程系统、等高距、测图时间、测图类别、图式版本等内容。然后进行地形图内地物和地貌的识读。

（二）地物识读

根据地物符号和有关注记，了解地物的分布和地物的位置，因此熟悉地物符号是提高识图能力的关键。如图 10-1 所示，图幅东南部有耀华新村和耀华小学，长冶公路从东南方穿过，路边有两个埋石图根导线点 12、13，并有低压电线。图幅西北部的小山头和山脊上有 73、74、75 三个图根三角点。

（三）地貌识读

根据等高线判读出山头、洼地、山脊、山谷、山坡、鞍部等基本地貌，并根据特定的符号判读出雨裂、冲沟、峭壁、悬崖、崩坍、陡坎等特殊地貌。同时根据等高线的密集程度来分析地面坡度的变化情况。如图 10-1 所示，该图中从北向南延伸着高差约 15m 的山脊，西边有座十余米高的小山，西北方向有个鞍部。地面坡度在 6°～25° 之间，属于山地，另有多处陡坎和斜坡。

在地形图上，除读出各种地物和地貌外，还应根据图上配置的各种植被符号或注记说明，了解植被的分布、类别特征、面积大小等。在图 10-1 中，两山之间种有水稻，东南角为藕塘，正北方向的山坡为竹林，紧靠竹林的是一片经济林，西南方向的小山头上是一片坟地，其余山坡是旱地。

按以上读图的基本程序和方法，可对一幅地形图获得较全面的了解，以达到真正读懂地形图的目的，为用图打下良好的基础。

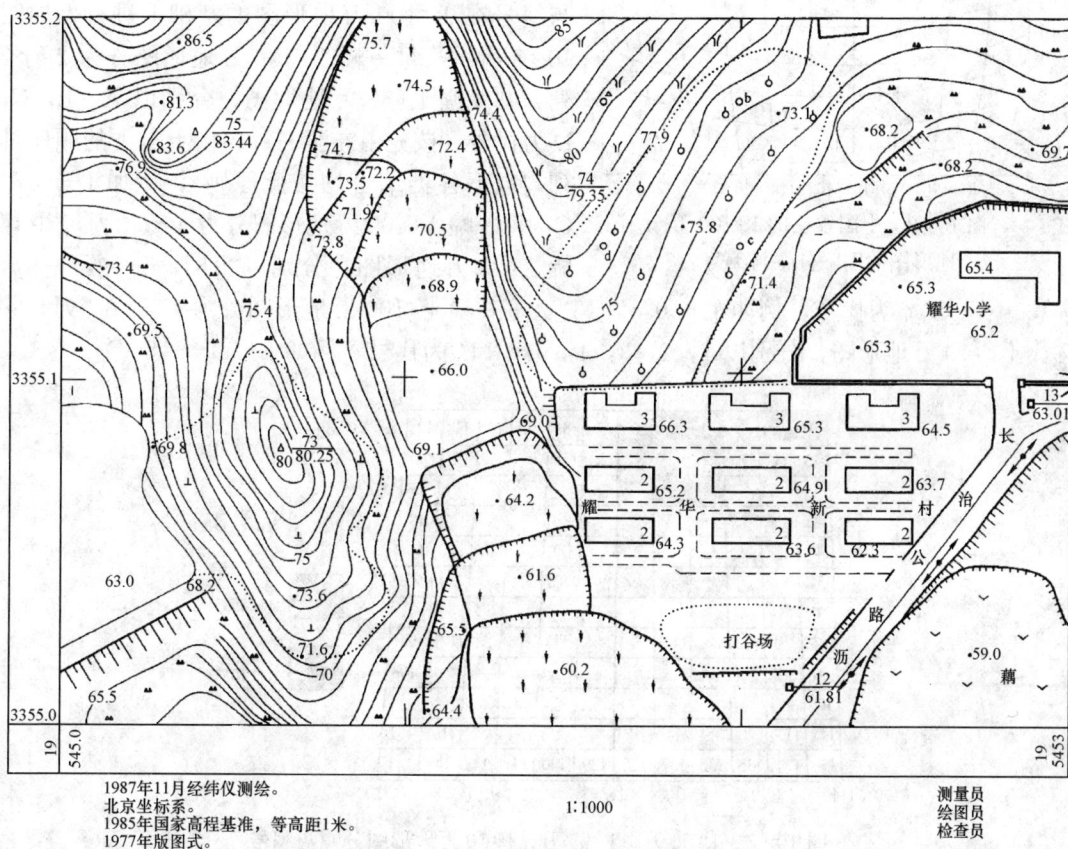

1987年11月经纬仪测绘。
北京坐标系。
1985年国家高程基准，等高距1米。
1977年版图式。

1:1000

测量员
绘图员
检查员

图 10-1　耀华新村地形图部分缩图

10.1.2　中小比例尺地形图的识读

中小比例尺地形图与大比例尺地形图相比，除地形图图廓外注记有所差别外，在读图顺序和方法上两者相同。

（一）梯形分幅与编号

中小比例尺地形图均采用梯形分幅。梯形分幅是按经纬线划分的，又称为国际分幅。按国际上的统一规定，梯形分幅应以 1:100 万比例尺的地形图为基础，实行全球统一的分幅和编号。做法是将整个地球表面用子午线分成 60 个 6°的纵列，自经度 180°起，自西向东用阿拉伯数字 1~60 编列号。同时，由赤道起分别向南向北直至 88°止，以每隔 4°的纬度圈分成许多横行，横行用大写的拉丁字母 A，B，C，…，V 标明。以两极为中心，以纬度 88°为

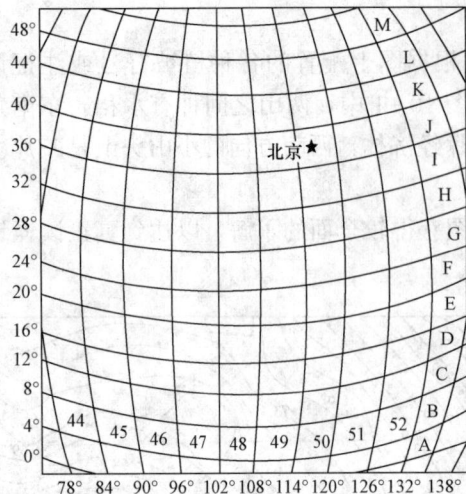

图 10-2　中国领土的 1：100 万
地形图的国际分幅与编号

界的圆，则用 Z 标明。图 10-2 所示为我国领域的 1：100 万比例尺地形图的分幅与编号情况。在北半球和南半球的图幅，分别在编号前加 N 或 S 予以区别。因我国领域全部位于北半球，故可省略 N。如图 10-2 所示，北京所在的地形图编号为 J—50。

1：50 万、1：25 万、1：10 万地形图的分幅与编号在 1：100 万地形图的基础上进行，如图 10-3 所示，每一幅 1：100 万地形图分为 2 行 2 列，共 4 幅 1：50 万地形图，分别以 A，B，C，D 为代号（按先由左至右、再由上至下的顺序排列，以下各类编号均按此原则），例如 J—50—C；每一幅 1：100 万地形图分为 4 行 4 列，共 16 幅 1：25 万地形图，分别以 [1]，[2]，[3]，[4]，…，[16] 为代号，例如 J—50—[15]；每一幅 1：100 万地形图分为 12 行 12 列，共 144 幅 1：10 万地形图，分别以 1，2，3，4，…，144 为代号，例如 J—50—118。

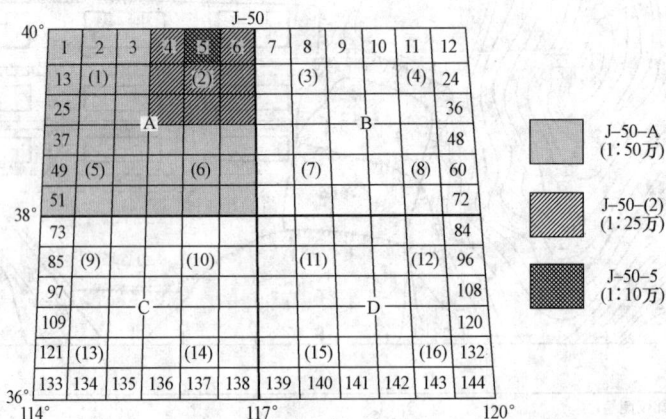

图 10-3　1：50 万、1：25 万、1：10 万地形图分幅与编号

1：5 万、1：2.5 万、1：1 万地形图的分幅与编号在 1：10 万地形图的基础上进行，每一幅 1：10 万地形图分为 4 幅 1：5 万地形图，分别以 A，B，C，D 为代号，例如 J—50—118—A；每一幅 1：5 万地形图分为 4 幅 1：2.5 万地形图，分别以 1，2，3，4 为代号，例如 J—50—118—A—3；每一幅 1：10 万地形图分为 64 幅 1：1 万地形图，分别以 (1)，(2)，(3)，…，(64) 为代号，例如 J—50—118—(24)。

按照国家《城市测量规范》（CJJ8—1999）所规定，1：5000 地形图的分幅以 1：10 万地形图为基础，每幅 1：1 万地形图划分为 4 幅 1：5000 地形图、其编号在 1：1 万图编号后加 a，b，c，d 表示。例如 J—50—118—(24)—a。

我国 1992 年 12 月发布了《国家基本比例尺地形图分幅和编号》（GB/T 13989—1992）。该标准自 1993 年 3 月起实施。新测和更新的基本比例尺地形图，均需按照此标准进行分幅和编号。按照该标准，新的分幅大小与旧的相同，但编号方法不同，1：100

万图幅的编号，由该图幅所在的"行号（字符码）列号（数字码）"组成，如北京所在的地形图编号为 J50。将 1∶5000 地形图列入国家基本比例尺地形图系列，1∶50 万～1∶5000 国家基本比例尺地形图的分幅则全部在 1∶100 万地形图的基础上，逐次加密划分而成，其编号以 1∶100 万地形图编号为基础，采用行列编号方法。即将 1∶100 万地形图按所含各比例尺地形图的经差和纬差划分成若干行和列，横行由左至右，纵列由上至下按顺序分别用三位阿拉伯数字（数字码，不足三位时前面补 0）编号。示例见表 10-1，各比例尺地形图新编号均为五个元素 10 位代码组成，即 1∶100 万地形图的行号（字符码）1 位，列号（数字码）2 位，比例尺代码（字符）1 位，该图幅的行号（数字码）3 位与列号（数字码）3 位。

表 10-1 我国基本比例尺地形图的分幅与编号

比例尺	图幅的大小		比例尺代码	行号与列号范围	一幅 1∶100 万图幅包含的图幅数	编号示例
	纬差	经差				
1∶100 万	4°	6°		A～V；1～60	1	J50
1∶50 万	2°	3°	B	001～002	4	J50B001001
1∶25 万	1°	1°30′	C	001～004	16	H51C001003
1∶10 万	20′	30′	D	001～012	144	J50D009011
1∶5 万	10′	15′	E	001～024	576	H50E020021
1∶2.5 万	5′	7′30″	F	001～048	2304	J51F001001
1∶1 万	2′30″	3′45″	G	001～096	9216	G49G081091
1∶5000	1′15″	1′52.5″	H	001～192	36 864	K50H189178

（二）图廓注记

（1）图廓形式。如图 10-4 所示是长安集 1∶2.5 万地形图，内图廓为本图幅的范围，西边经线是 125°52′30″，东边经线是 126°00′，南边纬线是 44°00′，北边纬线是 44°05′。图中最外边的粗黑线为外图廓，起装饰作用。在内外图廓中间绘有经纬度的分度带，在图幅左右两边南北方向绘有黑白相间的是纬度分度带，黑、白段均为 1′；在图框上下绘有黑白相间的经度分度带，西边短粗黑线段表示为 30″，其余黑、白段表示 1′。通过经纬度的分度带可以确定图上某点的经纬度。

图 10-4 内有坐标格网，又称公里格网，每方格为 1km×1km。公里格网的坐标值标注在分度带与内图廓之间，以 km 为单位的高斯平面直角坐标系的坐标。图中 4879，4880，…，4886，4887 为赤道起算的纵坐标 X。21 731，21 732，…，21 740 为高斯直角坐的通用横坐标 Y（即实际坐标加 500km），冠以 21 表示投影带带号。

在图幅四边中部于外图廓与分度带之间注有相邻接图幅的编号，如相邻北图幅编号 L-51-144-D-2，相邻南图幅编号 K-51-12-D-2，供接边和用图者查用（图 10-4 相邻东、西图幅编号，因缩图而裁去，图中未显示）。

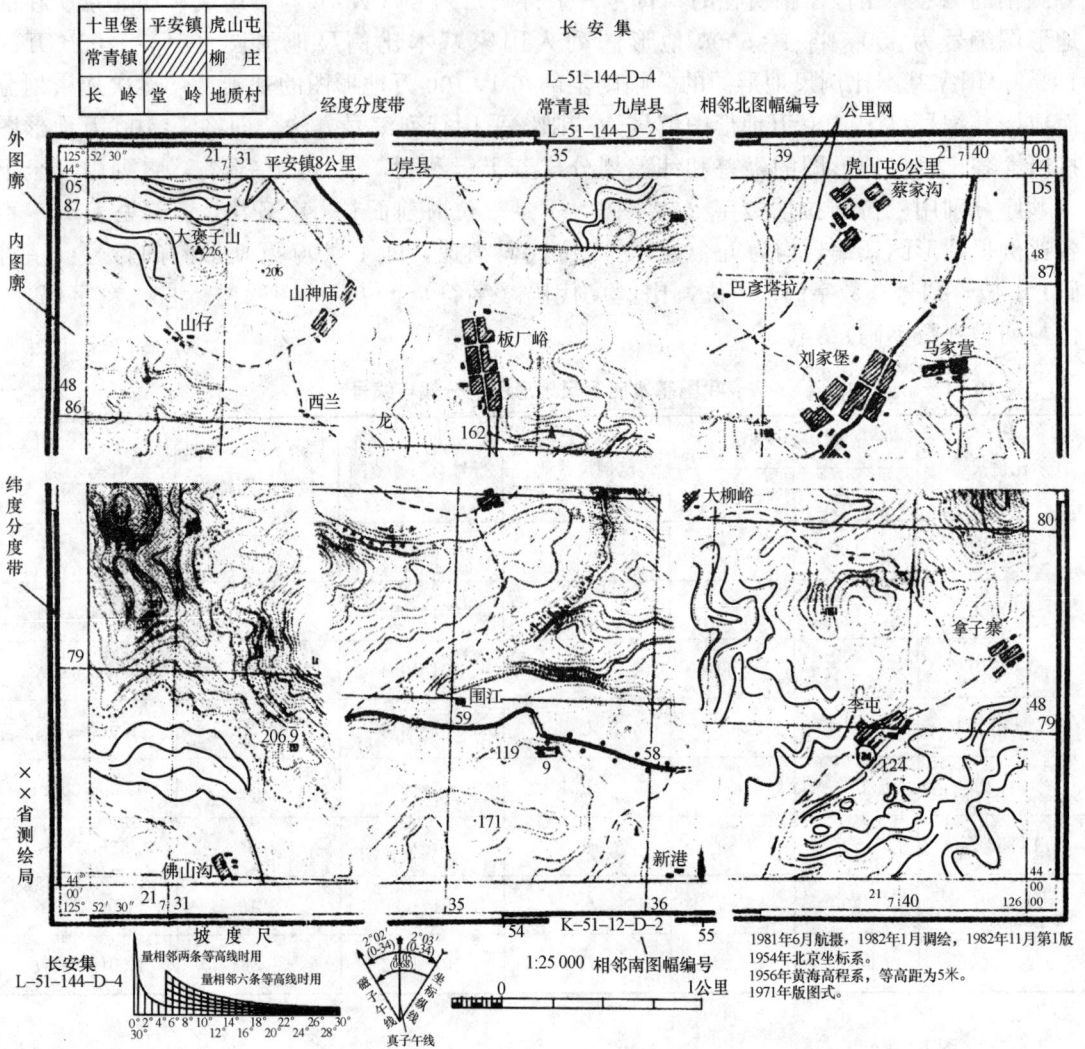

图 10-4　1:2.5 万比例尺地形图

（2）图廓外的图形与文字说明。图框外正上方写图名，图名下面是本图幅的编号。为了便于查找和使用地形图，图框外左上角为接图表，标明本图幅与相邻八个方向图幅的图名。图框左下方绘有坡度尺和三北方向图。坡度尺用来量图上两点的地面坡度，用两脚规在坡度尺图上可量二条、三条、四条、五条及六条等高线之间的坡度，如图 10-5 所示。三北方向图是指真子午线方向、磁子午线方向及坐标纵轴线方向之间的关系图。图中真子午线方向总是画在正南北方向，而磁子午线方向、坐标纵轴线方向根据实际情况画在它的东边或西边，如图 10-6 所示。图中 2°02′为磁偏角，2°03′为子午线收敛角，4°05′为磁坐偏角。在三北方向图中，在度分角度数值下面括号内表示另一种角度制——密位。一圆周分为 6400 等份，每一等份弧长所对的圆心角为 1 密位，因此，1 密位 $= \dfrac{360°}{6400} = 3′23″$。密位主要用于军事上，当半径为 1km 时，弧长 1m 所对的圆心角正好是 1 密位。

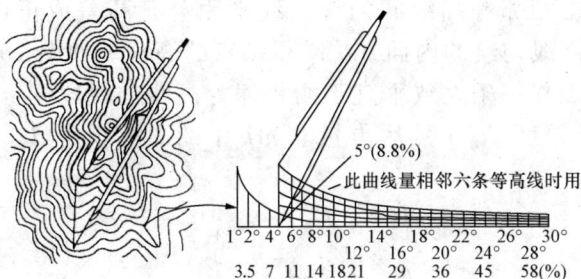

图 10-5 坡度尺及其使用

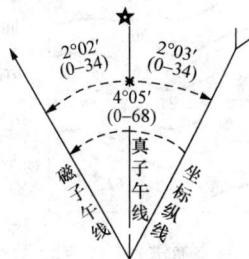

图 10-6 三北方向图

图框外的文字说明是了解图件来源、成图方法、测绘日期等的重要资料。通常在图的下方或左、右两侧注有文字说明,内容包括测图日期、坐标系、高程基准、测绘单位等。

10.2 地形图应用的基本内容

10.2.1 确定点的平面坐标

点的平面坐标可以利用地形图上坐标格网的坐标值来确定。

如图 10-7 所示,欲确定图上 A 点坐标,首先绘出坐标方格 $abcd$,过 A 点分别作 x, y 轴的平行线,分别交格网边于 g,e 点,根据图廓内方格网坐标可知:$x_a = 21\ 200$m,$y_a = 40\ 200$m。再量得 ag,ae 的图上长度,根据测图比例尺(1:2000)求得实际水平长度:$D_{ag} = 150.2$m,$D_{ae} = 120.3$m。则

$$x_A = x_a + ag \cdot M = x_a + D_{ag}$$
$$= 21\ 200 + 150.2 = 21\ 350.2\text{m}$$
$$y_A = y_a + ae \cdot M = y_a + D_{ae}$$
$$= 40\ 200 + 120.3 = 40\ 320.3\text{m}$$

如果为了求得的坐标值更加精确,考虑图纸伸缩的影响,则还需量出 ab 和 ad 的长度,与坐标格网的理论长度 l(一般为 10cm)比较,应按下式计算

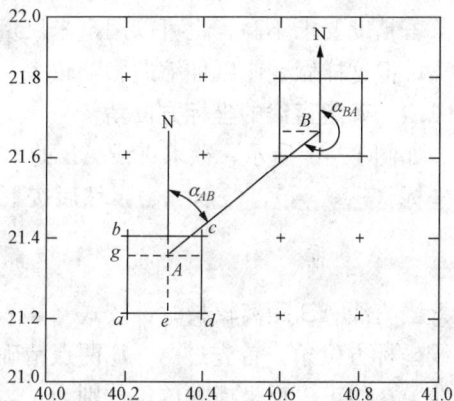

图 10-7 在地形图上量算点的坐标、两点间的水平距离和直线的坐标方位角

$$\left. \begin{array}{l} x_A = x_a + \dfrac{l}{ab} \cdot ad \cdot M \\[2mm] y_A = y_a + \dfrac{l}{ad} \cdot ae \cdot M \end{array} \right\} \quad\quad (10-1)$$

式中 M——地形图比例尺的分母。

10.2.2 确定点的高程

对于地形图上一点的高程,可以根据等高线及高程注记确定之。如该点正好在等高线上,可以直接从图上读出其高程,如图 10-8 所示 q 点高程为 64m。如果所求点不在等高

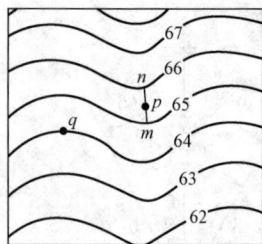

图 10 - 8 确定点的高程

线上，根据相邻等高线间的等高线平距与其高差成正比例原则，按等高线勾绘的内插方法求得该点的高程。如图 10 - 8 所示，过 p 点作一条大致垂直于两相邻等高线的线段 mn，量取 mn 的图上长度 d_{mn}，然后再量取 mp 中的图上长度 d_{mp}，则 p 点的高程

$$\left.\begin{aligned} H_p &= H_m + h_{mp} \\ h_{mp} &= \frac{d_{mp}}{d_{mn}} h_{mn} \end{aligned}\right\} \qquad (10 - 2)$$

式中 $h_{mn} = 1\text{m}$，为本图幅的等高距。

$d_{mp} = 3.5\text{mm}$，$d_{mn} = 7.0\text{mm}$，则

$$h_{mp} = \frac{d_{mp}}{d_{mn}} h_{mn} = \frac{3.5}{7.0} \times 1 = 0.5\text{m}$$

$$H_p = H_m + h_{mp} = 65 + 0.5 = 65.5\text{m}$$

由于等高线描绘的精度不同，也可以用目估的方法确定图上一点的高程。

10.2.3 确定两点间的水平距离

如图 10 - 7 所示，为了消除图纸变形的影响，可根据两点的坐标计算水平距离。首先，按式（10 - 1）求出图上 A，B 两点的坐标（x_A，y_A），（x_B，y_B），然后按式（10 - 3）计算水平距离 D_{AB}。

$$D_{AB} = \sqrt{\Delta x_{AB}^2 + \Delta y_{AB}^2} = \sqrt{(x_B - x_A)^2 + (y_B - y_A)^2} \qquad (10 - 3)$$

若精度要求不高，也可以用毫米尺量取图上 A，B 两点间距离，再按比例尺换算为水平距离，但这样做受图纸伸缩的影响较大。

10.2.4 确定直线的坐标方位角

如图 10 - 7 所示，欲求直线 AB 的坐标方位角。依反正切函数，先求出图上 A，B 两点的坐标（x_A，y_A），（x_B，y_B），然后按下式计算出直线 AB 坐标方位角

$$\alpha_{AB} = \arctan \frac{\Delta y_{AB}}{\Delta x_{AB}} \qquad (10 - 4)$$

当直线 AB 距离较长时，按式（10 - 4）可取得较好的结果。也可以用图解的方法确定直线坐标方位角。首先过 A，B 两点精确地作坐标格网 x 方向的平行线，然后用量角器量测直线 AB 的正、反坐标方位角分别为 α_{AB}，α_{BA}，按下式计算

$$\overline{\alpha_{AB}} = \frac{\alpha_{AB} + (\alpha_{BA} \pm 180°)}{2} \qquad (10 - 5)$$

10.2.5 确定两点间的坡度

设地面两点 m，n 间的水平距离为 D_{mn}，高差为 h_{mn}，直线的坡度 i 为其高差与相应水平距离之比，常以百分率表示。

$$i_{mn} = \frac{h_{mn}}{D_{mn}} = \frac{h_{mn}}{d_{mn} \cdot M} \qquad (10 - 6)$$

式中 d_{mn}——地形图上 m，n 两点间的长度，m；

M——地形图比例尺分母。

图 10 - 8 所示的 m，n 两点间高差为 $h_{mn} = 1.0\text{m}$，量得直线 mn 的图上距离为 7mm，并设地形图比例尺为 1:2000，则直线 mn 的地面坡度为 $i = 7.14\%$。

10.3　面　积　量　算

在国民经济建设和工程设计中，不但经常需要测定汇水面积、土地面积、厂区面积、林区面积、水域面积等各类型面积，而且面积测定还是体积测定的基础。

面积测定的方法很多，不同的方法适用于不同的条件和精度要求。通常要根据底图的精度、待量图的形状和大小、测定精度要求以及可能配备的量算工具等，来确定使用何种方法进行面积量算。常用的面积测定方法有几何图形图解法、坐标计算法、膜片法、求积仪法等。

10.3.1　几何图形图解法

具有几何图形的面积，可用图解几何图形法来测定，即将其划分成若干个简单的几何图形，从图上量取图形各几何要素，按几何公式来计算各简单图形的面积，并求其和，即得待测图形的面积。图解几何图形法测定面积的常用方法有：三角形底高法、三角形三边法、梯形底高法及梯形中线与高法。

（1）三角形底高法就是量取三角形的底边长 a 和高 h，按 $S=\frac{1}{2}ah$ 来计算其面积。

（2）三角形三边法就是量取三角形的三边之长 a，b，c，然后，按海伦（Heran）公式 $S=\sqrt{L(L-a)(L-b)(L-c)}$［其中 $L=(a+b+c)/2$］计算其面积。

（3）梯形底高法就是量取梯形上底边长 a 和下底边长 b 及高 h，按 $S=\frac{1}{2}(a+b)\cdot h$ 计算其面积。

（4）梯形中线与高法，就是量取梯形的中线长 c 及高 h，按 $S=ch$ 来计算其面积。

当用图解几何图形法量取面积元素时，最好使用复比例尺。若使用一般的刻度尺，应对其刻度进行检验，不符合精度要求的尺子，不能使用。

10.3.2　坐标计算法

当多边形面积较大，且各顶点的坐标已知，则可以根据公式用坐标计算面积。如图 10-9 所示，$ABCD$ 为任意四边形，各顶点按顺时针方向编号，其坐标分别为 (x_1,y_1)，(x_2,y_2)，(x_3,y_3)，(x_4,y_4) 各顶点向 x 轴投影得 A'，B'，C'，D' 点，则四边形 $ABCD$ 的面积，等于梯形 $C'CDD'$ 的面积加梯形 $D'DAA'$ 减去梯形 $C'CBB'$ 和梯形 $B'BAA'$ 的面积。即

$$S=\frac{1}{2}[(y_3+y_4)(x_3-x_4)]+\frac{1}{2}[(y_4+y_1)\times(x_4-x_1)]-\frac{1}{2}[(y_3+y_2)(x_3-x_2)]-\frac{1}{2}[(y_2+y_1)(x_2-x_1)]$$

$$=\frac{1}{2}[x_1(y_2-y_4)+x_2(y_3-y_1)+x_3(y_4-y_2)+x_4(y_1-y_3)]$$

若多边形有 n 个顶点，则上式可推广为

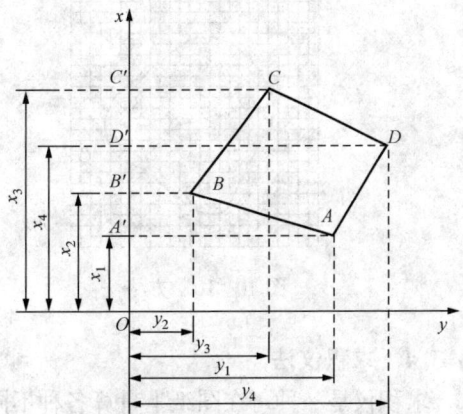

图 10-9　坐标计算法求面积

$$S = \frac{1}{2} \sum_{i=1}^{n} x_i (y_{i+1} - y_{i-1}) \qquad (10-7)$$

若将各顶点投影于 y 轴，同理可得

$$S = \frac{1}{2} \sum_{i=1}^{n} y_i (x_{i-1} - x_{i+1}) \qquad (10-8)$$

在式（10-7）和式（10-8）中，当 $i=1$ 时，$i-1$ 取 n；当 $i=n$ 时，$i+1$ 取 1。式（10-7）和式（10-8）计算的结果可相互作为计算检核。上述多边形若按逆时针编号，面积值为负号，但最终取值为正。

10.3.3　膜片法

膜片法是利用透明胶片、玻璃、赛璐路等制成的模片，在模片上建立一组有单位面积的方格、平行线等，然后利用这种模片覆盖图形，然后量算出图形上的面积值，再根据地形图的比例尺，计算出所测图形的实地面积，根据模片的不同，可分为以下两种方法。

（一）方格法

如图 10-10 所示，在透明膜片上绘制有正方形格网，每个小方格的边长为 1mm，将其覆盖在待测算面积的图形上，数出图形内整方格数 n_1 和不是整格的方格数 n_2，由此计算总格数 $n = n_1 + \frac{1}{2} n_2$，然后用总格数 n 乘以每格所代表的实地面积，即得所求图形的面积。

（二）平行线法

如图 10-11 所示，欲计算曲线内的面积，可用绘有间距为 d 的平行线透明纸盖在待测图形上，也可将平行线直接绘在图形上，由此将欲测面积的图形分成若干近似梯形。用尺量出各梯形中间（图中虚线）长度 c，由下式可计算图 10-11 所示图形面积 S。

$$S_{\text{图}} = c_1 d + c_2 d + \cdots + c_n d$$

则实地面积为

$$S_{\text{实}} = \sum_{i=1}^{n} c_i d \times M^2 \qquad (10-9)$$

式中　M——地形图比例尺分母。

膜片法具有量算工作简单，方法容易掌握，又能保证一定的精度的特点。因此，在曲边图形面积量算中是一种常用的方法。

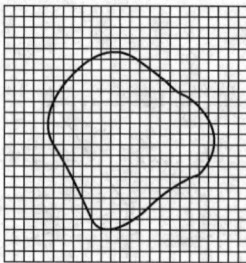

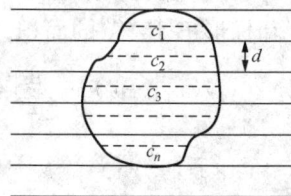

图 10-10　方格法　　　　　图 10-11　平行线法

10.3.4　求积仪法

求积仪是一种可在图纸上量算各种不同形状图形面积的仪器。图 10-12 所示是日本 KP—90N 型电子求积仪。其由动极轴、电子计算器和跟踪臂三部分组成。动极轴两端为金属滚轮

（动极），可在垂直于动极轴的方向上滚动。计算器与动极轴之间由活动枢纽连接，使得计算器能绕枢纽旋转。跟踪臂与计算器固连在一起，右端是描迹放大镜，用以走描图形的边界。借助动极的滚动和跟踪臂的旋转，可使描迹放大器红圈中心沿图形边缘运动。仪器底面有一积分轮，它随描迹放大镜的移动而转动，并获得模拟量。微型编码器安装在下面，它可将积分轮所得模拟量转换成电量，测量得到的数据经专用电子计算器运算后，直接按8位数将面积值显示在显示器上。

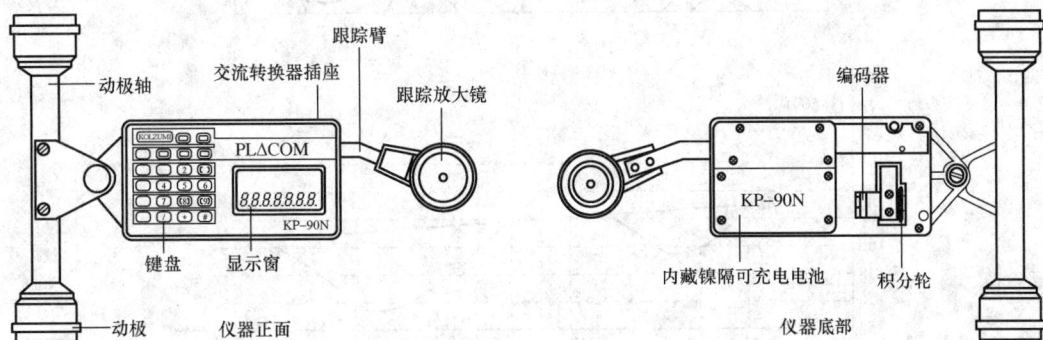

图 10 - 12　电子求积仪

具体量测时，可先将欲测面积的地形图水平固定在图板上，将仪器放在图形轮廓的中间偏左处，动极轴与跟踪臂大致垂直，描迹放大镜大致放在图形中央，然后在图形轮廓线上标记起点，如图 10 - 13 所示。

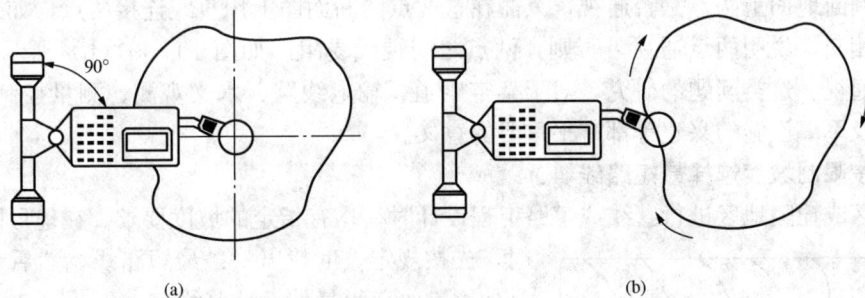

图 10 - 13　电子求积仪操作示意图

10.4　工程建设中的地形图应用

10.4.1　按指定方向绘制纵断面图

在进行道路、隧道、管线等工程设计时，通常需要了解两点之间的地面起伏情况，这时，可根据地形图中的等高线来绘制断面图。

如图 10 - 14（a）所示，在地形图上作 M，N 两点的连线，与各等高线相交，各交点的高程即为交点所在等高线的高程，而各交点的平距可在图上用比例尺量得。然后在厘米方格纸上画出两条相互垂直的轴线。以横轴 AB 表示平距，以垂直于横轴的纵轴表示高程，在地形图上量取 M 点至各交点及地形特征点的平距，并把它们分别转绘在横轴上，以相应的高程作为纵坐标，得到各交点在断面上的位置。连接这些点，即得到 MN 方向的断面图。

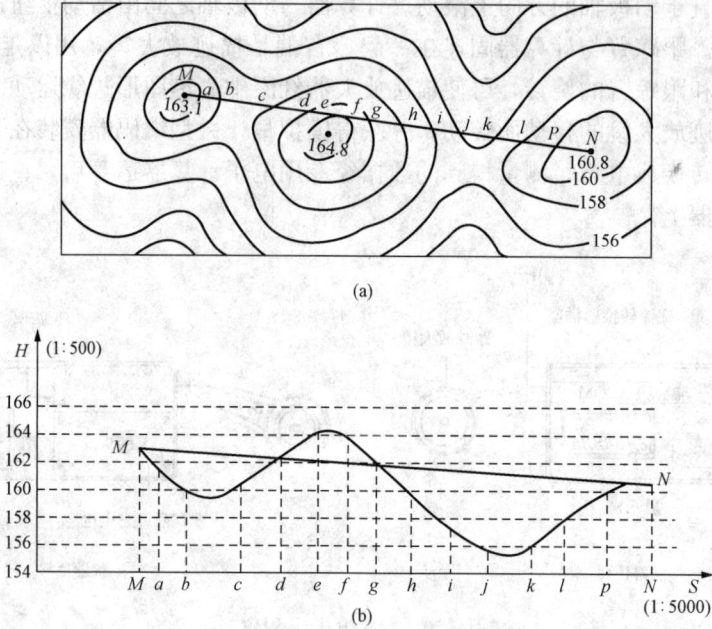

图 10 - 14　绘制纵断面图

为了更明显地表示地面的高低起伏情况，断面图上的高程比例尺一般比平距比例尺大 5～20倍。

若要判断地面上两点是否通视，只需在这两点的断面图上用直线连接两点，如果直线与断面线不相交，说明两点通视，否则，两点之间视线受阻。如图 10 - 14（b）所示，M、N 两点互不通视。这类问题的研究，对于架空索道、输电线路、水文观测、测量控制网布设、军事指挥及军事设施的兴建等都有很重要的意义。

10.4.2　按限制坡度选择最短路线

在山区或丘陵地区进行管线或道路工程设计时，均有指定的坡度要求。在地形图上选线时，先按规定坡度找出一条最短路线，然后综合考虑其他因素，获得最佳设计路线。

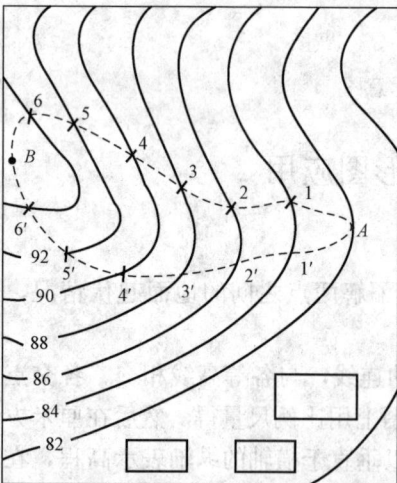

图 10 - 15　按限制坡度选择最短路线

如图 10 - 15 所示，欲在 A 和 B 两点间选定一条坡度不超过 i 的线路，设图上等高距为 h，地形图的比例尺为 1:M，由式（10 - 6）可得线路通过相邻两条等高线的最短距离为

$$d = \frac{h}{iM}$$

在图上选线时，以 A 点为圆心，以 d 为半径画弧，交84m 等高线于1、1′两点，再以 1、1′两点为圆心，以 d 为半径画弧，交 86m 等高线于 2、2′两点，依次画弧直至 B 点。将这些相邻的交点依次连接起来，便可获得两条同坡度线 A，1，2，…，B 和 A，1′，2′，…，B，最后通过实地调查比较，考虑少占

耕地、避开滑坡、土石方工程量小等因素，从中选定一条最合理的路线。

如果起点 A 不是正好在等高线上，应先单独求出起点 A 至第一根等高线的满足限制坡度的最小平距后，再按上述方法作图。在作图过程中，如果出现半径小于相邻等高线平距的情况，即圆弧与等高线不能相交，说明该处的坡度小于指定坡度，此时，路线可按最短距离定线。

10.4.3　确定汇水面积

修筑道路时，有时要跨越河流或山谷，这时就必须建设桥梁或涵洞，兴修水库必须筑坝拦水。而桥梁、涵洞孔径的大小，水坝的设计位置与坝高，水库的蓄水量等，都要根据汇集于这个地区的水流量来确定。汇集水流量的面积称为汇水面积。

由于雨水是沿山脊线（分水线）向两侧山坡分流，所以汇水面积的边界线是由一系列的山脊线连接而成的。如图 10-16 所示，一条公路经过山谷，拟在 P 处架桥或修涵洞，其孔径大小应根据流经该处的流水量决定，而流水量又与山谷的汇水面积有关。由图可以看出，由山脊线和公路上的线段所围成的封闭区域 $A-B-C-D-E-F-G-H-I-A$ 的面积，就是这个山谷的汇水面积。量出该面积的值，再结合当地的气象水文资料，便可进一步确定流经公路 P 处的水量，从而为桥梁或涵洞的孔径设计提供依据。

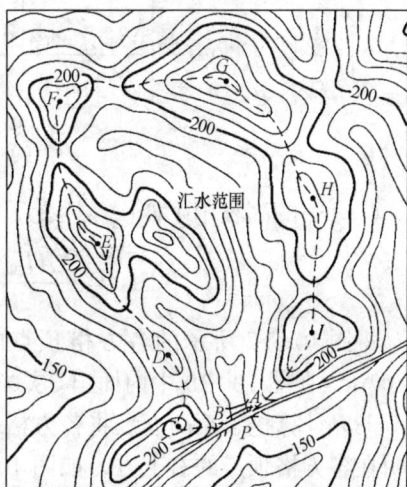

图 10-16　汇水范围的确定

确定汇水面积的边界线时，应注意以下几点：

（1）边界线（除公路 AB 段外）应与山脊线一致，且与等高线垂直；

（2）边界线是经过一系列的山脊线、山头和鞍部的曲线，并在河谷的指定断面（公路或水坝的中心线）闭合。

10.4.4　场地平整时的填挖边界确定和土方量计算

场地平整有两种情形，其一是平整为水平场地，其二是整理为倾斜面。

（一）平整为水平场地

图 10-17 所示为某场地的地形图，假设要求将原地貌按照挖填平衡的原则改造成水平面，土方量的计算步骤如下：

（1）在地形图上绘制方格网。方格网大小取决于地形的复杂程度、地形图比例尺的大小和土方计算的精度要求。一般地，方格边长为图上 2cm。各方格顶点的高程用线性内插法求出，并注记在相应顶点的右上方，如图 10-17 所示。

（2）计算挖填平衡的设计高程先将每一方格顶点的高程相加除以 4，得到各方格的平均高程 H_i，再将每个方格的平均高程相加除以方格总数，就得到挖填平衡的设计高程 H_0，其计算公式为

$$H_0 = \frac{1}{n}(H_1 + H_2 + \cdots + H_n) = \frac{1}{n}\sum_{i=1}^{n} H_i \qquad (10-10)$$

由图 10-17 可以看出，方格网的角点 A_1，A_4，B_5，D_1，D_5 的高程只用了一次，边点 A_2，A_3，B_1，C_1，D_2，D_3，$\cdots$ 的高程用了两次，拐点 B_4 的高程用了三次，中点 B_2，B_3，

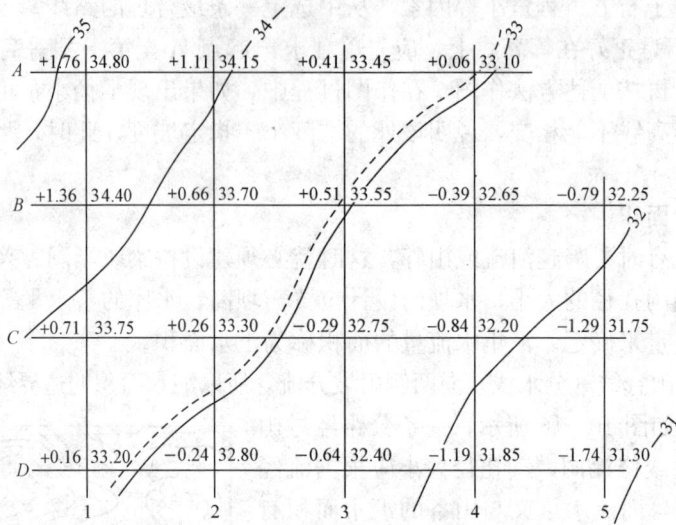

图 10 - 17　平整为水平场地方格法土方计算

C_2，C_3，…的高程用了四次，因此，设计高程 H_0 的计算公式可以化为

$$H_0 = \frac{\sum H_角 + 2\sum H_边 + 3\sum H_拐 + 4\sum H_中}{4n}$$ 　　　　(10 - 11)

将图 10 - 17 所示的各方格顶点的高程代入式（10 - 11）中，即可计算出设计高程为 33.04m。在图 10 - 19 中内插出 33.04m 的等高线（图中虚线）即为挖填边界线。

（3）计算挖、填高度。将各方格顶点的高程减去设计高程 H_0 即得其挖、填高度，其值注明在各方格顶点的右上方，如图 10 - 17 所示。

挖、填高度 = 地面高程 − 设计高程　　　　(10 - 12)

（4）计算挖、填土方量。可按角点、边点、拐点和中点分别计算，计算公式如下：

$$\left.\begin{array}{ll}
\text{角点} & \text{挖（填）高} \times \frac{1}{4} \text{方格面积}\\[2mm]
\text{边点} & \text{挖（填）高} \times \frac{2}{4} \text{方格面积}\\[2mm]
\text{拐点} & \text{挖（填）高} \times \frac{3}{4} \text{方格面积}\\[2mm]
\text{中点} & \text{挖（填）高} \times \frac{4}{4} \text{方格面积}
\end{array}\right\}$$ 　(10 - 13)

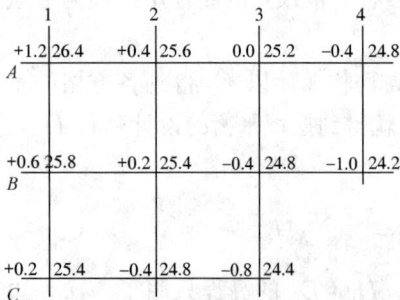

图 10 - 18　挖填方量计算示例

由此可计算出每个顶点周围的挖、填土方量，最后再计算挖方量总和及填方量总和，二者应基本相等，这就是"挖填平衡"。

如图 10 - 18 所示，设每一方格面积为 400m²，计算的设计高程是 25.2m，每一方格的挖深或填高数据已分别按式（10 - 12）计算出，并已注记在相应方格顶点的左上方。其挖、填土方量的计算见表 10 - 2。

表 10 - 2 填、挖土方量计算表

点　号	挖深（m）	填高（m）	所占面积（m²）	挖方量（m³）	填方量（m³）
A1	+1.2		100	120	
A2	+0.4		200	80	
A3	0		200	0	
A4		−0.4	100		−40
B1	+0.6		200	120	
B2	+0.2		400	80	
B3		−0.4	300		−120
B4		−1.0	100		−100
C1	+0.2		100	20	
C2		−0.4	200		−80
C3		−0.8	100		−80
Σ				420	−420

由计算结果可知，总挖方量等于总填方量，满足"挖填平衡"的要求。

（二）整理为倾斜面

将原地形整理成某一坡度的倾斜面，一般可根据挖、填平衡的原则，绘制出设计倾斜面的等高线。但是，有时要求所设计的倾斜面必须包含某些不能改动的高程点（称设计倾斜面的控制高程点），例如已有道路的中线高程点，永久性或大型建筑物的外墙地坪高程等。如图 10 - 19 所示，设 A，B，C 三点为控制高程点，其地面高程分别为 54.6m，51.3m 和 53.7m。要求将原地形整理成通过 A，B，C 三点的倾斜面，其土方量的计算步骤如下：

（1）确定设计等高线的平距。过 A，B 两点作直线，用比例内插法在 AB 直线上求出高程为 54m，53m，52m 各点的位置，也就是设计等高线应经过 AB 直线上的相应位置，如 d，e，f，g，…点。

（2）确定设计等高线的方向。在 AB 直线上比例内插出一点 k，使其高程等于 C 点的高程 53.7m。过 kC 连一直线，则 kC 方向就是设计等高线的方向。

（3）插绘设计倾斜面的等高线。过 d，e，f，g，…各点作 kC 的平行线（图中的虚线），即为设计倾斜面的等高线。过设计等高线和同高程的等高线交点的连线，如图中连接 1、2、3、4、5 等点，就可得到挖、填边界线。图 10 - 19 中绘有短线的一侧为填土区，另一侧为挖土区。

（4）计算挖、填土方量。与前面的方法相同，首先在图上绘制方格网，并确定各方格顶点的挖深和填高

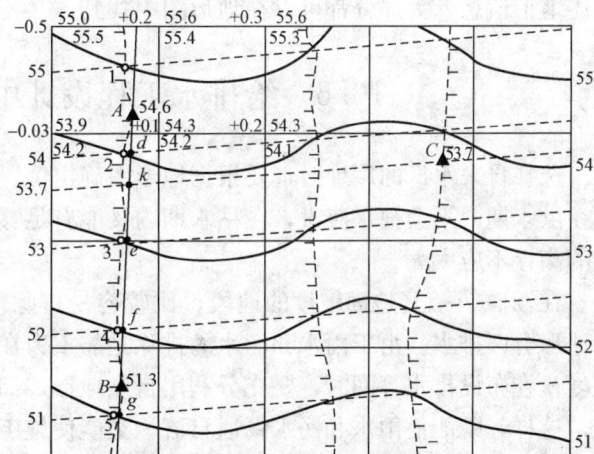

图 10 - 19　平整为倾斜场地方格法土方计算

量。不同之处是各方格顶点的设计高程是根据设计等高线内插求得的，并注记在方格顶点的右下方。其填高和挖深量仍注记在各顶点的左上方。挖方量和填方量的计算和前面的方法相同。

10.5　建筑设计中的地形图应用

现代建筑设计往往要求考虑现场的地形特点，不改变地形的自然形态，使设计建筑物与周围景观环境比较自然地融为一体。这样不仅可以避免开挖大量的土方，节约建设资金，更重要的是还可以不破坏周围的环境状态，如地下水、土层、植物生态和地区的景观环境。

地形对建筑物布置的间接影响主要是自然通风和日照效果两方面。由地形和温差形成的地形风，往往对建筑通风起主要作用，常见的有山阴风、顺坡风、山谷风、越山风和山垭风等，在布置建筑物时，需结合地形并参照当地气象资料加以研究。为达到良好的通风效果，在迎风坡，高建筑物应置于坡上；在背风坡，高建筑物应置于坡下。把建筑物斜列布置在鞍部两侧迎风坡面，可充分利用垭口风，以取得较好的自然通风效果。建筑物布列在山堡背风坡面两侧和正下坡，可利用绕流和涡流获得较好的通风效果。在平地，日照效果与地理位置、建筑物朝向和高度、建筑物间隔有关；而在山区，日照效果除了与上述因素有关外，还与周围地形、建筑物处于向阳坡或背阳坡、地面坡度大小等因素密切相关，因此，日照效果问题就比平地复杂得多，必须对每个建筑物进行个别的具体分析来决定。

在建筑设计中，既要珍惜良田，尽量利用薄地、荒地和空地，又要满足投资省、工程量少和使用合理等要求。如建筑物应适当集中布置，以节省农田，节约管线和道路；建筑物应结合地形灵活布置，以达到省地、省工、通风和日照效果均好的目的；公共建筑应布置在小区的中心；对不宜建筑的区域，要因地制宜地利用起来，如在陡坡、冲沟、空隙地和边缘山坡上建设公园和绿化地；自然形成或由采石、取土形成的大片洼地或坡地，因其高差较大，可用来布置运动场和露天剧场；高地可设置气象台和电视转播站等等。建筑设计中所需要的上述地形信息，大部分都可以在地形图中找到。

10.6　给排水工程设计中的地形图应用

选择自来水厂的厂址时，要根据地形图确定位置。如厂址设在河流附近，则要考虑到厂址在洪水期内不会被水淹没，在枯水期内又能有足够的水量。水源离供水区不应太远，供水区的高差不应太大。

在 0.5%～1% 地面坡度的地段，比较容易排除雨水。在地面坡度较大的地区内，要根据地形分区排水。由于雨水和污水的排除是靠重力在沟管内自流的，因此，沟管应有适当的坡度，在布设排水管网时，要充分利用自然地形，如雨水干沟应尽量设在地形低处或山谷线处，这样，既能使雨水和污水畅通自流，又能使施工的土方量最小。

在防洪、排涝、涵洞和涵管等工程设计中，经常需要在地形图上确定汇水面积作为设计的依据。

10.7　城市规划用地分析中的地形图应用

在作城镇规划设计之前，首先要按城镇各项建设对地形的要求，进行用地的地形分析，以便充分合理地利用和改造原有地形。地形分析工作包括在地形图上标明规划区内的分水线、集水线、地面水流方向，确定汇水面积，划分不同坡度地段，表示特殊地段等。

（一）在地形图上标明分水线、集水线和地面水流方向

如图 10 - 20 所示，图 10 - 20（a）所示为用地地区的地形图，从西部小山顶向东北跨过公路，到北部小丘可找出分水线Ⅰ，从小山顶向东到向阳村北侧可找出分水线Ⅱ。在分水线Ⅰ、Ⅱ之间可找出集水线（又叫汇水线）。图 10 - 20（b）中的点画线表示集水线。根据地势情况可定出地面水流方向，如图 10 - 20（b）中箭头所示，是地面上最大坡度方向。在分水线Ⅰ以北的地面水都排向山丘以北，分水线Ⅱ以南的地面水则流向青河。而分水线Ⅰ、Ⅱ之间的地面水则汇向集水线再向东流。在这种地形分析的基础上，再进行建筑群、组与道路以及排水工程的布置。

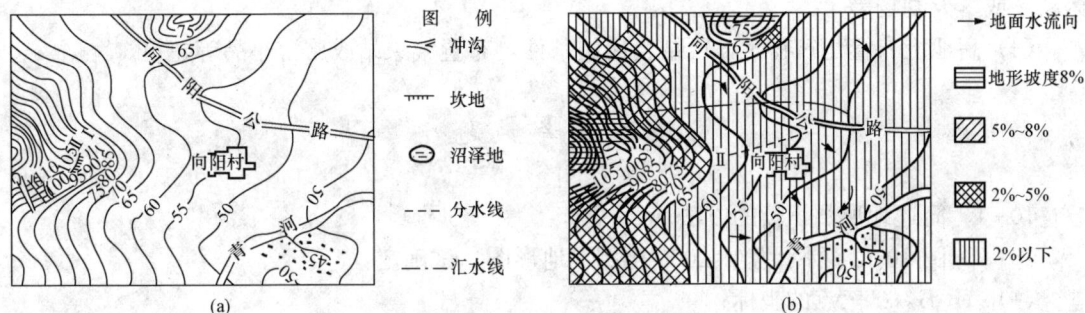

图 10 - 20　建筑用地地形分析

（二）在地形图上划分不同坡度的地段

城市各项工程建设与设施对用地都有一定的要求，为此，必须在规划之前，将用地地区划分出各种不同坡度的地段。

如图 10 - 20（b）所示，应用各种符号或不同颜色表示出 2% 以下、2%～5%、5%～8% 和 8% 以上等不同地面坡度的地段。城市各项建设适用坡度可参考表 10 - 3。

表 10 - 3　　　　　　　　　　城市各项建设适用坡度

项　目	坡　度	项　目	坡　度
工业水平运输	0.5%～2%	铁路站场	0%～0.25%
居住建筑	0.3%～10%	对外主要公路	0.4%～3%
主要道路	0.3%～6%	机场用地	0.5%～1%
次要道路	0.3%～8%	绿化用地	任何坡度

（三）特殊地段分析

如图 10 - 20 所示，其特殊地段包括坎地、冲沟、沼泽地等，是否可作为建设用地，必须作进一步调查，结合有关地质，水文等资料进行分析，才能确定上述特殊地段的性质和用途。

在地形复杂或具有特殊要求的地区，一般除绘制地形分析图外，还要综合其他自然条件评定土地的适用性。在综合评价用地条件的基础上，编制城市用地分析图。也就是说，这种综合分析图，不仅要考虑地形这一因素，而且还要考虑其他因素的影响，因为某一地段的地形虽然符合修建要求，但也可能由于地质条件不良，或其他自然条件的限制，不得不将其划为不宜修建的地段；或者，必须采取一定的工程措施后，才能符合建设用地的要求。因此，城市用地分析，不是孤立进行的，而是根据地形结合地质、气候等自然条件进行全面分析，评价用地对于修建的适用性，以便经济合理地选择城市用地，布置城市功能分区。

特殊地段的地形可以考虑作如下处理和利用：

（1）较大的冲沟，在不妨碍城市卫生条件下，可作废土、垃圾的处理场。填平后作公共绿化地，但要注意解决排水问题。

（2）坡度或坡度缓而较浅的冲沟，可沿其边缘修筑居住区内道路。较高处布置建筑物，沟坎底作绿化，夏天可改善居住区的小气候。

（3）自然形成或因采石、取土而形成的大片洼地或坡地，高差较大，可略加改造，布置运动场或露天剧场等。

（4）高地上布置建筑物时，可结合使用条件，布置气象站或旅游小品等建筑。

思 考 题

10-1 简述地形图识读的方法。

10-2 图10-21所示为1:2000比例尺地形图，试确定：

（1）A，B，C三点的坐标；

（2）A，B，C三点的高程H_A，H_B，H_C；

（3）用解析法和图解法分别求出距离AB，AC，并进行比较；

（4）用解析法和图解法分别求出方位角α_{BC}，α_{BA}，并进行比较；

（5）求AB，AC连线的坡度i_{BA}和i_{CA}。

10-3 在图10-21上绘出从西庄附近的M出发至鞍部（垭口）N的坡度不大于8%的路线。

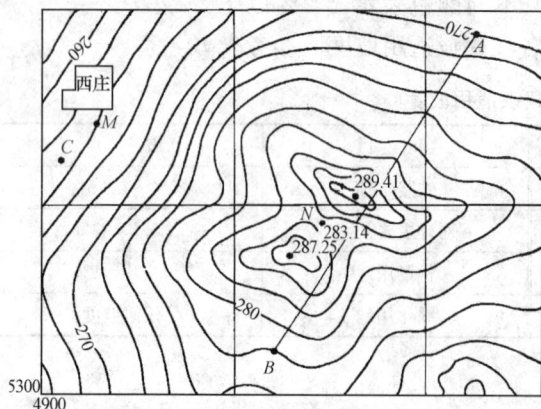

10-4 如图10-21所示，试沿AB方向绘制纵断面图（水平距离比例尺1:2000，高程比例尺1:200）。

10-5 何谓汇水面积？图10-22所示为1:5000的地形图，欲在AB处建水坝。试勾绘汇水面积的界线。

10-6 图10-23所示某一缓坡地，按填挖基本平衡的原则平整为水平场地。首先，在该图上用铅笔打方格，方格边长为10m。其次，由等高线内插求出各方格顶点的高程。以上两项工作已完成，现要

图10-21 思考题10-2、10-3、10-4图

求完成以下内容：

（1）求出平整场地的设计高程（计算至 0.1m）；

（2）计算各方格顶点的填高或挖深量（计算至 0.1m）；

（3）计算填挖分界线的位置，并在图上画出填挖分界线且注明零点距方格顶点的距离；

（4）分别计算各方格的填挖方以及总挖方和总填方量（计算取位至 0.1m³）。

10-7　图 10-24 所示为 1:2000 地形图，欲作通过设计高程为 52m 的 a、b 两点，向下设计坡度为 4% 的倾斜面，试绘出其填、挖边界线。

10-8　已知建筑用地边界各点的坐标见表 10-4，试计算建筑用地面积。

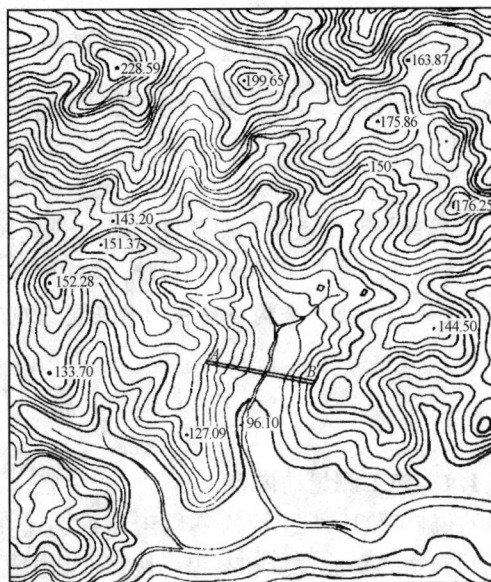

图 10-22　思考题 10-5 图

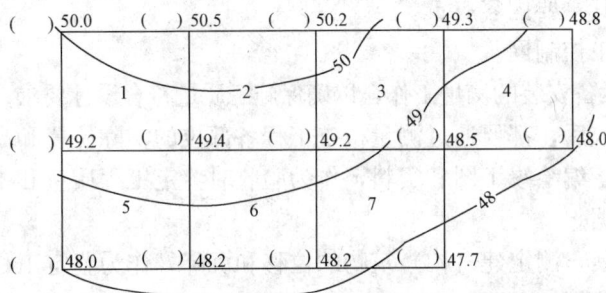

图 10-23　思考题 10-6 图

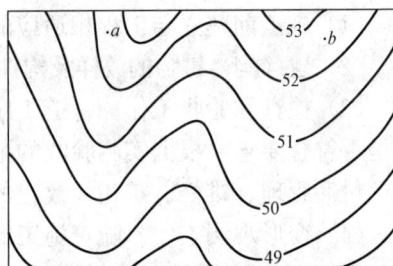

图 10-24　思考题 10-7 图

表 10-4　　　　　　　　　建筑用地边界各点坐标表

点　号	x (m)	y (m)
1	1536.27	1328.74
2	1688.10	1501.78
3	1554.98	1651.35
4	1360.86	1555.13
5	1408.42	1372.51

第 11 章 建 筑 施 工 测 量

[导言] 本章主要介绍了民用与工业建筑施工测量的概念、特点、原则和方法。通过学习，要求掌握建筑基线和建筑方格网的布设及测设方法，建（构）筑物的施工放样、工业厂房构件安装测量及变形观测的一般方法和过程。

11.1 施 工 测 量 概 述

11.1.1 施工测量的内容

在施工阶段所进行的测量工作称为施工测量。施工测量的目的是将图纸上设计的建（构）筑物的平面位置和高程，按设计和施工的要求测设（放样）到相应地点，作为施工的依据；并在施工过程中进行一系列的测量工作，以指导和衔接各施工阶段和工种间的施工。

施工测量贯穿于整个施工过程中，其主要内容有：

（1）施工前建立与工程相适应的施工控制网。

（2）建（构）筑物的放样及构件与设备安装的测量工作，以确保施工质量符合设计要求。

（3）检查和验收工作。每道工序完成后，都要通过测量检查工程各部位的实际位置和高程是否符合要求，根据实测验收的记录，编绘竣工图和资料，作为验收时鉴定工程质量和工程交付后管理、维修、扩建、改建的依据。

（4）变形观测工作。随着施工的进展，测定建（构）筑物的位移和沉降，作为鉴定工程质量和验证工程设计、施工是否合理的依据。

11.1.2 施工测量精度的基本要求

（1）施工测量是直接为工程施工服务的，因此它必须与施工组织计划相协调。测量人员必须了解设计的内容、性质及其对测量工作的精度要求，随时掌握工程进度及现场变动，使测设精度和速度满足施工的需要。

（2）施工测量的精度主要取决于建（构）筑物的大小、性质、用途、材料、施工方法等因素。一般高层建筑施工测量精度应高于低层建筑，装配式建筑施工测量精度应高于非装配式建筑，钢结构建筑施工测量精度应高于钢筋混凝土结构建筑。往往局部精度高于整体定位精度。

（3）由于施工现场各工序交叉作业、材料堆放、运输频繁、场地变动及施工机械的震动等，使测量标志易遭破坏。因此，测量标志从形式、选点到埋设均应考虑便于使用、保管和检查，如有破坏，应及时恢复。

11.1.3 施工测量的原则

为了保证各个建（构）筑物的平面位置和高程都符合设计要求，施工测量也应遵循"从整体到局部，先控制后碎部"的原则，即在施工现场先建立统一的平面控制网和高程控制网，根据控制点的点位，测设各个建（构）筑物的位置。

此外，施工测量的检核工作也很重要。因此，必须加强外业和内业的检核工作。

11.1.4 准备工作

在施工测量之前，应建立健全的测量组织和检查制度，并核对设计图纸，检查总尺寸和分尺寸是否一致，总平面图和大样详图是否一致，不符之处要向设计单位提出，进行修正。对施工现场进行实地踏勘，根据实际情况编制测设详图，计算测设数据。对施工测量所使用的仪器、工具应进行检验、校正，否则不能使用。工作中必须注意人身和仪器的安全，特别是在高空危险地区进行测量时，必须采取防护措施。

11.2　建筑施工控制测量

11.2.1 建筑基线

建筑基线是建筑场地的施工控制基准线，即在建筑场地布置一条或几条轴线。它适用于建筑设计总平面图布置比较简单的小型建筑场地。

（一）建筑基线的布设形式

建筑基线的布设形式，应根据建筑物的分布、施工场地地形等因素来确定。常用的布设形式有"一"字形、"L"形、"十"字形和"T"形，如图 11-1 所示。

（二）建筑基线的布设要求

（1）建筑基线应尽可能靠近拟建的主要建筑物，并与其主要轴线平行或垂直，以便使用比较简单的直角坐标法进行建筑物的定位。

（2）建筑基线上的基线点应不少于 3 个，以便相互检核，且应相互通视，边长为 100～400m。

（3）建筑基线的测设精度应满足施工放样的要求。

（4）基线点位应选在通视良好和不易被破坏的地方，为能长期保存，要埋设永久性的混凝土桩。

（三）建筑基线的测设方法

根据施工场地的条件不同，建筑基线的测设方法有以下两种。

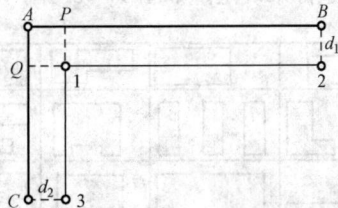

（1）根据建筑红线测设建筑基线。由城市测绘部门测定的建筑用地界定基准线，称为建筑红线。在城市建设区，建筑红线可用作建筑基线测设的依据。如图 11-2 所示，AB、AC 为建筑红线，1、2、3 为建筑基线点，利用建筑红线测设建筑基线的方法如下：

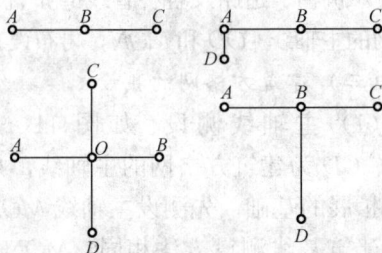

图 11-1　建筑基线的布设形式　　　　图 11-2　根据建筑红线测设建筑基线

1）从 A 点沿 AB 方向量取 d_2 定出 P 点，沿 AC 方向量取 d_1 定出 Q 点。

2）过 B 点作 AB 的垂线，沿垂线量取 d_1 定出 2 点，作出标志；过 C 点作 AC 的垂线，沿垂线量取 d_2 定出 3 点，作出标志；用细线拉出直线 $P3$ 和 $Q2$，两条直线的交点即为 1 点，作出标志。通常用混凝土桩固定出这三点，桩顶部设置一块 10cm×10cm 的铁板，供下面调整点位使用。

3）在 1 点安置经纬仪，精确观测∠213，其与 90°的差值应小于±24″。量 12、13 距离是否等于设计长度，其不符值不应大于 1/10 000，否则应进行必要的点位调整。

（2）根据附近已有控制点测设建筑基线。在新建筑区，可以利用建筑基线的设计坐标和附近已有控制点的坐标，用极坐标法测设建筑基线。如图 11 - 3 所示，A、B 为附近已有控制点，1、2、3 为选定的建筑基线点。测设方法如下：

1）根据已知控制点和建筑基线点的坐标，计算出测设数据 β_1、D_1、β_2、D_2、β_3、D_3。

2）用极坐标法测设 1、2、3 点。

由于存在测量误差，测设的基线点往往不在同一直线上，且点和点之间的距离与设计值也不完全相符。因此，需要精确测出已测设直线的折角 β' 和距离，并与设计值相比较。如图 11 - 4 所示，如果 $\Delta\beta=\beta'-180°$，超过±15″，则应对 1′、2′、3′点在与基线垂直的方向进行等量调整，调整量按式（11 - 1）计算，即

$$\delta = \frac{ab}{a+b} \times \frac{\Delta\beta}{2\rho} \tag{11 - 1}$$

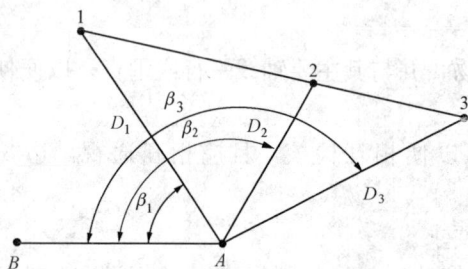

图 11 - 3　根据控制点测设建筑基线

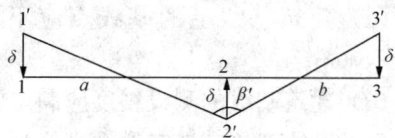

图 11 - 4　基线点的调整

11. 2. 2　建筑方格网

由正方形或矩形组成的施工平面控制网，称为建筑方格网，或称矩形网，如图 11 - 5 所示。建筑方格网适用于按矩形布置的建筑群或大型建筑场地。

（一）建筑方格网的布设

布设建筑方格网时，应根据总平面图上各建（构）筑物、道路及各种管线的布置，结合现场的地形条件来确定。如图 11 - 5 所示，先确定方格网的主轴线 COD 和 MON，再布设方格网。

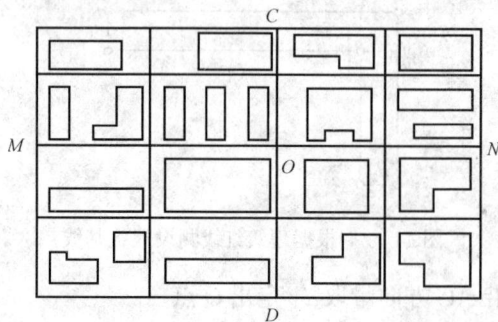

图 11 - 5　建筑方格网

（二）建筑方格网的测设

（1）主轴线测设。如图 11 - 5 所示，MN、CD 为建筑方格网的主轴线，是建筑方格网扩展的基础。先测设主轴线 MON，其方法与建筑基线测设方法相同。MON3 个主点测设好后，如图 11 - 6 所示，将经纬仪安置在 O 点，瞄准 M 点，分别向左、右转 90°，测设另一主轴线 COD。同样，用混凝土桩在地上定出其概略位置 C′ 和 D′。精确测出

$\angle MOC'$ 和 $\angle MOD'$，分别算出它们与 $90°$ 之差 ε_1 和 ε_2，并计算出调整值 l_1 和 l_2，见式（11-2）

$$l = L\frac{\varepsilon}{\rho} \qquad (11-2)$$

式中 L——OC' 或 OD' 的长度。

将 C' 沿垂直于 OC' 的方向移动距离 l_1 得 C 点；将 D' 沿垂直于 OD' 方向移动距离 l_2 得 D 点。点位改正后，应检查两主轴线的交角及主点间距离，均应在规定限差之内。建筑方格网的主要技术要求如表 11-1 所示。

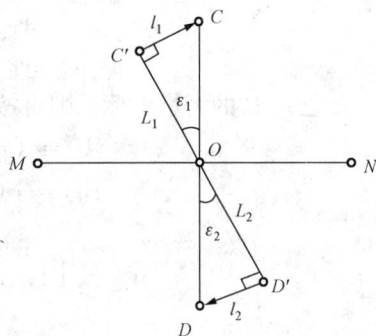

图 11-6 主轴线的垂直性调整

表 11-1 建筑方格网的主要技术要求

等 级	边长（m）	测角中误差	边长相对中误差	测角检测限差	边长检测限差
Ⅰ级	100~300	5″	1/30 000	10″	1/15 000
Ⅱ级	100~300	8″	1/20 000	16″	1/10 000

（2）方格网点测设。如图 11-5 所示，主轴线测设后，分别在主点 C、D 和 M、N 安置经纬仪，后视主点 O，向左、右测设 $90°$ 水平角，即可交会出田字形方格网点。随后再作检核，测量相邻两点间的距离，看是否与设计值相等，测量其角度是否为 $90°$，误差均应在允许范围内，并埋设永久性标志。

建筑方格网轴线与建筑物轴线平行或垂直。因此，可用直角坐标法进行建筑物的定位，计算简单，测设比较方便，而且精度较高。其缺点是必须按照总平面图布置，其点位易被破坏，而且测设工作量也较大。

11.2.3 施工坐标系与测量坐标系的相互变换

施工坐标系亦称建筑坐标系，其坐标轴与主要建筑物主轴线平行或垂直，以便用直角坐标法进行建筑物的放样，如图 11-7 所示。

施工控制测量的建筑基线和建筑方格网一般采用施工坐标系，而施工坐标系与测量坐标系往往不一致。因此，施工测量前常常需要进行施工坐标系与测量坐标系的坐标换算。

如图 11-8 所示，设 xOy 为测量坐标系，$AO'B$ 为施工坐标系，x_O、y_O 为施工坐标系的原点 O' 在测量坐标系中的坐标，α 为施工坐标系的纵轴 $O'A$ 在测量坐标系中的坐标方位角。设已知 P 点的施工坐标为 (A_P, B_P)，则可按式（11-3）将其换算为测量坐标 (x_P, y_P)，即

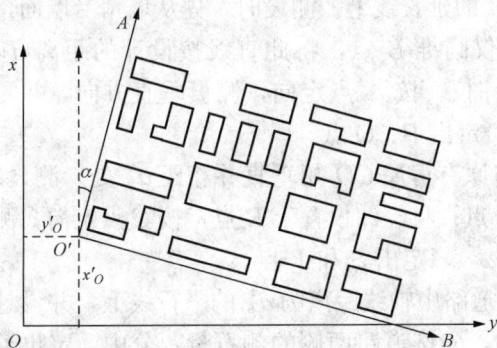

图 11-7 测量坐标系与施工坐标系

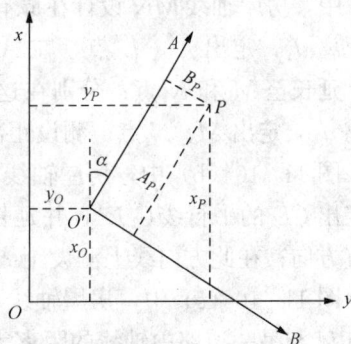

图 11-8 两种坐标的换算

$$x_P = x_O + A_P\cos\alpha - B_P\sin\alpha \Big\}$$
$$y_P = y_O + A_P\sin\alpha + B_P\cos\alpha \Big\}$$
$$(11-3)$$

如已知 P 的测量坐标，则可按式（11-4）将其换算为施工坐标，即

$$A_P = (x_P - x_O)\cos\alpha + (y_P - y_O)\sin\alpha \Big\}$$
$$B_P = -(x_P - x_O)\sin\alpha + (y_P - y_O)\cos\alpha \Big\}$$
$$(11-4)$$

11.3 建 筑 施 工 测 量

11.3.1 轴线的测设

（一）民用建筑墙轴线的测设

民用建筑物的施工测量应根据设计图纸上所给出的建筑物位置进行定位，将建筑物的外墙轴线交点测设在地面上，如图 11-9 所示 M、N、P 和 Q 点，再根据这些点进行外墙和内墙的详细放样。民用建筑墙轴线测设的方法视现场条件而定，下面介绍两种常用的方法。

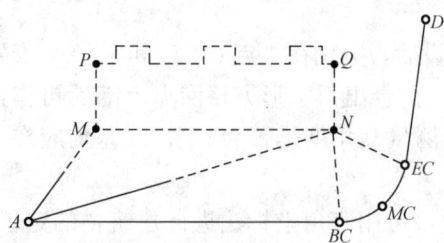

图 11-9 根据规划道路红线点测设
设计建筑物轴线点

（1）根据规划道路红线测设建筑物轴线。城市规划道路红线是城市规划部门测设的城市规划道路用地和单位用地的界址线，新建筑物的设计位置与红线的关系应得到规划部门的批准。因此，靠近道路的建筑物轴线放样应根据规划道路的红线点来测设。

如图 11-9 所示，A、BC、MC、EC 和 D 是规划道路的红线点，均已知其坐标。其中，$A-BC$，$EC-D$ 为直线段，BC 为圆曲线起点，MC 为中点，EC 为终点。建筑物外墙轴线交点 M、N、P 和 Q 有设计坐标，因此，可以根据红线点用极坐标法、距离交会法或角度交会法测设这些轴线的交点，并有多余观测可以进行检核。例如，从 A 点用极坐标法测设 M 和 N 点，可以从 BC 和 EC 点用距离交会法检核 N 点，也可以检查 MN 的距离。

（2）根据与已有建筑物的位置关系测设建筑物轴线。在原有建筑群中建造新的房屋时，一般是根据与原有建筑群的关系规划设计，因此，测设设计建筑物的轴线时，也应根据原有建筑物的位置来进行。

图 11-10 所示实线图形为已建成的房屋和道路，虚线图形为设计的房屋。图 11-10（a）中，房屋轴线 MN 设计在原有房屋轴线 AB 的延长线上。测设时，先从墙角沿墙面量相等距离 d_1，定出 A'、B' 点，在 A' 点安置经纬仪瞄准 B' 点，将此直线按设计的距离 d_2 及 ω_1，延长至 M' 和 N' 点；分别在这两点安置经纬仪，按 A' 点定向，测设垂直方向，并测设距离 d_1，定出 M、N 点；测设距离（$d_1 + \omega_2$），定出 P、Q 点。

图 11-10（b）中，房屋轴线 ST 设计在与原有房屋 CD 相垂直并相距 d_3 处。测设时，先定出 CD 的平行线 $C'D'$，并延长 d_3，定出 R 点；将经纬仪置于 R 点，按 C 点定向，测设垂直方向；在此方向线上测设距离 d_4 和（$d_4 + \omega_3$），定出 S 和 T 点。

图 11-10（c）中，房屋轴线 UV 设计在与道路中轴线距离为 d_5 的平行线上，并设计轴线点 U 与另一道路中轴线的距离为 d_6。测设时，先按道路两侧的侧石量距分中，定出道路中轴线点 E 和 F；按设计间距 d_5 测设 EF 的平行线 $E'F'$；延长 $E'F'$ 穿过另一道路，按侧石

分中，得到道路中线点 G；安置经纬仪于 G 点，瞄准 F' 点定向；在此方向线上测设距离 d_6，定出房屋轴线点 U、V。

轴线交点测设完毕后，应检测各轴线交点间的距离，其值与设计长度的相对误差不应超过 $1/2000$，如果房屋规模较大，则不应超过 $1/5000$，并且检测各个交点处的直角，其角值与 $90°$ 之差不应超过 $40''$。

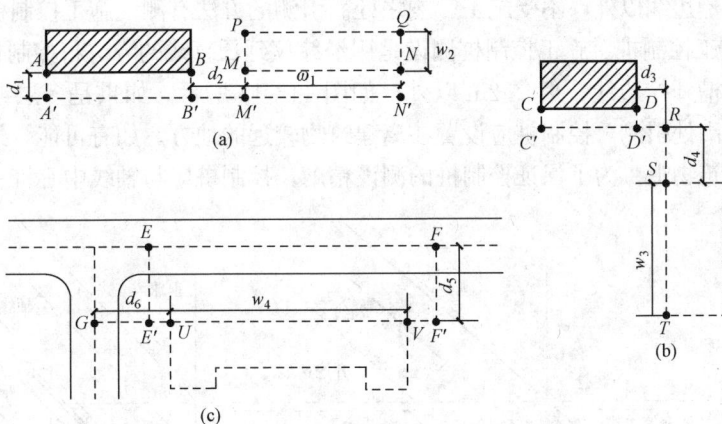

图 11 - 10　根据已有建筑物测设设计建筑物轴线点

(a) 延长直线法；(b) 直角坐标法；(c) 平行线法

（二）工业厂房柱列轴线的测设

（1）厂房矩形控制网的设计与测设。图 11 - 11 所示为一两跨、9 列柱子的工业厂房，设计图纸给出厂房最外侧的轴线交点 N、Q 的坐标，如图 11 - 12 所示。轴线矩形 $MNPQ$ 向外偏移一定的距离，得到的矩形 $RSTU$ 称为厂房矩形控制网，偏移距离的选择要使矩形控制网位于基坑开挖范围以外（一般在其基础开控线以外约 $2\sim4\mathrm{m}$）。计算出厂房矩形控制网点 T、U、R、S 的坐标后，就可以根据厂区已建立的建筑方格网，采用直角坐标法测设 T、U、R、S 点并进行检查测量。对于一般厂房，测设的角度误差不应超过 $\pm10''$，边长相对误差不应超过 $1/10\,000$。

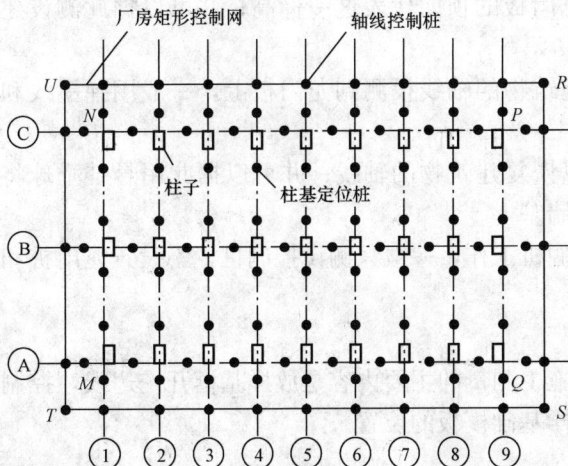

图 11 - 11　工业厂房矩形控制网和柱列轴线控制桩

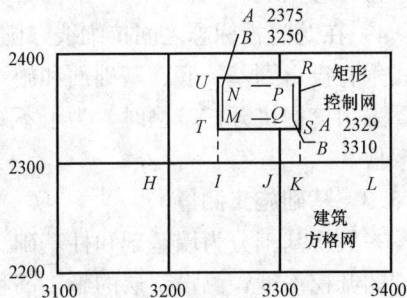

图 11 - 12　利用建筑方格网测设轴线控制桩

（2）柱列轴线的测设。图 11 - 11 所示Ⓐ、Ⓑ、Ⓒ及①～⑨等轴线称为柱列轴线。柱列轴线由轴线控制桩标定。它们是在厂房矩形控制网的基础上根据设计柱间距和跨间距测设。

11. 3. 2 施工控制桩和龙门板的测设

建筑物的主轴线测设好以后，即可详细测设建筑物各轴线交点的位置，并以桩顶打一小钉作为标志，称为轴线中心桩。由于施工时的基槽开挖会破坏轴线中心桩。因此，基槽开挖前应将轴线引测到基槽边线以外，不受施工影响之处。引测的方法有测设施工控制桩和龙门板。

（1）测设施工控制桩。施工控制桩测设是用经纬仪延长直线的方法将控制桩测设在轴线的延长线上，离基槽开挖边线一般在 2m 以外，如图 11 - 13 所示。如果是多层或高层建筑的施工，为了便于向高处引测，控制桩应设置在离建筑物较远的地方。如有可能，最好将轴线引测到周围固定的建筑物上。为了保证控制桩的测设精度，控制桩应与轴线中心桩一起测设。

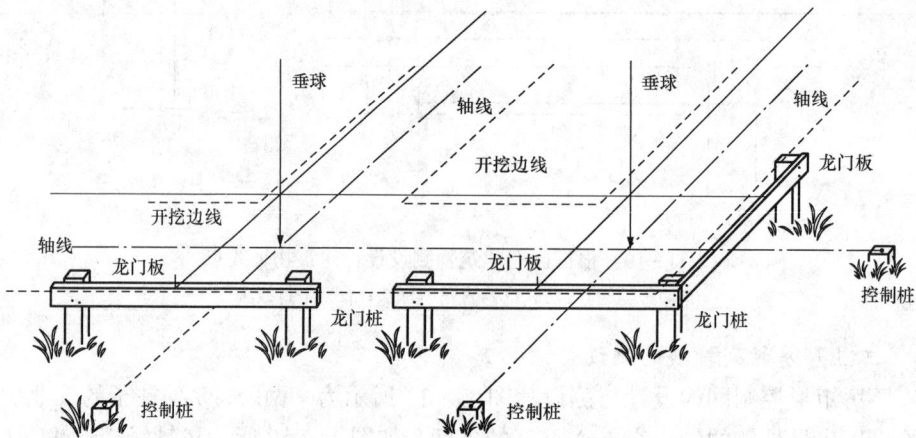

图 11 - 13　施工控制桩和龙门板

（2）测设龙门板。在一般民用建筑中，为便于施工，在基槽外设置龙门板，如图 11 - 13 所示，其设置方法如下：

1）在房屋的转角和隔墙的基槽开挖边线外 1～1.5m 处，设置龙门桩。

2）根据建筑场地的高程控制点，在每一龙门桩上测设±0.000m 标高线（或某一整分米数的标高线）；按标高线钉设龙门板，使龙门板的顶面代表这一标高；并可以据此测设建筑物细部点的标高。

3）根据轴线桩，用经纬仪将墙、柱等建筑物的轴线投测到龙门板上，一般用弹墨线和打小钉标志轴线。

4）在龙门板标志之间拉细线，随时可以恢复建筑物的轴线；并可以据此用悬挂垂球将轴线垂直投影到基坑底、基础面和施工中的墙基上。

采用挖掘机开挖基槽时，为了不妨碍挖掘机工作，一般只测设控制桩，不设置龙门桩和龙门板。

11. 3. 3 基础施工测量

一般将基础分为墙基础和柱基础。基础施工测量的主要内容是放样基槽开挖边线，控制基础的开挖深度，测设垫层的施工高程和放样基础模板的位置。

（一）墙基础施工测量

（1）放样基槽开挖边线和抄平。按照基础大样图上的基槽宽度，再加上口放坡的尺寸，计算出基槽开挖边线的宽度。由桩中心向两边各量基槽开挖边线宽度的一半，作出记号。在两个对应的记号点之间拉线，在拉线位置撒上白灰，就可以按照白灰线位置开挖基槽。

为了控制基槽的开挖深度，当基槽挖到一定的深度后，用水准测量的方法在基槽壁上，离坑底设计高程 0.3～0.5m 处每隔 2～3m 和拐点位置，设置一些水平桩，如图 11 - 14 所示。建筑施工中，将高程测设称为抄平。

基槽开挖完成后，应根据控制桩或龙门板，复核基槽宽度和槽底标高，合格后方可进行垫层施工。

（2）垫层和基础放样。如图 11 - 14 所示，基槽开挖完成后，应在基坑底设置垫层标高桩，使桩顶面的高程等于垫层设计高程，作为垫层施工的依据。

垫层施工完成后，根据控制桩（或龙门板）用拉线的方法，吊垂球将墙基轴线投设到垫层上，用墨斗弹出墨线，用红油漆画出标记，如图 11 - 15 所示。墙基轴线投设完成后，应按设计尺寸复核。

图 11 - 14　基槽抄平

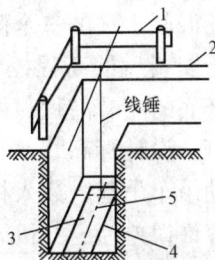

图 11 - 15　垫层中线测设
1—龙门板；2—细线；3—垫层；4—基础边线；5—墙中线

（二）工业厂房柱基础施工测量

（1）柱基的测设。柱基测设就是为每个柱子测设出 4 个柱基定位桩（图 11 - 11），作为放样柱基坑开挖边线、修坑和立模板的依据。柱基定位桩应设置在柱基坑开挖范围以外。图 11 - 16 所示是杯形柱基大样图。按照基础大样图的尺寸，用特制的角尺，在柱基定位桩上放出基坑开挖线，撒白灰标出开挖范围。桩基测设时，应注意定位轴线不一定都是基础中心线。图 11 - 11 所示②～⑧柱列轴线是基础的中心线，而Ⓐ、Ⓒ及①、⑨柱列轴线为柱子的边线。

（2）基坑高程的测设。如图 11 - 14 所示，当基坑开挖到一定深度时，应在坑壁四周离坑底设计高程 0.3～0.5m 处设置几个水平桩，作为基坑修坡和清底的高程依据。

（3）垫层和基础放样。同墙基础的垫层和基础放样。

（4）基础模板的定位。如图 11 - 17 所示，完成垫层施工后，根据基坑边的柱基定位桩，用拉线的方法，吊垂球将柱基定位线投影到垫层上，用墨斗弹出墨线，用红油漆画出标记，作为柱基立模板和布置基础钢筋的依据。立模板时，将模板底线对准垫层上的定位线，并用垂球检查模板是否竖直，同时注意使杯内底部标高低于其设计标高 2～5cm，作为抄平调整的余量。拆模后，在杯口面上定出柱轴线，在杯口内壁上定出设计标高。

11.3.4　工业厂房构件安装测量

建筑物施工时，如有大型预制构件，为了使其正确定位，须进行构件安装测量。下面介绍工业厂房的预制钢筋混凝土柱、吊车梁和轨道的安装测量。

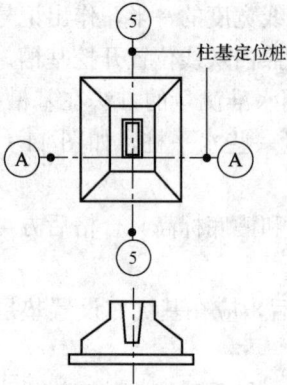

图 11-16　柱基的测设

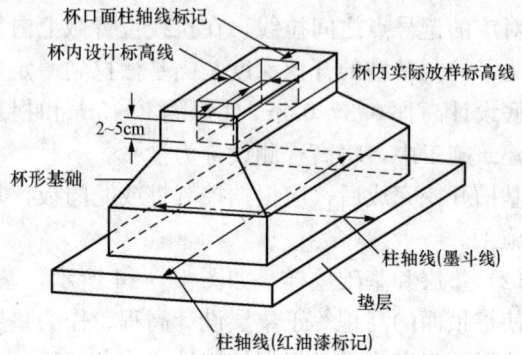

图 11-17　柱子杯形基础

（一）厂房柱安装测量

首先，在钢筋混凝土柱的三个侧面用墨斗弹出中心线；根据牛腿面设计标高，用钢尺量出柱下平线（柱子安装后的高程控制线），如图 11-18 所示。根据柱下平线量至柱底的高差，计算出基础杯底的应有高程；根据高程控制线，在杯底用水泥砂浆找平，这样可使柱子安装后的牛腿面符合设计标高。

预制柱用移动吊车吊起，插入杯形基础的杯口内后，应使柱子中心线与杯口面所弹纵、横轴线对齐，其容许误差为±3mm，在杯口四面用木楔临时将柱子下部固定。如图 11-19 所示，柱顶在纵、横方向拉钢丝绳。用两台经纬仪安置在离开柱约 1.5 倍柱高的纵、横轴线附近，进行柱子的竖直校正。

利用经纬仪置平后的视准轴上、下转动为一竖直面的原理，进行垂直投影。两台经纬仪都用纵丝瞄准柱面近杯口处的中心线，固定照准部，缓缓抬高物镜，观察柱子中心线偏离纵丝的方向。用钢丝绳拉动柱子顶部，使柱面中心线与纵丝重合。在杯口与柱子的缝隙中浇入混凝土，以固定柱子的位置。柱子安装时，应保证其平面位置、高程以及柱子的垂直度符合设计要求，其误差不应超过±3mm。

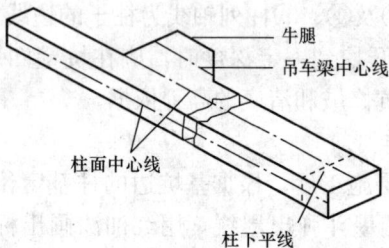

图 11-18　在预制钢筋混凝土柱上弹墨线

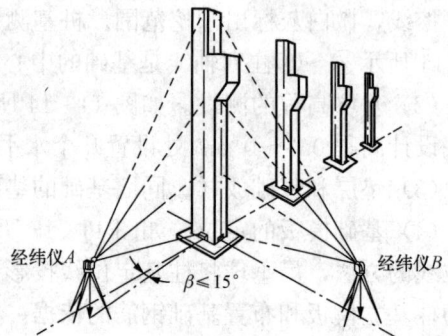

图 11-19　用两台经纬仪进行柱子竖直校正

（二）吊车梁的安装测量

预制钢筋混凝土吊车梁安装在柱子的牛腿面上，安装时，要求梁的上、下中心线应在设计中心线的同一竖直面内，梁顶面的高程符合设计数据。其测设方法如下：根据厂房施工控制网，在地面测设出吊车梁中心线的两个端点（图 11-20 中的 AA' 和 BB'），用木桩标记；

安置经纬仪于一个端点，瞄准另一端点，制动照准部。抬高望远镜，瞄准柱子的牛腿部分。检查柱子吊装前所画的中心线，如果与纵丝瞄准处相差 3mm 以上，则修正中心线的位置，并在牛腿顶面上画线；用移动吊车将吊车梁吊起，按梁的两端牛腿顶面上的中心线安装就位。待厂房的吊车梁全部安装完毕，在梁面上每隔 3m 用水准仪检查梁面的高程，与设计的容许偏差为±5mm。

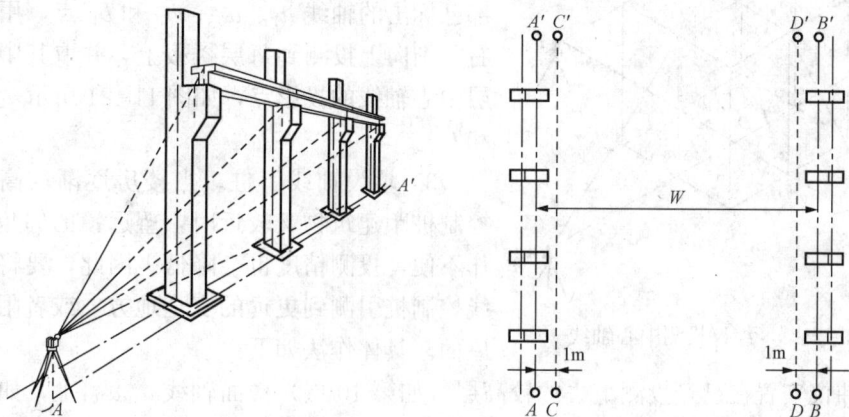

图 11-20　吊车梁及轨道安装测量

（三）吊车轨道的安装测量

用经纬仪将吊车梁中心线（即轨道中心线）投测到吊车梁顶面上，用墨斗弹线，作为安装吊车梁轨道的依据。由于安置在地面的经纬仪不可能处处与吊车梁通视，因此，用下述的中心线平移法检查轨道中线的平面位置和两侧吊车梁轨道的跨距。如图 11-20 所示，在地面上平行于 AA' 轴线，间距为 1m 处测设 CC' 轴线；移动经纬仪于 C 点，瞄准 C' 点，抬高物镜，从吊车梁轨道中心伸出水平安置的直尺，用经纬仪纵丝在尺上读数，可以检查轨道中心位置，其偏差不应大于 3mm；两条轨道同时进行这样的检查，可以检验轨道的跨距 W，其偏差不应大于 5mm。

待吊车梁轨道全部安装完毕，在梁面上每隔 3m 用水准仪检查轨道顶面的高程，容许与设计值的偏差为±5mm。

11.3.5　高层建筑物的轴线投测和高程传递

（一）高层建筑物的轴线投测

高层建筑物施工测量中的主要问题是控制垂直度，就是将建筑物的基础轴线准确地向高层引测，并保证各层相应轴线位于同一竖直面内，控制竖向偏差，使轴线向上投测的偏差值不超限。

轴线向上投测时，要求竖向误差在本层内不超过 5mm，全楼累计误差值不应超过 $2H/10000$（H 为建筑物总高度），且应满足：$30\text{m}<H\leqslant 60\text{m}$ 时，不大于 10mm；$60\text{m}<H\leqslant 90\text{m}$ 时，不大于 15mm；$H>90\text{m}$ 时，不大于 20mm。高层建筑物轴线的竖向投测，主要有外控法和内控法两种，下面分别介绍这两种方法。

（1）外控法。外控法是在建筑物外部，利用经纬仪，根据建筑物轴线控制桩来进行轴线的竖向投测，亦称作"经纬仪引桩投测法"。具体操作方法如下：

1）在建筑物底部投测中心轴线位置。高层建筑的基础工程完工后，将经纬仪安置在轴

线控制桩 A_1、A_1'、B_1 和 B_1' 上，将建筑物主轴线精确地投测到建筑物的底部，并设立标志，如图 11-21 所示 a_1、a_1'、b_1 和 b_1'，以供下一步施工与向上投测之用。

2）向上投测中心线。随着建筑物不断升高，要逐层将轴线向上传递，如图 11-21 所示，将经纬仪安置在中心轴线控制桩 A_1、A_1'、B_1 和 B_1' 上，严格整平仪器，用望远镜瞄准建筑物底部已标出的轴线 a_1、a_1'、b_1 和 b_1' 点，用盘左和盘右分别向上投测到每层楼板上，并取其中点作为该层中心轴线的投影点，如图 11-21 所示 a_2、a_2'、b_2 和 b_2'。

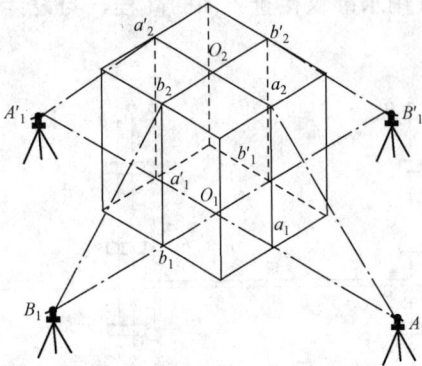

图 11-21　经纬仪投测中心轴线

3）增设轴线引桩。当楼房逐渐增高，而轴线控制桩距建筑物又较近时，望远镜的仰角较大，操作不便，投测精度也会降低。因此，要将原中心轴线控制桩引测到更远的安全地方，或者附近大楼的屋面。具体作法如下：

将经纬仪安置在已经投测上去的较高层（如第 10 层）楼面轴线 $a_{10}a_{10}'$ 上，如图 11-22 所示，瞄准地面上原有的轴线控制桩 A_1 和 A_1' 点，用盘左、盘右分中投点法，将轴线延长到远处 A_2 和 A_2' 点，并用标志固定其位置，A_2、A_2' 即为新投测的 A_1A_1' 轴控制桩。

更高各层的中心轴线，可将经纬仪安置在新的引桩上，按上述方法继续进行投测。

（2）内控法。内控法是在建筑物内 ±0 平面设置轴线控制点，并预埋标志，在各层楼板相应位置上预留 200mm×200mm 的传递孔，在轴线控制点上直接采用吊线坠法或激光铅垂仪法，通过预留孔将其点位垂直投测到任一楼层。

1）内控法轴线控制点的设置。在基础施工完毕后，在 ±0 首层平面上适当位置设置与轴线平行的辅助轴线。辅助轴线距轴线 500~800mm 为宜，并在辅助轴线交点或端点处埋设标志。如图 11-23 所示。

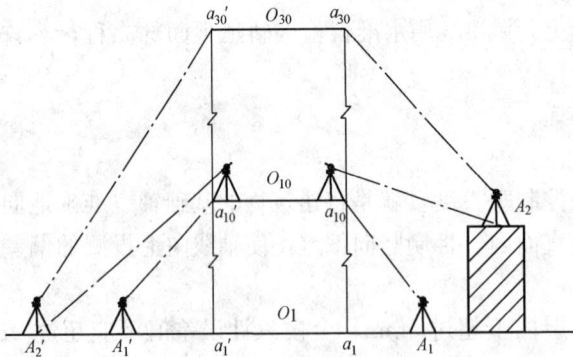

图 11-22　经纬仪引桩投测

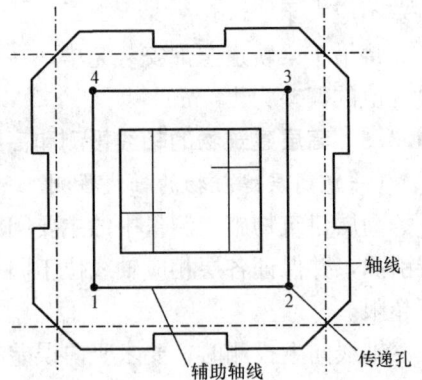

图 11-23　内控法控制点的设置

2）吊线坠法。吊线坠法是利用钢丝悬挂重垂球的方法，进行轴线竖向投测。这种方法一般用于高度在 50~100m 的高层建筑施工中，垂球的重量约为 10~20kg，钢丝的直径约为 0.5~0.8mm。投测方法如下：

如图 11-24 所示，在预留孔上安置十字架，挂上锤球，对准首层预埋标志。当垂球线静止时，固定十字架，并在预留孔四周作出标记，作为以后恢复轴线及放样的依据。此时，十字架中心即为轴线控制点在该楼面上的投测点。

用吊线坠法实测时，要采取一些必要措施，如用铅直的塑料管套着坠线或将垂球沉浸于油中，以减少摆动。

3）激光铅垂仪法。

①激光铅垂仪简介。激光铅垂仪是一种专用的铅直定位仪器，适用于高层建筑物、烟囱及高塔架的铅直定位测量。激光铅垂仪主要由氦氖激光管、精密竖轴、发射望远镜、水准器、基座、激光电源及接收屏等部分组成。

激光器通过两组固定螺钉固定在套筒内。激光铅垂仪的竖轴是空心筒轴，两端有螺扣，上、下两端分别与发射望远镜和氦氖激光器套筒相连接，二者位置可对调，构成向上或向下发射激光束的铅垂仪。仪器上设置有两个互成90°的管水准器，仪器配有专用激光电源。

②激光铅垂仪投测轴线。图11-25所示为激光铅垂仪进行轴线投测的示意图，其投测方法如下：

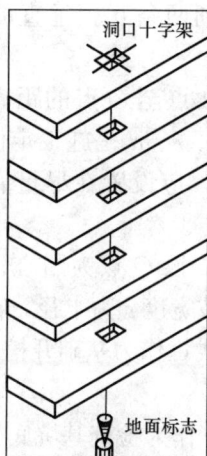

图11-24 吊线坠法投测轴线

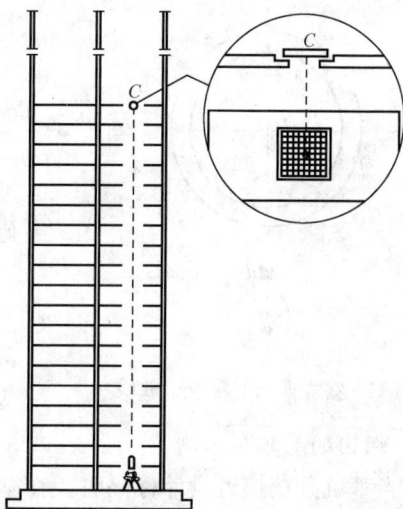

图11-25 激光铅垂仪向上投测地面控制点

a. 在首层轴线控制点上安置激光铅垂仪，利用激光器底端（全反射棱镜端）所发射的激光束进行对中，通过调节基座整平螺旋，使管水准器气泡严格居中。

b. 在上层施工楼面预留孔处，放置接受靶。

c. 接通激光电源，启辉激光器发射铅直激光束，通过发射望远镜调焦，使激光束会聚成红色耀目光斑，投射到接受靶上。

d. 移动接受靶，使靶心与红色光斑重合，固定接受靶，并在预留孔四周作出标记。此时，靶心位置即为轴线控制点在该楼面上的投测点。

（二）高程建筑的高程传递

首层墙体砌到1.5m高后，用水准仪在内墙面上测设一条"+50"的水平线，作为首层地面施工及室内装修的标高依据。以后每砌高一层，就从楼梯间用钢尺从下层的"+50"标高线，向上量出层高，测出上一楼层的"+50"标高线。

11.4 其他建（构）筑物施工测量

11.4.1 烟囱、水塔施工测量

烟囱和水塔的施工测量相似，现以烟囱为例加以说明。烟囱是圆锥形的高耸构筑物，其特点是基础小、主体高。施工测量工作主要是严格控制其中心位置，保证烟囱主体竖直。

（一）烟囱的定位、放线

（1）烟囱的定位。烟囱的定位主要是定出基础中心的位置。定位方法如下：

1）按设计要求，利用与施工场地已有控制点或建筑物的尺寸关系，在地面上测设出烟囱的中心位置 O（即中心桩）。

2）如图 11-26 所示，在 O 点安置经纬仪，任选一点 A 作后视点，并在视线方向上定出 a 点，倒转望远镜，通过盘左、盘右分中投点法定出 b 和 B；顺时针测设 90°，定出 d 和 D，倒转望远镜，定出 c 和 C，得到两条互相垂直的定位轴线 AB 和 CD。

3）A、B、C、$D4$ 点至 O 点的距离为烟囱高度的 1～1.5 倍。a、b、c、d 是施工定位桩，用于修坡和确定基础中心，应设置在尽量靠近烟囱而不影响桩位稳固的地方。

（2）烟囱的放线。以 O 点为圆心，以烟囱底部半径 r 加上基坑放坡宽度 s 为半径，在地面上用皮尺画圆，并撒出灰线，作为基础开挖的边线。

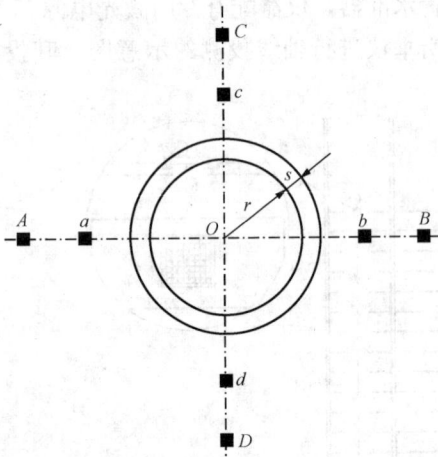

图 11-26 烟囱的定位、放线

（二）烟囱的基础施工测量

（1）当基坑开挖接近设计标高时，在基坑内壁测设水平桩，作为检查基坑底标高和打垫层的依据。

（2）坑底夯实后，从定位桩拉两根细线，用垂球将烟囱中心投测到坑底，钉上木桩，作为垫层的中心控制点。

（3）浇灌混凝土基础时，应在基础中心埋设钢筋作为标志，根据定位轴线，用经纬仪将烟囱中心投测到标志上，并刻上"＋"，作为施工过程中，控制筒身中心位置的依据。

（三）烟囱筒身施工测量

（1）引测烟囱中心线。在烟囱施工中，应随时将中心点引测到施工的作业面上。

1）在烟囱施工中，一般每砌一步架或每升模板一次，就应引测一次中心线，以检核该施工作业面的中心与基础中心是否在同一铅垂线上。引测方法如下：

在施工作业面上固定一根枋子，在枋子中心处悬挂 8～12kg 的垂球，逐渐移动枋子，直到垂球对准基础中心为止。此时，枋子中心就是该作业面的中心位置。

2）烟囱每砌筑完 10m，必须用经纬仪引测一次中心线。引测方法如下：

如图 11-26 所示，分别在控制桩 A、B、C、D 上安置经纬仪，瞄准相应的控制点 a、b、c、d，将轴线点投测到作业面上，并作出标记。按标记拉两条细绳，其交点即为烟囱的中心位置，并与垂球引测的中心位置比较，以作校核。烟囱的中心偏差一般不应超过砌筑高度的1/1000。

3）对于高大的钢筋混凝土烟囱，烟囱模板每滑升一次，就应采用激光铅垂仪进行一次烟囱的铅直定位，定位方法如下：

在烟囱底部的中心标志上安置激光铅垂仪，在作业面中央安置接收靶。在接收靶上显示的激光光斑中心，即为烟囱的中心位置。

4）在检查中心线的同时，以引测的中心位置为圆心，以施工作业面上烟囱的设计半径为半径，用木尺画圆，如图 11-27 所示，以检查烟囱壁的位置。

（2）烟囱外筒壁收坡控制。烟囱筒壁的收坡是用靠尺板来控制的。靠尺板的形状如图 11-28 所示，靠尺板两侧的斜边应严格按设计的筒壁斜度制作。使用时，将斜边贴靠在筒体外壁上，若垂球线恰好通过下端缺口，说明筒壁的收坡符合设计要求。

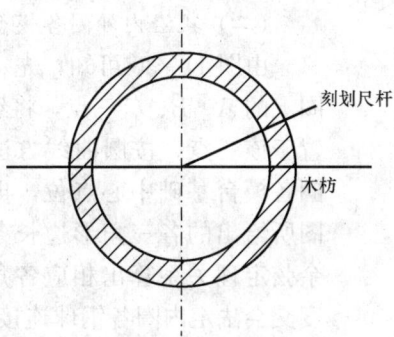

图 11-27 烟囱壁位置的检查

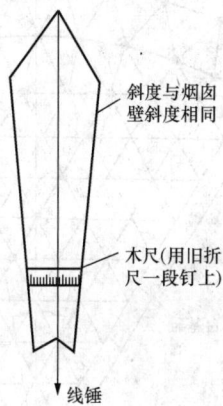

图 11-28 坡度靠尺板

（3）烟囱筒体标高的控制。一般是先用水准仪，在烟囱底部的外壁上测设出 +0.500m（或任一整分米数）的标高线。以此标高线为准，用钢尺直接向上量取高度。

11.4.2 金属网架安装测量

金属网架由预制钢管构件在现场模台上拼装焊接而成。如图 11-29 所示，某金属网架大屋顶由 914 个不同规格的钢球和 9230 根 16Mn 管焊接而成，构成一个上、下弦高达 6m，平面直径 124.6m 的圆形屋顶，总面积为 12 000 多平方米，重 600 多吨，它由 36 根高 26m 的混凝土立柱所支撑。规模大、结构复杂，是一座现代化的金属网架结构。

施工方法采用网架在现场地面

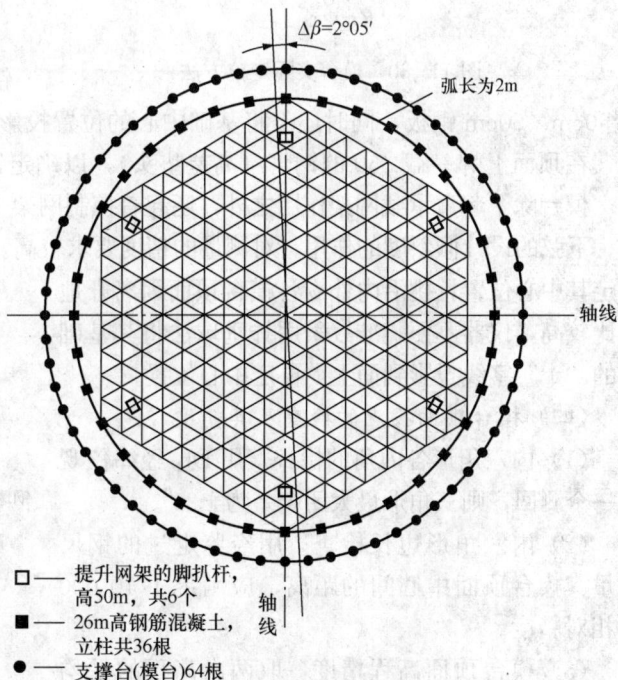

□ —— 提升网架的脚扒杆，高50m，共6个
■ —— 26m高钢筋混凝土，立柱共36根
● —— 支撑台（模台）64根

图 11-29 金属网架

拼接，整体提升，空中旋转就位。网架拼装分为小拼、大拼两个作业工序。小拼工作简单，不予介绍，大拼中的测量工作包括下列几方面。

（一）模台基础放样

模台是为地面拼装网架支撑钢球而设置的，要求模台中心与各节点钢球中心位于同一铅垂线上。实际定位方法（图 11 - 30）以圆心角 60°范围为例，先定出 D、E 两点，构成 ODE 大等边三角形，再依此定出大三角形内其余各点点位。

如果 OD、OE 不通视，则将 DE 线段三等分，得出 F、G 两点，连接 OF 及 OG，求得：

$$\alpha = \beta = 19°23'42''\qquad \gamma = 21°12'36''\qquad OF = OG = 49.804\text{m}$$

用 DJ$_2$ 经纬仪架于 O 点（圆心），照准轴线方向点，使用检验过的钢尺，定出 F、G 两点，根据几何关系求出 D、E 两点。

（二）挑沿内外圈各模台基础的放样

由图 11 - 30 可知，先定出挑沿外圈上的 A、B、C 三点，将经纬仪分别置于该三点，按圆曲线方法，定出外圈各模台基础中心点位，再根据设计图所给出的各三角形边长条件，应用余弦定理关系算出相应各角值，用角度交会法定内圈各钢球连接点（节点）的中心点位。

（三）模台顶面投点

当模台基础施工完毕后，将工字钢构成的标桩安装在基础上，顶面焊

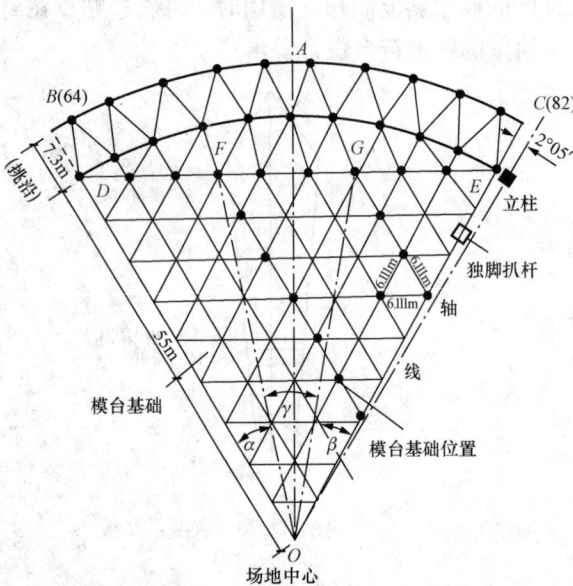

图 11 - 30　模台实际定位方法

上 50cm×50cm 钢板，同时还需将基础中心的位置投影到按设计确定的相应高度的模台顶面上，在顶面上焊一截 φ50 的钢管（高差垫头），以确定钢球安放的位置及高度（图 11 - 31）。

模台除了起着承载网架作用之外，还起着控制网架平面位置的几何图形和控制网架竖直面上、下弦的设计倾斜度的作用。对测量的精度要求较高。模台顶面投点方法是采用线交会法来确定其中心位置，挑沿内外圈各模台顶面因离开地面比较高，仪器不便瞄准故采用挂垂球法将其基础上的"十"字线投影到面上，再定中心位置。

（四）模台顶面投点的检查及其精度

（1）内六角形各内角的检查。用 DJ$_2$ 经纬仪观测一个测回，则三角形最大闭合差为±30″。

（2）内六角形边长检查。用经鉴定过的钢尺丈量其模台顶面中心间的距离，应满足 1/10 000 的相对精度。

（3）模台顶面高程精度：取两次高程的平均值与设计高程比较，误差不超过±5mm。

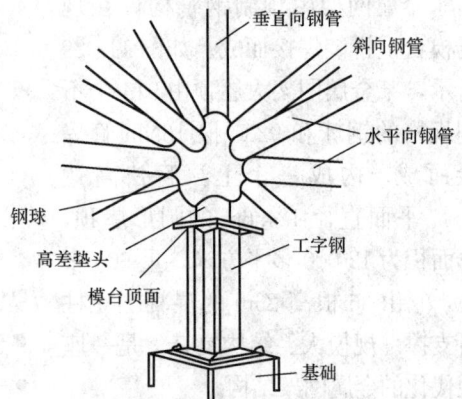

图 11 - 31　钢球安放位置及高度

11.4.3 椭圆形建筑物的施工测量

随着城市现代化建设的迅猛发展，各种大型的复杂建筑物不断增多。平面图形为椭圆形的建筑物较多地被使用，尤其在体育类建筑中使用较多。为了满足现代化施工对测量工作提出的更快、更精确的要求，目前施工测量多采用全站仪极坐标法进行测设。要采用全站仪极坐标法进行椭圆形建筑物的测设，首先需要知道椭圆上待测设点的坐标。计算椭圆上待测设点的坐标，传统的做法多采用四心圆法，但四心圆法会造成严重的点位偏移和图形变形。因此，下面介绍一种简便、快速、精确测设椭圆形建筑物的方法。

（一）椭圆坐标系的建立和坐标计算

图 11-26 所示为一长半轴为 a、短半轴为 b 的椭圆。现以长半轴为横轴 X，短半轴为纵轴 Y 建立椭圆直角坐标系 XOY，则该椭圆的标准方程为

$$\frac{X^2}{a^2} + \frac{Y^2}{b^2} = 1 \tag{11-5}$$

第一象限内，椭圆上点 i 的坐标为

$$X_i = ic \\ Y_i = \frac{b}{a}\sqrt{a^2 - X_i^2} \tag{11-6}$$

式中 c——根据设计和施工要求选定的等分间距。

由于椭圆的对称性，其他象限点的坐标不必另行计算，只需将式（11-6）计算的数值改变符号即可。

（二）坐标转换

由于上述的椭圆坐标系与测量坐标系不一致，故需要先进行坐标变换。为使转换计算简便，将控制点的测量坐标转换为上述的椭圆坐标。

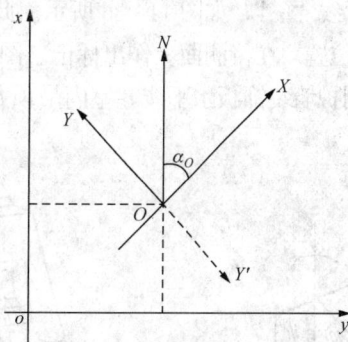

由图 11-32 不难看出，上述椭圆坐标系 XOY 为右手坐标系。测量坐标系 xoy 却为左手坐标系，为了进行坐标变换，先建立左手椭圆坐标系 XOY'，即将上述的右手椭圆坐标系 XOY 中的 Y 轴改变方向（图 11-33）。

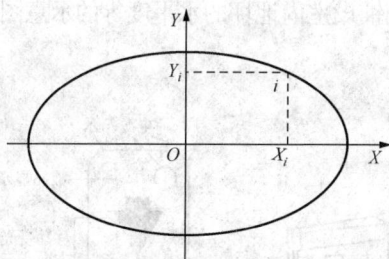

图 11-32　椭圆直角坐标系　　　　图 11-33　左手椭圆坐标系

利用式（11-7）将控制点的测量坐标 (x, y) 转换为左手椭圆坐标系 XOY' 的坐标 (X, Y')，即

$$X = (x - x_O)\cos\alpha_O + (y - y_O)\sin\alpha_O \\ Y' = -(x - x_O)\sin\alpha_O + (y - y_O)\cos\alpha_O \tag{11-7}$$

式中：$(x_0，y_0)$ 为椭圆坐标系原点的测量坐标，α_0 椭圆坐标系的 X 轴相对于测量坐标系 x 轴的旋转角，均由设计给出。

再将控制点在 XOY' 的坐标转换到右手椭圆坐标系 XOY 中。从图 11 - 33 中不难看出，同一点在坐标系 XOY' 和坐标系 XOY 中，其横坐标值相同，纵坐标值则绝对值相等而符号相反，即

$$Y = -Y'$$

（三）实地放样

有了测量控制点和椭圆上待测设点在同一坐标系中的坐标，便可采用全站仪极坐标法在实地简便、快速、精确地测设出该椭圆形建筑物。

11.4.4　利用激光平面仪进行建筑装饰

激光平面仪主要由激光准直器、转镜扫描装置、安平机构和电源等部件组成。激光准直器竖直地安置在仪器内。转镜扫描装置如图 11 - 34 所示，激光束沿五角棱镜旋转轴 OO' 入射时，出射光束为水平光束，当五角棱镜在电机驱动下水平旋转时，出射光束成为激光平面，可以同时测定扫描范围内任意点的高程。

图 11 - 35 所示为日本索佳公司生产的自动安平激光平面仪 LP3A，除主机外还配有两个受光器（即光电接受靶）。受光器上有条形受光板、液晶显示屏和受光灵敏度切换钮，此钮从 L 转至 H，受光感应灵敏度由低感度（±2.5mm）转变到高感度（±0.8mm），可根据测量要求进行选择。受光器也可通过卡具安装在水准尺或测量杆上，即可测出任意点的标高或用以检测水平面等。

使用时，将 LP3A 自动安平激光平面仪安置在三脚架上，调节基座螺旋使圆水准器居中（即仪器粗平），将激光电源开关拨至 ON，几秒钟后即自动产生激光水平面。此时，手持受光器在待测面上上下移动，当受光板接收到的水平面激光束的光信号高（或低）于所选择的受光感应灵敏度，液晶显示屏上则显示出指示受光器移动方向的提示符"↑"（或"↓"），按提示符移动受光器，当接收的光信号正好处于预选的灵敏范围内，则液晶显示屏上显示出一条水平面位置指示线"—"，如图 11 - 36 所示。此时即可用记号笔沿受光器右侧上的凹槽（即水平面指示线"—"位置）在待测面上作出标记。图 11 - 37 所示为用 LP3A 自动安平激光平面仪进行室内装饰时，测护墙装饰板水平线，室内吊顶龙骨架水平面，检测铺设室内地坪的水平度等的示意图。

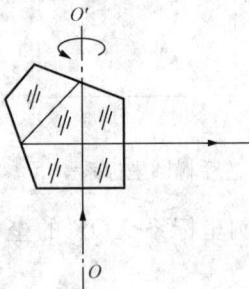

图 11 - 34　转镜扫描装置　　　　图 11 - 35　激光平面仪　　　　图 11 - 36　受光板液晶显示屏

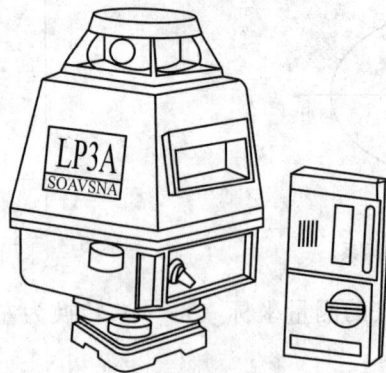

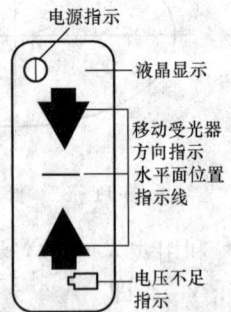

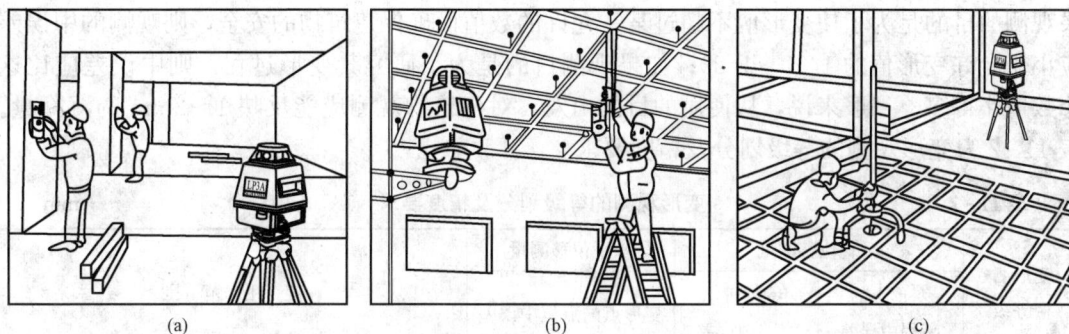

(a)　　　　　　　　　　(b)　　　　　　　　　　(c)

图 11-37　利用激光平面仪进行建筑装饰

11.5　建（构）筑物变形观测

为保证建筑物在施工、使用和运行中的安全，以及为建筑物的设计、施工、管理及科学研究提供可靠的资料，在建筑物施工和运行期间，需要对建筑物的稳定性进行观测，这种观测称为建筑物的变形观测。

建筑物变形观测的主要内容有建筑物沉降观测、建筑物倾斜观测、建筑物裂缝观测和位移观测等。

11.5.1　概述

（一）建筑物变形观测的目的和特点

在建筑物修建过程中，建筑物的基础和地基所承受的荷载会不断增加，从而引起基础及其回层地层变形，而建筑物本身因基础变形及外部荷载与内部应力的作用，也要发生变形。这种变形在一定范围内，可视为正常现象，但超过某一限度就会影响建筑物的正常使用，会对建筑物的安全产生严重影响，或使建筑物产生倾斜，或造成建筑物开裂，甚至造成建筑物整体坍塌。因此，为了建筑物的使用安全，研究变形的原因和规律，在建筑物的设计、施工和运行管理期间需要进行建筑物的变形观测。

所谓变形观测就是对建筑物（构筑物）及其地基或一定范围内岩体和土体的变形（包括水平位移、沉降、倾斜、挠度、裂缝等）进行的测量工作。

变形观测的特点是，通过对变形体的动态监测，获得精确的观测数据，并对监测数据进行综合分析，及时对异常变形可能产生的危害进行预报，以便采取必要的技术手段和措施，避免造成严重后果。

（二）建筑物变形观测方案的制订

建筑物的变形观测包括基础的沉降观测与建筑物本身的变形观测。变形观测能否达到预定的目的要受到很多因素的影响，其中最基本的因素是观测点的布设、观测的精度与频率，以及每次观测所进行的时间。通常在建筑物的设计阶段，在调查建筑物地基负载性能、研究自然因素对建筑物变形影响的同时，就应着手拟订变形观测的方案，并将其作为工程建筑物的一项设计内容，以便在施工时，就将标志和设备埋置在设计位置上。从建筑物开始施工就进行观测，一直持续到变形终止。

变形观测的精度要求，取决于该建筑物设计的允许变形值的大小和进行观测的目的。如果观测的目的是为了使变形值不超过某一允许的数值而确保建筑物的安全，则观测的中误差应小于允许变形值的 1/10～1/20；如果观测目的是为了研究其变形过程，则中误差应比这个数值小得多。一般来说，从使用的目的出发，对建筑物观测应能反映 1～2mm 的沉降量。表 11-2 为变形观测的等级划分及精度要求。

表 11-2　　　　　　　　　　变形观测的等级划分及精度要求　　　　　　　　　　mm

变形测量等级	垂直位移测量		水平位移测量	使 用 范 围
	变形点的高程中误差	相邻变形点高差中误差	变形点的点位中误差	
一等	±0.3	±0.1	±1.5	变形特别敏感的高层建筑、工业建筑、重要古建筑、精密工程建设、高耸构筑物等
二等	±0.5	±0.3	±3.0	变形比较敏感的高层建筑、古建筑、高耸构筑物、重要工程设施和重要建筑场地的滑坡监测等
三等	±1.0	±0.5	±6.0	一般性高层建筑、工业建筑、高耸的构筑物、滑坡监测
四等	±2.0	±1.0	±12.0	观测精度要求较低的建筑物、构筑物和滑坡监测

观测的频率取决于变形值的大小和变形速度，以及观测的目的。通常观测的次数应既能反映出变化的过程，又不遗漏变化的时刻。在施工阶段，观测频率应大些，一般有三天、七天、半月三种周期，到了竣工投产以后，频率可小一些，一般有一个月、两个月、三个月、半年及一年等不同的周期。除了系统的周期观测以外，有时还要进行紧急观测（临时观测）。

11.5.2　沉降观测

建筑物沉降观测是用水准测量的方法，周期性地观测建筑物上的沉降观测点和水准基点之间的高差变化值。

（一）水准基点的布设

水准基点是沉降观测的基准，因此水准基点的布设应满足以下要求：

（1）要有足够的稳定性　水准基点必须设置在沉降影响范围以外，冰冻地区水准基点应埋设在冰冻线以下 0.5m。

（2）要具备检核条件　为了保证水准基点高程的正确性，水准基点最少应布设三个，以便相互检核。

（3）要满足一定的观测精度　水准基点和观测点之间的距离应适中，相距太远会影响观测精度，一般应在 100m 范围内。

（二）沉降观测点的布设

进行沉降观测的建筑物，应埋设沉降观测点，沉降观测点的布设应满足以下要求：

（1）沉降观测点的位置　沉降观测点应布设在能全面反映建筑物沉降情况的部位，如建筑物四角，沉降缝两侧，荷载有变化的部位，大型设备基础，柱基础和地质条件变化处。

（2）沉降观测点的数量　一般沉降观测点是均匀布置的，它们之间的距离一般为 10～20m。

（3）沉降观测点的设置形式 如图 11-38 所示。

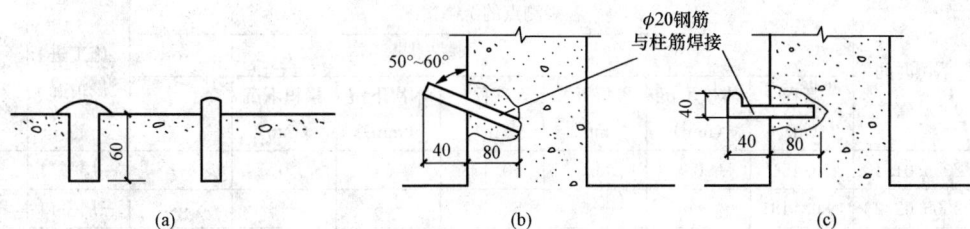

图 11-38 沉降观测点的设置形式

（三）沉降观测

（1）观测周期 观测的时间和次数，应根据工程的性质、施工进度、地基地质情况及基础荷载的变化情况而定。

1）当埋设的沉降观测点稳固后，在建筑物主体开工前进行第一次观测。

2）在建（构）筑物主体施工过程中，一般每盖 1～2 层观测一次。如中途停工时间较长，应在停工时和复工时进行观测。

3）当发生大量沉降或严重裂缝时，应立即或几天一次连续观测。

4）建筑物封顶或竣工后，一般每月观测一次，如果沉降速度减缓，可改为 2～3 个月观测一次，直至沉降稳定为止。

（2）观测方法 观测时先后视水准基点，接着依次前视各沉降观测点，最后再次后视该水准基点，两次后视读数之差不应超过 ±1mm。另外，沉降观测的水准路线（从一个水准基点到另一个水准基点）应为闭合水准路线。

（3）精度要求 沉降观测的精度应根据建筑物的性质而定。

1）多层建筑物的沉降观测，可采用 DS_3 水准仪，用普通水准测量的方法进行，其水准路线的闭合差不应超过 $\pm 2.0\sqrt{n}$mm（n 测站数）。

2）高层建筑物的沉降观测，则应采用 DS_1 精密水准仪，用二等水准测量的方法进行，其水准路线的闭合差不应超过 $\pm 1.0\sqrt{n}$mm（n 为测站数）。

（4）工作要求 沉降观测是一项长期、连续的工作，为了保证观测成果的正确性，应尽可能做到四定，即固定观测人员，使用固定的水准仪和水准尺，使用固定的水准基点，按固定的实测路线和测站进行。

（四）沉降观测的成果整理

（1）整理原始记录 每次观测结束后，应检查记录的数据和计算是否正确，精度是否合格，调整高差闭合差，推算出各沉降观测点的高程，并填入"沉降观测表"中（表 11-3）。

（2）计算沉降量 计算内容和方法如下：

1）计算各沉降观测点的本次沉降量，即

沉降观测点的本次沉降量＝本次观测所得的高程－上次观测所得的高程

2）计算累积沉降量，即

累积沉降量＝本次沉降量＋上次累积沉降量

将计算出的沉降观测点本次沉降量、累积沉降量、观测日期、荷载情况等记入"沉降观测表"中（表 11-3）。

表 11 - 3 　　　　　　　　　　　　　　　　沉 降 观 测 记 录 表

观测次数	观测时间	各观测点的沉降情况						…	施工进展情况	荷载情况 (t/m²)
		1			2					
		高程 (m)	本次下沉 (mm)	累积下沉 (mm)	高程 (m)	本次下沉 (mm)	累积下沉 (mm)	…		
1	2005.01.10	50.454	0	0	50.473	0	0	…	一层平口	
2	2005.02.23	50.448	−6	−6	50.467	−6	−6	…	三层平口	40
3	2005.03.16	50.443	−5	−11	50.462	−5	−11	…	五层平口	60
4	2005.04.14	50.440	−3	−14	50.459	−3	−14	…	七层平口	70
5	2005.05.14	50.438	−2	−16	50.456	−3	−17	…	九层平口	80
6	2005.06.04	50.434	−4	−20	50.452	−4	−21	…	主体完工	110
7	2005.08.30	50.429	−5	−25	50.447	−5	−26	…	竣工	
8	2005.11.06	50.425	−4	−29	50.445	−2	−28	…	使用	
9	2005.02.28	50.423	−2	−31	50.444	−1	−29	…		
10	2005.05.06	50.422	−1	−32	50.443	−1	−30	…		
11	2005.08.05	50.421	−1	−33	50.443	0	−30	…		
12	2005.12.25	50.421	0	−33	50.443	0	−30	…		

注　水准点的高程　BM.1：49.538mm；BM.2：50.123mm；BM.3：49.776mm。

（3）绘制沉降曲线　图 11 - 39 所示为沉降曲线图，沉降曲线分为两部分，即时间与沉降量关系曲线和时间与荷载关系曲线。

1）绘制时间与沉降量关系曲线　①以沉降量 s 为纵轴，以时间 t 为横轴，组成直角坐标系；②以每次累积沉降量为纵坐标，以每次观测日期为横坐标，标出沉降观测点的位置；③用曲线将标出的各点连接起来，并在曲线的一端注明沉降观测点号码，这样就绘制出了时间与沉降量关系曲线。

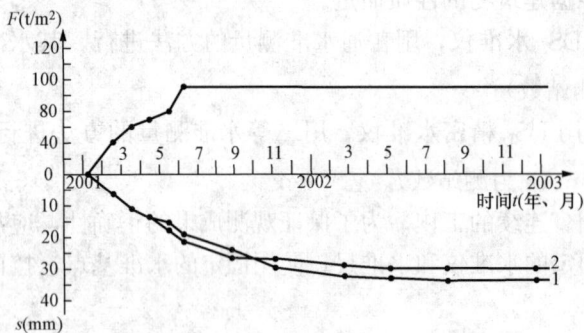

图 11 - 39　沉降曲线图

2）绘制时间与荷载关系曲线　①以荷载为纵轴，以时间为横轴，组成直角坐标系；②根据每次观测时间和相应的荷载标出各点，将各点连接起来，即可绘制出时间与荷载关系曲线。

11.5.3　倾斜观测

用测量仪器来测定建筑物的基础和主体结构倾斜变化的工作，称为倾斜观测。

（一）一般建筑物主体的倾斜观测

建筑物主体的倾斜观测，应测定建筑物顶部观测点相对于底部观测点的偏移值，再根据建筑物的高度，计算建筑物主体的倾斜度，即

$$i = \tan\alpha = \frac{\Delta D}{H} \tag{11 - 8}$$

式中　i——建筑物主体的倾斜度；

ΔD——建筑物顶部观测点相对于底部观测点的偏移值，m；

$\quad H$——建筑物的高度，m；

$\quad \alpha$——倾斜角。

由式（11-8）可知，倾斜测量主要是测定建筑物主体的偏移值 ΔD。偏移值 ΔD 的测定一般采用经纬仪投影法。具体观测方法如下：

（1）如图 11-40 所示，将经纬仪安置在固定测站上，该测站到建筑物的距离为建筑物高度的 1.5 倍以上。瞄准建筑物 X 墙面上部的观测点 M，用盘左、盘右分中投点法，定出下部的观测点 N。用同样的方法，在与 X 墙面垂直的 Y 墙面上定出上观测点 P 和下观测点 Q。M、N 和 P、Q 即为所设观测标志。

（2）相隔一段时间后，在原固定测站上安置经纬仪，分别瞄准上观测点 M 和 P，用盘左、盘右分中投点法，得到 N' 和 Q'。如果 N 与 N'、Q 与 Q' 不重合，说明建筑物发生了倾斜，如图 11-40 所示。

（3）用尺子量出在 X、Y 墙面的偏移值 ΔA、ΔB，用矢量相加的方法，计算出该建筑物的总偏移值 ΔD，即

$$\Delta D = \sqrt{\Delta A^2 + \Delta B^2} \tag{11-9}$$

根据总偏移值 ΔD 和建筑物的高度 H 用式（11-8）即可计算出其倾斜度 i。

（二）圆形建（构）筑物主体的倾斜观测

对圆形建（构）筑物的倾斜观测，是在互相垂直的两个方向上，测定其顶部中心对底部中心的偏移值。具体观测方法如下：

（1）如图 11-41 所示，在烟囱底部横放一根标尺，在标尺中垂线方向上安置经纬仪，经纬仪到烟囱的距离为烟囱高度的 1.5 倍。

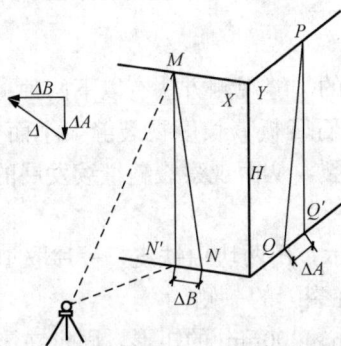

图 11-40 一般建筑物的倾斜观测

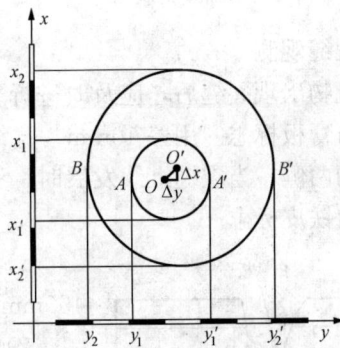

图 11-41 圆形建（构）筑物的倾斜观测

（2）用望远镜将烟囱顶部边缘两点 A、A' 及底部边缘两点 B、B' 分别投到标尺上，得读数为 y_1、y_1' 及 y_2、y_2'，如图 11-41 所示。烟囱顶部中心 O 对底部中心 O' 在 y 方向上的偏移值 Δy 为

$$\Delta y = \frac{y_1 + y_1'}{2} - \frac{y_2 + y_2'}{2} \tag{11-10}$$

（3）用同样的方法，可测得在 x 方向上顶部中心 O 的偏移值 Δx 为

$$\Delta x = \frac{x_1 + x_1'}{2} - \frac{x_2 + x_2'}{2} \tag{11-11}$$

（4）用矢量相加的方法，计算出顶部中心 O 对底部中心 O' 的总偏移值 ΔD，即

$$\Delta D = \sqrt{\Delta x^2 + \Delta y^2} \qquad (11 - 12)$$

根据总偏移值 ΔD 和圆形建（构）筑物的高度 H 用式（11-8）即可计算出其倾斜度 i。另外，亦可采用激光铅垂仪或悬吊锤球的方法，直接测定建（构）筑物的倾斜量。

（三）建筑物基础倾斜观测

建筑物的基础倾斜观测一般采用精密水准测量的方法，定期测出基础两端点的沉降量差值 Δh，如图 11-42 所示，再根据两点间的距离 L，即可计算出基础的倾斜度为

$$i = \frac{\Delta h}{L} \qquad (11 - 13)$$

对整体刚度较好的建筑物的倾斜观测，亦可采用基础沉降量差值推算主体偏移值。如图 11-43 所示，用精密水准测量的方法测定建筑物基础两端点的沉降量差值 Δh，在根据建筑物的宽度 L 和高度 H，推算出该建筑物主体的偏移值 ΔD，即

$$\Delta D = \frac{\Delta h}{L} H \qquad (11 - 14)$$

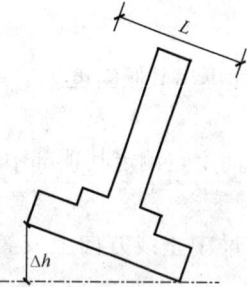

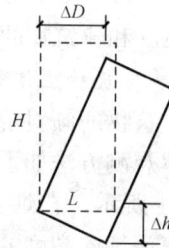

图 11-42　基础倾斜观测　　　　　　　图 11-43　基础倾斜观测测定建筑物的偏移值

11.5.4　裂缝观测

当建筑物出现裂缝后，应及时进行裂缝观测。常用的裂缝观测方法有以下两种。

（1）石膏板标志。用厚 10mm，宽约 50~80mm 的石膏板（长度视裂缝大小而定），固定在裂缝的两侧。当裂缝继续发展时，石膏板也随之开裂，从而观察裂缝继续发展的情况。

（2）白铁皮标志。

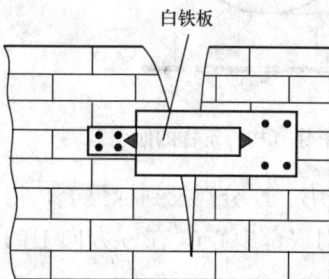

图 11-44　建筑物的裂缝观测

1）如图 11-44 所示，用两块白铁皮，一片取 150mm×450mm 的矩形，固定在裂缝的一侧。

2）另一片为 50mm×200mm 的矩形，固定在裂缝的另一侧，使两块白铁皮的边缘相互平行，并使其中的一部分重叠。

3）在两块白铁皮的表面，涂上红色油漆。

4）如果裂缝继续发展，两块白铁皮将逐渐拉开，露出矩形上原被覆盖没有油漆的部分，其宽度即为裂缝加大的宽度，可用尺子量出。

11.5.5　位移观测

根据平面控制点测定建筑物的平面位置随时间而移动的大小及方向，称为位移观测。位移观测首先要在建筑物附近埋设测量控制点，再在建筑物上设置位移观测点。位移观测的方

法有以下三种。

（1）基准线法。基准线法的原理是在垂直于水平位移方向上建立一条基线，在建（构）筑物上埋设一些观测标志，定期测定各观测标志偏离基准线的距离，从而求得水平位移量。如图 11-45 所示，A 和 B 为两个稳固的工作基点，其连线即为基准线方向。P 为观测点。观测时，将经纬仪安置于一端工作基点 A 上，瞄准另一端工作基点 B（后视点），此视线方向即为基准线方向，通过测微尺测量观测点 P 偏离视线的距离变化，即可得到水平位移差。

（2）小角法。小角法测量水平位移的原理与基准线法基本相同，只不过小角法是通过测定目标方向线的微小角度变化来计算得到位移量。

如图 11-46 所示，将经纬仪安置于工作基点 A，在后视点 B 上安置观测觇牌，在建筑物上设置观测标志 P，可用红漆在墙体上涂三角符号作为观测标志。用测回法观测 $\angle BAP$ 的角值，设第一次观测角值为 β_1，第二次观测角值为 β_2，两者之差 $\Delta\beta = \beta_2 - \beta_1$，则 P 点的位移量 δ 为

$$\delta = \frac{\Delta\beta}{\rho}D \tag{11-15}$$

式中 ρ——206 265″；

$\quad\quad$ D——A、P 之间的距离。

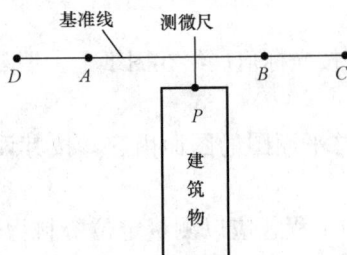

图 11-45   基线法

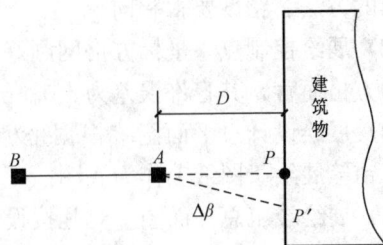

图 11-46   小角法

（3）交会法。当受建筑物及地形限制，不能采用基线法或小角法时，也可采用前方交会定点的方法来测出水平位移量。观测时尽可能选择较远的稳固的目标作为定向点，观测点埋设适用于不同方向照准的标志。

前方交会通常采用 J_1 经纬仪，用全圆方向测回法进行观测。观测点偏移值的计算常不直接采取计算各观测点的坐标，用比较不同观测周期的坐标来求出位移值的方法，而是根据观测值的变化直接计算位移值。一般来说，当交会边长在 100m 左右时，用 J_1 经纬仪测 6 个测回，位移值测定中误差将不超过 ± 1mm。

11.6   竣工总平面图的编绘

11.6.1   竣工测量

竣工测量指工程建设竣工、验收时所进行的测量工作。它主要是对施工测量过程中设计有所更改的部分、直接在现场制定施工的部分，以及资料不完整无法查对的部分，根据施工控制网进行现场实测，或加以补测。其提交的成果主要包括：竣工测量成果表和竣工总平面图、专业图、断面图，以及碎部点坐标、工程明细表。

竣工测量的目的和意义可概括为以下几个方面：

（1）在工程施工建设中，一般都是按照设计总图进行，但由于设计的更改、施工的误差及建筑物的变形等原因，使工程实际竣工位置与设计位置不完全一致。因而需要进行竣工测量，反映工程实际竣工位置。

（2）在工程建设和工程竣工后，为了检查和验收工程质量，需要进行竣工测量，以提供成果、资料作为检查、验收的重要依据。

（3）为了全面反映设计总图经过施工以后的实际情况，并且为竣工后工程维修管理运营及日后改建、扩建提供重要的基础技术资料，应进行竣工测量，在其基础上编绘竣工总平面图。

11.6.2　竣工总平面图的编绘

（一）编绘竣工总平面图的依据

（1）设计总平面图，单位工程平面图，纵、横断面图，施工图及施工说明。

（2）施工放样成果，施工检查成果及竣工测量成果。

（3）更改设计的图纸、数据、资料（包括设计变更通知单）。

（二）竣工总平面图的编绘方法

（1）在图纸上绘制坐标方格网　绘制坐标方格网的方法、精度要求与地形测量绘制坐标方格网的方法、精度要求相同。

（2）展绘控制点　坐标方格网画好后，将施工控制点按坐标值展绘在图纸上。展点对所临近的方格而言，其容许误差为±0.3mm。

（3）展绘设计总平面图　根据坐标方格网，将设计总平面图的图面内容，按其设计坐标，用铅笔展绘于图纸上作为底图。

（4）展绘竣工总平面图　对凡按设计坐标进行定位的工程，应以测量定位资料为依据，按设计坐标（或相对尺寸）和标高展绘。对原设计进行变更的工程，应根据设计变更资料展绘。对凡有竣工测量资料的工程，若竣工测量成果与设计值之较差，不超过所规定的定位容许误差时，按设计值展绘；否则，按竣工测量资料展绘。

（三）竣工总平面图的整饰

（1）竣工总平面图的符号应与原设计图的符号一致。有关地形图的图例应使用国家地形图图示符号。

（2）对于厂房应使用黑色墨线，绘出该工程的竣工位置，并应在图上注明工程名称、坐标、高程及有关说明。

（3）对于各种地上、地下管线，应用各种不同颜色的墨线，绘出其中心位置，并应在图上注明转折点及井位的坐标、高程及有关说明。

（4）对于没有进行设计变更的工程，用墨线绘出的竣工位置与按设计原图用铅笔绘出的设计位置应重合，但其坐标及高程数据与设计值比较可能稍有出入。

随着工程的进展，逐渐在底图上，将铅笔线都绘成墨线。

对于直接在现场指定位置进行施工的工程，以固定地物定位施工的工程及多次变更设计而无法查对的工程等，只好进行现场实测，这样测绘出的竣工总平面图，称为实测竣工总平面图。

思　考　题

11-1　何谓施工测量？施工测量的任务是什么？

11-2　建筑施工场地平面控制网的布设形式有哪几种？各适用于什么场合？

11-3　建筑基线的布设形式有哪几种？

11-4　如图 11-47 所示，"一"形建筑基线 A'、O'、B' 三点已测设在地面上，经检测 $\beta'=180°00'42''$。设计 $a=150.000\text{m}$，$b=100.000\text{m}$，试求 A'、O'、B' 三点的调整值，并说明如何调整才能使三点成一直线。

11-5　民用建筑施工测量包括哪些主要工作？

11-6　在图 11-48 中，已标出新建筑物的尺寸，以及新建筑物与原有建筑物的相对位置尺寸，另外建筑物轴线距外墙皮 240mm，试述测设新建筑物的方法和步骤。

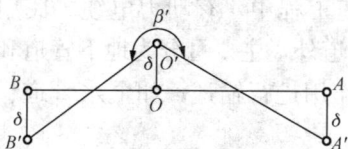

图 11-47　思考题 11-4 图

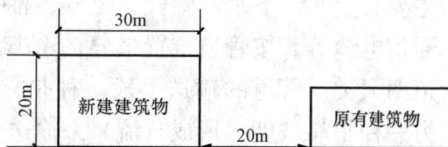

图 11-48　思考题 11-6 图

11-7　轴线控制桩和龙门板的作用是什么？如何设置？

11-8　高层建筑轴线投测的方法有哪两种？

11-9　工业建筑施工测量包括哪些主要工作？

11-10　何谓建筑物的沉降观测？在建筑物的沉降观测中，水准基点和沉降观测点的布设要求分别是什么？

第12章 管道施工测量

[导言] 管道工程在城市建设中占有重要地位，本章重点讲述了管道中线测量、纵横断面测量及其施工测量的基本知识。通过本章学习应掌握管道中线测量的方法，学会管道纵横断面图的绘制，熟悉管道施工特点及作业过程。

12.1 概　　述

管道工程是现代工业建设和城市建设的重要组成部分。管道的种类很多，按其用途来分，主要有上水、下水、暖气、煤气、油类等管道；在电缆工程中，有动力电缆、民用电缆、通信电缆等。按管道位置来分，除小范围的局部地面管道外，主要可分为地下管道和架空管道两大类。管道的输送手段一种是靠压力（或动力）作用进行输送，如上水管道、电缆；另一种是靠坡度（形成自流）来输送，如下水管道。

管道工程具有如下特点：种类繁多，纵横交错，上下穿插，分布面广；地下管道属隐蔽工程，一旦发生质量事故，难以查找和维修；各种管道施工单位不同，往往出现相互干扰，重复开挖的现象。因此，必须统一设计，准确施工，才能保证其符合设计要求。

管道工程测量任务是为管道工程设计提供地形图及纵横断面图并将设计的管道位置测设到实地。由于各种管道具有不同的用途，不同的设置形式和不同的输送手段，所以施工测量的精度要求也不相同。一般来说，管道施工测量的精度取决于工程性质、所在位置和施工方法等因素。例如，内部管道比外部管道测量精度要求高；无压力管道比有压力管道测量精度要求高；不开槽施工比开槽施工测量精度要求高。无论何种管道，要保证准确施工，使管内流体畅通无阻，关键问题是要满足中线和坡度的测量精度。

12.1.1 管道工程各阶段所需的具体测量工作

管道工程各阶段所需的测量工作主要包括以下几项：

（1）收集确定区域内大、中比例尺地形图，控制点资料，原有各种管线的平面图及断面图等。

（2）地形图测绘。根据初步规划的线路，实地测量管线附近的带状地形图或修测原有地形图。

（3）管道中线测量。根据设计要求，在地面上标定出管道中心线的位置。

（4）纵横断面图测量。测绘管道中心线和垂直于中心线方向的地面高低起伏的情况。

（5）管道施工测量。根据定线成果及设计要求测设施工过程中所需要的各种标志。

（6）竣工测量。将施工成果通过测量绘制成图，反映实际施工情况，作为使用期间维修、管理的依据。

为了保证各种地下管线的安全输送、城市卫生的要求等，有关部门对各种管线间的水平距离、垂直交叉净距及覆土深度等都有明确规定。施测前必须充分了解工程的全貌，收集已有的资料，制订合理的施测方案，测量工作应依据工程的不同特点和要求进行，并且做到步步有检核，才能保证施工质量。

12.1.2 管道工程测量前的准备工作

（1）熟悉设计图纸资料，弄清管线布置及工艺设计和施工安装要求。

（2）熟悉现场情况，了解设计管线走向，以及管线沿途已有平面和高程控制点分布情况。

（3）根据管道平面图和已有控制点，并结合实际地形，作好施测数据的计算整理，并绘制施测草图。

（4）根据管道在生产中的不同要求、工程性质、所在位置和管道种类等因素，以确定施测精度。如厂区内部管道比外部要求精度高；重力自流排水管道工程对高程的精度要求较严，而压力给水管道和容易弯曲的电力电缆、电信电缆等，对高程精度要求不高；开槽施工对平面控制精度要求偏低，而长距离的顶管施工，或盾构法施工对平面和高程控制精度要求较高，以控制贯通误差。

（5）管道测量工作必须采用城市或厂区统一的坐标和高程系统。

12.2 管 道 中 线 测 量

管道的起点、终点和转向点通称为管道的主点，主点的位置及管道方向是设计时确定的。管道中线测量就是将已确定的管道位置测设于实地，并用木桩标定。其内容包括管道主点的测设，中桩测设，管线转向角测量以及里程桩手簿的绘制等。

12.2.1 管道主点的测设

管道主点的测设可采用直角坐标法、极坐标法、角度交会法和距离交会法等（见本书9.2节）。

主点测设数据的采集方法根据管道设计所给的条件和精度要求，可采用图解法或解析法。

（一）图解法

城市管线一般与道路或建筑平行或垂直敷设，当管线规划设计图的比例尺较大，而且管道主点附近又有明显可靠的地物时，可采用图解法，主点桩的测设可按几何关系取得数据。如图 12-1 所示，A、B 是原有排水干线上的检查井，新建居民区排水管线主点Ⅰ、Ⅱ、Ⅲ，可依 A、B 两点及Ⅱ、Ⅲ点附近的建筑物采用图解法，在设计图上量出测设数据。沿原有排水干线 BA 方向由 B 点量出 S 即得到Ⅰ点，用 a、b 采用距离交会法测设Ⅱ点，用 c、d 采用直角坐标法测设Ⅲ点。图解法受图解精度的限制，精度不高。对于管道中线精度要求不高的情况，可采用此法。

（二）解析法

当管道规划设计图上已给出管道主点的坐标，而且主点附近又有控制点时，可用解析法来采集测设数据。图 12-2 所示1，2，…等为导线点，A，B，…等为管道主点，如用极坐标法测设 B 点，则可根据1、2和 B 点坐标，按极坐标法计算出测设数据∠12B 和距离 D_{2B}。测设时，安置经纬仪于2点，后视1点，转∠12B，得出 2B 方向，在此方向上用钢尺或测距仪测设距离 D_{2B}，即得 B 点。其他主点均可按上述方法进行测设。

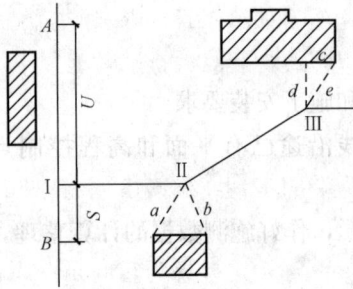

图 12 - 1 图解法

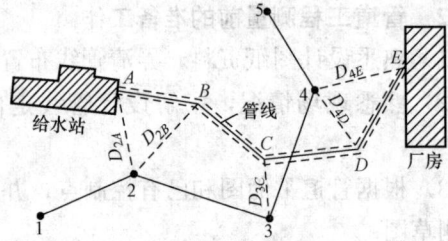

图 12 - 2 解析法

管线主点测设时，最常采用极坐标法与角度交会法。其测角精度一般为 $30''$，量距精度为 $1/5000$，并应分别计算测设点的点位误差。各种管线的定位容许误差应符合表 12 - 1 的规定。

表 12 - 1   管 线 定 位 容 许 误 差

测 设 内 容	定位容许误差（mm）	测 设 内 容	定位容许误差（mm）
厂房内部管线	7	厂区外地下管道	200
厂区内地下和地上管道	30	厂区内输电线路	100
厂区外架空管道	100	厂区外输电线路	300

管线的起止点、转折点在地面测定以后必须进行校核，其校核方法是：先用主点的坐标计算相邻主点间的长度；实地量取主点间距离，看其是否与算得的长度相符。实量值与设计值比较，其相对误差不得超过 $1/2000$；同时实测各转折点的夹角，其与设计值的比差不得超过 $\pm 1'$，超过时必须予以合理调整。

为了使测设有检核，应有多余的测设数据，若无法取得多余测设数据时，应采用重复测量的方式。

对于管道中线精度要求较高的情况，均用解析法测设主点。

12. 2. 2 中桩测设

中桩测设是为了测定管线的长度和测绘纵横断面图。从管道起点开始，须沿管线方向在地面上设置整桩和加桩。从起点开始按规定每隔某一整数设一桩，这个桩称为整桩。根据不同管线，整桩之间距离也不同，一般为 20、30m，最长不超过 50m。相邻整桩间管道穿越的重要地物处（如铁路、公路、旧有管道等）及地面坡度变化处要增设加桩。

为了便于计算，管道中桩都按管道起点到该桩的里程进行编号，并用红油漆写在木桩侧面，如图 12 - 3 所示，起点桩编号为 0＋000，如每隔 50m 钉一中心桩，则以后各桩依次编号为 0＋050，0＋100，…，终点桩为 0＋330，表示此桩离开起点 330m（"＋"号前的数为公里数），在地形变化的地方应设加桩，如编号 0＋270，即表示离起点距离为 270m。故管道中线上的整桩和加桩都称为里程桩。

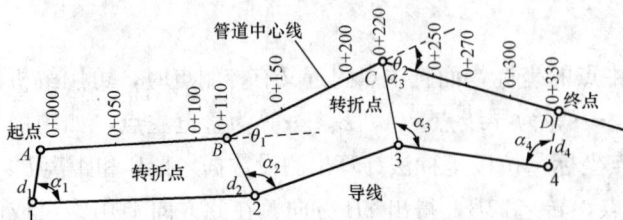

图 12 - 3 管道中心线测量

不同管线中线量距确定里程桩时的里程起算点是不同的，如给水管道以水源为起点，煤气、热力管道以来气、来热方向为起点，电力、电信线以电源为起点，排水管道以下游出水口作为起点。

12.2.3 转向角测量

管道改变方向时，转变后的方向与原方向的夹角称为转向角（或称偏角）。转向角有左、右之分，如图 12-3 所示，分别以 θ_1 和 θ_2 表示。测量转向角时，安置经纬仪于点 B，盘左瞄准点 A，在水平度盘上读数，纵转望远镜瞄准点 C，并读数，两读数之差即为转向角；用盘右按上法再观测一次，取盘左、盘右的平均数为转向角的结果。如管道主点位置均用设计坐标决定时，转向角应以计算值为准。如计算角值与实测角值相差超过限差，应进行检查和纠正。

管线工程对转向角的测设有较严格的要求，它直接影响施工质量及管线的正常使用。某些管线的转向角满足定型弯头的转角要求，如给水管道使用的铸铁管弯头转角有 90°、45°、22.5°等几种类型。如果管线交点之间距离较短，对于管径大于 500mm 的线路，转向角与定型弯头的转角差不应超过 1°，管径小于 500mm 时可放宽 2°。即使管线交点间距较大，其差值也不应过大。排水管线支线与干线交汇处转向角不应大于 90°，否则就会有阻水现象。

12.2.4 绘制里程桩手簿

在中桩测量的同时，要在现场测绘管道两侧带状地区的地物和地貌，这种图称为里程桩手簿。里程桩手簿是绘制纵断面图和设计管道时的重要参考资料。如图 12-4 所示，此图是绘在毫米方格纸上，图中的粗直线表示管道的中心线，0+000 为管道的起点。0+340 处为转向点，转向后的管线仍按原直线方向绘出，但箭头要表示管道转折的方向，并注明转向角值（图中转向角30°）。0+450 和 0+470 是管道穿越公路的加桩，0+182 和 0+265 是地面坡度变化的加桩，其他均为整桩。

测绘管道带状地形图时，其宽度一般为左右各 20m，如遇到建筑物，则需测绘到两侧建筑物，并用统一图式表示。测绘的方法主要用皮尺以交会法或直角坐标法进行。必要时也用全站仪极坐标法进行测绘。

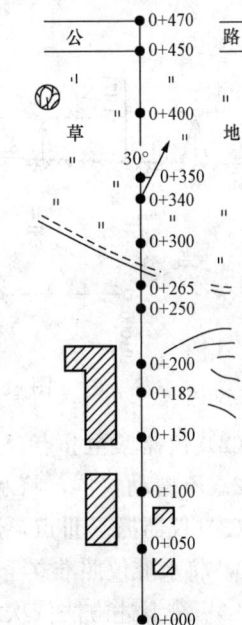

图 12-4　管道里程桩手簿

12.3　管道纵横断面图测绘

12.3.1 纵断面图测绘

纵断面图测量是根据管线附近敷设的水准点，用水准仪测出中线上各里程桩和加桩处的地面高程。根据测得的高程和相应的各桩号绘制纵断面图。纵断面图表示了管道中线方向上地面高低起伏和坡度陡缓的情况，是设计管道埋深、坡度及计算土方量的主要依据，其工作内容如下。

（一）纵断面水准测量

在纵断面水准测量之前，应先沿管线设置足够的水准点，以保证全线高程测量的精度。

当管道路线较长时，应沿管道方向每 1～2km 设一个永久性水准点。在较短的管道上和较长管道上的永久性水准点之间，每隔 300～500m，设立一个临时水准点，作为纵断面水准测量分段附合和施工时引测高程的依据。水准点一般选在旧建筑墙角、台阶和基岩等处。如无适当的地物，应提前埋设临时标桩作为水准点。

　　临时水准点应根据Ⅲ等水准点敷设，精度不低于Ⅳ等水准。为重力自流管道而布设的水准点，其高程按四等水准测量的精度要求进行观测；为一般管道布设的水准点，水准路线闭合差不超过 $\pm30\sqrt{L}$mm（L 以 km 为单位）。

　　纵断面水准测量一般是以相邻两水准点为一测段，从一个水准点出发，逐点测量中桩的高程，再附合到另一水准点上，以资校核。纵断面水准测量的视线长度可适当放宽，一般情况下采用中桩作为转点，但也可另设。在两转点间的各桩，通称为中间点。中间点的高程通常用仪高法求得。由于转点起传递高程的作用，所以转点上读数必须读至毫米，中间点读数只是为了计算本点的高程，故可读至厘米。

　　图 12-5 和表 12-2 分别为由水准点 BM_1 到 0+200 的纵断面水准测量示意图和记录手簿，其施测方法如下：

　　（1）仪器安置于测站Ⅰ，后视水准点 BM_1，读数 1.784；前视 0+000，读数 1.523。

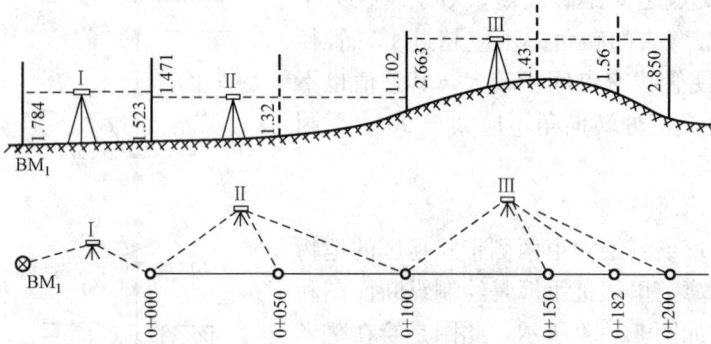

图 12-5　纵断面水准测量

　　（2）仪器搬至Ⅱ点，后视 0+000，读取后视读数 1.471；前视 0+100，读取前视读数 1.102。不搬动仪器，将水准仪照准立于 0+050 上的水准尺，读取中间视读数 1.32。

　　（3）仪器搬至Ⅲ点，后视 0+100，读取后视读数 2.663；前视 0+200，读取前视读数 2.850。将水准仪照准立于 0+150 和 0+182 上的水准尺，分别读取中间视读数 1.43 和 1.56。

　　（4）按上述方法依次对后面各站进行观测，直至附合到另一水准点为止。

　　观测完成后，应对水准路线闭合差进行检查。对于一般管道，其闭合差的限差为 $\pm50\sqrt{L}$mm；对于重力自流管道，其闭合差的限差为 $\pm40\sqrt{L}$mm。如闭合差在容许范围内，一般不需要进行高差闭合差调整，而直接计算各中桩点的高程，转点高程用高差法计算，中间点的高程可采用仪器高法求得。

表 12-2　　　　　　　　　　管道纵断面水准测量记录手簿

测　站	测　点	水准尺读数（m）			视线高（m）	高程（m）	备　注
		后视	前视	中间视			
Ⅰ	BM_1	1.784			130.526	128.742	水准点
	0+000		1.523			129.003	BM_1=128.742
Ⅱ	0+000	1.471			130.474	129.003	
	0+050			1.32		129.15	
	0+100		1.102			129.372	

续表

测 站	测 点	水准尺读数（m）			视线高（m）	高程（m）	备 注
		后视	前视	中间视			
Ⅲ	0+100	2.663			132.035	129.372	
	0+150			1.43		130.60	
	0+182			1.56		130.48	
	0+200		2.850			129.185	
…	…	…	…	…	…	…	…

（二）纵断面图的绘制

纵断面图一般绘制在毫米方格纸上，绘制时，横坐标表示管道的里程，纵坐标则表示高程。常用的里程比例尺有 1∶5000、1∶2000 和 1∶1000。为了明显表示地面起伏，一般可取高程比例尺比里程比例尺大 10 或 20 倍，例如里程比例尺用 1∶1000 时，高程比例尺则取 1∶100 或 1∶50。

纵断面图分为上下两部分。图的上半部绘制原有地面线和管道设计线。下半部分则填写有关测量及管道设计的数据。图 12-6 所示为一管道的纵断面图。

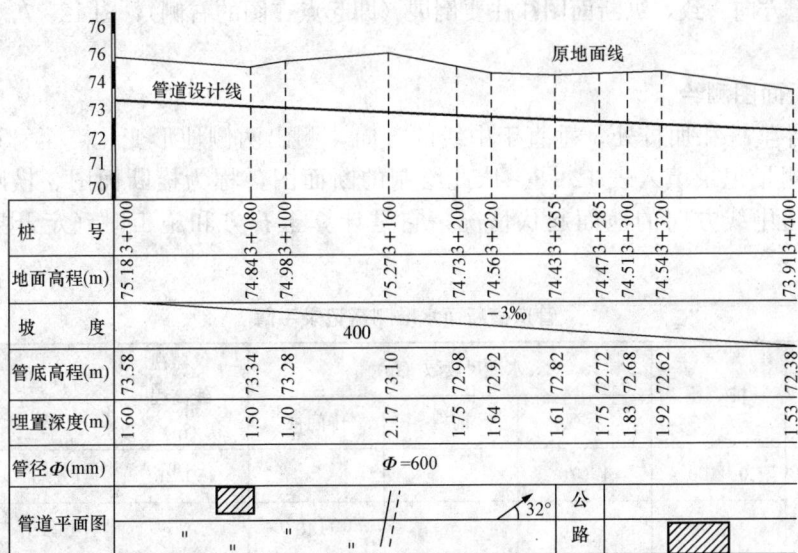

图 12-6 管道的纵断面图

管道纵断面图绘制步骤如下：

（1）画格制表。在方格纸上绘制与地形相适宜的纵横坐标以及填写数据的表格。

（2）填写数据。在坐标系下方的表格内填写各桩的里程桩号、地面高程等资料。

（3）绘地面线。首先确定最低点高程在图上的位置，使绘出的地面线处在图上的适当位置。依各中桩的里程和高程，在图上按纵横比例依次定出各中桩地面位置，用实线连接相邻点位，即可绘出地面线。

（4）标注设计坡度线。依设计的要求，在坡度栏内注记管道设计的坡度大小和方向。一一般用斜线或水平线表示，从左向右向上斜（／）表示上坡，向下斜（＼）表示下坡，水平线（一）表示平坡。线上方注记坡度数值（以千分比表示），下方注记坡长（水平距离）。不同的坡段以竖线分开。

（5）计算管底设计高程。依据管道起点的设计高程、工程的设计坡度以及各中桩之间的水平距离，推算出各管底的设计高程，填写入管底高程栏。

要计算某中桩的高程，可根据已设计的坡度和两点间的水平距离，从起点的设计高程计算该点的设计高程，即

$$某点的设计高程＝起点高程＋设计坡度×起点至该点的距离$$

（6）绘制管道设计线。根据起点的设计高程以及设计的坡度，在图的上半部依比例绘制管道设计线。

（7）计算管道的埋深。地面上实际高程减去管底设计高程即是管道的埋深。将其填入埋置深度栏。

（8）在图上注记有关资料。将一些必要的资料在图上注记，如该管道与旧管道的连接处，与公路、其他建（构）筑物的交叉处等。

图 12-7 和图 12-8 所示为某城市街道污水干管的纵断面图和污水管道平面图示例。

管道纵断面图的绘制，一般要求起点在左侧，有时由于管道起点方向不同，为了与管道地形图的注记方向一致，纵断面图往往要倒展（即起点在图的右侧），图 12-7、图 12-8 就是这种情况。

12.3.2　横断面图测绘

在中线各整桩和加桩处，垂直于中线的方向，测出两侧地形变化点至管道中线的距离和高差，测量记录填入表 12-3。依此绘制的断面图，称为横断面图。横断面反映的是垂直于管道中线方向的地面起伏情况，它是计算土石方和施工时确定开挖边界等的依据。

表 12-3　　　　　　　　　　管道横断面水准测量记录手簿

测　站	桩　号	水准尺读数（m）			仪器视线高程（m）	高程（m）	备　注
		后视	前视	中间视			
3	0+100	1.970			159.367	157.397	
	左 9			1.40		157.97	
	左 20			0.40		158.97	
	右 20			2.97		156.40	
	0+200		1.848			157.519	

管道横断面测量的宽度，由管道的管径和填埋深度而定，一般在中线两侧各测 20m。横断面方向的确定，可用经纬仪或专门用于测定横断面的方向架（图 12-9）来测定。横断面测量中，距离和高差的测量方法有标杆皮尺法、水准仪皮尺法、经纬仪视距法等。

横断面图一般绘制在毫米方格纸上。为了方便计算面积，横断面图的距离和高差采用相同比例尺，通常为 1∶100 或 1∶200。

高程 (m)： 54 53 52 51 50 49 48 47 46

说明

沟管种类

基础种类：90°混凝土枕基 ／ φ=800mm 顶管 ／ 90°混凝土枕基

水力元素

设计井底高程：49.150 48.871 48.738 48.601 48.240 48.040 47.890 47.740 47.590 47.440 47.290 47.140 46.990 46.908

检查井里程

桩号

现有地面高程

井号： 1 2 3 4 5 6 7 8 9 10 11 12 13 （旧井）

支线管 φ=200 L=27.9m 10‰
BM₃=50.914
管底坡度5‰ L=126.2m
学院路 0+403.5 φ=400mm
BM₂=49.992
BM₁=50.502
上水管道 φ=200 外顶48.50 0+162.0
管底坡度3‰ L=377.4m φ=800mm
污水管道线 起点与现有 φ=1000mm 管道交 旧井管底高程 45.810

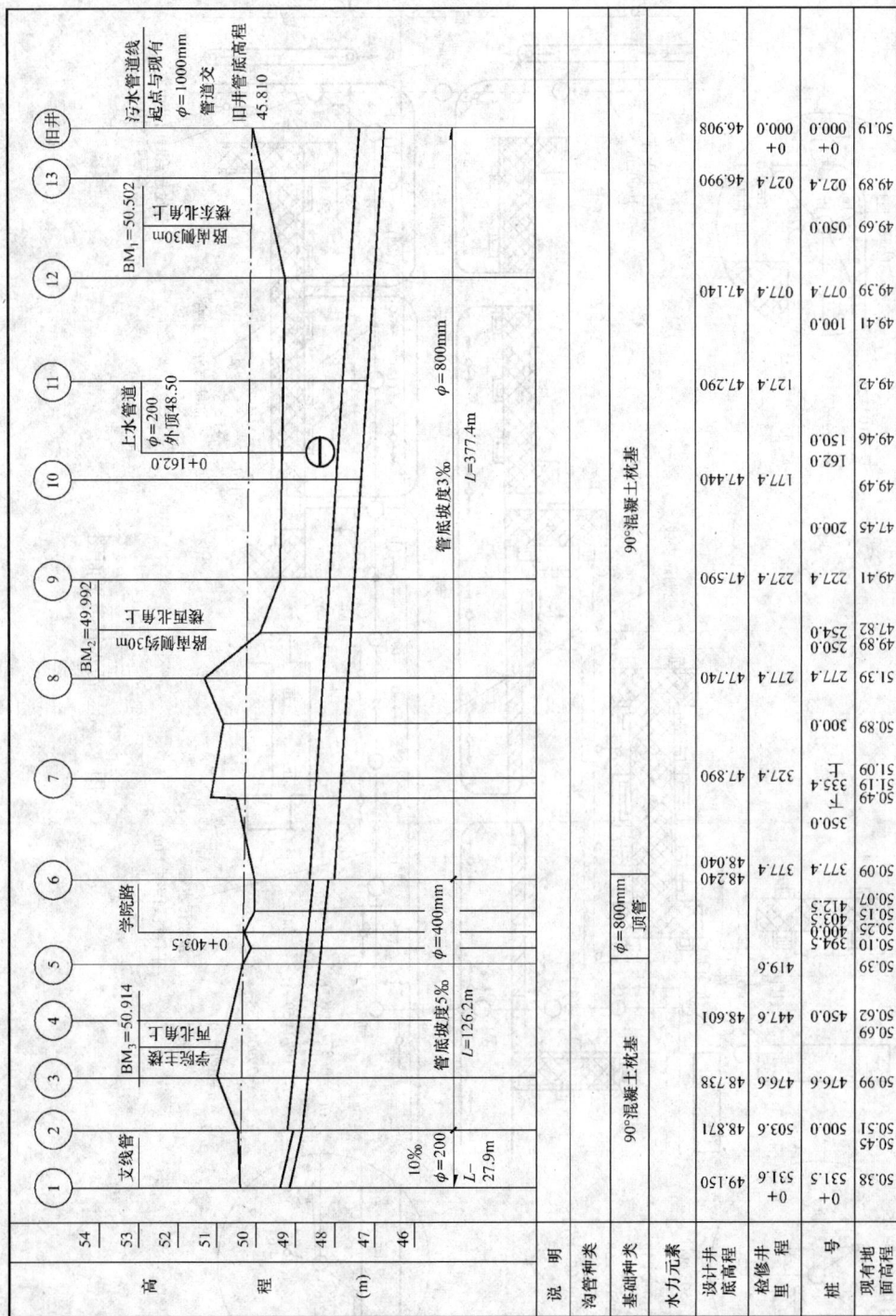

图 12-7 某城市街道污水干管纵断面图

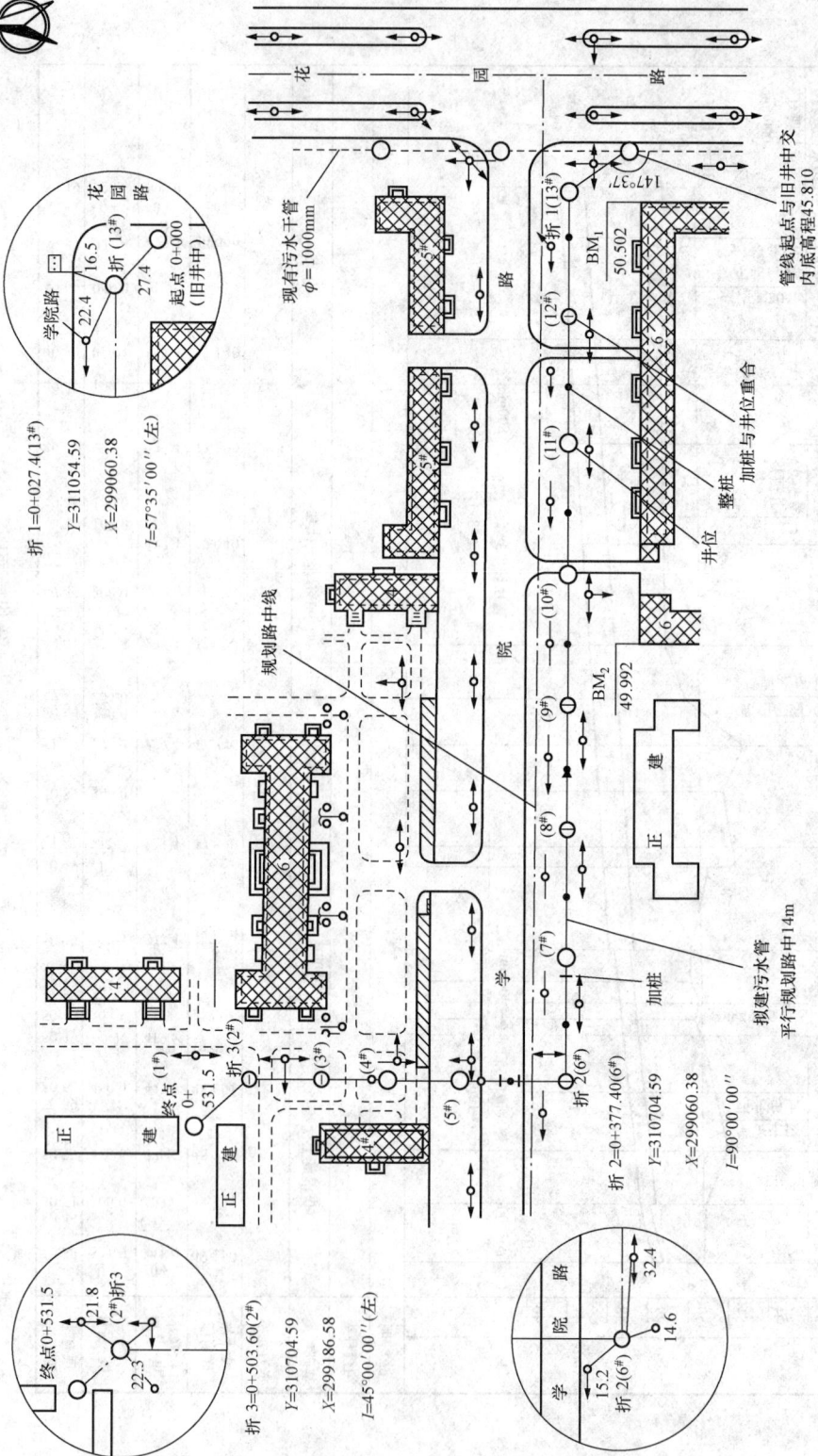

图 12 - 8 污水管道平面图

北

花 园 路

现有污水干管 φ=1000mm

规划路中线

拟建污水管
平行规划路中心14m

学 院 路

正 建

正 建

折 1=0+027.4(13#)
Y=311054.59
X=299060.38
I=57°35′00″(左)

花园路
折(13#)
起点 0+000
(旧井中)
16.5
22.4
27.4
学院路

BM₁
50.502

管线起点与旧井中交
内底高程45.810

折 I(13#)
147°37′

加桩与井位重合
井位
整桩
(12#)
(11#)
(10#)
BM₂
49.992
(9#)
(8#)
(7#)
加桩

折 2=0+377.40(6#)
Y=310704.59
X=299060.38
I=90°00′00″

终点 0+
531.5
折 3(2#)
(1#)
(3#)
(4#)
(5#)
折 2(6#)

折 3=0+503.60(2#)
Y=310704.59
X=299186.58
I=45°00′00″(左)

终点0+531.5
21.8
(2#)折3
22.3

学院路
32.4
14.6
15.2
折 2(6#)

如图 12-10 所示，绘图时先在适当的位置标出中桩，注明桩号。由中桩开始，按规定的比例分左、右两侧按测定的距离和高程，逐一展绘出各地形变化点，用直线将相邻点连接起来，即绘出管道的横面图。

依据纵断面的管底埋深、纵坡设计以及横断面上的中线两侧地形起伏，可以计算出管道施工时的土石方量。

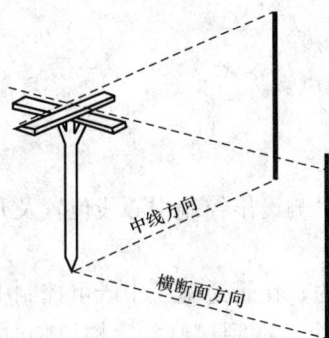

图 12-9 方向架

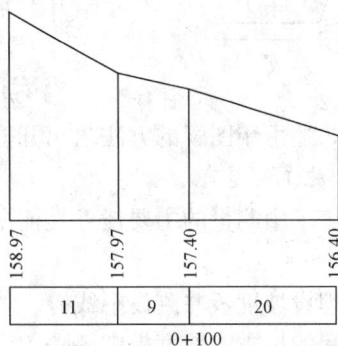

图 12-10 横断面图的绘制

12.4 管道施工测量

12.4.1 地下管道施工测量

（一）准备工作

（1）校核中线。管道中线测量中，已将管道中线位置在地面上标定出来，施工测量前，应对原有的中桩进行现场查看，必要时要用仪器实地检查，以保证中线位置的正确。对于已丢失或不稳定的桩位，应依据设计和测设数据进行恢复。

（2）测设施工控制桩。施工中，中线上的各桩均要被挖掉，为了恢复中线和其他附属构筑物的位置，应在不受施工影响、引测方便、易于保存点位处设置施工控制桩。

施工控制桩分为中线控制桩和位置控制桩。中线控制桩是在中线的延长线上设置的木桩，位置控制桩是在中线垂直方向上所设置的木桩，如图 12-11 所示。

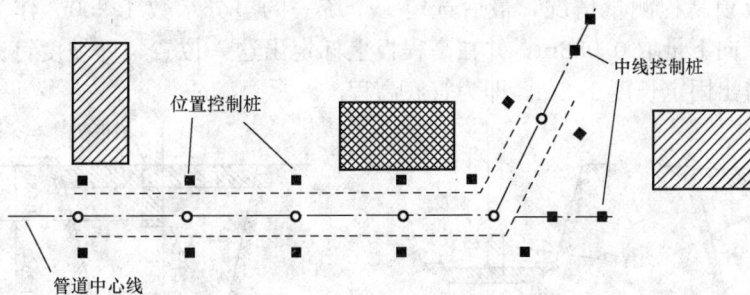

图 12-11 施工控制桩

（3）加密水准点。为了在施工过程中引测高程方便，应根据原有水准点，于沿线附近每隔 150m 左右增加一个临时水准点。临时水准点应在施工范围外，便于保存、便于引测。

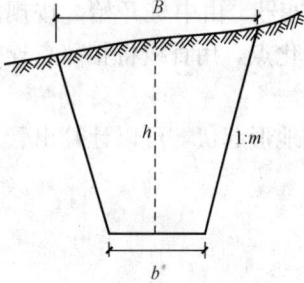

图 12-12　槽口宽度的计算

（4）槽口放线。槽口放线的任务是根据管径的大小、埋置的深度以及土质情况等，计算出开槽宽度，并在地面上定出槽边线位置，撒上白灰线，作为开槽的依据。如图 12-12 所示，当管道横断面上坡度比较平缓时，开槽宽度 B 可用下式计算

$$B = b + 2mh$$

式中　b——槽底宽度；

　　　h——中线的开挖深度；

　　　$1:m$——管槽的边坡坡度。

此外，还可用图解的方法求出开槽宽度。

（二）施工测量

管道施工中测量的主要任务是依据工程的进度，及时测设出控制中心线位置及开挖深度的标志。

（1）埋设坡度板并测设中线钉。坡度板是一种常用的，在管道施工中既可控制中心线又可控制高程的标志。坡度板应每隔 10～15m 跨槽埋设一个，遇到检修井等构筑物时应加埋。根据工程的要求，当槽深在 2.5m 以内时，应在开槽前埋设，如图 12-13（a）所示；当槽深在 2.5m 以上时，应待槽深挖到距槽底 2m 左右时，再在槽内埋设坡度板，如图 12-13（b）所示。坡度板埋设好后，将经纬仪安置在中线的控制桩上，照准远处的另一中线控制桩，将中线位置投测到坡度板顶，并钉以中线钉，各坡度板中线钉的连线即为中线方向。此外，还要将里程桩号写在坡度板背面。

（2）坡度钉的测设。为了控制沟槽开挖的深度，还要测量出坡度板板顶的高程。板顶高程与相应的管底设计高程之差，就是从板顶向下挖土的深度。由于地面有高低起伏变化，每个桩的设计挖深也不一样，故每块坡度板处向下挖的深度都不一样，在施工中可用坡度钉来控制。当管槽挖到一定的深度，在坡度板上中线一侧钉一高程板（也称坡度立板），在高程板上测设一无头小钉（称坡度钉），使各坡度钉的连线平行于管道设计坡度线，并距管底设计高程为一整分米，这称为下返数。这样，在管道施工过程中，施工人员只要利用一根木杆，在杆上标出一长度为下返数的位置，便可以随时检查和控制管道的坡度和高程。

例如，用水准仪测得某中桩坡度板中心线处的板顶高程为 34.783m，管底的设计高程为 33.500，从板顶向下量取 34.783－33.500＝1.283m，即为管底高程，如图 12-14 所示。依据各坡度板的板顶高程测量情况，最后选定一个统一的整分米数 1.200m 作为下返数。这样，只要从板顶向下量取 0.083m，并在高程板上标定出这一位置，即坡度钉。施工时从这一坡度钉向下量出固定长度 1.2m，即为管底高程。

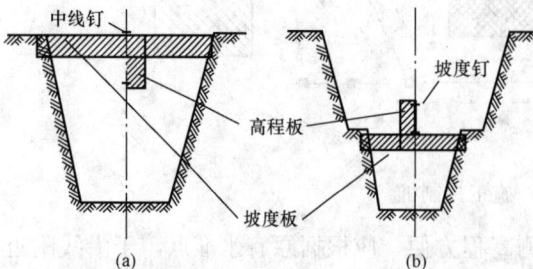

图 12-13　坡度板的设置　　　　　图 12-14　坡度钉的设置

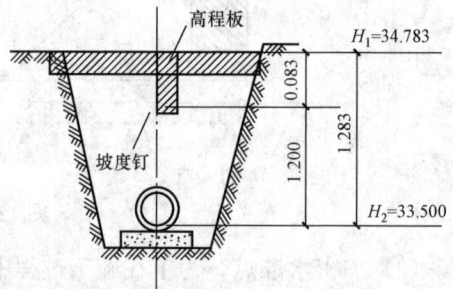

施工过程中，应随时检查槽底是否挖到设计高程，如挖深超过设计高程，绝不允许回填土，只能加高垫层。

（3）地下管线施工测量容许误差。管线的地槽标高，可根据施工程序，分别测设挖土标高和垫层面标高，其测量容许误差为±10mm。

地槽竣工后，应根据管线控制点投测管线的安装中心线或模板中心线，其投点容许误差为±5mm。

自流管的安装标高或底面模板标高每10m测设一点（不足时可加密）；其他管线每20m测设一点。管线的起止点、转折点、窨井和埋设件均应加测标高点。各类管线安装标高和模板标高的测量容许差，应符合表12-4的规定。

表 12-4   管线标高测量容许误差

管 线 类 别	标高容许误差（mm）	管 线 类 别	标高容许误差（mm）
自流管（下水道）	±3	液体压力管	±10
气体压力管	±5	电缆地沟	±10

12.4.2 架空管道施工测量

架空管道是将管道安装在混凝土支架、靠墙支架或屋架等构筑物上。其施工内容主要是支架基础、支架安装及管道安装。施工中的测量工作主要是管架基础施工测量，支架及管道安装测量。

（一）管架基础施工测量

管线定位并经检查后，可根据起止点和转折点，测设管架基础中心桩，其直线投点的容差为±5mm，基础间距丈量的容许误差为1/2000。

管架基础中心桩测定后，一般采用十字线法或平行基线法进行控制，即在中心桩位置沿中线和中线垂直方向打4个定位桩，或在基础中心桩一侧测设一条与中线相平行的轴线。管架基础控制桩应根据中心桩测定，其测定容许误差为＋3mm。

架空管道基础各工序的施工测量方法与厂房基础相同，各工序中心线及标高的测量容许误差应遵照表12-4的规定。

（二）支架安装测量

架空管道是安装在钢筋混凝土支架、钢支架上的。安装管道支架时，应配合施工，进行柱垂直校正和标高测量工作，其方法、精度要求均与厂房柱安装测量相同。管道安装前，应在支架上测设中心线和标高。中心线投点和标高测量容许误差均为±3mm。

12.5 顶 管 施 工 测 量

当管道穿过铁路、公路、繁华街区或重要建（构）筑物的地下时，往往不能、也不允许开挖沟槽，而是采用顶管施工的方法。

所谓顶管施工，就是在管道的一端和一定的长度内，先挖好工作坑，在坑内安置好导轨（铁轨或方木），将管材放在导轨上，用顶镐将管材沿所要求的方向顶进土中，并挖出管内的泥土。随着工程中越来越多地使用机械化作业，它已经被广泛地采用。

顶管施工比开槽施工要复杂、精度要求也高，测量在其中的主要任务就是控制好管道中线方向、高程和坡度。

12.5.1　顶管测量的准备工作

（一）顶管中线桩的设置

中线桩是工作坑内放线和控制管道中线的依据。首先，根据设计图上管线的要求，利用

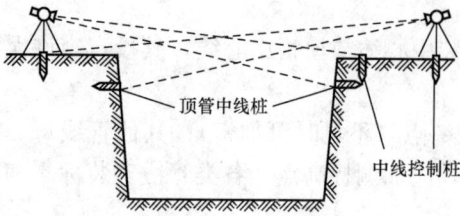

经纬仪将中线桩分别测设在工作坑的前后，让前后两个中线桩互相通视，在坑外的这两个中线桩上安置经纬仪，将中线方向投测至坑壁两侧，分别打入大木桩，作为顶管中线桩，如图 12 - 15 所示。

图 12 - 15　顶管中线位置的设置

（二）设置坑内临时水准点

为了控制管道按设计高程和坡度顶进，需将地面高程引入坑内，一般在坑内设置两个临时水准点，以便校核。

（三）安装导轨

顶管时，坑内要安装导轨，以控制顶进方向和高程，导轨常用铁轨。导轨一般安装在方木或混凝土垫层上，垫层面的高程及纵坡应符合管道的设计值。根据导轨宽度安装导轨，根据顶管中线桩及临时水准点检查中心线和高程，无误后，将导轨固定。

12.5.2　顶进过程中的测量工作

（一）中线测量

将两个设置在工作坑内壁的顶管中线桩之间拉紧一条细线，细线上挂两个垂球，贴靠两垂球线再拉紧一水平细线，这根水平细线即标明了顶管的中线方向，为了保证中线测量的精度，两垂球间的距离越大越好。在管内前端横置一根小水平木尺，尺长略小于管径，尺上有刻划，中央用小钉表示中心位置零，刻度向两端增加，顶管时以水准器将尺放平，这样尺的中心点即位于管子的中心线上。通过拉入管内的细线与小水平尺的小钉比较，就可以检查出管子中心的偏差，如图 12 - 16 所示。如细线通过水平木尺的零点，说明顶管顶进方向正确，如偏离，则在木尺上可读出偏离方向与数值，一般偏差允许值为±1.5cm，如超限需进行校正。中线测量以管子每顶进 0.5～1.0m 进行一次。

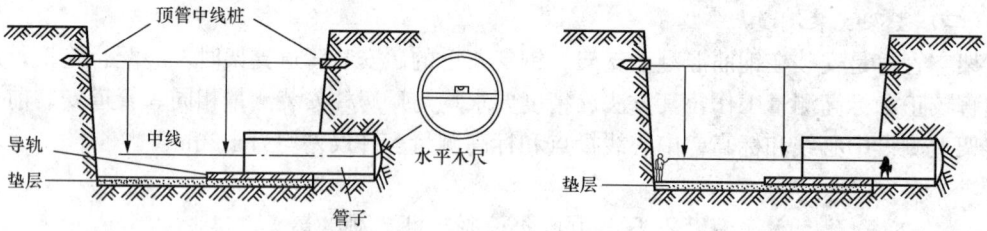

图 12 - 16　顶管中线测量

（二）高程测量

在工作坑内安置水准仪，以临时水准点为后视，在管子内立一小水准尺作为前视，即可求得管内某待测点高程，如图 12 - 17 所示。将算得的待测点高程与管底的设计高程相比较，差值如超过±1cm 时，即应进行校正。

为了保证施工质量，按规定管子每顶进 0.5m，

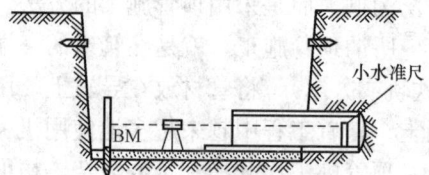

图 12 - 17　顶管高程测量

即需进行一次中线和高程的检查。短距离顶管（小于 50m）可按上述方法进行。当距离较长时需要分段施工，每 100m 设置一个基坑，采用对向顶管的方法，在贯通时管子错口不得超过 3cm。如果管子太长，直径较大并采用机械施工时，可采用激光水准仪进行导向。

12.6 管 道 竣 工 测 量

管道工程竣工后，为了准确地反映管道的位置，评定施工的质量，同时也为了给以后管道的管理、维修和改建提供可靠的依据，必须及时整理并编绘竣工资料和竣工图。

12.6.1 管道竣工测量的基本内容

（1）根据城市的加密控制点，测量管线的起点、终点、折点（交点）、变坡点及检修井等（这些点统称为管线点）的坐标，以决定管线的平面位置。管线点坐标的点位中误差（相对于邻近解析图根点）一般应不大于 ±0.05m。

（2）根据城市的水准点或已知高程的城市一、二级导线点，施测管线点的高程，以决定管线的竖向位置，其高程误差（指管内底或管外顶高对所测路线的起、终点而言）为：直接测定管线点高程的中误差应不大于 ±0.02m，通过检修井间接测定管线点高程的中误差应不大于 ±0.05m。

（3）调查测量管线的规格（如管径、断面）及其相应的设施（如闸门、消火栓、抽水罐、检修井等）。

（4）将所测管线的坐标、高程及其他有关数据，综合成管线成果表，作为展图的依据。

（5）将已测的管线绘制到相应的 1：500 管线带状地形图或 1：500 基本地形图上，成为管道竣工图或综合管线图。

12.6.2 管道竣工图绘制

管道竣工图包括管道竣工带状平面图和管道竣工断面图。如图 12-18 所示，竣工平面图主要绘制管道的起点、转折点和终点，检查井的位置及附属构筑物的平面位置和高程。例如，管道及其附属构筑物等与附近重要、明显地物的平面位置关系，管道转折点及重要构筑物的坐标等。平面图的绘制宽度依需要而定，一般应至道路两侧第一排建筑物外 20m，比例尺一般为 1：500～1：2000。管道竣工纵断面图反映管道及其附属物的高程和坡度，应在管道回填土之前进行，用水准测量测定检查井口和管顶的高程。管底高程由管顶高程和管径、管壁厚度计算求得，检修井之间的距离可用钢尺丈量。如果管道相互穿越，在断面图上应表示管道的相互位置，并注明尺寸。

图 12-19 所示为同一管道的管道竣工平断面对照图。

12.6.3 管道调查

很多城市旧有地下管道多数没有竣工图，为此应对原有旧管道进行调查测量。首先，向各专业单位收集现有的旧管道资料，再到实地对照核实，弄清来龙去脉，进行调查测绘，

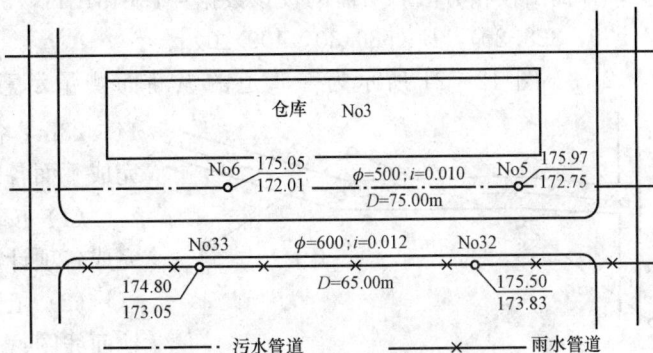

图 12-18 管道竣工带状平面图

1.77　1.54　1.60　1.43　1.69

宿舍　办公室　厂房　厂房

$\phi=125$　$D=45.03$　$\phi=125$　$D=44.99$

$\phi=200$　$D=50.02$

34.95 / 33.18　34.21 / 36.67　33.70 / 32.10

厂房

管线
阀门
消火栓
水表

33.33 / 31.90

$\phi=125$　$i=0.011$　　$\phi=200$　$i=0.004$
$D=90.02\text{m}$　　$D=100.02\text{m}$

井口顶标高	34.95	34.21	33.70	33.33	33.40
管底标高	33.18	32.67 / 32.18	32.10	31.90	31.71
距离	45.03	44.99	50.02	50.00	
井号	1	2	3	4	5

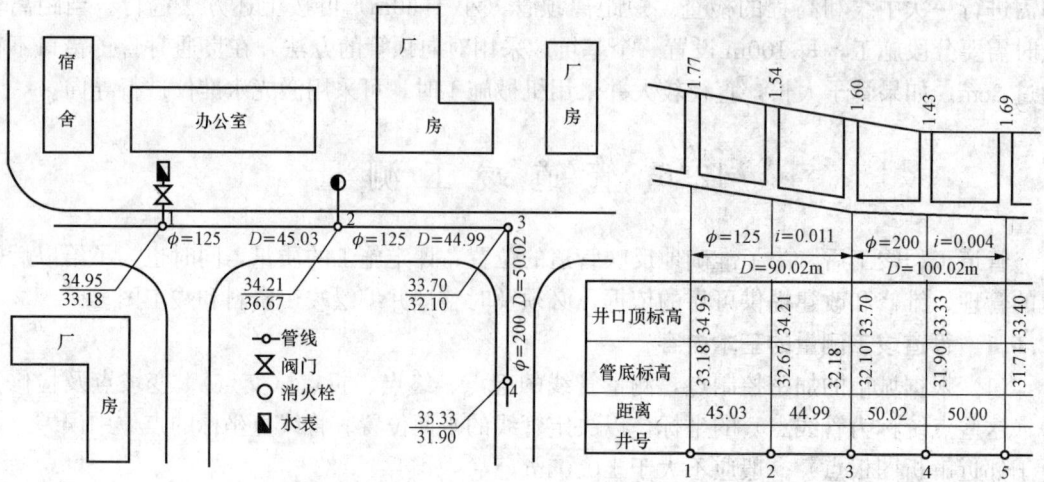

图 12-19　管道竣工平断面对照图

无法核实的直埋管道，可在图上画虚线示意。

地下旧有管道调查方法，根据具体情况采用下井调查和不下井调查两种，一般用 2～5m 钢卷尺、皮尺、直角尺、垂球等工具，量取管内直径、管底（或管顶）至井盖的高度和偏距（管道中心线与检查井中心的垂距），以求得管道中心线与检查井处的管道高度。一井中有多个方向的管道，要逐个量取并测量其方向，以便连线，若有预留口也要注明。

下井调查应特别注意人身安全。事前须了解管道情况并采取有效措施，为防止有毒、易燃、窒息气体和腐蚀液体的危害，应打开井盖通风，必要时应戴防毒面具、橡皮手套，穿皮裤下井。井下严禁点火，只能用电筒照明，以免燃烧、爆炸等危险发生。

若检查井已被残土埋没无法寻找时，可用管道探测仪配合进行管道的调查测量。

思　考　题

12-1　管道测量主要包括哪些内容？

12-2　如图 12-20 所示，已知设计管道的主点 A、B、C 的坐标，在此管线附近有导线 1、2、…等，其坐标已知，试求出根据 1、2 两点，用极坐标法测设 A、B 两点所需的测设数据，并提出校核方法和所需的校核数据 [1 (481.11，322.00)，2 (562.20，401.90)，A (574.30，328.20)，B (586.30，400.10)]。

12-3　图 12-21 所示为一管道的纵断面测量示意图，已知水准点 BM_4 的高程为 44.323m，各测站的观测数据均注于图上，试完成下面各问题：

（1）按表 12-2 的格式填写各项数据，并完成各项计算；

（2）依图 12-6 的式样以一定的比例绘制地面线图；

（3）按桩号 2＋100 的设计高程为

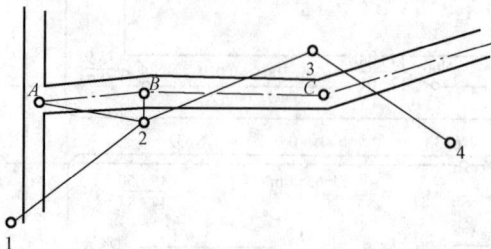

图 12-20　思考题 12-2 图

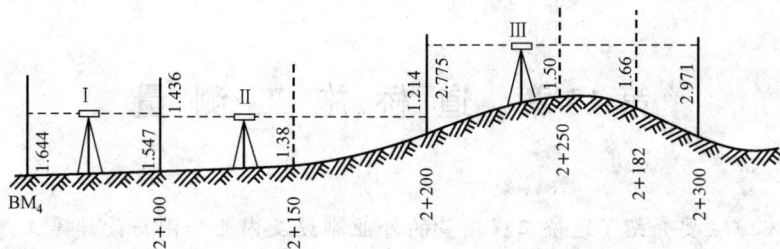

图 12-21　思考题 12-3 图

43.000m，设计坡度为 $+1‰$，绘制设计线；

（4）计算各桩的埋置深度，并填写纵断面图上的有关栏目。

12-4　试述管道中心线测设的过程。

12-5　已知管道起点 0+000 的管底设计高程为 141.72m，坡度为 $10‰$ 下坡。沟槽开挖前，沿线每 20m 设置一块坡度板。测得 $0+000 \sim 0+100$ 各坡板板顶面高程依次为：144.310m，144.100m，143.852m，143.734m，143.392m，143.283m。试定出统一的下返数并计算各坡度板的调整数。

12-6　顶管施工中是怎样控制管道的中线和高程的？其精度如何？

12-7　图 12-22 所示 P、Q 为欲测设的设计管道主点，坐标为 $x_P = 5030.731$m，$y_P = 3032.415$m；$x_Q = 5031.123$m，$y_Q = 3082.413$m。在管道附近设置一条导线，其中导$_7$、导$_8$ 和导$_9$ 的坐标值均注于图上，试求：

（1）经纬仪置于导$_7$ 点，后视导$_8$，用极坐标法测设 P 点的极角和极距。

（2）经纬仪置于导$_8$ 点，后视导$_9$；又置于导$_9$，后视导$_8$。用角度交会法测设 Q 点的数据。

（3）怎样检查测设在实地的 P、Q 位置的正确性？

12-8　管道竣工测量的目的是什么？包括哪些测绘工作？

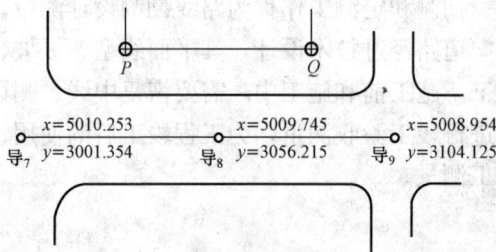

图 12-22　思考题 12-7 图

第 13 章 道桥施工测量

[导言] 本章主要介绍了道桥工程测量的外业测设及内业绘图与设计等工序，通过学习要理解圆曲线、缓和曲线各要素的含义，掌握圆曲线、缓和曲线各主点及细部的测设与计算方法，初步学会道路纵横断面图的测绘及路线的拉坡设计。

道路工程分为城市道路（包括高架道路）、联系城市之间的公路（包括高速公路）、工矿企业的专用道路以及为农业生产服务的农村道路。道路的路线以平、直最为理想，但实际上，由于地形及其他原因的限制，路线有时必须有转折和上、下坡。为了选择一条经济、高效、合理的路线，必须进行路线勘测。路线勘测一般分为初测和定测两个阶段。

初测阶段的任务是：在沿着路线可能经过的范围内布设导线，测量路线带状地形图和纵断面图，收集沿线地质、水文等资料，做纸上定线，编制比较方案，为初步设计提供依据。根据初步设计，选定某一方案便可转入路线的定测工作。

定测阶段的任务是：在选定设计方案的路线上进行中线测量、纵断面和横断面测量以及局部地区的大比例尺地形图的测绘等，为路线纵坡设计、工程量计算等道路技术设计提供详细的测量资料。

初测和定测工作称为路线勘测设计测量。

道路经过技术设计，其平面线型、纵坡、横断面等已有设计数据和图纸，即可进行道路施工。施工前和施工中，需要恢复中线、测设路基边桩和竖曲线等。当工程逐项结束后，还应进行竣工验收测量，为工程竣工后的使用、养护提供必要的资料。这些测量工作称为道路施工测量。

13.1 中 线 测 量

道路中线测量是将道路的设计中心线测设在实地上。道路中线的平面几何线型由直线和曲线组成，如图 13-1 所示。中线测量工作主要包括：测设中线上各交点（JD）和转点（ZD）、量距和钉桩、测量转点上的偏角、测设圆曲线、缓和曲线等。

13.1.1 路线交点和转点的测设

路线的各交点（包括起点和终点）是详细测设中线的控制点。一般先在初测的带状地形图上进行纸上定线，再实地标定交点位置。定线测量中，当相邻两交点互不通视或直线较长时，需要在其连线上测定一个或几个点，以便在交点测量转折角和直线量距时作为照准和定线的目标。直线上一般每隔 200～300m 设一转点。另外，在路线与其他道路交叉处及路线上需设置桥梁、涵洞等构筑物处，也要设置转点。

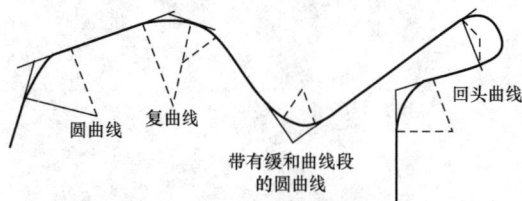

图 13-1 道路中线图

（一）交点测设

（1）根据地物测设交点。如图 13-2 所示，交点 JD_8 的位置已在地形图上选定，在图上量得该点至房屋两角和电杆的距离，在现场用距离交会法测设 JD_8。

（2）根据导线点测设交点。按导线点的坐标和交点的设计坐标计算测设数据，用极坐标法、距离交会法或角度交会法测设交点。如图 13-3 所示，根据导线点 T_5、T_6 和 JD_{11} 三点的坐标，计算出导线边的方位角 α_{56} 和 T_5 至 JD_{11} 的平距 D 以及方位角 α，用极坐标法测设 JD_{11}。

（3）穿线法测设交点。穿线法测设交点的步骤是：先测设路线中线的直线段，根据两相邻直线段相交而在实地定出交点。

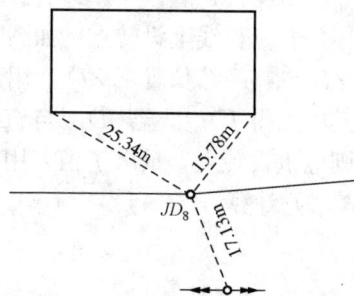

图 13-2 根据地物测设交点

在图上选定中线上的某些点，如图 13-4 所示的 Q_1、Q_2、Q_3、Q_4，根据邻近地物或导线点量得测设数据，用合适的方法在实地测设这些点。由于图解数据和测设工作中均存在偶然误差，使测设的这些点不严格地在一条直线上。用目估法或经纬仪视准法，定出一条直线，尽可能靠近这些测设点，这一工作称为穿线。穿线的结果得到中线直线段上的 A、B 点（称为转点）。

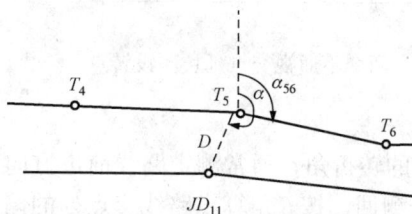

图 13-3 根据导线点测设交点

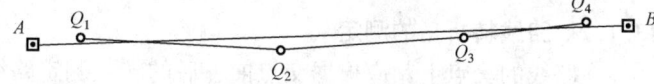

图 13-4 穿线

用同样方法测设另一中线直线段上的 C、D 点，如图 13-5 所示。AB、CD 直线在地面上测设好以后，即可测设交点。将经纬仪安置于 B 点，瞄准 A 点，倒转望远镜，在视线方向上接近交点 JD 的概略位置前后打下两桩（称为骑马桩）。采用正倒镜分中法在该两桩上定出 a、b 两点，并钉以小钉，拉上细线。将经纬仪搬至 C 点，后视 D 点，同法定出 c、d 点，拉上细线。在两条细线相交处打下木桩，并钉以小钉，得到交点 JD。

（二）转点的测设

当两交点间距离较远，但尚能通视或已有转点需要加密时，可采用经纬仪直接定线或经纬仪正倒镜分中法测设转点。当相邻两交点互不通视时，可用下述方法测设转点。

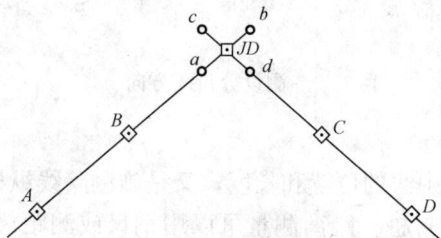

图 13-5 穿线法测设交点

（1）两交点间设转点。如图 13-6 所示，JD_8、JD_9 为相邻而互不通视的两个交点，ZD' 为初定转点。今欲检查 ZD' 是否在两交点的连线上，可置经纬仪于 ZD'，用正倒镜分中法延长直线 JD_8-ZD' 至 JD_9'。设与 JD_9' 的偏差为 f，用视距法测定距离 a、b，则 ZD' 应横向移动的距离 e 可按式（13-1）计算

$$e = \frac{a}{a+b} \cdot f \qquad (13-1)$$

将 ZD' 按 e 值移至 ZD，再将仪器移至 ZD，按上述方法逐渐趋近，直至符合要求为止。

（2）延长线上设转点。如图13-7所示，JD_{10}、JD_{11} 互不通视，可在其延长线上初定转点 ZD'。将经纬仪置于 ZD'，用正、倒镜照准 JD_{10}，并以相同竖盘位置俯视 JD_{11} 得两点后，取其中点得 JD_{11}'。若 JD_{11}' 与 JD_{11} 重合或偏差值 f 在容许范围之内，即可将 ZD' 作为转点，否则应重设转点，量出 f 值，用视距法测出距离 a、b，则 ZD' 应横向移动的距离 e 可按式（13-2）计算

$$e = \frac{a}{a-b} \cdot f \qquad (13-2)$$

将 ZD' 按 e 值移至 ZD。重复上述方法，直至符合要求为止。

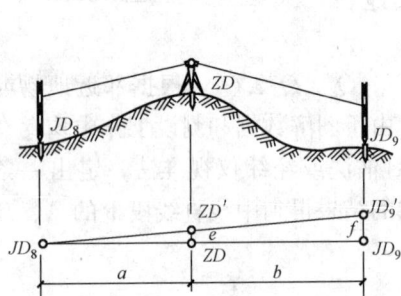

图13-6　两个不通视交点间测设转点　　　图13-7　两个不通视交点延长测设转点

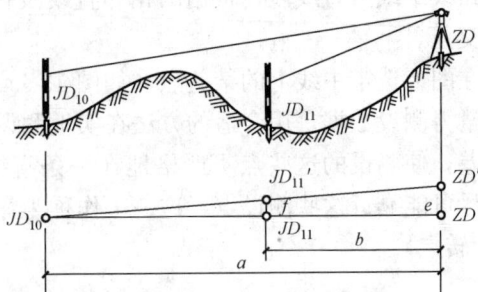

13.1.2　路线转折角的测定

在路线的交点上，应根据交点前、后的转点测定路线的转折角，通常测定路线前进方向的右角 β（图13-8）可以用 DJ_2 或 DJ_6 级经纬仪观测一个测回，按 β 角算出路线交点处的偏角 α。当 $\beta < 180°$ 时为右偏角（路线向右转折），当 $\beta > 180°$ 为左偏角（路线向左转折）。左偏角或右偏角按式（13-3）、式（13-4）计算

$$\alpha_右 = 180° - \beta \qquad (13-3)$$

$$\alpha_左 = \beta - 180° \qquad (13-4)$$

在测定 β 角后，测设其分角线方向，定出 C 点（图13-9），打桩标定，以便以后测设道路曲线的中点。

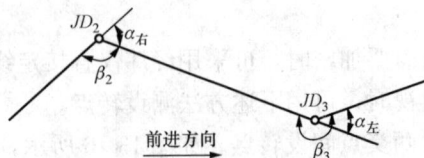

图13-8　路线的转角和偏角　　　　　图13-9　测设分角线方向

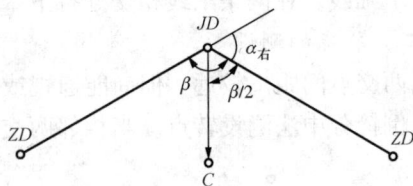

13.1.3　中线里程桩的设置

道路中线上设置里程桩的作用是：既标定了路线中线的位置和长度，又是施测路线纵横断面的依据。设置里程桩的工作主要是定线、量距和打桩。距离测量可以用钢尺或测距仪，等级较低的公路可以用皮尺。

里程桩分为整桩和加桩两种（图13-10），每个桩的桩号表示该桩距路线起点的里程。如某加桩距路线起点的距离为2356.88m，其桩号为2+356.88。整桩是由路线起点开始，每隔20m或50m（曲线上根据不同的曲线半径R，每隔20m、10m或5m）设置一桩 [图13-10（a）]。

加桩分为地形加桩、地物加桩、曲线加桩和关系加桩 [图13-10（b）、（c）]。

地形加桩是指沿中线地面起伏突变处、横向坡度变化处以及天然河沟处等所设置的里程桩。

地物加桩是指沿中线有人工构筑物的地方（如桥梁、涵洞处，路线与其他公路、铁路、渠道、高压线等交叉处，拆迁建筑物处，以及土壤地质变化处）加设的里程桩。

曲线加桩是指曲线上设置的主点桩，如圆曲线起点（简称直圆点ZY）、圆曲线中点（简称曲中点QZ）、圆曲线终点（简称圆直点YZ）。

关系加桩是指路线上的转点（ZD）桩和交点（JD）桩。

在钉桩时对于交点桩、转点桩、距路线起点每隔500m处的整桩、重要地物加桩（如桥、隧位置桩）以及曲线主点桩，均打下断面为6cm×6cm的方桩 [图13-10（d）]，桩顶钉以中心钉，桩顶露出地面约2cm，在其旁边钉一指示桩 [如图13-10（e）所示，为指示交点桩的板桩]。交点桩的指示桩应钉在圆心和交点连线外离交点约20cm处，字面朝向交点。曲线主点的指示桩字面朝向圆心。其余的里程桩一般使用板桩，一半露出地面，以便书写桩号，字面一律背向路线前进的方向。

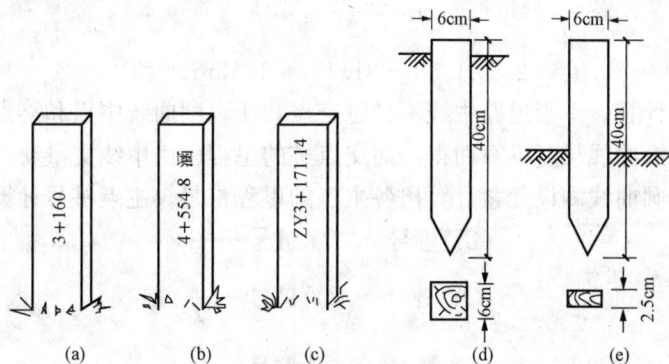

图13-10 里程桩

13.2 圆曲线及缓和曲线的测设

13.2.1 圆曲线的测设

当路线由一个方向转到另一方向时，必须用曲线来连接。曲线的形式较多，其中圆曲线（又称单曲线）是最基本的一种平面曲线。如图13-11所示，偏角α根据所测右角（或左角）计算；圆曲线半径R根据地形条件和工程要求选定。根据α和β可以计算其他各个元素。

圆曲线的测设分为两步进行，先测设曲线上起控制作用的主点（ZY、QZ、YZ）；依据主点测设曲线上每隔一定距离的里程桩，详细地标定曲线位置。

（一）圆曲线主点测设

（1）主点测设元素计算。为了在实地测设圆曲线的主点，需要知道切线长T、曲线长L

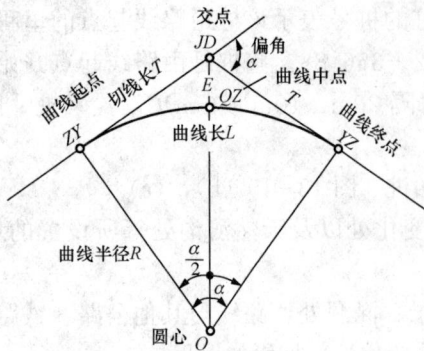

图 13 - 11　道路圆曲线的主点及主元素

及外矢距 E，这些元素称为主点测设元素，从图13 - 11 可以看出，若 α 和 R 已知，则主点测设元素的计算公式为

切线长　　　　$$T = R\tan\frac{\alpha}{2} \qquad (13 - 5)$$

曲线长　　　　$$L = R\frac{\alpha}{\rho} \qquad (13 - 6)$$

外矢距　　$$E = R\left(\sec\frac{\alpha}{2} - 1\right) = R\left(\frac{1}{\cos\frac{\alpha}{2}} - 1\right) \qquad (13 - 7)$$

切曲差　　　　　　　　$$J = 2T - L \qquad (13 - 8)$$

【例 13 - 1】　已知 JD 的桩号为 $2+380.89$，偏角 $\alpha = 23°20'$（右偏），设计圆曲线半径 $R = 200\text{m}$，求各测设元素。

解　　　　$$T = R\tan\frac{\alpha}{2} = 200\tan\frac{23°20'}{2} = 41.30\text{m}$$

$$L = R\frac{\alpha}{\rho} = 200 \times \frac{400'}{3437.75'} = 81.45\text{m}$$

$$E = 200 \times \left(\frac{1}{\cos\frac{23°20'}{2}} - 1\right) = 4.22\text{m}$$

$$J = 2 \times 41.30 - 81.45 = 1.15\text{m}$$

（2）主点桩号计算。由于道路中线不经过交点，所以圆曲线中点和终点的桩号，必须从圆曲线起点的桩号沿曲线长度推算而得，而交点桩的里程已由中线丈量获得。因此，可根据交点的里程桩号及圆曲线测设元素计算出各主点的里程桩号。主点桩号计算公式为

$$\begin{cases} ZY\text{ 桩号} = JD\text{ 桩号} - T \\[4pt] QY\text{ 桩号} = ZY\text{ 桩号} + \dfrac{L}{2} \\[4pt] YZ\text{ 桩号} = QZ\text{ 桩号} + \dfrac{L}{2} \end{cases} \qquad (13 - 9)$$

为了避免计算中的错误，可用式（13 - 10）进行计算检核

$$YZ\text{ 桩号} = JD\text{ 桩号} + T - J \qquad (13 - 10)$$

用［例 13 - 1］的测设元素及 JD 桩号 $2+380.89$ 按式（13 - 9）算得

ZY 桩号　　　　　　　$2+380.89-41.30=2+339.59$

QZ 桩号　　　　　　　$2+339.59+40.72=2+380.32$

YZ 桩号　　　　　　　$2+380.32+40.72=2+421.04$

检核计算：按式（13 - 10）算得

$$YZ\text{ 桩号} = 2+380.89+41.30-1.15 = 2+421.04$$

两次算得的 YZ 桩号相等，说明计算正确。

（3）主点的测设。

1）测设曲线起点（ZY）。置经纬仪于 JD，后视相邻交点方向，自 JD 沿经纬仪指示方

向量切线长 T，打下曲线起点桩。

2）测设曲线终点（YZ）。经纬仪照准前视相邻交点方向，自 JD 沿经纬仪指示方向量切线长 T，打下曲线终点桩。

3）测设曲线中点（QZ）。沿测定路线转折角时所定的分角线方向（曲线中点方向），量外矢距 E，打下曲线中点桩。

（二）圆曲线的细部放样

一般情况下，当地形变化不大、曲线长度小于 40m 时，测设曲线的三个主点已能满足设计和施工的需要。如果曲线较长、地形变化大，则除了测定三个主点以外，还需要按照一定的桩距 l，在曲线上测设整桩和加桩，这一过程称为圆曲线的详细测设。

圆曲线详细测设的方法很多。下面介绍几种常用的方法。

（1）偏角法。

1）测设数据计算。用偏角法测设圆曲线上的细部点是以曲线起点（或终点）作为测站，计算出测站至曲线上任一细部点 P_i 的弦线与切线的夹角——弦切角 Δ_i（称为偏角）和弦长 C_i 或相邻细部点的弦长 c，据此确定 P_i 点的位置，如图 13-12 所示。曲线上的细部点即曲线上的里程桩，一般按曲线半径 R 规定弧长为 l_0 的整桩。l_0 一般规定为 5m、10m 和 20m，R 越小，l_0 也越小。设 P_i 为曲线上的第一个整桩，它与曲线起点（ZY）间弧长为 l_1（$l_1 < l_0$），此后 P_1 与 P_2，P_2 与 P_3…弧长都是 l_0。曲线最后一个整桩 P_n 与曲线终点（YZ）间的弧长为 l_{n+1}。设 l_1 所对圆心角为 ϕ，l_0 所对圆心角为 ϕ_0，l_{n+1} 所对圆心角为 ϕ_{n+1}，ϕ_1、ϕ_0、ϕ_{n+1} 按下列各式计算（单位为度）

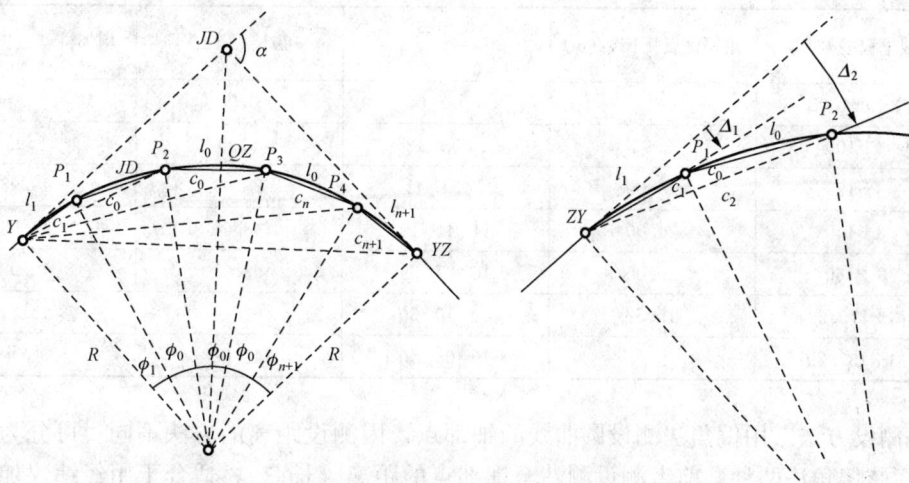

图 13-12　偏角法测设圆曲线细部点

$$\phi_1 = \frac{l_1}{R}\left[\frac{180°}{\pi}\right] \tag{13-11}$$

$$\phi_0 = \frac{l_0}{R}\left[\frac{180°}{\pi}\right] \tag{13-12}$$

$$\phi_{n+1} = \frac{l_{n+1}}{R}\left[\frac{180°}{\pi}\right] \tag{13-13}$$

所有 ϕ 角之和应等于路线的偏角，可以作为计算的检核，即

$$\phi_1 + (n-1)\phi_0 + \phi_{n+1} = \alpha \tag{13-14}$$

根据弦切角为同弧所对圆心角一半的定理，可以用下列公式计算曲线起点至 P_i 点的偏角为

$$\Delta_i = \frac{1}{2}\phi_i \tag{13-15}$$

曲线起点至 P_i 点的弦长为 $\qquad C_i = 2R\sin\Delta_i \tag{13-16}$

圆曲线上相邻细部的弦长 c 与弧长 l 的长度差 δ 即弦弧差，可用式（13-17）计算

$$\delta_i = l - 2R\sin\frac{l}{2R} \tag{13-17}$$

由于道路圆曲线半径较大，相邻细部点弧较小，因此，$l/2R$ 为一个微小的比值，由正弦函数的级数展开式

$$\sin x = x - \frac{x^3}{3!} + \frac{x^5}{5!} + \frac{x^7}{7!} + \cdots$$

取前两项，得弦弧差实用计算公式

$$\delta = \frac{l^3}{24R^2} \tag{13-18}$$

【例 13-2】 按图 13-12 所示圆曲线元素（$\alpha=40°20'$，$R=120m$）和交点 JD 桩号，计算该圆曲线的偏角法测设数据。

解 计算结果列于表 13-1 中。

表 13-1　　　　　　　圆曲线细部点偏角法测设数据 （$R=120m$）

曲线里程桩号	相邻桩点弧长 l (m)	偏角 Δ (° ′ ″)	弦长 C (m)	相邻桩点弦长 c (m)
ZY 3+091.05		0 00 00	0.00	
P_1 3+100	8.95	2 08 12	8.95	8.95
P_2 3+120	20.00	6 54 41	28.95	19.98
P_3 3+140	20.00	11 41 10	48.61	19.98
P_4 3+160	20.00	16 27 39	68.01	19.98
YZ 3+175.52	15.52	20 10 00	82.74	15.51
QZ 3+133.29		10 05 00	42.02	

2）测设方法。用偏角法测设圆曲线的细部点，因测设距离的方法不同，可分为长弦偏角法和短弦偏角法两种。前者测设测站至细部点的距离（长弦），适合于用经纬仪加测距仪（或用全站仪）；后者测设相邻细部点之间的距离（短弦），适合于用经纬仪加钢尺。仍按图 13-12，具体测设步骤如下：

①安置经纬仪（或全站仪）于曲线起点（ZY）上，瞄准交点（JD），使水平度盘读数设置为 $0°00'00''$；

②水平转动照准部，使度盘读数为 $\Delta_1=2°08'12''$，沿此方向测设弦长 $C_1=8.95m$，定出 P_1 点；

③再水平转动照准部，使度盘读数为 $\Delta_2=6°54'41''$，沿此方向测设长弦 $C_2=28.95m$，定出 P_2 点；或从 P_1 点测设短弦 $C_0=19.98m$，与偏角 Δ_2 的方向线相交而定出 P_2 点，以此

类推，测设 P_3、P_4 点；

④测设至曲线终点（YZ）作为检核：水平转动照准部，使度盘读数为 $\Delta_{YZ}=20°10'00''$，在方向上测设长弦 $C_{YZ}=82.74\text{m}$，或从 P_4 测设短弦 $C_{n+1}=15.51\text{m}$，定出一点。此点如果与 YZ 不重合，其闭合差一般应按如下要求：半径方向（路线横向），不超过 $\pm0.1\text{m}$；切线方向（路线纵向），不超过 $\pm L/1000$（L 为曲线长）。

（2）切线支距法（直角坐标法）。切线支距法是以曲线起点 ZY（或终点 YZ）为独立坐标系的原点，如图 13-13 所示，切线为 X 轴，通过原点的半径方向为 Y 轴，根据独立坐标系中的坐标（x_i，y_i）测设曲线上的各细部点 P_i。

1）测设数据计算。如图 13-13 所示，设圆曲线起点至前半条曲线上各点 P_i 间的弧长为 l_i，所对圆心角为 ϕ_i，曲线半径为 R，则 P_i 的坐标可按下式计算

$$\phi_i = \frac{l_i}{R}\left[\frac{180°}{\pi}\right] \qquad (13-19)$$

$$\begin{cases} x_i = R\sin\phi_i \\ y_i = R(1-\cos\phi_i) \end{cases} \qquad (13-20)$$

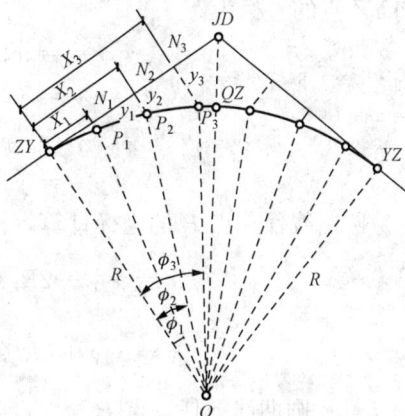

图 13-13 切线支距法测设圆曲线细部点

【例 13-3】 图 13-13 所示曲线元素（$\alpha=40°20'$，$R=120\text{m}$）及桩距 $l_0=20\text{m}$，用上式计算圆曲线细部点切线支距法测设数据。

解 计算结果列于表 13-2 中。

表 13-2 　　　　　　　圆曲线细部点切线支距法测设数据（$R=120\text{m}$）

曲线里程桩号	各桩号至 ZY 或 YZ 点的曲线长 l_i (m)	纵距 x (m)	横距 y (m)	相邻桩点间的弧长 l (m)	相邻桩点间的弦长 c (m)
ZY　3+091.05	0.00	0.00	0.00		
P_1　3+100.00	8.95	8.94	0.33	8.95	8.95
P_2　3+120.00	28.95	28.67	3.48	20	19.98
QZ　3+133.28	42.23	41.36	7.35	13.28	13.27
YZ　3+175.52	0.00	0.00	0.00		
P_1'　3+160.00	15.52	15.48	1	15.52	15.51
P_2'　3+140.00	35.53	35	5.22	20	19.98
QZ　3+133.28	42.24	41.37	7.36	6.72	6.72

2）测设方法。

①用钢尺从 ZY 点（或 YZ 点）沿切线方向量取 x_1，x_2，…等纵距，得垂足点 N_1，N_2，…，用测钎在地面作标记；

②在垂足点上作切线的垂直线，分别沿垂直线方向用钢尺量出 y_1，y_2，…横距，定出

曲线上各细部点。

用此法测设的 QZ 点应与曲线主点测设时所定 QZ 点相符，作为检核。

（3）全站仪法。用全站仪测设公路中线速度快、精度高、测设方便。测设时先沿路线两侧一定范围内布设导线点，形成路线控制导线，再依据导线点进行路线测设。

1）圆曲线的起、终点坐标计算。已知 JD_{i-1}（x_{ji-1}，y_{ji-1}）、JD_i（x_{ji}，y_{ji}）和 JD_{i+1}（x_{ji+1}，y_{ji+1}），JD_i 的两相邻直线的方位角分别为 A_{i-1} 和 A_i，如图 13-14 所示。则 ZY 和 YZ 点的坐标为

$$\left.\begin{aligned} x_{ZY} &= x_{ji} + T\cos(A_{i-1} + 180°) \\ y_{ZY} &= y_{ji} + T\sin(A_{i-1} + 180°) \\ x_{ZY} &= x_{ji} + T\cos A_i \\ y_{ZY} &= y_{ji} + T\sin A_i \end{aligned}\right\} \qquad (13-21)$$

2）圆曲线任一点 P 的坐标计算，见式（13-22）

$$\left.\begin{aligned} x &= x_{ZY} + 2R\left[\sin\frac{90°L}{\pi R}\right] \times \cos A_{i-1} + \frac{\xi 90°L}{\pi R} \\ y &= y_{ZY} + 2R\left[\sin\frac{90°L}{\pi R}\right] \times \sin A_{i-1} + \frac{\xi 90°L}{\pi R} \end{aligned}\right\} \qquad (13-22)$$

式中　L——圆曲线上任一点 P 至 ZY 点的长度；

　　　ξ——转角符号，右偏为"$+$"，左偏为"$-$"。

3）全站仪实地放样。如图 13-15 所示，公路中线一侧有已知导线点 A、B，i 为待放样的公路中线上任一点，其坐标为（x_i，y_i），测设的方法如下。

①在导线点 A 安置全站仪；

②自基本模式输入测站点和后视点坐标；

③自基本模式输入放样点的坐标并存入存储器中；

④仪器自动计算并存储放样水平角和平距数据，恢复基本模式，仪器照准后视点 B；

⑤放样水平角，显示器显示棱镜点与放样点所夹角度；

⑥转动照准部，当显示的放样角值为"0"时，该方向为放样点方向，在该方向上安置棱镜；

⑦恢复基本功能；

⑧按功能键测距，显示屏显示棱镜点与放样点的距离；

⑨前后移动棱镜，直至显示为"0"值，角度仍保持为"0"，则棱镜点正好是要放样的坐标点。

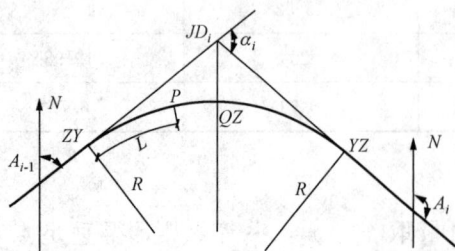

图 13-14　全站仪测设圆曲线

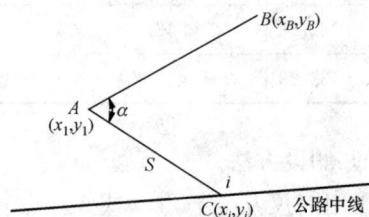

图 13-15　全站仪放样

13.2.2 复曲线与反向曲线的测设

（一）复曲线的测设

复曲线是由两个或两个以上互相衔接的同向单曲线（主要是圆曲线）所组成的曲线（图 13-16）。这种曲线通常是在地形条件比较复杂的地段，一个单曲线不能适合地形的情况下采用的。在布设复曲线时，必须先确定或计算出其中一个重点单曲线的半径，这个曲线称为主曲线，在满足主曲线的测设要求下，再根据已有条件决定其余副曲线的半径。实际应用中，两个互相衔接的同向单曲线半径可以是相同的，也可以是不同的。

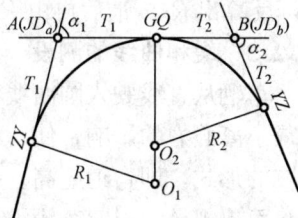

图 13-16 复曲线的测设

如图 13-16 所示，设 JD_a、JD_b 为相邻两交点，AB 为公切线，GQ 为主曲线和副曲线相衔接的公切点，它将公切线分为 T_1 和 T_2 两段。其中主曲线切线长 T_1，可根据给定的半径 R_1 和测定的转角 α_1 正算得出，则副曲线切线长 $T_2 = D_{AB} - T_1$，以 T_2 和转角 α_2 依式（13-5）～式（13-8）反算求出 R_2。若求出的 R_2 不符合技术要求和地形条件，则应修改 R_1，再重新反算 R_2，直至都符合工程的要求。

【例 13-4】 在图 13-16 中，若测得 $\alpha_1 = 30°18'$，$\alpha_2 = 36°42'$，相邻两交点 JD_a、JD_b 间的距离为 $D_{AB} = 36.55$m，设计选定主曲线半径 $R_1 = 60$m，求副曲线半径 R_2。

解 按式（13-5）～式（13-8）可知

$$T = R\tan\frac{\alpha}{2}, \text{则 } T_1 = 60 \times \tan\frac{30°18'}{2} = 16.25\text{m}$$

因 $D_{AB} = 36.55$m，则有 $T_2 = D_{AB} - T_1 = 36.55 - 16.25 = 20.30$m

再依上式反求出 R_2 得

$$R = \frac{T}{\tan\frac{\alpha}{2}}, \text{则 } R_2 = \frac{T_2}{\tan\frac{\alpha_2}{2}} = \frac{20.30}{\tan\frac{36°42'}{2}} = 61.20\text{m}$$

在实际工作中，反算出的 R_2 一般不是整米数，为了计算的方便，可将 R_2 值略减小一些而凑成整米，这样 JD_a、JD_b 之间将会有一小段直线，这在道路工程中是允许的。但是反算出的 R_2 不能增大凑成整米数，因为那将使两个曲线重叠，这在工程中是不允许的。

如果地形条件许可，为了行车的方便，可以使 $R_1 = R_2 = R$，那么此时的 R 值可用式（13-23）计算

$$R = \frac{D_{AB}}{\tan\frac{\alpha_1}{2} + \tan\frac{\alpha_2}{2}} \tag{13-23}$$

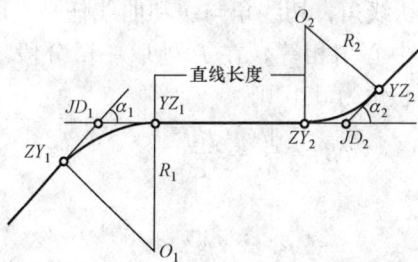

图 13-17 反曲线的测设

复曲线测设时，可按圆曲线主点计算和测设的方法，先将主曲线和副曲线的主元素计算出来，将仪器分别安置在 A 点和 B 点上进行实地测设，并推算各主点的桩号。

（二）反曲线的测设

反曲线是由两个方向相反的圆曲线组成的（图 13-17）。在反曲线中，由于两个圆曲线方向相反，为了行车的方便和安全，一般情况下，均在前后两

段曲线之间加设一过渡直线段，并且长度不小于 20m。

测设反曲线时，先测出两转折点间的距离 D_{12} 和转折角 α_1 和 α_2，根据设计选定的半径 R_1，计算并测设出 JD_1 曲线的主点。用 $D_{12}-T_1$ 一直线长度作为 T_2，并根据此值和转折角 α_2，反算出 R_2。最后再由 R_2 计算出第二段曲线的主元素并测设曲线。

13.2.3 缓和曲线的测设

车辆从直线驶入圆曲线将产生离心力，由于离心力的作用，车辆将向曲线外侧倾倒。为了减小离心力的影响，使行车更为安全和舒适，曲线的路面要做成外侧高、内侧低、呈单向横坡的形式，即弯道超高。超高不能在直线进入曲线段或曲线进入直线段突然出现或消失，使路面出现台阶引起车辆震动。因此，超高必须在一段距离内逐渐增加或减少，即在直线与圆曲线之间插入一段半径由无穷大逐渐减小至圆曲线半径 R 的曲线，这种曲线称为缓和曲线。

我国《公路工程技术标准》（JTG B01—2003）中规定：当平曲线半径小于不设超高的最小半径时，应设缓和曲线。四等公路可不设缓和曲线，缓和曲线一般采用螺旋线，其长度应根据相应等级的行车速度求算，并应大于表 13-3 中的规定。

表 13-3   缓 和 曲 线 长 度 设 置

公路等级	高速公路		一		二		三		四	
地 形	平原微丘	山岭重丘	平原微丘	山岭重丘	平原微丘	山岭重丘	平原微丘	山岭重丘	平原微丘	山岭重丘
缓和曲线长度（m）	100	70	85	50	70	35	50	25	35	20

（一）缓和曲线基本公式及要素的计算

（1）基本公式。如图 13-18 所示，螺旋线是曲率半径随曲线长度的增大而成反比的均匀减小的曲线，即在螺旋线上任一点的曲率半径 ρ 与曲线的长度 l 成反比，可用式（13-24）表示为

$$\rho = \frac{c}{l} \qquad (13-24)$$

式中　c——常数，缓和曲线变化率。

缓和曲线的终点至起点的曲线长度 l_s 即为缓和曲线全长 l 时，缓和曲线的曲率半径等于圆曲线半径 R，故

$$c = Rl \qquad (13-25)$$

（2）切线角（也称缓和曲线角）计算公式。缓和曲线上任一点 P 处的切线与过起点切线的交角 β 称为切线角，切线角与缓和曲线任一点的弧长所对的中心角相等，在 P 处取一微分段 dl 所对应的中心角为 $d\beta$，则

$$d\beta = \frac{dl}{\rho} = \frac{ldl}{c}$$

积分得

$$\beta = \frac{l^2}{2c} = \frac{l^2}{2Rl_s} \qquad (13-26)$$

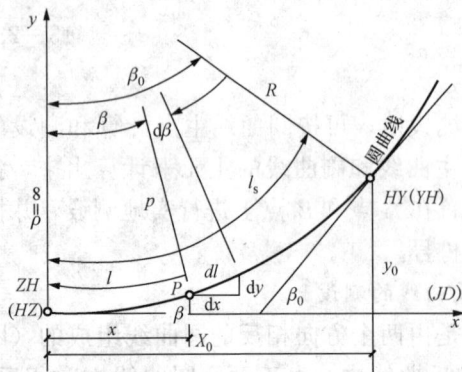

图 13-18　缓和曲线的特性

当 $l=l_s$ 时，则缓和曲线全长所对应中心角即切线角 β_0，有

$$\beta_0 = \frac{l_s}{2R}$$

以角度表示则为

$$\beta_0 = \frac{l_s}{2R} \cdot \frac{180°}{\pi} \qquad (13-27)$$

（3）参数方程。如图 13-18 所示，设 ZH 点为坐标原点，过 ZH 点的切线为 x 轴，半径为 y 轴，任一点 P 的坐标为 (x, y)，则微分弧段 dl 在坐标轴上的投影为

$$\begin{cases} dx = dl\cos\beta \\ dy = dl\sin\beta \end{cases} \qquad (13-28)$$

将式（13-28）中的 $\cos\beta$、$\sin\beta$ 按级数展开，并将式（13-26）代入，积分、略去高次项得

$$\begin{cases} x = l - \dfrac{l^5}{40R^2 l_s^2} \\[3mm] y = \dfrac{l^3}{6Rl_s} \end{cases} \qquad (13-29)$$

式（13-29）称为缓和曲线参数方程。

当 $l=l_s$ 时，得到缓和曲线终点坐标

$$\begin{cases} x = l_s - \dfrac{l_s^3}{40R^2} \\[3mm] y = \dfrac{l_s^2}{6R} \end{cases} \qquad (13-30)$$

（二）带有缓和曲线的圆曲线的主点测设

（1）内移值 p 与切线增值 q 计算。如图 13-19 所示，当圆曲线加设缓和曲线后，为使缓和曲线起点位于切线上，必须将圆曲线向内移动一段距离 p，这时曲线发生变化，使切线增长距离 q，圆曲线弧长变短为 CMD，由图知

$$\begin{cases} p = y_0 - R(1-\cos\beta_0) \\ q = x_0 - R\sin\beta_0 \end{cases} \qquad (13-31)$$

将 $\cos\beta_0$、$\sin\beta_0$ 按级数展开，略去高次项，并将 β_0、x_0、y_0 值代入，得

$$\begin{cases} p = \dfrac{l_s^2}{24R} \\[3mm] q = \dfrac{l_s}{2} - \dfrac{l_s^3}{240R^2} \end{cases} \qquad (13-32)$$

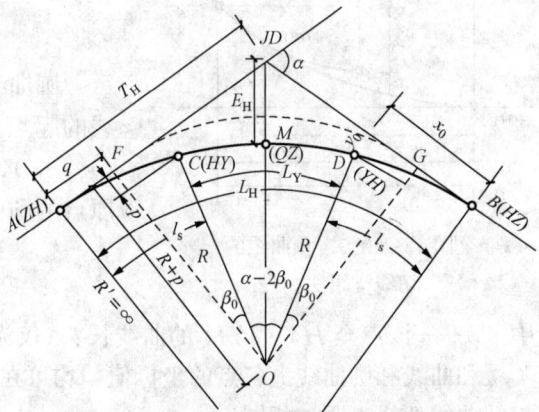

图 13-19 带有缓和曲线的圆曲线

（2）缓和曲线主点元素的计算。在圆曲线上增设缓和曲线后，要将圆曲线和缓和曲线作为一个整体考虑，如图 13-19 所示，其测设元素可按下列公式计算：

切线长 $$T_H = (R+p)\tan\frac{\alpha}{2} + q \qquad (13-33)$$

曲线长
$$L_H = R(\alpha - 2\beta_0)\frac{\pi}{180°} + 2l_s \tag{13-34}$$

外矢距
$$E_H = (R + p)\sec\left(\frac{\alpha}{2}\right) - R \tag{13-35}$$

切曲差
$$D_H = 2T_H - L_H \tag{13-36}$$

当 α 已知，R、l_s 选定后，即可根据以上公式计算曲线元素。

(3) 主点里程计算与测设。根据已知交点、里程和曲线的元素值，即可按下列程序计算各主点里程：

直缓点
$$ZH = JD - T_H \tag{13-37}$$

缓圆点
$$HY = ZH + l_s \tag{13-38}$$

曲中点
$$QZ = HZ - \frac{L_H}{2} \tag{13-39}$$

圆缓点
$$YH = HY + L_Y \tag{13-40}$$

缓直点
$$HZ = YH + l_s \tag{13-41}$$

交点
$$JD = QZ + \frac{D_H}{2}（校核） \tag{13-42}$$

主点 ZH、HZ、QZ 的测设方法与圆曲线主点测设方法相同，HY、YH 点是根据缓和曲线终点坐标 (x_0, y_0) 用切线支距法或全站仪法测设。

（三）缓和曲线的细部测设

(1) 切线支距法。切线支距法是以 ZH 点或 HZ 点为坐标原点，以过原点的切线为 x 轴、过原点的半径为 y 轴，利用缓和曲线段和圆曲线段上的各点坐标 (x, y) 测设曲线。

如图 13-20 所示，缓和曲线上各点坐标可按式（13-45）计算

$$\begin{cases} x = l - \dfrac{l^5}{40R^2 l_s^2} \\ y = \dfrac{l^3}{6Rl_s} \end{cases} \tag{13-43}$$

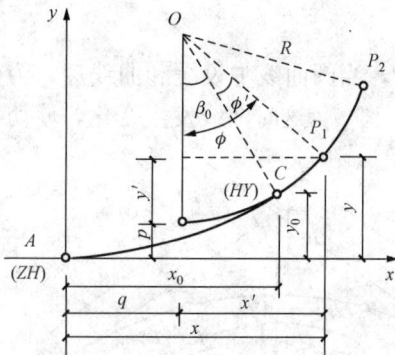

图 13-20 缓和曲线的
切线支距法测设

圆曲线上各点坐标的计算，因坐标原点是缓和曲线的起点，故应先求出以圆曲线起点为原点的坐标 (x', y')，再分别加上 p、q 值，即可得到以 ZH 点为原点的圆曲线上任一点的坐标如下

$$\begin{cases} x = x' + q = R\sin\phi + q \\ y = y' + p = R(1 - \cos\phi) + p \end{cases} \tag{13-44}$$

式中 ϕ——该点至 HY 或 YH 的曲线长 l（仅为圆曲线部分长度）所对应的圆心角。

缓和曲线和圆曲线上各点的坐标值，均可在曲线测设用表中查取。曲线上各点的测设方法与圆曲线切线支距法相同。

(2) 偏角法。偏角可分为缓和曲线上的偏角与圆曲线上的偏角两部分进行计算，如图 13-21 所示，若从缓和曲线 ZH 或 HZ 点开始测设，并按弧长 l 等分缓和曲线（一般 l 为 10m 或 20m），则曲线上任一分点 i 与 ZH 的连线相对于切线的偏角 δ_i 计算如下，因 δ_i 较小，则

$$\delta_i = \tan\delta_i = \frac{y_i}{x_i} \qquad (13-45)$$

将曲线方程中 x、y 代入式（13-45）得（取第一项）

$$\delta = \frac{l^2}{6Rl_s} \qquad (13-46)$$

HY 或 YH 点的偏角 δ_0 为缓和曲线的总偏角。将 $l = l_s$ 代入式（13-46）得

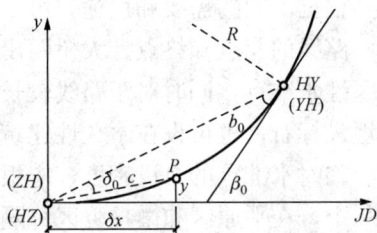

图 13-21 缓和曲线的偏角法测设

$$\delta_0 = \frac{l_s}{6R}$$

因为 $\beta_0 = \frac{l_s}{2R}$，则

$$\delta_0 = \frac{1}{3}\beta_0 \qquad (13-47)$$

将式（13-45）与式（13-47）相比得

$$\delta = \left(\frac{l}{l_s}\right)^2 \delta_0 \qquad (13-48)$$

由式（13-48）可知，缓和曲线上任一点的偏角，与该点至缓和曲线起点的曲线长的平方成正比。

由图 13-21 可知

$$b_0 = \beta_0 - \delta_0 = 3\delta_0 - \delta_0 = 2\delta_0 \qquad (13-49)$$

测设圆曲线部分时，如图 13-21 所示，将经纬仪置于 HY 点，后视 ZH 点且使水平度盘读数为 b_0（当路线为右转时，改用 $360° - b_0$），逆时针转动仪器，当读数为 $0°00'00''$ 时，视线方向即为 HY 点切线方向，倒镜后即可按偏角法测设圆曲线。

13.3 路线纵横断面测量

13.3.1 路线纵断面测量

路线纵断面测量又称路线水准测量。它的任务是根据水准点高程，测量路线各中桩的地面高程，并按一定比例绘制路线纵断面图，为路线纵坡设计和挖填土方计算提供基本资料。

为了提高精度和检验成果，依据"从整体到局部"的测量原则，纵断面测量一般分为两步进行：一是沿路线方向设置若干水准点，建立路线的高程控制，称为基平测量；一是依据各水准点的高程，分段进行水准测量，测定各中桩的地面高程，称为中平测量。基平测量的精度要求比中平测量高，可按四等或稍低于四等水准的精度要求。中平测量只作单程观测，精度按普通水准要求。

（一）基平测量

（1）水准点的布设。水准点是路线高程测量的控制点，在勘测和施工阶段都要长期使用。因此，在中平测量前沿路线应设立足够的水准点。水准点应选在距离道路中线经过的地方两侧 50~100m 左右，地基稳固，易于引测，不受路线施工影响的地方。

　　根据不同的需要和用途,可设置永久性水准点和临时性水准点。

　　路线的起点和终点、大桥两岸、隧道两端、需要长期观测高程的重点工程附近均应设置永久性水准点,同时对于路线较长的一般地区也应每隔 25～30km 测设一点。永久性水准点要埋设标石,也可设在永久性建筑物上或用金属标志嵌在基岩上。

　　临时水准点的布设密度,应根据地形复杂情况和工程需要而定。山区每隔 0.5～1km 设置一个,在平原区和微丘陵区每隔 1～2km 设置一个。在一般的中、小桥附近和工程集中的地段均应设置临时性水准点。临时水准点可埋设大木桩,顶面钉入铁钉作为标志。

　　(2) 基平测量方法。基平测量首先应将起始水准点与附近国家水准点进行连测,以获得绝对高程。在沿线其他水准点的测量过程中,凡能与附近国家水准点进行连测的均应连测,以便获得更多的检查条件。如果路线附近没有国家水准点,可根据气压计、国家地形图和邻近的大型工程建筑物的高程作为参考,假定起始水准点的高程。

　　水准点高程的测定,公路上通常采用一台水准仪往、返观测或同时用两台水准仪同向(或对向)进行观测。往、返测或两台仪器所测高差的不符值不得超过下列允许值:

对于山区
$$f_{h允} = \pm 30\sqrt{L}\,\text{mm} \tag{13-50}$$

或
$$f_{h允} = \pm 9\sqrt{n}\,\text{mm} \tag{13-51}$$

对于大桥两岸和隧洞两端的水准点:

$$f_{h允} = \pm 20\sqrt{L}\,\text{mm} \tag{13-52}$$

或
$$f_{h允} = \pm 5\sqrt{n}\,\text{mm} \tag{13-53}$$

式中　L——水准路线长度,适用于平地,km;

　　　　n——测站数,适用于山地。

　　闭合差在允许范围内则取两次观测值的均值,作为两水准点间的高差。

　　(二) 中平测量

　　(1) 中平测量及要求。中平测量又名中桩抄平,即测量路线中桩的地面高程。中平测量是以基平测量提供的水准点为基础,以相邻两水准点为一测段,从一个水准点出发,逐个施测中桩的地面高程,闭合在下一个水准点上,形成附合水准路线。其允许误差为

$$f_{h允} = \pm 50\sqrt{L}\,\text{mm} \tag{13-54}$$

或
$$f_{h允} = \pm 12\sqrt{n}\,\text{mm} \tag{13-55}$$

　　测量时,在每一个测站上除了观测中桩外,还需在一定距离内设置用于传递地面高程的转点,每两转点间所观测的中桩,称为中间点。

　　由于转点起传递高程的作用,观测时应先观测转点,后观测中间点。转点读数至毫米,视线长度一般不应超过 150m,标尺应立于尺垫、稳固的桩顶或坚石上;中间点的高程通常采用视线高法求得,读数可至厘米,视线长度也可适当放长,标尺立于紧靠桩边的地面上,其高程误差一般应在 ±10cm 范围内。

　　当路线跨越河流时,还需测出河床断面图、洪水位和常水位高程,并注明年、月,以便为桥梁设计提供资料。

　　(2) 施测方法。如图 13-22 所示,水准仪置于测站 I,后视水准点 BM_1,前视转点 TP_1,将观测结果分别记入表 13-4 的"后视"和"前视"栏内,依次观测 BM_1 和 TP_1 间的各个中桩(K0+000～K0+060),将读数分别记入"中视"栏内。

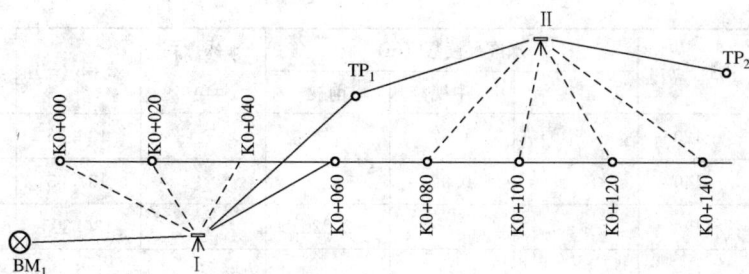

图 13-22　中平测量

仪器搬至Ⅱ站，后视转点 TP_1，前视转点 TP_2，观测各中桩。用同样的方法继续向前观测，直至附合到水准点 BM_2，完成一测段的观测工作。

各站记录后应立即计算各点高程，直至下一个水准点为止，并立即计算测段的闭合差，及时检查是否满足精度要求，如精度符合，可进行下一段的观测工作，否则，应返工重测。一般不进行闭合差的调整，而以原计算的各中桩点高程作为绘制纵断面图的数据。

每一站的各项计算依次按下列公式进行：

1）视线高程＝后视点高程＋后视读数

2）转点高程＝视线高程－前视读数

3）中桩高程＝视线高程－中间视读数

（三）纵断面的绘制

（1）纵断面图。公路纵断面图是沿中线方向绘制的表示地面起伏和纵坡设计线状图，它反映出各路段纵坡的大小和中线位置的填挖尺寸，是线路设计和施工中的重要资料。

表 13-4　　　　　　　　　　　中 平 测 量 记 录 表

测　站	测　点	水准尺读数（m）			视线高程（m）	高程（m）	备　注
		后视	中视	前视			
	BM_1	2.126			138.340	136.214	水准点
							BM_1＝136.214
	K0＋000		1.23			137.11	
	＋020		1.87			136.47	
	＋040		0.85			137.49	
	＋060		1.74			136.60	
	TP_1			1.378		136.962	
	TP_1	1.653			138.615	136.962	
	＋060		1.86			136.76	
	＋080		2.35			136.27	
	＋100		1.42			137.20	

续表

测　站	测　点	水准尺读数（m）			视线高程（m）	高程（m）	备　注
		后视	中视	前视			
	+120		1.87			136.76	
	+140		0.99			137.63	
	TP₂			2.220		136.395	
	⋮	⋮	⋮	⋮	⋮	⋮	⋮
	TP₆	1.298			138.534	137.236	
	+620		2.04			136.49	
	+640		1.36			137.17	水准点
							BM₂＝137.354
	BM₂			1.153		137.381	

纵断面图一般采用直角坐标系绘制，横坐标为中桩的里程，纵坐标则表示高程。常用的里程比例尺有 1∶5000、1∶2000 和 1∶1000 几种，为了明显地表示地面起伏，一般取高程比例尺比里程比例尺大 10 或 20 倍，例如里程比例尺用 1∶1000 时，高程比例尺则取 1∶100 或 1∶50。

（2）纵断面图的内容。图 13-23 为一道路的纵断面图。图的上半部，从左至右绘有贯穿全图的两条线。一条是细折线，表示中线方向的实际地面线，是根据中平测量的中桩地面高程绘制的；另一条是粗折线，表示包含竖曲线在内的纵坡设计线，是纵坡设计时绘制的。此外，在图上还注有水准点的编号、高程和位置，竖曲线的示意图及其曲线元素，桥涵的类型、孔径、跨数、长度、里程桩号和设计水位，其他道路、铁路以及各种管线交叉点的位置、里程和有关说明等。

图 13-23 下部绘有几栏表格，填写有关测量及坡度设计的数据，一般有以下内容：

1）桩号：自左至右按规定的里程比例尺注上各中桩的桩号。

2）坡度与距离：用来表示中线设计的坡度大小。一般用斜线或水平线表示，从左向右向上斜表示上坡，向下斜表示下坡，水平线表示平坡。线上方注记坡度数值（以百分比表示），下方注记坡长（水平距离）。不同的坡段以竖线分开。

3）设计高程：填写相应中桩的设计地面高程。

4）地面高程：注上对应于各中桩桩号的地面高程。

5）填挖高度：将填、挖的高度或深度分成两栏填写。

6）直线与曲线：按里程桩号标明路线的直线部分和曲线部分的示意图。曲线部分用直角折线表示，上凸表示路线右偏，下凹表示路线左偏，并注明交点编号及其曲线元素。在转角过小不设曲线的交点位置，用锐角折线表示。

（3）纵断面图的绘制。纵断面图一般自左至右绘制在透明毫米方格纸的背面，这样可防止用橡皮修改时将方格擦掉。

1）打格制表并填写有关测量资料。在透明方格纸上按规定尺寸绘制表格，标出与该图相适宜的纵横坐标值。在坐标系的下方绘表填写里程、地面高程、直线与曲线等资料。

BM₅高程 35.348 · 3+040 右4.5m · R=2000 T=27.5 E=0.76 · R=1000 T=10 E=0.05

桩　号	3+000	3+040	3+080	3+100	3+110	3+132	3+160	3+180	3+200	3+220	3+240	3+255	3+285	3+300	3+320	3+350	3+358	3+370	3+380
坡度与距离		3.5%　　180							2.0%　　140						0%　60				
设计高程	74.78	76.18	77.58	78.28	78.63	79.40	80.38	81.08	80.68	80.28	79.88	79.58	78.98	78.88	78.28	78.28	78.28	78.28	78.28
地面高程	75.68	74.98	79.50	80.02	78.60	78.73	80.40	81.98	81.56	79.12	79.20	78.83	80.52	80.52	79.14	77.22	77.78	77.83	77.06
挖填高度　填		1.20			0.03	0.67			1.16	0.68	0.75					1.06	0.50	0.45	1.22
挖	0.90		1.92	1.74			0.02	0.90	0.88				1.54	1.64	0.86				
直线与曲线					JD₅　α=45°12′　R=120								JD₆						

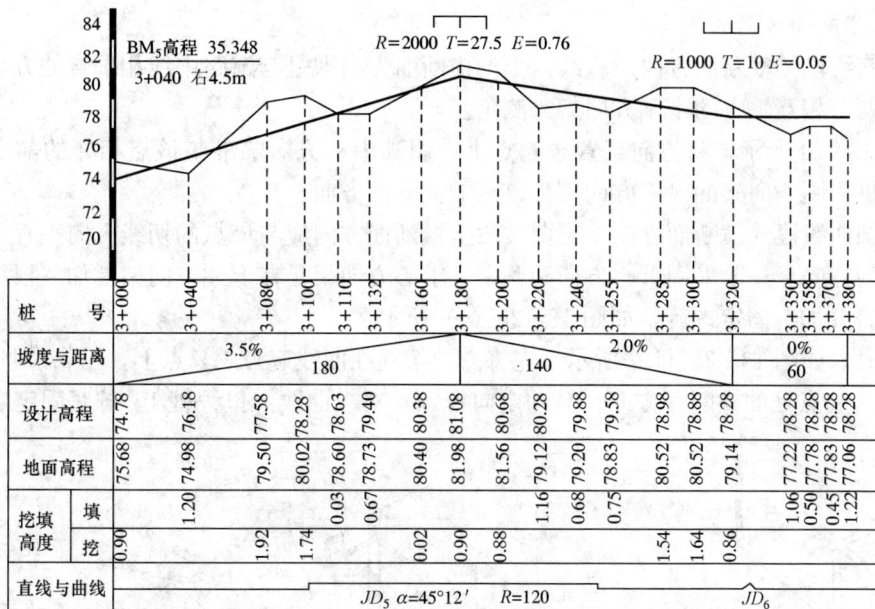

图 13 - 23　路线纵断面图

2) 绘地面线。首先确定起始高程在图上的位置，使绘出的地面线处在图上的适当位置。为了便于绘图和阅图，一般将高程为 10m 的整倍数的高程定在厘米方格纸的 5cm 粗横线上。依中桩的里程和高程，在图上按纵横比例尺依次定出各中桩地面位置，用细实线连接相邻点位，即可绘出地面线。

在高差变化较大的地区，纵向受到图幅限制时，可在适当地段变更图上高程起算位置，在新的纵坐标下展绘地面线，这时地面线将构成台阶形式。

3) 纵坡设计与计算设计高程。此项工作必须等横断面图绘好之后，根据各级公路纵坡和坡长的规定，参照实际地形，尽可能使填、挖基本平衡，试拉坡度线。

根据已设计的纵坡和两点间的坡长，可从起点的高程计算另一点的设计高程。即

　　　　　　某点的设计高程＝起点高程＋设计坡度×起点至某点的距离

位于竖曲线部分的里程桩的设计高程，应考虑竖曲线对设计高程的修正。

4) 计算各桩号的填挖尺寸。同一桩号的设计高程与地面高程之差即为该桩点的填挖高度，正号为填土高度，负号为挖土深度。地面线与设计线的交点为不填不挖的"零点"。

5) 在图上注记有关资料。如水准点、桥涵、竖曲线示意图、交叉点等。

13.3.2　路线横断面测量

横断面测量就是在各中桩处测定垂直于道路中线方向的地面起伏，绘成横断面图。横断面图是设计路基横断面、构筑物的布置、计算土石方和施工时确定路基填挖边界等的依据。

横断面测量的宽度，由公路等级、路基宽度、地形情况、边坡大小以及有关工程的特殊要求而定，一般在中线两侧各测 20~30m。由于横断面主要是用于路基的断面设计和土石方计算等，测量中距离和高差精确到 0.1m 即可满足工程要求。因此，横断面测量多采用简易的测量工具和方法，以提高工效。

（一）横断面方向的测定

（1）直线段的横断面方向。直线段上的横断面方向即是与道路中线相垂直的方向。一般可用具有两个相互垂直的十字方向架来测定。

如图 13-24 所示，将方向架置于测点上，用其中一方向瞄准与该点相邻的前方或后方的某一中桩，则方向架的另一方向即为该点的横断面方向。

（2）圆曲线段的横断面方向。圆曲线段上横断面方向应与该点的切线方向垂直，即该点指向圆心的方向。一般采用求心方向架测定。求心方向架是在上述方向架上加一根可转动的定向杆 ee，并加有固定螺旋，如图 13-25（a）所示。

使用时，如图 13-25（b）所示，先将方向架立在曲线起点 ZY 点上，用 aa 对准 JD 方向，bb 即为起点处的横断面方向。转动定向杆 ee，对准曲线上里程桩 1，拧紧固定螺旋。

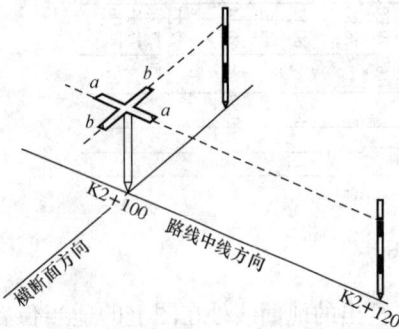

图 13-24　直线段上横断面方向的确定　　　　图 13-25　圆曲线段上横断面方向的确定

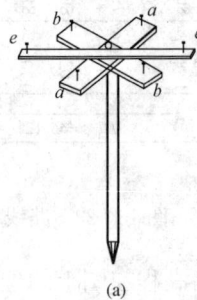

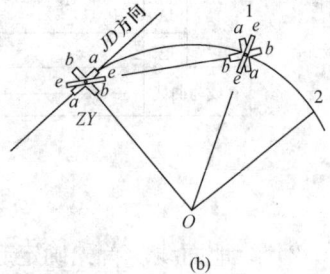

移方向架至 1 点，用 bb 对准起点，按同弧段两端弦切角相等的原理，此时定向杆 ee 的方向即为 1 点处的横断面方向，在此方向上立一标杆。

在 1 点的横断面方向定出之后，为了测定下一点 2 的横断面方向，可在 1 点将 bb 对准 1 点的横断面方向，转动定向杆 ee 对准 2 点，拧紧固定螺旋，将方向架移至 2 点，用 bb 对准 1 点，定向杆 ee 的方向即为 2 点的横断面方向。依此类推，即定出各点的横断面方向。

如果曲线的中桩是按等弧长设置，由于弦切角相同，只须在起点固定好 ee 的位置，保持弦切角不变，在各测点上将方向架 bb 边对准后视点，ee 方向即为测点的横断面方向。

（二）横断面的测量方法

（1）标杆皮尺法。如图 13-26 所示，A、B、C、D 为在横断面方向上选定的坡度变化点，先在离中桩较近的 A 点树立标杆，将皮尺靠中桩的地面拉平，量出中桩至 A 点的距离，此时皮尺在标杆上截取的红白格数（每格 0.2m）即为两点间的高差。同法测出 A 至 B，B 至 C…各段的距离和高差，直至需要的宽度为止。

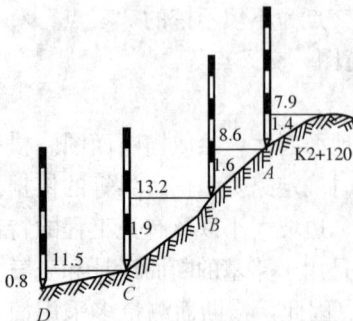

图 13-26　标杆皮尺法测横断面

记录表格见表 13-5，表中按路线前进方向分左、右侧，以分数形式记录各测段两点间的高差和距离，分子表示高差，分母表示距离，正号表示升高，负号表示降低，自中桩由近及远逐段记录。

表 13-5   横 断 面 测 量 记 录 表

左 侧				中 桩	右 侧			
$\dfrac{0.8}{11.5}$	$\dfrac{-1.9}{13.2}$	$\dfrac{-1.6}{8.6}$	$\dfrac{-1.4}{7.9}$	K2+120	$\dfrac{-1.1}{4.8}$	$\dfrac{-0.9}{6.3}$	$\dfrac{-1.2}{12.7}$	$\dfrac{0.4}{4.4}$
$\dfrac{-0.4}{4.5}$	$\dfrac{1.9}{16.2}$	$\dfrac{-1.6}{6.3}$	$\dfrac{-1.9}{12.4}$	K2+100	$\dfrac{1.8}{8.3}$	$\dfrac{0.9}{5.7}$	$\dfrac{1.0}{15.5}$	$\dfrac{0.4}{11.9}$
$\dfrac{1.2}{5.4}$	$\dfrac{-1.3}{10.1}$	$\dfrac{-0.3}{8.9}$	$\dfrac{-0.9}{3.8}$	K2+080	$\dfrac{-1.3}{13.1}$	$\dfrac{0.9}{5.2}$	$\dfrac{-1.6}{7.3}$	$\dfrac{1.4}{12.9}$

这种方法的优点是简易、轻便、迅速，但精度较低，适合于山区等级较低的公路。

（2）水准仪皮尺法。在横断面测量精度要求比较高，横断面方向坡度变化不太大的情况下，可用水准仪测量横断面测量高程。

施测时，在适当的位置安置水准仪，后视立于中桩上的水准尺，读取后视读数，求得视线高程，再前视横断面方向上，立于各坡度变化点上的水准尺，取得前视读数。一般前、后视读数精度至厘米即可。用视线高程减去各前视读数，即得各点的地面高程。实测时，若仪器位置安置得当，一站可测量多个断面。

中桩至各坡度变化点的水平距离可用钢尺或皮尺量出，精度至分米。

（3）经纬仪视距法。为测定横断面方向上坡度变化点，安置经纬仪于中桩上，用经纬仪直接定出横断面方向，用视距法测出各地形变化点至测站（中桩）的距离和高差。

由于使用了经纬仪，不用直接量距，减轻了外业工作量，因而此法适用于地形困难、山坡陡峻地段的大型断面。

（三）横断面图的绘制及路基设计

（1）横断面图绘制。横断面图绘制的工作量较大，为了提高工作效率，便于现场核对，往往采取在现场边测边绘的方法，也可以采取现场记录，室内绘图，再到现场核对的方法。

和纵断面一样，横断面图也是绘制在毫米方格纸上。为了计算面积时较简便，横断面图的距离和高差采用相同的比例尺，通常为 1:100 或 1:200。

绘图时，先在适当的位置标出中桩，注明桩号。由中桩开始，分左、右两侧按距离和高程逐一展绘各坡度变化点，用直线将相邻点连接起来，即绘出横断面的地面线，适当地标注有关的地物或数据等，如图 13-27 所示。

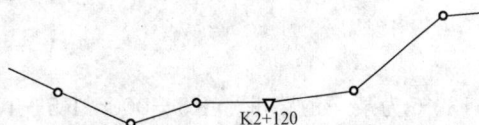

图 13-27 横断面图的绘制

（2）设计路基。在横断面图上，按纵断面图上的中桩设计高程以及道路设计路基宽、边沟尺寸、边坡坡度等数据，在横断面上绘制路基设计断面图。具体做法一般是先将设计的道路横断面按相同的比例尺做成模片（透明胶片），将其覆盖在对应的横断面图上，按模片绘制成路基断面线，这项工作俗称"戴帽子"。路基断面的形式主要有全填式、全挖式、半填半挖式等三种类型，如图 13-28 所示。

路堤边坡：土质一般采用 1:1.5，填石的边坡则可放陡，如 1:0.5、1:0.75 等。挖方边坡：一般采用 1:0.5、1:0.75、1:1 等。边沟一般采用梯形断面，内侧边坡一般采用

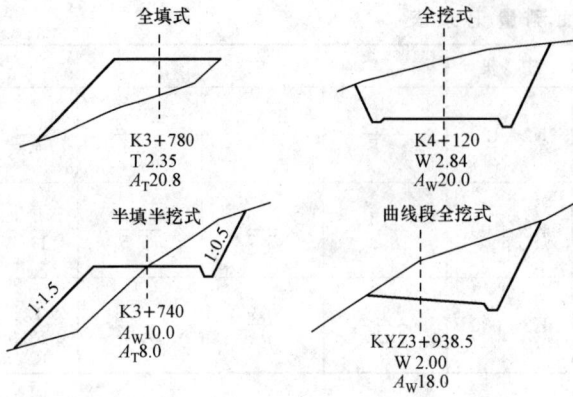

图 13-28 横断面上绘制路基设计断面图

$1:1\sim1:1.5$，外侧边坡与路堑边坡相同，边沟的深度与底宽一般不应小于 0.4m，高速公路、一级公路边沟断面应大一些，其深度与底宽可采用 $0.8\sim1.0$m。

为了行车安全，曲线段外侧要高于内侧，称为超高。此外，汽车行驶在曲线段所占的宽度要比直线段大一些，因此曲线段不仅要超高，而且要加宽。如图 13-28 中 KYZ3+938.5 中桩处路基宽度加宽，并且左侧超高。

13.4 土石方的计算与调配

路基土石方工程是修筑公路的主要工程项目，土石方工程数量也是比较路线设计方案的主要技术经济指标之一。路基土石方的计算与调配，关系着取土及弃土地点、范围以及用地宽度的决定，同时也影响着工程造价、所需劳动力数量和施工期限等。

13.4.1 横断面面积的计算

路基填方、挖方的横断面面积是指路基横断面图中，原地面线与路基设计线所包围的面积，高于原地面线部分的面积为填方面积，低于原地面线部分的面积为挖方面积，一般填方、挖方面积分别计算。如图 13-28 所示，图中 T2.35 表示中桩 K3+780 处填高 2.35m，$A_T20.8$ 表示该填方断面积为 20.8m²。W2.84 表示中桩 K4+120 处挖深 2.84m，$A_W20.0$ 表示该挖方断面积为 20.0m²。

13.4.2 土石方数量的计算

土石方数量的计算一般采用"平均断面法"，即以相邻两断面面积的平均值乘以两桩号之差计算出体积，然后累加相邻断面间的体积，得出总的土石方量。设相邻的两断面面积分别为 A_1 和 A_2，相邻两断面的间距（桩号差）为 D，则填方或挖方的体积 V 为

$$V = \frac{A_1+A_2}{2}D \tag{13-56}$$

表 13-6 为某一道路桩号 K5+000～K5+100 的土石方量计算成果。

表 13-6　　　　土石方数量计算表

桩号	断面面积（m²）		平均断面积（m²）		间距（m）	土石方量（m²）		备注
	填方	挖方	填方	挖方		填方	挖方	
K5+000	41.36	—						
			31.17	—	20.0	623.40		
+020	20.98	—						
			16.17	4.3	20.0	323.40	86	
+040	11.36	8.6						

桩号	断面面积（m²）		平均断面积（m²）		间距（m）	土石方量（m²）		备注
	填方	挖方	填方	挖方		填方	挖方	
			7.98	22.74	15.0	119.70	341.1	
＋055	4.6	36.88		42.7	5.0	11.50	213.5	
			2.3	42.94	20.0	—	858.8	
＋060	—	48.53	—					
			2.8	33.56	20.0	56.00		
＋080		37.36						
K5＋100	5.6	29.75						
Σ						1134.00	2170.60	

13.4.3 路基土石方的调配

路基填、挖土石方数量计算出来以后，为合理利用挖方作填方，降低工程造价，需要对土石方数量进行调配，确定填方用土的来源，挖方弃土的去向，计价土石方数量和运量等。通过土石方调配合理地解决各路段土石方平衡和合理利用问题，使得挖方路段除横向调运（本桩利用）外的土石方得到有效利用，移挖作填，减少路基填方借土，节约耕地，降低造价。

（一）调配原则

（1）尽可能移挖作填，减少废方和借方。在半填半挖的断面中，首先考虑本桩利用，即横向调运，其次再纵向调配，减少总运量。

（2）土石方调配要考虑桥涵位置的影响，一般大沟土石方不作跨沟调运，同时也应考虑施工方便，减少土坡调运。

（3）弃方妥善处理。尽可能使弃方不占或少占农田，防止弃方堵塞河流或冲淤农田。

（4）路基填方借土。结合地形及农田规划，合理选择借土地点，尽可能考虑借土还田，整地造田措施。

（5）综合考虑路基施工方法、运输条件、施工机械化程度和地形情况，选用合理的经济运距，分析路基用土是调运还是借方。

（二）调配方法

土石方调配是在路基土石方数量计算和复核完毕后进行的，直接在土石方数量表中进行调配。具体调配步骤如下：

（1）在土石方数量右侧注明可能影响调配的因素，如河流、大沟、陡坡等，供调配时参考。

（2）优先考虑横向调配，满足本桩利用方，计算挖余和填缺数量。

（3）在纵向调配时，应根据施工方法和可能采用的运输条件计算合理的经济运距，供土石方调配参考。

（4）根据填缺和挖余的分布情况，判断调运的方向和数量，结合路线纵坡和经济运距，确定调配方案。方法是逐桩逐段地将相邻路段的挖余就近纵向调运到填缺内加以利用，并将具体调运方向和数量用箭头标明在利用调配图表中。

（5）经过纵向调配，如仍有填缺和挖余，应和当地政府协商弃方和借方的地点，确定弃方和借方数量，并填入土石方数量表中。

（6）调配一般在本公里内调运，必要时可以跨公里调运，但将数量和调配方向注明。

（7）土石方调配后，应按下列公式校核

$$\left.\begin{array}{r}横向调运＋纵向调运＋借方 ＝ 填方 \\ 横向调运＋纵向调运＋弃方 ＝ 挖方 \\ 挖方＋借方 ＝ 填方＋弃方\end{array}\right\} \qquad (13\text{-}57)$$

（8）计算计价土石方数量：在土石方调配中，所有挖方无论是弃或调都应计价。填土只对路外借土部分计价，即

$$计价土石方数量 ＝ 挖方数量＋借方数量 \qquad (13\text{-}58)$$

（三）调配计算的几个问题

工程上所说的土石方总量，实际上是指计价土石方数量。一条公路的土石方总量，一般包括路基工程、排水工程、临时工程和小桥涵工程等项目的土石方数量。

（1）经济运距　填方用土来源，一是纵向调运，二是路外借土。调运路堑挖方来填筑距离较近的路堤是比较经济的，但当调运距离过长，以至运价超过了在填方附近借土所需的费用，移挖作填就不如在路基附近借土经济。因此，采取借或调，存在合理运距问题，这个距离称为经济运距，计算公式为

$$L_{经} = \frac{B}{T} + L_{免} \qquad (13\text{-}59)$$

式中　$L_{经}$——经济运距，km；

　　　B——借土单价，元/m³；

　　　T——远运费单价，元/（m³·km）；

　　　$L_{免}$——免费运距，km。

由上式可知：经济运距是确定调运或借土的界限，当纵向调运距离小于经济运距时，采取纵向调运。反之就近借土。

（2）平均运距　土石方调配的运距从挖方体积的重心到填方体积重心之间的距离。在土石方实际计算中，采用挖方断面间距中心至填方断面间距中心的距离，这个距离称为平均运距。

在纵向调运时，当平均运距超过规定的免费运距时，超出部分应按超运运距计算土石方运量。

（3）运量　土石方运量为土石方的平均运距与土石方调配数量的乘积。

在公路工程施工中，工程定额是将平均运距每 10m 划分为一个运输单位，称之为级，20m 为两个运输单位，称为二级，余类推。在土石方数量计算中，不足 10m 仍以一级计算或四舍五入。于是有

$$总运量 ＝ 调配（土石）方数×n \qquad (13\text{-}60)$$

$$n = (L - L_{免})/10 \qquad (13\text{-}61)$$

式中　n——平均运距单位，级；

　　　L——平均运距；

　　　$L_{免}$——免费运距。

13.5 道路施工测量

道路施工测量主要包括恢复道路中线测量、施工控制桩测设、路基边桩放样、路基边坡的放样、路面施工放样和竖曲线测设。

13.5.1 道路中线的恢复

从路线勘测,经过道路工程设计到开始道路施工的这段时间里,往往有一部分道路中线桩点被碰动或丢失。为了保证道路中线位置的准确可靠,施工前应进行一次复核测量,并将已经丢失或碰动过的交点桩、里程桩等恢复和校正好,其方法与中线测量相同。

13.5.2 施工控制桩的测设

由于道路中线桩在施工中要被挖掉或堆埋,为了在施工中控制中线位置,需要在不易受施工破坏、便于引测、易于保存桩位的地方测设施工控制桩。测设方法有平行线法和延长线法。

(一)平行线法

平行线法是在设计的路基宽度以外,测设两排平行于中线的施工控制桩,如图 13-29 所示。控制桩的间距一般取 10~20m。

(二)延长线法

延长线法是在路线转折处的中线延长线上以及曲线中点至交点的延长线上测设施工控制桩,如图 13-30 所示。控制桩至交点的距离应量出并做记录。

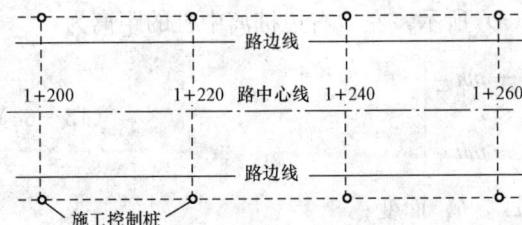

图 13-29 平行线法定施工控制桩

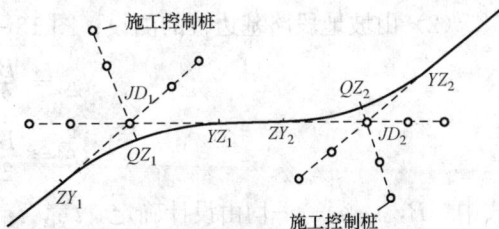

图 13-30 延长线法定施工控制桩

13.5.3 路基边桩的放样

路基施工前,在地面上先把路基轮廓表示出来,即在地面上将每一个断面的路基边坡与地面的交点用木桩标定出来,以便路基的开挖与填筑。该点对于设计路堤为坡脚点,对于设计路堑为坡顶点。路基边桩的位置按填土高度或挖土深度、边坡设计坡度及横断面的地形情况而定。其方法如下:

(一)图解法

道路设计时,地形横断面及路基设计断面都已绘制在方格厘米纸上,路基边桩的位置可用图解法求得,即在横断面设计图上量取中桩至边桩的距离,到实地在横断面方向用皮尺量出其位置。

(二)解析法

通过计算求得路基中桩至边桩的距离。在平地和山区,计算和测设的方法不同。

(1)平坦地段路基边桩的测设。填方路基称为路堤 [图 13-31(a)],挖方路基称为路

堑 [图 13 - 31 (b)]。路堤边桩至中桩的距离为

$$l_{左} = l_{右} = \frac{B}{2} + mh \tag{13-62}$$

式中 B——路基设计宽度；

     $1:m$——路基边坡；

     h——填土高度或挖土深度。

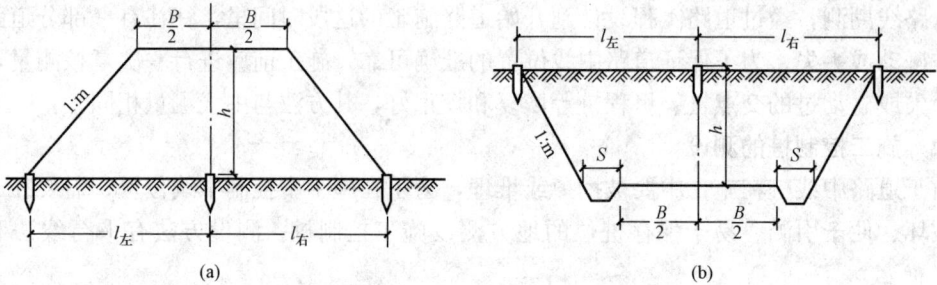

图 13 - 31 平坦地段路基边桩的放样

路堑边桩至中桩的距离为

$$l_{左} = l_{右} = \frac{B}{2} + s + mh \tag{13-63}$$

式中 s——路堑边沟顶宽。

根据式 (13 - 63) 计算的距离，从中桩沿横断面方向量距，测设路基边桩。

(2) 山坡地段路基边桩的测设。图 13 - 32 (a) 所示，左、右边桩离中桩的距离为

$$\left.\begin{array}{l} l_{左} = \dfrac{B}{2} + s + mh_{左} \\[2mm] l_{右} = \dfrac{B}{2} + s + mh_{右} \end{array}\right\} \tag{13-64}$$

式中 B，s，m——均由设计确定，$l_{左}$，$l_{右}$ 随 $h_{左}$，$h_{右}$ 而变；

     $h_{左}$，$h_{右}$——边桩处地面与设计路基面的高差，由于边桩位置是待定的，故 $h_{左}$，$h_{右}$ 事先并不知道，实际测设时，可以采用逐渐趋近法。

在图 13 - 32 (b) 中，设路基左侧加沟顶宽度为 4.7m，右侧为 5.2m，中心桩挖深为 5.0m，边坡坡度为 1:1，以左侧为例，介绍边桩测设的逐渐趋近法。

1) 大致估计边桩的位置 若地面水平，则左侧边桩的距离应为 $4.7 + 5.0 \times 1 = 9.7$m，图 13 - 32 所示情况是左侧地面较中桩处低，估计边桩地面处比中桩处地面低 1m，则 $h_{左} = 5 - 1 = 4$m，代入式 (13 - 64)，求得左边桩与中桩的近似距离为

$$l'_{左} = 4.7 + 4 \times 1 = 8.7\text{m}$$

在实地量 8.7m，得 a' 点。

2) 实测高差 用水准仪测定 a' 点与中桩间的高差为 1.3m，则 a' 点距中桩的平距应为

$$l'_{左} = 4.7 + (5.0 - 1.3) \times 1 = 8.4\text{m}$$

该值比初次估算值 8.7m 小，故边桩的正确位置应在 a' 点的内侧。

3) 重新估算边桩的位置 边桩的正确位置应在离中桩 8.4~8.7m 之间，重新估计在距中桩 8.6m 处地面定出 a 点。

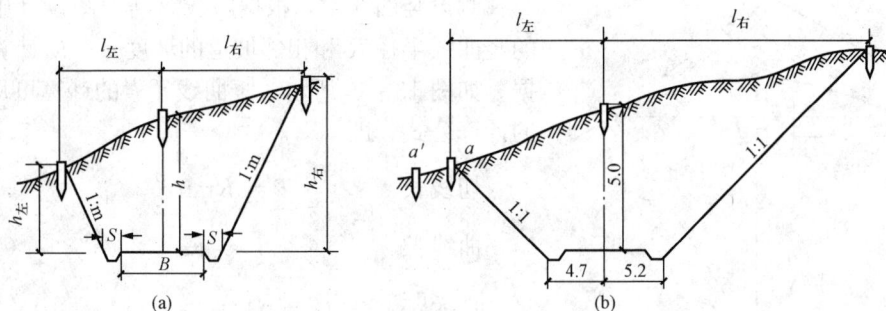

图 13-32 山坡地段路基边桩的放样

4）重测高差 测出 a 点与中桩的高差为 1.2m，则 a 点与中桩的平距应为

$$l'_左 = 4.7 + (5.0 - 1.2) \times 1 = 8.5 \text{m}$$

该值与估计值相符，故 a 点即为左侧边桩位置。

13.5.4 路基边坡的放样

有了边桩还不足以指导施工，为使填、挖的边坡坡度得到控制，还需要进行路基边坡放样工作。具体方法如下：

按照边坡坡度做好边坡样板，施工时可比照样板进行放样。如图 13-33 所示，用事先做好的坡脚尺一边夯填土，一边丈量边坡。

精度要求不高时，也可用麻绳竹竿放边坡。

13.5.5 路面施工放样

路基施工之后进行路面施工时，先要在恢复路线的中线上打上里程桩，沿中线进行水准测量，必要时还需测部分路基横断面。在中线上每隔 10m 设立高程桩两个，使其桩顶为所建成的路表面高程，图 13-34 所示为中路中心处的两个桩。在垂直于中线方向处向两侧量出一半的路槽，打上两个桩，使其桩顶高程符合路槽的横向坡度。

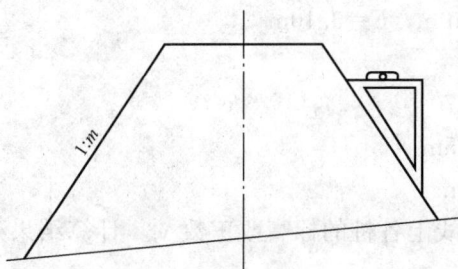

图 13-33 路基边坡放样

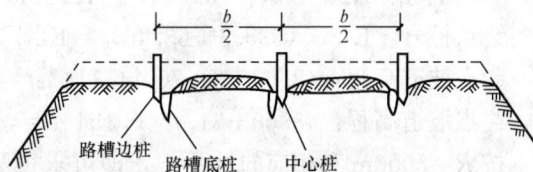

图 13-34 路面放样

13.5.6 竖曲线的测设

在设计路线纵坡的变更处，考虑行车的视距要求和行车的平稳，在竖直面内用圆曲线连接起来，这种曲线称为竖曲线。如图 13-35 所示，路线上三条相邻的纵坡 i_1（＋）、i_2（－）、i_3（＋），在 i_1 和 i_2 之间设置凸形竖曲线；在 i_2 和 i_3 之间设置凹形竖曲线。

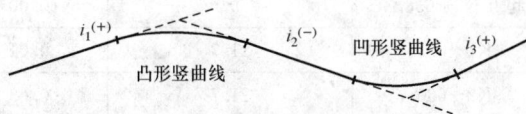

图 13-35 竖曲线

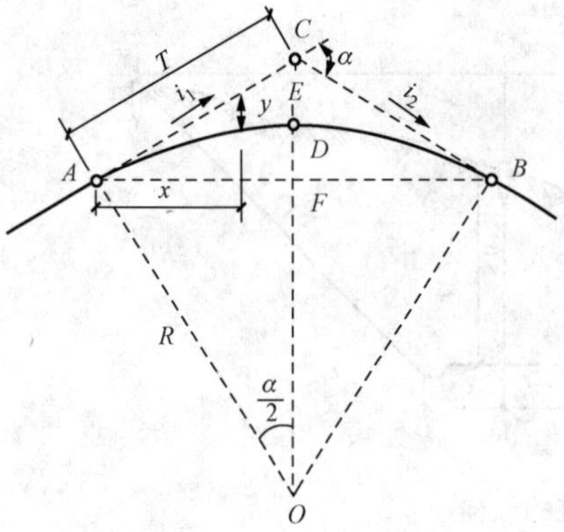

图 13-36　竖曲线测设元素

测设竖曲线时，根据路线纵断面图设计中所设计的竖曲线半径 R 和相邻坡道的坡度 i_1、i_2 计算测设数据。如图 13-36 所示，竖曲线元素的计算可用平曲线的计算公式，即

$$切线长 \qquad T = R\tan\frac{\alpha}{2} \qquad (13-65)$$

$$曲线长 \qquad L = R\alpha \qquad (13-66)$$

$$外矢距 \qquad E = R\left(\sec\frac{\alpha}{2} - 1\right) \qquad (13-67)$$

由于竖曲线的转角 α 很小，计算可简化为

$$\alpha = i_1 - i_2 \qquad (13-68)$$

而竖曲线的设计半径 R 又较大，因此，竖曲线测设元素也可以用下列近似公式计算

$$T = \frac{1}{2}R(i_1 - i_2) \qquad (13-69)$$

$$L = R(i_1 - i_2) \qquad (13-70)$$

$$E = \frac{T^2}{2R} \qquad (13-71)$$

同理，可导出竖曲线中间各点按直角坐标法测设的 y_i（即竖曲线上的标高改正值）计算公式

$$y_i = \frac{x_i^2}{2R} \qquad (13-72)$$

式（13-72）中的 y_i 值在凹形竖曲线中为正号，在凸形竖曲线中为负号。

【例 13-5】 设 $i_1 = -1.114\%$，$i_2 = +0.154\%$，为凹形竖曲线，变坡点的桩号为 K2+670，高程为 48.60m，欲设置 $R=5000$m 的竖曲线，求各测设元素、起点、终点的桩号和高程、曲线上每 10m 间距里程桩的标高改正数和设计高程。

解 按上列公式求得　　　$T=31.70$m，$L=63.40$m，$E=0.10$m

起点桩号：K2+（670-31.70）=K2+638.30

终点桩号：K2+（638.3+63.40）=K2+701.70

起点坡道高程：48.60+31.70×1.114%=48.95m

终点坡道高程：48.60+31.7×0.154%=48.65m

按 $R=5000$m 和相应的桩距 x_i，即可求得竖曲线上各桩的标高改正数 y_i，计算结果列于表 13-7。

表 13-7　　　　　　　　　　　竖曲线各桩点高程计算

桩　号	至竖曲线起点或终点的平距 $x_i y_i$ (m)	高程值 (m)	坡道高程 (m)	竖曲线高程 (m)	备　注
起点 K2+638.3	0.0	0.00	48.95	48.95	
K2+650	11.7	0.01	48.83	48.83	
K2+660	21.7	0.05	48.71	48.76	
变坡点 K2+670	31.7	0.10	48.60	48.70	

续表

桩 号	至竖曲线起点或终点的平距 $x_i y_i$（m）	高程值（m）	坡道高程（m）	竖曲线高程（m）	备 注
K2+680	21.7	0.05	48.62	48.67	
K2+690	11.7	0.01	48.63	48.64	
终点 K2+701.7	0.0	0.00	48.65	48.65	

　　竖曲线起点、终点的测设方法与圆曲线相同，而竖曲线上辅点的测设，实质上是在曲线范围内的里程桩上测出竖曲线的高程。因此，实际工作中，测设竖曲线都与测设路面高程桩一起进行。测设时，只需将已算出的各点坡道高程再加上（对于凹型竖曲线）或减去（对于凸形竖曲线）相应点上的标高改正值即可。

13.6　桥 梁 施 工 测 量

　　桥梁施工测量的任务是根据桥梁设计和施工详图，遵循从整体到局部的原则，先进行控制测量，再进行细部放样测量。将桥梁构造物的平面和高程位置，在实地放样出来，及时地为不同施工阶段提供准确的设计位置和尺寸，并检查施工质量。

　　桥梁施工阶段的测量工作，首先，通过平面控制网的测量，求出桥轴线（桥梁中线）的长度、方向和交会放样桥墩中线位置的数据。通过水准测量，建立桥梁墩台施工放样的高程控制；其次，当桥梁构造物的主要轴线（如桥梁中线、墩台纵横轴线等）放样出来后，再按主要轴线进行结构物轮廓点的细部放样和进行施工测量；最后，还要进行竣工测量及桥梁墩台的沉降位移观测。

13.6.1　施工控制测量

　　施工控制测量分为平面控制测量和高程控制测量。

　　（一）平面控制测量

　　平面控制测量即测定桥梁的中心位置，就是要在实地标定桥梁中轴线和两岸控制桩（即定位桩）的位置，并精确地测定两控制桩之间的距离（即桥轴线长度）。

　　（1）直接丈量法。当河流无水、浅水或河岸与河底高差较小时，可直接用红外测距仪或经过核定的钢尺按精密量距法丈量。为了防止差错，必须由两人相互检查校核，往返两次以上，并作好丈量记录。丈量桥梁中线精度：桥长小于 200m 时，不低于1/5000；桥长在200～500m 时，不低于1/10 000；桥长在 500m 以上时，不低于 1/20 000。

　　（2）间接丈量法。当河流宽阔、水深流急，不能直接丈量桥梁中轴线时，常采用小三角网法间接丈量。如图 13-37 所示。图中双线为基线。

　　在布置三角网时，三角点应选在不被水淹，不受施工干扰，不易

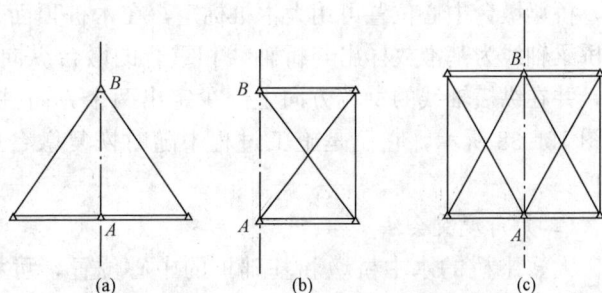

图 13-37　小三角网法间接丈量

(a) 双三角形；(b) 单四边形；(c) 双四边形

被损坏的地方。两岸中线上应各设一个三角点，并使其与桥台相距不远，便于桥台放样。桥位控制桩应包括在桥位控制网内，使桥轴线与基线一端连接，成为三角网的一边，基线尽可能与桥轴线正交，基线长度一般不小于桥梁轴线长度的 0.7，困难地段不小于 0.5。

桥位三角网的主要技术要求见表 13 - 8。

表 13 - 8 桥位三角网的主要技术要求

等级	桥轴线长度 (m)	测角中误差 (″)	基线相对中误差	桥轴线相对中误差	测回数		三角形最大闭合 (″)
					J_2	J_6	
一级小三角	500～1000	±5	1/40 000	1/20 000	2	6	±15
二级小三角	200～500	±10	1/20 000	1/20 000	1	2	±30
图根小三角	<200	±20	1/10 000	1/5000		1	±60

（二）高程控制测量

桥梁在施工过程中，必须加设施工水准点，两岸应建立统一可靠的高程系统。当河宽超过 150m 时，两岸水准点的高程应采用跨河测量的方法建立。桥长在 200m 以上，每岸至少设两个水准点。水准基点应设在不受水淹，不被扰动的稳固处，并尽可能靠近施工场地，以便于传递和检查高程。水准点应设永久性标志或直接设在基岩上并凿出标志。

为满足施工需要，还应在各墩台下或河滩上设置一定数量的施工水准点，以便在施工时安置一次仪器就可将高程测到所需的部位。对施工水准点要加强检查复核，施工水准点应按四等水准测量的要求施测。

13. 6. 2 桥梁墩台中心定位

桥梁墩台的中心定位，就是根据桥梁设计施工详图上所规定的两桥台及各桥墩中心的里程，以桥梁中线控制桩、桥梁三角网控制点为基准，按规定精度放样出墩台中心位置。

（一）直接丈量法

直接丈量桥梁中线长度时，各个墩台中心可由中线两端的控制点直接丈量测定。两岸桥台一般均靠近桥轴线控制桩，可根据桥轴线控制桩和桥台里程，算出其间距离，用钢尺由控制桩起沿桥梁中心线方向依次放出各段距离，定出墩台中心位置，如图 13 - 38 所示。

桥梁墩台中心位置可用大木桩标定，在木桩顶面钉一铁钉，在这些点位上设置经纬仪，以桥梁轴线为基准放样出与桥轴线相重合的墩台纵向轴线及与桥轴线相垂直的墩台横向轴线，并在纵横轴线的每端方向上至少定出两个方向桩。各桩应在基坑开挖线以外 5～10m，如图 13 - 38 所示，它们是施工过程中随时恢复墩台中心位置和细部放样的基础，应妥善保护。

（二）角度交会法

大、中桥的水中桥墩和基础桩的中心位置，可根据已建立的三角网，在三个三角点上安置经纬仪，从三个方向（其中一个方向为桥梁中线方向）交会得出，如图 13 - 39 所示。

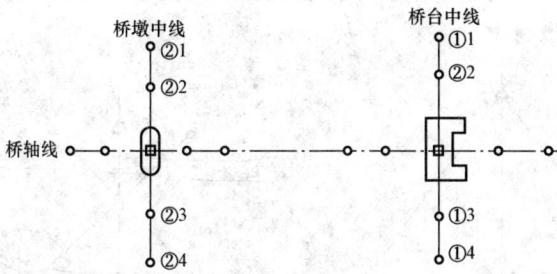

图 13-38　桥梁墩台定位图

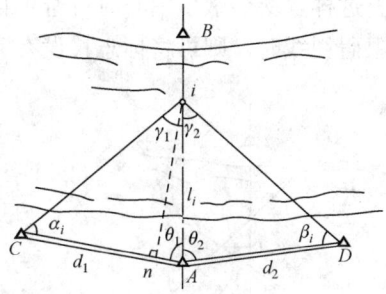

图 13-39　角度交会法定桥墩中心

（1）交会角的计算。设 i 点为桥墩中心位置，A 至 i 的距离 l_i 在设计图上已经给出，基线 d_1、d_2 及角度 θ_1、θ_2 在三角网观测中测定。则交会角 α_i、β_i 可按下述方法计算。

由墩台中心向基线 AC 作辅助垂线 in，则在 $\triangle Cin$ 中

$$\tan\alpha_i = \frac{in}{Cn} = \frac{l_i\sin\theta_1}{d_1 - l_i\cos\theta_1} \tag{13-73}$$

同理得

$$\left.\begin{aligned} \alpha_i &= \arctan\frac{l_i\sin\theta_1}{d_1 - l_i\cos\theta_1} \\ \beta_i &= \arctan\frac{l_i\sin\theta_2}{d_2 - l_i\cos\theta_2} \end{aligned}\right\} \tag{13-74}$$

为了检核 α_i、β_i 计算结果正确与否，可按求算 α_i、β_i 的方法求出 γ_1 及 γ_2。

$$\left.\begin{aligned} \gamma_1 &= \arctan\frac{d_1\sin\theta_1}{l_i - d_1\cos\theta_1} \\ \gamma_2 &= \arctan\frac{d_2\sin\theta_2}{l_i - d_2\cos\theta_2} \end{aligned}\right\} \tag{13-75}$$

计算校核式为

$$\left.\begin{aligned} \alpha_i + \gamma_i + \theta_1 &= 180° \\ \beta_i + \gamma_i + \theta_2 &= 180° \end{aligned}\right\} \tag{13-76}$$

（2）施测方法。在 C、A、D 三站各安置一台经纬仪。置于 A 站的仪器瞄准 B 点，标出桥轴线方向；置于 C、D 两站的仪器，均后视 A 点，以正倒镜分中法测设 α_i、β_i；指挥在墩位处的测量人员，标定出由 A、C、D 三测站拨来的交会方向线。由于测量误差的影响，三个拨来的三条方向线不会交于一点，而构成误差三角形，如图 13-40 所示。若误差三角形在桥轴线上的边长不大于规定的数值（对墩底放样为 2.5cm，对墩顶放样为 1.5cm），则取 C、D 两站拨来方向线的交点 i' 在桥轴线上的投影点 i，作为所求墩台中心位置。以保证桥轴线方向不变。

交会精度与交会角 γ 有关。如图 13-41 所示，当 γ 角在 90°～110° 范围内时，交会精度最高。一般 γ 角应在 70°～130° 之间，不宜小于 60° 和不宜大于 150°。若出现 γ 角小于 60° 时，则需加测交会用的控制点，当 γ 角大于 150° 时，可在基线适当位置上设置辅助点 M、N，作为交会近岸墩位的测站，以减小 γ 角。

在桥墩施工中，角度交会工作需经常重复进行，因此要求迅速、准确、不能出错。为满足这个要求，现场常采取预先精确地放样出交会角 α_i、β_i，并获得 i 点位置后，将过 i 点的交会方向线延长到彼岸设立标志，如图 13-42 中 C'、D'。标志设好后，用测角方法加以校

核。这样，交会墩位中心时可避免再拨角，可直接瞄准彼岸标志进行方向交会。若桥墩砌高后阻碍视线时，则可将标志移设在完工的墩身上。

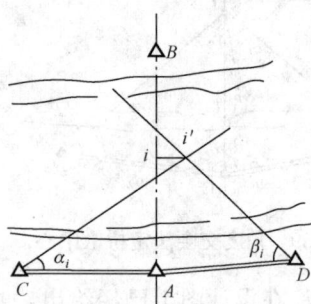

图 13-40   角度交会法示误三角形   图 13-41   设置辅点交会法   图 13-42   交会方向的固定标志

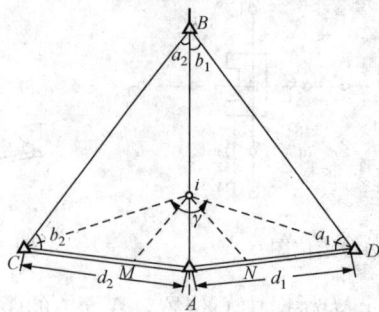

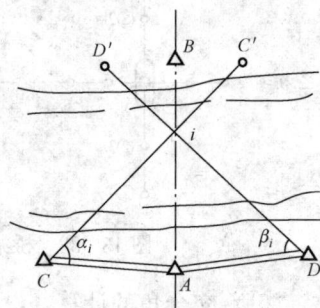

13.6.3 桥梁施工后的沉降及位移观测

桥梁墩台在修建和使用期间可能发生沉陷和位移，如果数值较大，将直接影响到桥梁使用寿命和行车的安全，应及时采取补救措施。为了确定其变形的数值，应对桥梁进行周期性的沉降和位移观测，一般在桥梁建成初期，间隔时间较短，其后间隔时间可长些。

（一）沉降观测

为进行沉降观测，必须在桥墩的两边适宜于立尺的地方，各设一个顶端是球形的水准标志，作为观测点，供沉降观测使用。

水准路线可采用闭合或附合水准路线。如图 13-43 所示，沿岸至少埋设三个永久性水准点，并使其近似地在同一圆弧上，这样在每天观测时，水准仪可安置在圆弧中心处。若三个水准点的三段高差无变动，说明各水准点是稳固的。有时往往需要与设立在远处的土质较坚硬地区的水准基点进行联测。

为使观测的沉降数值可靠，每次观测的水准路线要求相同，各次观测最好都使用同一台仪器。图 13-43 中，同一桥墩上的两个观测点有时因视线受阻而不通视，这时各墩台观测点要用两条水准路线连接，一条在上游，一条在下游，又因水准仪只能隔一桥墩设一测站，所以每条水准路线必须施测两次，才能将墩顶上全部观测点与岸上固定水准点连接起来。

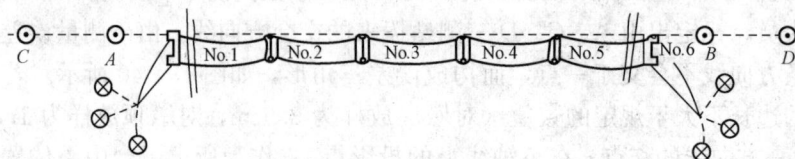

图 13-43   进行桥墩位移和沉降观测时所用标志的布设

根据各时期观测结果，编制出墩台沉降一览表，绘出沉降曲线，直接表明墩台沉降的相应数值和速度。

（二）位移观测

由于水流压力等各方面的作用，墩台的平面位置产生一定的位移。

桥墩横轴线方向位移的观测，可用方向线法。为此，在桥墩上跨越结构的右侧或左侧的同一方向线上设置观测标志，同时在同方向的两岸稳固地方各埋设两个固定标志，使岸上的4 个标志在一条直线上，如图 13-43 虚线所示。观测前先检查 C、A、B、D 是否在同一直线上，即这 4 个固定点本身是否稳固，若有变动，应求其变动数值，以便用来改正观测结果。

如图 13-44 所示，观测时在 A 点上安置经纬仪，在 B 点和各桥墩的观测标志上安置观测点，观测 AB 方向与 A 点到各桥墩点间的小角 γ 值。观测的测回数可根据使用的仪器精度而定，一般要求测角中误差不得大于 $0.8''\sim 1.0''$。根据测得的小角 γ 以及仪器到桥墩的距离 S，可按式（13-77）计算桥墩的位移值 x

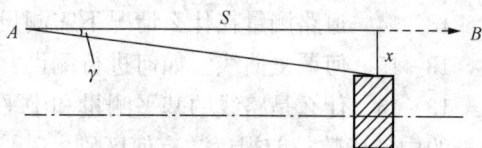

图 13-44 桥墩位移观测

$$x = S\gamma/\rho \tag{13-77}$$

由于 x 值与 S 成正比，因此，在 A 点可由近至远依次观测各桥墩的 γ。到达桥中部后，将经纬仪迁至 B 点，觇牌设置 A 点，再在 B 点由远至近依次观测到最近一个桥墩。此外，水平位移观测也可采用前方交会法进行观测。

思 考 题

13-1 中线测量的任务是什么？

13-2 何谓路线的转点？何谓路线的交点？它们各有什么作用？中线测量的转点和水准测量的转点有何不同？中线里程桩编号中符号与数字的含义是什么？在中线的哪些地方应设置中桩？

13-3 怎样推算圆曲线的主点里程？圆曲线主点位置是如何测定的？

13-4 已知弯道 JD_{10} 的桩号为 K5+199.99，右角 $\beta=136°24'$，$R=300\mathrm{m}$，试计算圆曲线主点元素和主点里程，并叙述测设曲线主点的操作步骤。

13-5 已知某一路线的交点 JD_5 处右转角为 $\alpha=65°18'42''$，其桩号为 K9+387.34，中线测量时确定圆曲线半径为 $R=150\mathrm{m}$，试计算圆曲线元素 T、L、E、D 以及三个主点桩号，并简述三个主点的测设步骤。

13-6 偏角法测设圆曲线的原理是什么？测设操作步骤是怎样的？

13-7 JD_{21} 桩号为 K14+287.54，转角 $\alpha_右=36°32'$，R 取 150m。试用偏角法进行圆曲线细部测设。

13-8 切线支距法详细测设圆曲线的原理是什么？操作步骤是怎样的？

13-9 交点 JD_9 的桩号为 K4+555.76，转角 $\alpha_右=54°18'$，$R=250\mathrm{m}$，接整桩号法设桩，分别计算以 ZY、YZ 为原点，用切线支距法测设两半圆曲线各桩的 x 和 y，叙述测设方法并按 1:2000 比例绘制曲线图。

13-10 设置缓和曲线有何作用？带缓和曲线的曲线要素值怎样计算？如何进行主点的测设？

13-11 三级公路设计行车速度 $V=60\mathrm{km/h}$，已知 JD_{18} 的桩号为 K18+476.21，转角 $\alpha_右=38°14'$，拟定圆曲线半径 $R=300\mathrm{m}$，缓和曲线长度 $l_s=60\mathrm{m}$，求曲线元素值及主点里程。

13-12 在道路施工中，已知某一路线的交点 JD_5 处右转角为 $\alpha=44°18'42''$，其桩号为 K12+124.23，设计半径 $R=250\mathrm{m}$，拟用缓和曲线长为 70m，试计算曲线元素 T_h、L_y、L_h，

E_h，D_h，并求出 5 个主点桩号，并简述 5 个主点的测设步骤。

13-13　道路的横断面图测量可以采用哪些方法？各适用于什么情况？横断面测量的测量步骤是怎样的？

13-14　道路测量在什么情况下需测设反向曲线？测设时应注意什么问题？

13-15　何谓复曲线？如何进行测设？

13-16　什么是路线的基平测量和中平测量？中平测量与一般水准测量有何不同？中平测量的中丝读数与前视读数有何区别？

13-17　简述路线的纵断面图绘制步骤，如何进行拉坡设计？

13-18　在公路设计中，需要在交点桩 C 处设计一凸形竖曲线，C 点桩号为 1+026，相邻两坡道的坡度为 $i_1 = +0.08$，$i_2 = -0.07$，竖曲线设计半径为 600m。求桩号 1+000，1+026，1+050，1+060 处的标高改正值 γ。

第14章 地籍测量与房地产测量

[导言] 本章主要介绍地籍测量与房地产测量的任务和作用，地籍图、房产图的特点，地籍、房地产调查，地籍、房地产要素测量，地籍图、房产图绘制，土地面积、房产面积测算及地籍、房产变更测量等内容。通过本章学习，要求学生掌握地籍、房地产测量的要素与方法。

14.1 概　　述

地籍测量又称为土地的户籍测量，主要是测定和调查土地及其附着物的权属、位置、数量、质量和利用现状等基本情况的测绘工作。地籍测绘的成果包括地籍图和地籍簿册，这些资料为土地、房产、税收管理、城乡规划、国土开发与整治、交通建设、环境保护、旅游开发等方面提供及时、可靠和适用的重要基础资料。

地籍一词最早出自拉丁文"Caput（课税对象）"或"Capitastrum（课税对象登记或清册）"。地籍按功能可分为税收地籍（仅为税收服务的地籍）、产权地籍（也称法律地籍，即土地产权登记册）和多用途地籍（又称现代地籍，是指由国家监管的，以土地权属为核心，以地块为基础的土地及其附着物的权属、位置、数量、质量和利用现状等土地基本信息的集合，用数据、册和图等形式表示）；按地籍的特点和任务可分为初始地籍（指在某一时期内建立的地籍图簿册）和日常地籍（随时间推移不断进行修正、补充和更新的地籍）；按城乡、土地的不同特点可分为城镇地籍和农村地籍。

房地产测量主要是测定和调查城镇房屋（含附属设施）及其用地状况，测绘房地产开发、合并、分割等变更状况，并绘制成规范化的房产图的测绘工作。它为房产产权、房籍管理、开发和征收税费服务，还为城镇规划建设、住房制度改革和城市地理信息系统提供数据和资料。

地籍测量与房地产测量既有密切的联系，又各有侧重。前者隶属于国土资源管理体系，而后者隶属于城市房地产管理体系。地籍测量侧重于调查和测定土地的有关信息，主要为土地管理服务；房地产测量侧重于调查和测定房屋的有关信息，主要服务于房产管理。

地籍与房地产测量和地形测量同样要先进行控制测量，根据控制点测定测区内的地籍、房产碎部点并据此绘制地籍图、房产图。地籍测量的内容包括：地籍控制测量、土地权属界址点等地籍要素平面位置的测定、测绘基本地籍图和宗地图、测算地块和宗地的面积、地籍变更测量等。房地产测量的内容包括：房地产调查、房地产平面控制测量、房地产要素测量、房地产平面图测绘、面积量算和房产变更测量等。

地籍与房地产测量的成果经审核验收，依法登记发证后，就具有法律效力，因此可为不动产的权属、租赁和利用现状提供资料。

14.2 地 籍 调 查

地籍调查是指遵照国家的法律规定，采取行政、法律手段，采用科学方法，对土地及其附着物的位置、权属、数量、质量和利用现状等基本情况进行调查，它是土地管理的基础工作，分为初始地籍调查和变更地籍调查。初始地籍调查是指在初始土地登记之前进行的初次地籍调查；而变更地籍调查则是在初始地籍调查结束之后、变更土地登记之前进行的地籍调查，以保持地籍的现势性。地籍调查按区域的功能不同，可分为城镇地籍调查和农村地籍调查。地籍调查的成果经登记后具有法律效力。

地籍调查包括权属调查和地籍测量两方面，权属调查是核心，地籍测量是手段。地籍调查的最终成果应达到"权属合法、界址清楚、面积准确"，以满足土地登记和发证的要求。

14.2.1 准备工作

由于地籍调查是一项政策性、法律性和技术性都很强的综合性系统工程，工作量大，难度高，因此要做好充分的准备工作。首先，要结合当地的具体情况制订出合理的计划，包括确定调查的范围、方法、经费、人员安排、时间、步骤、组织机构等；其次，要根据收集到的测区已有资料（含权属资料和测绘资料）和实地踏勘的情况进行组织方案和技术方案的设计（包括地籍控制点的布设和施测方法，坐标系统的选择及地籍图的规格、比例尺和分幅方法的选择等）；再进行广泛的宣传，使用地单位对地籍调查的意义及重要性有较深的理解，以便能得到他们的支持和配合；此外，还要做好表册、仪器工具的准备工作及有关的用品购置等工作。

14.2.2 权属调查

权属调查是一项政策性很强的工作，在实地调查中绘制的宗地草图以及填写的地籍调查表，不仅为地籍测量提供依据，而且是地籍档案的重要组成部分。

界址调查是权属调查的关键。界址调查时，界址两侧的土地使用者必须同时到场，共同指界。对土地界线认定无争议后，双方代表签字盖章，并在实地设立界址点标志。

（一）土地权属

土地权属是指按《中华人民共和国土地管理法》规定的土地所有权和现在合法的土地使用权的归属。

（1）土地所有权。土地所有权是指土地所有者对土地占有、使用、收益和处分的权利，是土地所有制在法律上的体现。我国实行土地社会主义公有制，即全民所有制和劳动群众集体所有制。全民所有制（国有）土地主要是依据国家制订的一系列法律、法令、条例、政策的规定，运用没收、征收、征用、收归国有等手段而形成的。国有土地包括以下几个部分：

1）国家划拨给国营企事业单位使用的土地；

2）城市市区的土地；

3）城镇建设已经征用的土地；

4）国家建设依法征用的土地；

5）国家拨给机关、企事业、军队农业生产和职工家属生活使用的土地；

6）经批准给乡（镇）、村使用的国有林地、荒地、草原、水面等；

7）国家建设征而未用，以及机关企事业单位、军队农副业生产基地停办后移交给乡

（镇）、村使用的土地；

8）未经划拨的荒地、草原、林地、水面等土地。

集体所有制土地所有权的形成，经历了从土改后改变封建土地所有制为个体农民所有制，再经过合作化、公社化从个体农民所有制转变为合作集体所有制——社会主义劳动群众集体所有制的过程。根据《民法通则》和《土地管理法》中的规定，集体所有制土地属于村农民集体所有、乡（镇）农民集体所有。村内有两个以上农业集体经济组织的，则分别属于各集体经济组织农民集体所有。我国集体所有制土地为农村和城市郊区的土地，但不包括法律规定属于国家所有的土地。

（2）土地使用权。土地使用权是依照法律对土地加以利用的权利。国家制订了所有权和使用权分离的原则：国有土地可以依法确定给全民所有制单位或集体所有制单位使用；国有土地和集体所有制土地可以依法给个人使用；集体所有的土地、全民所有制单位和集体所有制单位使用的国有土地，可以由集体或个人承包经营，从事农林牧副渔业生产。使用土地的单位和个人有保护、管理和合理使用土地的义务。使用国有土地须向县以上人民政府土地管理部门申请土地使用权证，经审查确权后，领取土地使用权证。这时，土地的使用权受到国家法律的保护，任何单位和个人不得侵犯。改变国有土地的使用性质，或者变更土地使用者（如土地转让、分割），都必须依法办理土地使用权的变更登记，更换土地使用权证，否则属非法行为，国家法律不予保护。

（二）权属调查的单元

被权属界址线所封闭的地块称为一宗地（也称为一丘地）。宗地是权属调查的基本单元。

一般情况下，一宗地内为一个权属单位。同一个土地使用者，使用不相连的若干地块，则每一地块分别划宗。一地块为几个权属单位共同使用，而其间又难以划清权属界线，这块地就划为一宗地，并称之为共用宗或混合宗。

宗地要按规定进行编号，调查前应进行预编宗地号，通过调查正式确定宗地号。宗地编号一般按行政区、街坊、宗地三级编号，对于较大城市可按行政区、街道、街坊、宗地四级编号。

《城镇地籍调查规程》规定，宗地在地籍图上统一按自左到右、自上而下的顺序进行编号，如图14-1所示。

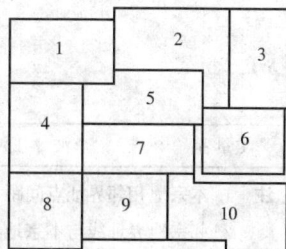

图14-1　宗地编号顺序

（三）权属调查的内容与要求

权属调查以宗地为独立单位进行，其内容主要包括：查明每宗地的单位名称或户主姓名、宗地位置及四至、权属界线、权属性质及权源、土地使用状况（包括用途、出租等情况）、土地启用时间、有无纠纷等。

每一宗地应填写一份地籍调查表。对混合宗，在地籍调查表上能说明各自使用部分和分摊情况时可用一份表；当共有情况不能分清时，各使用者可分别各填一份表，说明各自使用部分的土地情况。

经双方认定后的宗地，应对其界址边长、界址点与邻近固定地物的相关距离及宗地内主要建筑物的尺寸进行认真勘丈。勘丈结果须当场填入地籍调查表，并绘制宗地草图（见表14-1）。

权属调查是地籍调查的前提，具有法律效力，不得有半点差错，否则将涉及以后地籍测量、面积量算、宗地图、地籍图、统计汇总等多项工作的改动,严重的甚至会引起新的土地纠纷。因此,地籍调查人员对此必须高度认真负责。

(四)地籍调查表的填写与宗地草图的绘制

地籍调查表是每一宗地实地调查的原始记录,是地籍档案的法律依据,必须详实记录,认真填写。不论是初始地籍调查还是变更地籍调查,都应填写地籍调查表。

(1)地籍调查表填写示例。地籍调查表除封面外,还包括宗地情况表(见表 14-2)、界址调查表(见表 14-3)、宗地草图表(见表 14-1)、调查勘丈记事及审核表(见表 14-4)。

表 14-1　　　　　宗 地 草 图 表

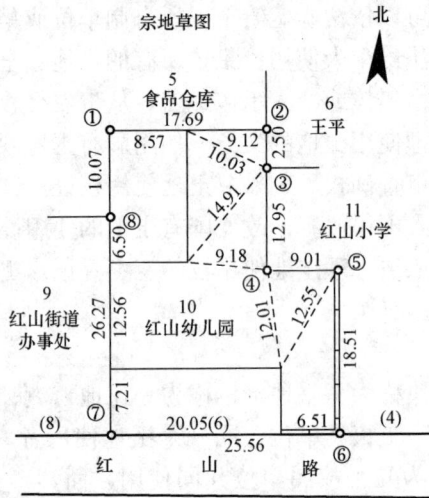

| 丈量者 | 李波、王鸿文 | 丈量日期 | 1990.1.5 | 概略比例尺 | 1:500 |

注　1. 本宗地相邻界址点间距,总长注在界址线外,分段长注在界线内。

　　2. 邻宗地界址线与本宗地界址线交点在本宗应编号。

　　3. 9、10、11…为宗地号;(4)、(6)、(8)…为门牌号;①、②、③…为界址点号。

表 14-2　　　　　宗 地 情 况 表

土 地使用者	名　称		江都市红山幼儿园		
	性　质		全　民		
上级主管部门			江都市教育局		
土地坐落			江都市红山路 6 号		
法人代表或户主			代 理 人		
姓　名	身份证号码	电话号码	姓　名	身份证号码	电话号码
郭基财	321088700501701	541774	江黎明	321088681011121	541776
土地权属性质			国有土地使用权		

续表

预编地籍号	地　籍　号	
2—（3）—4	2—（3）—10	
所在图幅号	10.00—20.00	
宗地四至	（宗地四至应填写四周相邻宗地的单位名称或个人姓名，以及针对本宗地而言的权属界址线的范围）	
批准用途	实　际　用　途	使　用　期　限
教育用地	教育用地（44）	1989.12.20～2039.12.19
共有使用权情况	（指在混合宗里各土地使用者单独使用部分与共同使用部分的分摊份额等情况）	
说　　明	（对其他一些具体问题的说明）	

表 14-3　　　　　　　　　界 址 调 查 表

界 址 标 示

界址点号	界 标 种 类				界址间距（m）	界址线类别		界址线位置			备注
	钢钉	水泥桩	石灰桩	喷涂		围墙	墙壁	内	中	外	
1	√				17.69	√				√	
2	√				2.50	√				√	
3	√				12.95					√	
4	√				9.01					√	
5	√				18.51	√		√			
6	√				26.56					√	
7	√				26.27					√	
8	√				10.07						
1											

界址调查员姓名　　　　　　　　　　李红、胡明

界 址 线		邻　宗　地			本　宗　地		日期
起点号	终点号	地　籍　号	指界人姓名	签章	指界人姓名	签　章	
2	3	2—（3）—6	刘刚	刘刚	江黎明	江黎明	20/1
3	6	2—（3）—11	钱久文	钱久文	江黎明	江黎明	20/1
7	8	2—（3）—9	冯祺	冯祺	江黎明	江黎明	20/1
8	2	2—（3）—5	陈飞	陈飞	江黎明	江黎明	20/1

界址调查员姓名　　　　　　　　李红、吕兵、胡明

表 14 - 4   **调查勘丈记事及审核表**

权属调查记事及调查员意见
经现场核实，申请书上有关栏目填写正确；相邻宗地指界人均按规定到现场指界；调查员对 8 个界址点均设置了钢钉标志，实地丈量 8 条界址边长、建筑物边长及界址点的相关距离等
经调查该宗地可进行细部测量
调查员签名：李红、吕兵、胡明   日期：1990 年 1 月 20 日
地籍勘丈记事
勘丈前经检查 8 个界址点标志完好无损，使用经纬仪、钢尺。采用极坐标法测定界址点
勘丈员签名：胡刚、周连   日期：1990 年 2 月 11 日
地籍调查结果审核意见
经审核，该宗地的权属证件齐全、有效合法、界址清楚、四至无纠纷、调查结果正确、地籍勘丈结果准确
审核人签章：何方   日期：1990 年 4 月 6 日

（2）宗地草图的测绘。宗地草图是描述宗地位置、界址点、界址线和相邻宗地关系的实地记录，是表述土地状况的原始资料，是宗地图制作和地籍原图测绘的主要依据，并与地籍原图的测绘互相检核。宗地草图应在现场绘制。草图上应根据调查和丈量的结果记录下述内容：

1）本宗地号和门牌号；

2）宗地使用者名称；

3）本宗地界址点、界址点号、界址线、相邻宗地的宗地号和门牌号及其使用者名称或地物名称；

4）在相应位置注记界址边长、界址点和邻近地物点的间距（用虚线表示）；

5）确定宗地界址点位置、界址边方位所必需的或因其他需要的建筑物和构筑物；

6）指北线、勘丈者和勘丈日期。

绘制宗地草图有如下要求：

1）应选用质地良好、适宜于长期保存的图纸绘制。为便于装订存档，大小规格为 32 开、16 开或 8 开三种。现场按概略比例边测边绘，宗地过大可分幅绘制，宗地过小可放大比例尺。

2）宗地草图虽是目估绘制，但与实地图形应基本相似。线划应清晰（宜用 2H～4H 铅笔绘制），字迹应端正，字体应规范，数字注记字头应向北或向西书写（图的上方为大致正北方向）。注记过密处可以移位或放大表示。

3）一切勘丈数据应在实地丈量，并当场记录，不得涂改或事后复制。对于实在无法直接丈量的界址边距离，可用解析法间接测定，不得凭空估计或从图上量取。

宗地勘丈的结果不仅是表明土地权属的原始资料，而且是计算宗地面积和绘制地籍图的重要依据。为了保证勘丈数据准确可靠，必须使用适宜的丈量工具，并对所量距离丈量两次，两次丈量的较差应在限差内。通常为计算面积所作的丈量可采用检验过的皮尺进行，其相对较差不应大于 1/300，若所丈量的数据除计算面积外还要用于绘制地籍图，则无论距离长短，其较差均不应大于地籍图比例尺精度。地籍图的比例尺多为 1：500 和 1：1000，则相应的限差应为 0.05m 和 0.1m。此时应使用钢尺丈量。

14.3　地　籍　测　量

14.3.1　地籍控制测量

地籍控制测量的目的是在高级控制点的基础上，按分级布网，逐级加密的原则，为界址点测量和地籍图测绘提供必要精度和密度的控制点。我国地籍测量采用 3°带的高斯投影。城镇地区应尽可能沿用已有的城市测量控制网和测量坐标系统，若不能沿用，可根据测区的地理位置和平均高程，选择地方坐标系统，并尽可能与国家坐标系联测。面积小于 $25km^2$ 的城镇、村庄和独立工矿，可直接采用独立平面直角坐标系。

为保证界址点测量和 1:500 地籍图测绘的需要，地籍控制点的精度要求为相对于起算点的点位中误差不应超过 ±0.05m。地籍控制点的密度在城镇区一般每隔 100～200m 设一点，郊区或建筑物稀疏区为 200～400m 设一点，农村地区为 400～500m 设一点。地籍控制点应埋设固定标志长期保存。

地籍控制点包括基本控制点和图根控制点。基本地籍控制点包括二、三、四等控制点和一、二级控制点。二、三、四等点可采用导线网、三角网、测边网或边角网建立。一、二级点可采用一、二级导线或一、二级小三角布设。以上各种等级控制网也可采用同级的 GPS网建立。按照城镇、村庄规模大小，可选用上述各种等级的基本控制网作为测区的首级控制网。当地籍控制网用 GPS 定位方法建立时，应按国家有关规范的规定执行。

地籍图根控制点分为一、二两级，可在基本控制网的基础上用导线测量或小三角测量方法布设。图根导线的主要技术要求见表 14-5，表中 n 为测站数。当导线全长小于 500m 时，相对闭合差可分别降到 1/3000 和 1/2000，但全长闭合差要求不变。导线边长应以检定过的钢尺丈量或测距仪测定。使用电磁波测距时，导线总长和平均边长可适当放长，但精度不得低于表 14-5 的规定。

表 14-5　　　　　　　　　　地籍图根导线的主要技术要求

级别	导线长度（km）	平均边长（m）	测回数 DJ₂	测回数 DJ₆	测回差（"）	方位角闭合差（"）	导线全长相对闭合差	全长闭合差（m）
一级	1.2	120	1	2	18	$±24\sqrt{n}$	1/5000	0.22
二级	0.7	70	—	1	—	$±40\sqrt{n}$	1/3000	0.22

14.3.2　界址点的测定

地籍碎部测量比地形碎部测量内容上更广泛，它包括以下四个方面：

（1）测定界址点位置；

（2）测绘和制作地籍图；

（3）制作宗地图；

（4）量算宗地面积。

地籍碎部测量是在地籍调查和地籍控制测量的基础上进行的。地籍细部测量的成果，经审核和依法登记后，便具有法律效力。因此，地籍碎部测量不仅技术复杂，而且政策性很强，工作中的任何疏忽都将给土地管理工作带来很大的影响，甚至会导致土地纠纷，所以必须采取严肃认真的态度对待地籍碎部测量中的每一项工作。

界址点是宗地界址线的拐弯点。界址点坐标是确定宗地地理位置的依据，是量算宗地面积的基础数据，对实地的界址点起法律保护作用。《地籍测量规范》规定的界址点精度分三级，等级的选用可根据测区土地经济价值和界址点的重要程度加以选择。各级界址点相对于邻近控制点的点位误差和间距超过 50m 的相邻界址点间的间距误差应不超过表 14-6 的规定；间距未超过 50m 的界址点间的间距误差应不超过式（14-1）的计算结果。

$$\Delta D = \pm (m_j + 0.02 m_j D) \qquad (14-1)$$

式中　m_j——相应等级地籍界址点规定的点位中误差，m；

　　　　D——相邻地籍界址点间的距离，m；

　　　　ΔD——地籍界址点坐标计算的边长与实量边长较差的限差，m。

表 14-6   地籍界址点的等级及其精度要求

地籍界址点的等级	地籍界址点相对于邻近控制点点位误差和相邻界址点间的间距误差限制	
	限差（m）	中误差（m）
一	±0.10	±0.05
二	±0.20	±0.10
三	±0.30	±0.15

在实地确认界址点位置并埋设界址点标志后，一般要实测界址点的坐标。界址点的测量方法主要有解析法、部分解析法和图解法三种。

（一）解析法

所谓解析法是指根据测区平面控制，在野外测量角度和距离后按公式解算出界址点坐标的一种方法。它是测量界址点的主要方法，主要用于城镇地区。解析法又可分为极坐标法、交会法、直角坐标法和截距法等。其中极坐标法是测算界址点坐标常用的一种方法。对于一些隐蔽的界址点，常用截距法、距离交会法进行解析测量。

（1）极坐标法。极坐标法是解析法测定界址点的主要方法，凡是与图根控制点通视的界址点都可以用极坐标法测定。它是用经纬仪测角、测距仪测距或用钢尺量距，利用图根点至界址点的坐标方位角和水平距离计算界址点的坐标。

如图 14-2 所示，将经纬仪安置在图根点 A 上，后视另一图根点 B，将水平度盘读数拨至 AB 线的坐标方位角值（见表 14-7 中的 237°30′18″），依次瞄准各界址点（J_i），读得该方向的坐标方位角值 α_i；用测距仪或钢尺量得测站至各界址点的水平距离 D_i。根据已知点 A 的坐标以及测得的坐标方位角值 α_i 和水平距离 D_i，即可按式（14-2）计算各界址点 J_i 的坐标

$$\left.\begin{array}{l} x_i = x_A + D_i \cdot \cos\alpha_i \\ y_i = y_A + D_i \cdot \sin\alpha_i \end{array}\right\} \qquad (14-2)$$

$$i = 1,2,3\cdots$$

极坐标法测定界址点的观测记录及计算表格如表 14-7 所示。

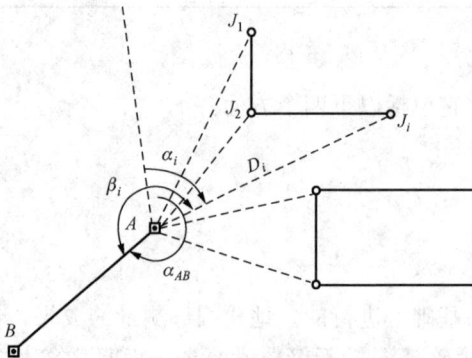

图 14-2　极坐标法测定界址点

表 14-7　　　　　　　　　　　　　　**界址点观测记录及计算**

日期：<u>2008</u> 年 <u>6</u> 月 <u>25</u> 日　　　　仪器编号：　<u>4</u>　　　观测者：　<u>程晓</u>　　　记录者：　<u>顾良</u>

测 站 点 号	目 标 点 号	坐标方位角 (° ′ ″)	边 长 (m)	坐 标		备 注
				x (m)	y (m)	
A	B	237 30 18		4356.44	3724.36	
	J_1	37 31 54	38.129	4386.67	3747.58	
	J_2	51 18 30	21.364	4369.79	3741.03	
	J_3	76 33 00	40.875	4365.94	3764.11	

(2) 角度交会法（前方交会法）。在两个通视的图根控制点上设站，用经纬仪观测至某界址点的水平角，用前方交会公式（见本书 7.3.1）可算出该界址点的坐标，它适用于不便于量距或距离较远的界址点的测定。

(3) 距离交会法（测边交会法）。当界址点较为隐蔽，与图根点不通视，但能与其他两个已测定位置的界址点或地物点通视，因而可以量取至已知点的两段距离（边长），就可以用测边交会的公式（见本书 7.3.2）计算该界址点的坐标。

(4) 直角坐标法（支距法）。量取界址点 J 至某一已知边 AB 的垂距 v 和垂足至 A 点的距离 u（图 14-3），则可用直角坐标法计算界址点的坐标。

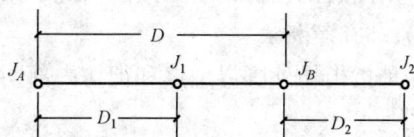

先按下式计算直线 AB 的长度 D、坐标方位角的正弦 s 和余弦 c，即

$$D = \sqrt{(x_B - x_A)^2 + (y_B - y_A)^2} \tag{14-3}$$

$$\left. \begin{array}{l} s = \dfrac{y_B - y_A}{D} \\[2mm] c = \dfrac{x_B - x_A}{D} \end{array} \right\} \tag{14-4}$$

计算 J 点的坐标为

$$\left. \begin{array}{l} x = x_A + uc + vs \\ y = y_A + us - vc \end{array} \right\} \tag{14-5}$$

(5) 截距法（插点法）。如图 14-4 所示，A、B、J_1、J_2 位于同一条直线上，A、B 为已知控制点，J_1、J_2 为欲测定的界址点。其计算过程如下

$$\alpha_{AB} = \arctan \frac{y_B - y_A}{x_B - x_A} \tag{14-6}$$

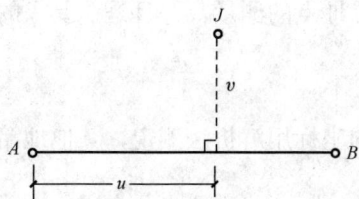

图 14-3　直角坐标法测定界址点　　　　图 14-4　截距法测定界址点

则

$$\left. \begin{array}{l} x_1 = x_A + D_1 \cos\alpha_{AB} \\ y_1 = y_A + D_1 \sin\alpha_{AB} \end{array} \right\} \tag{14-7}$$

$$\left. \begin{array}{l} x_2 = x_B + D_2 \cos\alpha_{AB} \\ y_2 = y_B + D_2 \sin\alpha_{AB} \end{array} \right\} \tag{14-8}$$

解析法测定界址点还有许多其他方法，都是根据几何、三角原理，通过测定角度和距离，根据已知点坐标用解析公式计算待定点的坐标。

采用解析法测定界址点时，角度观测的方法及要求为：用精度不低于 DJ$_6$ 级的经纬仪，采用方向观测法半个测回施测（对于 DJ$_6$ 经纬仪，当视距大于 150m 时，宜测一个测回）。在用极坐标法观测过程中，当待测定的界址点多于 6 个时，应经常检核后视方向来检查仪器是否有移动。距离测量的方法和要求为：用测距仪测距时，两次读数较差不得超过 1cm，同时应特别注意棱镜中心与界址点的偏差。由于棱镜有一定的厚度，设它的中心位置在 O 点处（图 14 - 5），而墙角（不论是阴角还是阳角）的确切位置在 J 点，OJ 通常有几厘米之差，测距时必须注意这一点。通常需要在仪器显示的距离值上加一改正值 ε，ε 由持镜人员量取并告知记录者。用钢尺量距时，当距离小于一尺段可一次读数，但要防止粗差；而当距离超过一尺段则应丈量两次，其较差应小于允许值（1cm）。

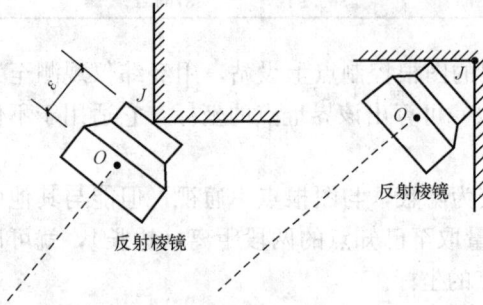

图 14 - 5 棱镜中心与墙角的位置差

地籍测量的成果经土地登记这一法律手续后，将具有法律效力，因此必须加强检查，以杜绝测量工作中的错误。测定界址点大多只具有必要的观测值，而很少有多余的观测值，因此必须进行一定的多余观测作为检核。如用极坐标测定界址点坐标时，搬站后，重复前站所测 1～2 个点，以同一点坐标差不大于 14cm 作为检核。同样，用钢尺丈量界址点之间的距离与按两点独立测定坐标反算的距离相比较，其差值应不大于允许值，作为对该两点独立测定坐标的检核。权属调查时勘丈的相邻界址点间距，都可以用来对解析法测定界址点的坐标作全面的检核。

（二）图解法

该法是根据实地勘丈元素采用距离交会法或截距法等，利用几何关系图解确定界址点位，不实地测定界址点的坐标，而由图上量取界址点的坐标。量取时，要独立量取两次，若两次量取坐标的点位较差不大于图上 0.2mm，则取中数作为界址点的坐标。采用该法量取坐标时，应量至图上 0.1mm。

此法精度较低，适用于农村地区和城镇街坊内部界址点的测量，并且是在要求的界址点精度与所用图解的图件精度一致的情况下采用。

（三）部分解析法

该法是指街坊外围界址点和街坊内部明显界址点的坐标用解析法测定，其他地籍要素用图解勘丈。

上述测量方法中，解析法精度最高，部分解析法次之，图解法精度最低。

14.3.3 地籍图的测绘

地籍图是一种专题地图，它首先要反映地籍要素以及与权属界线有密切关系的地物，其次是在图面荷载允许的条件下适当反映其他与土地管理和利用有关的内容。地籍图是明确宗地与宗地之间的关系、宏观管理土地的重要工具，同时它也是地籍档案的重要组成部分。

（一）地籍图的内容

地籍图的图面要素包括地籍要素、地物要素和数学要素。图 14 - 6 为地籍图局部内容示例。

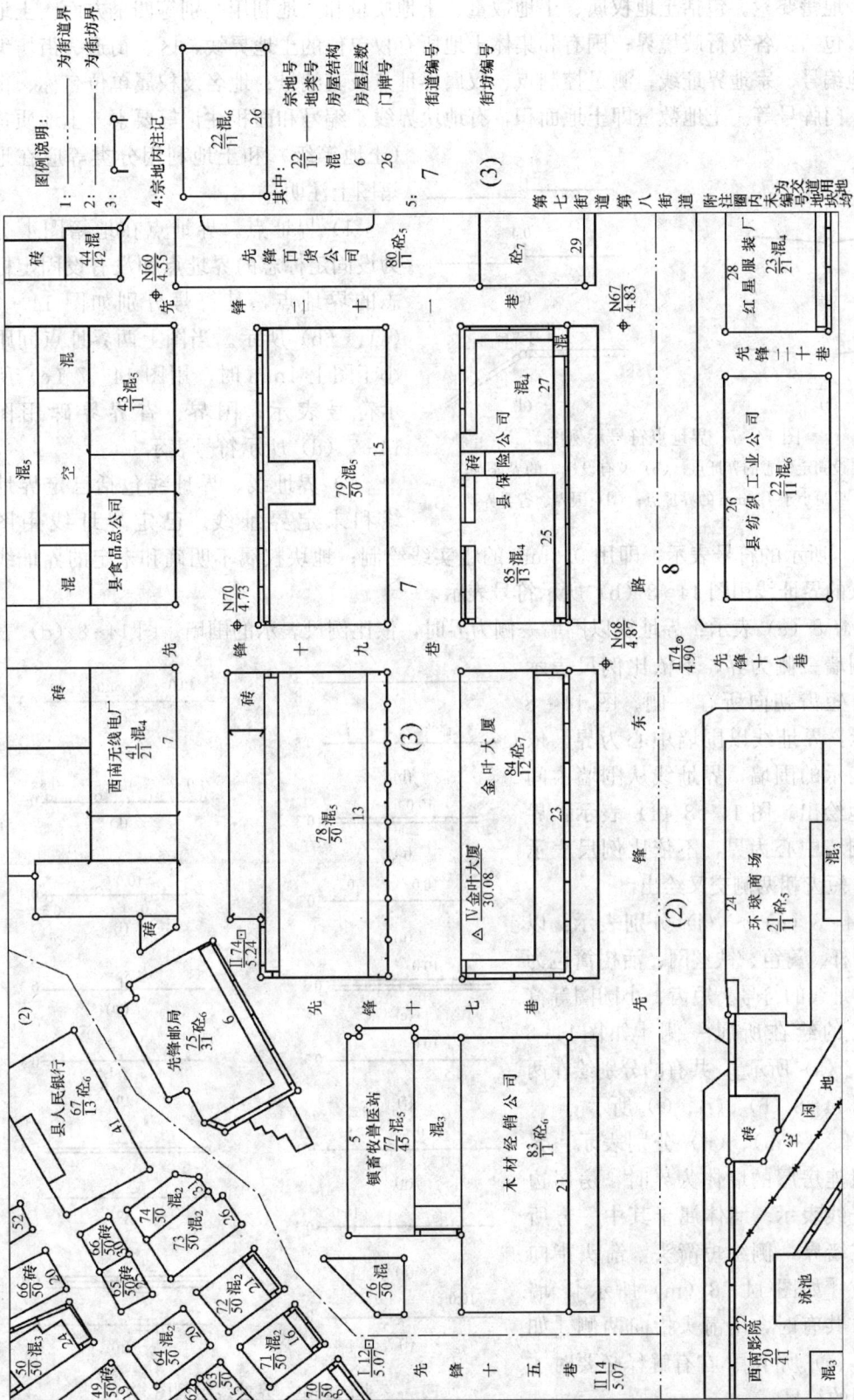

图 14-6 城镇地籍图样图

（1）地籍要素。包括土地权属、土地数量、土地质量和土地利用类别等四个方面。土地权属要素包括：各级行政境界；国有和集体土地所有权单位的土地界线，区、街道、街坊编号和宗地编号、宗地界址线；测量控制点、权属界址点及其编号；地名及权属单位名称、街道名称、门牌号等。土地数量即土地面积，有地块界线、编号和面积注记等要素。土地质量（土地等级）和土地利用分类等应在地籍图上注明。

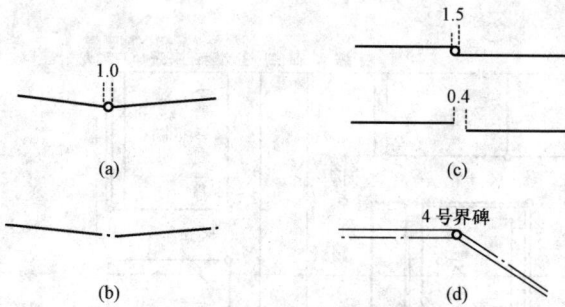

图 14 - 7　界址点符号示例图
(a) 设固定标志的界址点；(b) 没有设标志的界址点；
(c) 界距小于 1.0mm 的界址点；(d) 国界、省界界碑

1）界址点。界址点在地籍图上分为设固定标志的界址点和没有设固定标志的界址点，其符号分别如图 14 - 7 (a)、(b) 所示。当图上两界址点间距小于图上 1mm 时，用图 14 - 7 (c) 所示符号表示；国界、省界界碑用图 14 - 7 (d) 所示符号表示。

2）界址线。界址线包括已定界址线和未定界址线。已定界址线用图 14 - 8 (a) 所示的符号表示，即用 0.3mm 的粗实线绘制；地块权属不明确和未定的界址线及有争议的界址线用图 14 - 8 (b) 所示符号表示。

图 14 - 8 (c) 表示：界址线以围墙一侧为界时，依比例尺表示的围墙。图 14 - 8 (d) 表示：依围墙一侧为界，不依比例尺表示的围墙，短齿朝向所有一侧。图 14 - 8 (e) 表示：界址线以围墙中心为界，依比例尺表示的围墙，界址线从围墙中间不间断地绘出。图 14 - 8 (f) 表示：界址线以围墙中心为界，不依比例尺表示的围墙，短齿朝两侧交叉绘出。

图 14 - 8 (g) ～ (l) 分别表示：以栅栏、栏杆、篱笆、铁丝网、活树篱笆为界时，界址线的符号。短齿、小圆圈等符号，自有的绘在所属一侧 [如图 14 - 8 (g)、(i)、(k) 所示]，共有的分别绘在两侧 [如图 14 - 8 (h)、(j)、(l) 所示]。

图 14 - 8 (m)、(n) 分别表示：界址线以毗连房屋的墙体为界时，房屋边线用界址线表示。墙体属于其中一方所有时，在墙界一侧绘短箭头，箭头指向所属一方 [如图 14 - 8 (m) 所示]；墙体属双方共有时，用箭头指向两侧 [如图 14 - 8 (n) 所示]。在有解释必要时才使用所属的符号。

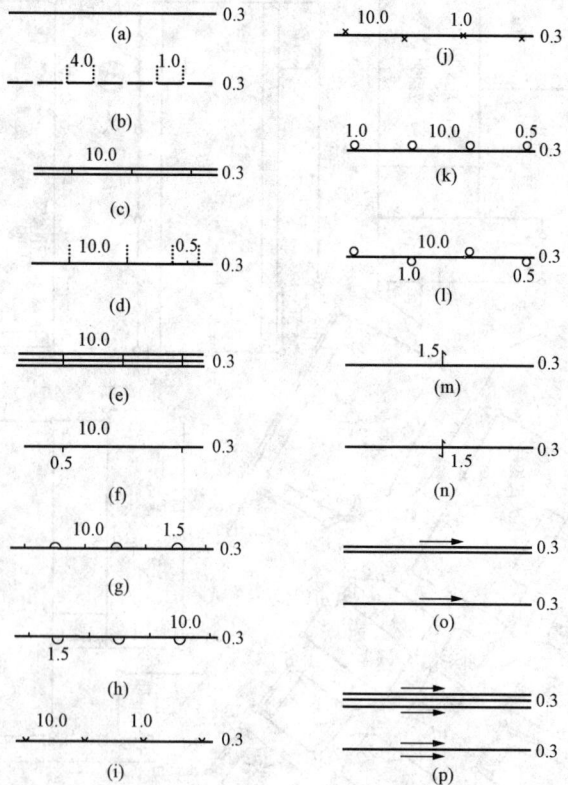

图 14 - 8　界址线示例图

　　图 14-8 中的（o）、（p）表示：以沟渠、河流为界时，界址线的绘制方法。界址线以沟渠、河流一侧为界时，双线表示的沟渠或河流一侧用界址线表示，流向符号绘在权属所有一侧［如图 14-8（o）所示］，如图 14-8（p）所示，界址线以沟渠或河流中心为界时，双线表示的河流或沟渠，界址线绘在符号中心，流向符号绘在两侧水涯线或水部外侧；单线表示的河渠，用界址线表示，流向符号绘在两侧。

　　3）地籍号。地籍号由街道号、街坊号及宗地号组成。街道号、街坊号注记在图幅内有关街道、街坊的适中部位；宗地号注记在宗地内，宗地的一部分在本幅图内时也须注记宗地号。

　　4）土地分类号。土地分类号指明土地的用途。在每宗地的宗地号下面，按照《城镇地籍调查规程》中城镇土地分类编号（表 14-8）进行注记。例如图 14-6 中 $\frac{22}{11}$，22 表示第 22 宗地，地类号 11 是商业服务业用地编号。

表 14-8　　　　　　　　　城 镇 土 地 分 类 表

一级分类		二级分类		一级分类		二级分类		一级分类		二级分类	
编号	名称	编号	名称	编号	名称	编号	名称	编号	名称	编号	名称
10	商 业金融业	11	商业服务业			44	教　育			74	监狱
		12	旅 游 业			45	医　卫	80	水域		
		13	金融保险业	50	住宅						
20	工业仓储	21	工　业			61	铁　路	90	农业	91	水田
		22	仓　储	60	交通	62	民用机场			92	菜地
						63	港口码头			93	旱地
						64	其他交通			94	园地
30	市　政	31	市政公用设施								
		32	绿　化						其他用地		
40	公共建筑	41	文、体、娱	70	特　殊用　地	71	军事设施	00			
		42	机关、宣传			72	涉　外				
		43	科研、设计			73	宗　教				

　　（2）地物要素。包括作为界标物的地物，如围墙、道路、房屋边线及各类垣栅等；房屋及其附属设施；铁路、公路及其主要附属设施；城镇街巷；站台、桥梁、大的涵洞和隧道的出入口；主要的塔、亭、碑、像、楼等独立地物；地理名称注记；河流、水库及其主要附属设施，如堤、坝等；占地塔位的高压线及其塔位；大面积的地下商场、地下停车场及与他项权利有关的地下建筑；大面积绿化地、街心花园、园地等；公矿企业露天构筑物、固定粮仓、公共设施、广场、空地的用地范围线等。

　　（3）数学要素。包括图廓线、坐标格网线的展绘及坐标注记；图廓外测图比例尺的注记等。

　　（二）地籍图的测绘

　　根据土地经济价值和发展前景的不同，各地区的初始地籍碎部测量可在地籍控制测量的基础上，按需要与可能采用解析法、部分解析法或图解法进行。

　　（1）解析法。

1）界址点测量。全部宗地界址点均测算解析坐标，因此，布设地籍图根控制网时，必须使控制点的密度满足宗地界址点测量的需要。此时，如使用全站仪施测，则不仅能够加快速度和保证精度，还可减小图根控制点的密度。

2）地籍图绘制。按坐标展绘各宗地轮廓，按宗地勘丈的数据和草图装绘宗地内部（无法装绘的大宗地内部应实地测绘），再补测零散荒地和其他地块，成地籍图。

（2）部分解析法。

1）界址点测量。凡位于街坊外廓的宗地界址点和街坊内部的明显界址点，均实测解析坐标，其余界址点用图解法测绘于地籍图上。

2）地籍图绘制。街坊外廓界址点及测算解析坐标的街坊内部明显界址点，均按坐标在图上展绘。街坊内的宗地位置和形状均实地测绘，其测绘结果显然将受到街坊外廓解析界址点的控制。各宗地内部的主要地物按宗地勘丈的数据和草图装绘。无法装绘的大面积宗地内部也应实地测绘。

如果采用航测方法测绘大面积城市地籍图，应按常规航测成图程序，全面施测成图。

（3）图解法。

1）界址点测量。所有界址点均不测算坐标，只测绘于地籍图上。

2）地籍图绘制。

①用白纸测图或航测成图方法实测地籍图。白纸测图时应尽量利用可靠的宗地勘丈成果。

②测区有现势性较好且精度满足要求的大比例尺地形图时，可采用编绘法成地籍图。宗地内部地籍图可采用宗地勘丈成果编绘。

在解析法、部分解析法和图解法三种地籍碎部测量实施方法中，解析法对确定权属范围的位置、形状和面积的精度最高。而且，只要地籍控制网存在，可随时恢复破坏了的界址点，使权属得到有效的保护，因而是地籍管理的较好手段，但要测量整个辖区所有宗地界址点坐标的工作量十分繁重，所需的经费较多，时间也较长，对及时取得急需的基础地籍资料不利。

为此，可采用部分解析法。它不仅可以通过初始地籍调查弄清城镇土地权属和利用现状，通过宗地勘丈确定各宗地的权属界线和面积大小，而且，由此取得的宗地面积和地籍图上的宗地位置均能受到街坊解析界址点的有效控制，因而是准确可靠的。同时，只要在城镇规划区域内全面布设地籍控制网，便可在时机成熟时顺利地向解析法过渡。所以它是一种很好的过渡方法。而由图解法取得的宗地位置和面积，因受图解精度的制约，精度较低。所以，在地籍测量实施中，应尽量采用解析法和部分解析法。

14.3.4　宗地图的测制

（一）宗地图与宗地草图的区别

宗地图是土地权证的附图，是地籍档案的重要组成部分，因此它要用黑墨水描绘，便于复制和保存。宗地草图是地籍调查表中的附图，为便于修改，一般用铅笔描绘。

宗地草图可按概略比例绘制，对较短的界址边可放大表示，只要其形状与宗地大致相似。宗地图是严格按比例绘制的，宗地过大或过小时可调整作图比例尺，但不能作局部放大。

宗地草图上要注记相邻地物点的距离、建筑物尺寸，同一条界址边因界址线类别不同而应分段注明长度。宗地图只需注记界址线的总长度。

宗地草图上除注记本宗地地籍号以外，还应注记相邻宗地的单位名称。宗地图则注记相邻宗地的宗地号。

宗地图要注记面积和土地分类号，宗地草图则不注。

（二）宗地图的内容

图 14 - 9 为宗地图的示例。宗地图所包括的主要内容如下：

（1）图幅号、地籍号、坐落。图幅号为本宗地所在的地籍图图幅号，地籍号为本宗地所在的街道号、街坊号和本宗地的编号，写在宗地图的上方。如图 14 - 9 所示 10.25～25.75 为图幅号（为图幅西南角 x、y 坐标值的公里数）；3－（4）－7 为地籍号，表示本宗地属于第 3 街道、第 4 街坊、第 7 宗地。坐落为宗地所在的路（街）名及门牌号，如本宗地坐落于"中央北路 16 号"。

（2）单位名称、宗地号、土地分类号、占地面积。单位名称、宗地号、土地分类号和占地面积写于宗地的中部。如本宗地名称为一〇六中学，宗地号为 7，土地分类号为 44（按城镇土地分类，44 为教育单位），宗地号及土地分类号写成分子、分母形式，占地面积为 1165.6m^2。

（3）界址点、点号、界址线、界址边长。界址点以直径为 0.8mm 的小圆圈表示（包括与邻宗地共用的界址点），编号从宗地左上角以 1 开始顺时针方向编号，本宗地界址点编号从 1 至 9，界址线用 0.3mm 实线表示，并在宗地图外侧注记每一界址边的总长。

（4）宗地内建筑物、构筑物。本宗地内建筑物有房屋 4 幢，构筑物有围墙。房屋及围墙应注明其边长。

（5）邻宗地宗地号及界址线。应画出与本宗地共有界址点的邻宗地之间的界址线（画一短线示意），并在邻宗地范围内注明其宗地号，如图 14 - 9 中 4、5、6、8 号宗地。

（6）相邻道路、河流等地物及其名称。宗地图中应画出相邻的道路、河流等重要地物，并注明其名称。

（7）指北方向、比例尺、绘图员、审核员、制作日期。指北方向画在图的右上方，其余则注明于图的下方。

（三）宗地图的绘制要求

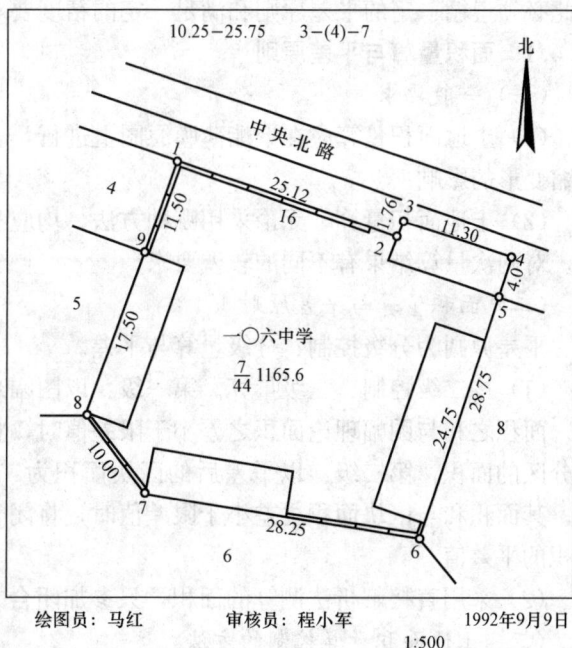

图 14 - 9　宗地图

宗地图必须依比例尺真实描绘，一般采用 32、16、8K 大小的图纸，图纸可采用聚酯薄膜或透明纸。宗地过大时原则上可按分幅图绘制，宗地过小时可放大比例尺绘制。宗地图上界址边长必须注记齐全，边长注记应与解析法坐标反算的边长值一致。若实量边长与坐标反算值之差在误差范围内时，用坐标反算边长值；如超限，需检查原因。宗地图的整饰、注记和规格要求与地籍图清绘基本相同,有关内容参阅本书8.6。

（四）宗地图的绘制方法

（1）蒙绘法。以地籍图为底图,将薄膜或透明纸蒙在所需描绘的宗地上,逐项准确地透绘所需要素和内容,整饰加工成宗地图。

（2）缩放绘制法。宗地过大或过小时,可采取按比例缩小或放大的方法,缩放处理后再整饰成宗地图。

（3）机助法。当采用计算机自勘绘制地籍图时,可以充分借助于计算机的图形处理功能,从地籍图图形文件中裁剪出与本宗地图有关的内容,经处理后成为标准的宗地图。

14.4 土 地 面 积 量 算

土地面积量算是地籍测量的重要内容。本书10.3所讲的面积量算方法,只对单一图形而言,但地籍、房地产测量中的土地面积量算,一般是一种多层次的水平面积测算。例如,一个行政管辖区的总面积,各宗地面积,各种利用分类面积等。通过用地面积量算可以取得各级行政单位、权属单位的土地总面积和分类土地面积的数据资料。

为此,涉及各种问题,如区域土地总面积与各类用地面积间数据协调一致的问题,保证各级土地面积量算精度的问题,如何防止量算层次多、用地类型多的情况下出错的问题等,因此必须遵循一定的平差原则和满足一定的精度要求。

14.4.1　面积量算与平差原则

（一）一般要求

（1）土地面积量算应在聚酯薄膜原图上进行,若采用其他材料的图纸时,必须考虑图纸伸缩变形的影响。

（2）土地面积量算,无论采用哪种方法,均应独立进行两次量算。不同的方法与面积大小,对两次量算结果有不同的较差要求。

（二）面积量算与平差原则

平差原则为分级控制、分级量算与平差。

（1）按二级控制、三级量算。第一级:以图幅理论面积为首级控制。当各区块（街坊或村）面积之和与图幅理论面积之差小于限差值时,将闭合差按面积比例配赋给各区块,得出各分区的面积;第二级:以平差后的区块面积为二级控制。当量算完区块内各宗地面积之后,其面积和与区块面积之差小于限差值时,将闭合差按面积比例配赋给各宗地,则得宗地面积的平差值。

（2）采用直接解析法测算的面积,只参加闭合差的计算,不参加闭合差的配赋。

（三）土地面积量算控制的方法

控制是相对的,二级被一级控制,又对下一级起控制作用,控制级别越高,精度要求就越高,根据不同情况,一般可采用:

（1）坐标法。直接沿某种土地外围界址点施测坐标,根据坐标组成的一任意多边形计算面积,见本书10.3.2坐标计算法。

（2）图幅理论面积。土地面积量算通常以图幅为单位,图幅无非是两种,即梯形与正（矩）方形分幅。图幅大小均是固定的,面积可直接查取或计算。

（四）平差方法

由于量测误差、图纸伸缩的不均匀变形等原因，使量算出来各地块面积之和 $\sum P'_i$ 与控制面积不等，若在限差内可以平差配赋，即

$$\Delta P = \sum_{i=1}^{n} P'_i - P_0 \ ; \ K = -\frac{\Delta P}{\sum\limits_{i=1}^{n} P'_i} \ ; \ V_i = KP'_i \ ; \ P_i = P'_i + V_i$$

式中　P——面积闭合差；

　　　P'_i——某地块量测面积；

　　　P_0——控制面积；

　　　K——单位面积改正数；

　　　V_i——某地块面积的改正数；

　　　P_i——某地块平差后的面积。

平差后的面积应满足下式的检核条件

$$\sum_{i=1}^{n} P_i - P_0 = 0$$

14.4.2　土地面积量算的精度要求

（一）两次量算较差要求

同一图形两次量算面积较差与其面积之比应小于表 14-9 的规定。

表 14-9　　　　　　　　　　同一图形两次量算面积较差与其面积之比

图上面积（mm²）	允许误差	图上面积（mm²）	允许误差
＜20	1/20	1000~3000	1/150
50~100	1/30	3000~5000	1/200
100~400	1/50	＞5000	1/250
400~1000	1/100		

注　图上面积太小的图形，可以适当放宽。

（二）土地分级量算的限差要求

为了保证土地面积量算成果精度，通常按分级与不同量算方法来规定它们的限差。

（1）分区土地面积量算允许误差，按一级控制要求计算，即

$$F_1 < 0.002\,5P_1 = P_1/400 \tag{14-9}$$

式中　F_1——与图幅理论面积比较的限差，hm^2；

　　　P_1——图幅理论面积，hm^2。

（2）土地利用分类面积量算限差，作为二级控制，分别按下列公式计算。

求积仪法　　　$$F_2 \leqslant \pm 0.08 \times \frac{M}{10\,000} \sqrt{15P_2} \tag{14-10}$$

图解法　　　　$$F_3 \leqslant \pm 0.06 \times \frac{M}{10\,000} \sqrt{15P_2} \tag{14-11}$$

膜片法　　　　$$F_4 \leqslant \pm 0.1 \times \frac{M}{10\,000} \sqrt{15P_2} \tag{14-12}$$

式中 F_2，F_3，F_4——不同量算方法与分区控制面积比较的限差，hm^2；

$\qquad$ M——被量测图纸的比例尺分母；

$\qquad$ P_2——分区控制面积，hm^2。

14.5 地籍变更测量

变更地籍调查与测量是指在完成初始地籍调查之后，为适应日常地籍工作的需要，使地籍资料保持现势性而进行的土地及其附着物的权属、位置、数量、质量和土地利用现状的变更测量。通过变更地籍调查与测量，不仅可以使地籍资料保持现势性，还可以提高地籍精度，并逐步完善地籍内容。

14.5.1 地籍变更调查

初始地籍建立后，随着社会和经济的发展，土地被更细致地划分，土地上的附着物越来越多，土地的用途和价值也在不断地发生变化，房地产的继承、转让、抵押等以房地产为主题的经济活动更加频繁，因此土地管理部门应及时掌握土地所有权及使用权的主体与客体的变化情况，并通过地籍调查来及时对地籍信息进行变更，以使地籍资料保持现势性。此外，通过变更地籍调查，还可以提高地籍成果的精度，并逐步用高精度的变更测量成果代替原有精度较低的成果，使地籍资料满足社会经济发展的需要。在尚未建立初始地籍的地区，当发生个别宗地的征用、划拨、出让、转让、继承、边界调整时，也应进行相应的地籍调查。

在变更地籍的权属调查中，应着重检查和核实以下内容：本宗地及邻宗地指界人身份的检查；变更原因与申请书上的是否一致的检查；对原地籍调查表中的内容与实地情况是否一致进行全面复核，若发现有不符的内容，必须在调查记事栏中记录清楚，当遇到疑难或重大事件时，留待以后调查研究处理，待有了结果后再修改地籍资料。地籍变更调查后，应上交有关的变更资料。地籍变更资料通常由变更清单、变更证明书和测量文件组成。一般来说，当宗地原有地籍资料是用解析法测量的，且变更登记的内容不涉及界址的变更时，经地籍管理部门负责人同意后，可不进行变更地籍测量，沿用原有几何数据，只变更地籍的属性信息。

14.5.2 地籍变更测量

变更地籍测量中，主要采用修测的方法编绘地籍图，方法有经纬仪测图法、航测法、编绘成图法和数字化测图等。在地籍变更测量中最关键的是变更界址的测量，变更界址测量是指在变更界址调查过程中，为确定变更后的土地权属界址、宗地形状、面积及使用情况而进行的测绘工作。它是在变更权属调查的基础上进行的。变更界址点的坐标要用解析法实测。变更地籍测量的内容主要包括：

（1）地权主体变更的测量内容。地权主体变更指土地所有权或使用权的变更。其地籍变更测量工作是根据申请变更的宗地档案资料和变更权属调查的结果，到实地检查核对宗地草图的勘丈数据，如发现有不符的应认真分析后进行纠正，再对有关图、表、册、卡的权属项目进行相应的变更，并填写变更记事。

（2）地权客体变更的测量内容。地权客体变更指土地权属界址、土地使用状况的变更，其测量工作主要是根据变更权属调查的结果到实地重新测绘宗地草图并按有关《城镇地籍调查规程》要求勘丈有关数据，测定新界址并修改地籍原图的二底图，计算变更后的宗地面积，变更图、表、册、卡的有关项目，并填写变更记事，重新绘制宗地图以便更换土地证件和归档使用。

（3）地权主、客体同时变更的测量内容。此时，宗地权属和宗地界址都发生变更，其测量工作的内容为上述两种单一变更内容的综合。

14.6　房地产调查

房地产调查是房地产测量的先行工作，其他工作在房地产调查的基础上开展。房地产调查分为房屋调查和房屋用地调查。其内容包括对每个权属单元的位置、权属界线、产权性质、数量和利用状况的调查，以及行政境界和地理名称的调查。

14.6.1　房产单元的划分与编号

房屋是指有承重支柱、顶盖、四周有围护墙体的建筑。房屋用地的调查和测绘以丘为单位分户进行。房屋调查和测绘以幢为单元分户进行。

（一）丘与丘号

丘是指地界线封闭的地块，相当于地籍测量中的宗地。一个地块只属于一个产权单元的称"独立丘"，一个地块属于几个产权单元的称"组合丘"。当权属单位混杂或权属单元面积过小时，才划为组合丘。组合丘内各权属单元以丘号加支号来编号："丘号—支号"，称为丘支号。

丘的完整编号由六级组成，完整编号格式及位数如下：

$$
\begin{array}{c}
\text{省、自治区、} \\
\text{直辖市代码}
\end{array}
+
\begin{array}{c}
\text{市（直辖市的} \\
\text{区县）代码}
\end{array}
+
\begin{array}{c}
\text{市辖区} \\
\text{（县）代码}
\end{array}
+
\begin{array}{c}
\text{房产区} \\
\text{代码}
\end{array}
+
\begin{array}{c}
\text{房产分} \\
\text{区代码}
\end{array}
+
\begin{array}{c}
\text{丘号}
\end{array}
$$

省、自治区、直辖市代码	市（直辖市的区县）代码	市辖区（县）代码	房产区代码	房产分区代码	丘号
（2位）	（2位）	（2位）	（2位）	（2位）	（4位）
01～99	01～99	01～99	01～99	01～99	0001～9999

为了便于行政区划的信息处理和交换，前 6 位数字：省、自治区、直辖市代码、市代码和市辖区（县）以上的行政区的代码采用《中华人民共和国行政区划代码》（GB/T2260—1995）规定的代码。丘代码在房管分区范围内编定，采用 4 位自然数从 0001 至 9999，从北至南，从西至东以反 S 形顺序连续编列。

为了简化丘代码，一个城市的房产测量可省略省（自治区、直辖市）的 2 位代码，但考虑到今后市与市的连接以及全国的联网，在编写设计书和编制数据字典时，尤其是在数据库的设计中，建议不要省略省（自治区、直辖市）的这 2 位代码，宜按全部代码的位数（14位）考虑，而在实际使用时可以使用简化代码。

丘以房产分区为单位划分，房产分区又是以房产区为单位划分，而房产区则是以市辖区或县，或县级市为单位划分，而市辖区、县、市等的范围和边界线则是由上一级政府划定的。

房产区可以是行政建制区的街道办事处，或镇、乡的行政辖区，或根据房地产管理划分的区域或范围为基础划定，房产区应该是有边界的，由连续成片的较为规则的几何图形组成，尽量和行政区的街道办事处相吻合。但不要穿越行政建制区的区划线和乡（镇）的行政区域线，更不能穿越市、省级的行政区域的境界线。

房产区应在市辖区或县（旗）或县级市的范围内统一编号，避免重号，保证代码的唯一性。

房产分区以房产区为单元划分，可按自然界线，或依街坊，或依居民点，或依大的机关、企事业单位划分，房产分区也应构成连续成片的几何图形。当有的市、镇面积较小，可不划分房产分区，但房产分区号位置应保留，并编号 01，在市、镇发展及市、镇区域扩大，增加房产分区时，从 01 以后续编。

例如：陕西省西安市长安县黑河镇第 126 丘，其丘的编号为 61012119010126。

61	01	21	19	01	0126
陕西省代码	西安市代码	长安县代码	房产区号	房产分区号	丘号

其中 610121 为国家标准《中华人民共和国行政区划代码》（GB/T 2260—1995）中陕西省西安市长安县的代码，19 为房产区号，在长安县内统一编号，该房产区的范围即为黑河镇的辖区范围。黑河镇以风景旅游和水利设施而设镇，现人口不足 5000，故未划房产分区，目前划成一个房产分区，房产分区号为 01 号。0126 号为所在丘的丘号。

房产区不仅有编号（代码），还应有房产区的名称，房产分区一般只有编号（代码），没有名称。

（二）幢与幢号

幢是指一座独立的、包括不同结构和不同层数的房屋。幢是房屋调查与房屋测绘的基本单元。只要是一座独立的房屋都算一幢，即使这座房屋层数不同，或建筑结构也不一样，或建筑年代不同，只要是连在一起，独立存在，都可以按一幢处理。

幢号以丘为单位编列，幢号的编列顺序是：从大门（或丘的入口处）起，由左到右，从前到后，用数字 1，2，…顺序按反 S 形编号。幢号注在房屋轮廓线的左下角，并加括号。

当丘内房屋原来已经有连续而完整的幢号也可继续沿用。

（三）房产权号

在他人权属范围的土地上建造的房屋，或自己权属范围内的土地上有他人建造的房屋，应加编房产权号。房产权号用大写英文字母 A 表示，注在房屋幢号的右侧，和幢号并列，字号与幢号相同。

房产权号是一个标识符，标明该幢房屋的产权和该幢房屋所占用土地的土地使用权（产权）人，不属于同一产权人或同一产权单位。

（四）房屋共有权号

多户共有的一幢房屋，应在幢号后加编共有权号，共有权号用大写英文字母 B 表示，注在房屋幢号或房产权号右侧，和幢号并列，字号和幢号相同。房屋共有权号也是一个标识符，标明该幢房屋属于多个产权人或多个产权单位。

14.6.2　房屋调查

房屋调查的内容包括房屋的坐落、产权人、使用人、用途、产权性质、产别、建筑结构、建成年份、层数、建筑面积、占地面积、墙体归属、权源以及产权纠纷、他项权利等，详见房屋调查表（表 14-10）。在表中还要画出房屋权界线示意图。

房屋的坐落是指房屋所在街道的名称和门牌号。房屋坐落在小的里弄、胡同或巷内时，应加注附近主要街道名称；缺门牌号时，应借用毗连房屋门牌号并加注东、南、西、北方位；单元式的成套住宅，应加注单元号、室号或户号。

房屋产权人是指房屋所有权人的姓名。私人所有的房屋，一般按照产权证上的姓名注明；产权是共有的，应注明全体共有人的姓名。单位所有的房屋，应注明单位的全称；两个以上单位共有的，应注明全体共有单位的名称。产权不清或无主的房屋，应注明产权不清或无主，并作简要说明。

表 14－10　　　　　　　　　　　房 屋 调 查 表

坐落		区（县）		街道（镇）		胡同（街巷）		号		电话		邮政编码	

产权人						住址							
使用人						用途		产权性质				产别	

房屋状况	幢号	权号	房号	总层数	所在层次	建筑结构	建成年份	占地面积（m²）	间数	建筑面积		墙体归属				权源
										(m²)	其中：分摊面积（m²）	东	南	西	北	

总占地面积（m²）			总建筑面积（m²）		总间数	

房屋权界线示意图		附记		调查意见	

房屋使用人是指实际使用房屋人的姓名。如产权人对房屋自住自用，则房屋使用人就是产权人本身；如房屋通过出租、代管、典当等合法途径将使用权转让给他人（非产权人），这时房屋使用人应是承租人、代管人和典权人，事实上他们是房屋的实际使用者。

房屋用途是指房屋的目前实际用途。房屋的用途按两级分类，一级分 8 类，二级分 28 类，具体分类标准及代码见表 14－11。在房地产平面图上只表示一级分类。

房屋产权性质是按照我国社会主义经济三种基本所有制的形式对房屋产权进行分类，分为全民所有（国有）、集体所有和私人所有（私有）等三类。此外，我国还有一部分外侨房产（外产）和中外合资房产，对此应按实际情况注明。

房屋产别是根据房屋产权性质和管理不同而划分的类别。按两级分类，一级分 8 类，二级分 4 类，具体分类标准及代码见表 14－12。在房地产平面图上只表示一级分类。

房屋状况中的总层数是指室外地坪以上的层数，地下室、假层、附层（夹层）、阁楼（暗楼）、装饰性塔楼以及突出屋面的楼梯间、水箱间不计层数。所在层次是指本权属单元的房屋在该幢楼房中的第几层。

房屋建筑结构是指根据房屋的梁、柱、墙及各种构架等主要承重构件的建筑材料确定房屋的结构，清楚界线的，则分别注明结构，否则以面积较大的结构为准。房屋结构的分类标准及代码见表 14－13。

房屋建成年份是指房屋实际竣工年份，一幢房屋有两种以上建成年份，应以建筑面积较大者为准。改建或扩建的房屋，应按改建或扩建的年份填写。

房屋占地面积、建筑面积和分摊面积测算见本书 14.8。

房屋墙体归属是指房屋四周墙体所有权的归属，应分别注明自有墙、共有墙和借墙。

表 14 - 11　　　　　　　　房 屋 用 途 分 类

一级编号	一级名称	二级编号	二级名称
10	住宅	11	成套住宅
		12	非成套住宅
		13	集体宿舍
20	工业	21	工业
	交通	22	公用设施
		23	铁路
		24	民航
		25	航运
		26	公交运输
	仓储	27	仓储
30	商业	31	商业服务
		32	经营
		33	旅游
	金融信息	34	金融保险
		35	电讯信息
40	教育	41	教育
	医疗卫生	42	医疗卫生
	科研	43	科研
50	文化	51	文化
		52	新闻
	娱乐	53	娱乐
	园林绿化	54	园林绿化
	体育	55	体育
60	办公	61	办公
70	军事	71	军事
80	其他	81	涉外
		82	宗教
		83	监狱

表 14 - 12　　　　　　　　房 屋 产 别 分 类 标 准

一级编号	一级名称	二级编号	二级名称
10	国有房产	11	直管产
		12	自管产
		13	军产
20	集体所有房产		
30	私有房产	31	部分产权
40	联营企业房产		
50	股份制企业房产		
60	港、澳、台投资房产		
70	涉外房产		
80	其他房产		

表 14 - 13　　　　　　　　房 屋 结 构 分 类 标 准

编　号	1	2	3	4	5	6
结　构	钢结构	钢和钢筋混凝土结构	钢筋混凝土结构	混合结构	砖木结构	其他结构

　　房屋权源是指房屋产权取得的方式，产权的来源主要包括新建、继承、交换、买卖、调拨、社会主义改造等方式。

　　在调查中对产权不清或有争议的，以及设有典当权、抵押权等他项权利的房屋，应查清产权纠纷的原因，他项权利的种类、范围和期限等，在房屋调查表的附记中作出记录。

　　房屋权界线是指房屋权属范围的界线，以产权人的指界与邻户认证来确定。对有争议的权界线，也应作出记录。房屋权界线示意图是以权属单元为单位而绘制的略图，主要反映房屋及其相关位置、权界线、共有共用房屋权界线，以及与邻户相连墙体的归属，并勘丈和注记房屋边长。对有争议的权界线也应在图上标出其部位。

14.6.3 房屋用地调查

房屋用地调查的主要内容包括用地坐落、产权性质、土地等级、税费、用地人、用地单位性质、土地使用权来源、四至、界标、用地用途、面积、用地略图以及其他情况。在调查的同时应如实填写房屋用地调查表（表14-14）。

表 14-14 房 屋 用 地 调 查 表

市区名称或代码　　房产区号　　房产分区号　　丘号　　序号

坐　落		区（县）	街道（镇）		胡同（街巷）	号	电话		邮政编码	
产权性质			产权主		土地等级		税费		附加说明	
使用人			住　址				所有制性质			
用地来源							用地用途分　类			
用地状况	四至	东	南	西	北	界标	东	南	西	北		
	面积（m²）											
	用地略图											

调查者：　　年　月　日

（1）房屋用地坐落　房屋用地的坐落是指房屋用地的地理位置，即所在地的地理名称，填写为：××市××区××路（街）×××号等。路、街、巷等名称应以民政部门规定的名称为准，门牌号应以公安部门钉立的门牌号为准。

房屋用地坐落在小的里弄、胡同或小巷时，应加注附近主要街道的名称；缺门牌号时，可借用毗连房屋的门牌号加注东、南、西、北等方位。房屋用地坐落在两个以上街道或两个以上门牌号时，应全部注明，但应分清主次，主门牌在前，侧、后门牌在后。

（2）房屋用地的产权性质　此处系指土地的所有权，填国有或者集体。集体所有的还应加注土地所有权的单位名称，例如，"集体（李家村）"。

（3）房屋用地的等级　城市和镇的土地等级主要考虑繁华程度、交通条件、基础设施、环境条件、人口分布、土地附着物、土地利用效益等因素评定。房屋用地的等级按当地有关部门所定的等级标准填写。

（4）房屋用地的税费　按房屋用地的土地使用人向税务部门缴纳的年度金额为准。免征土地税的填"免征"。

（5）房屋用地的使用权主　指获得房屋用地土地使用权的产权人姓名或单位名称。

（6）房屋用地的使用人　指房屋用地实际使用人的姓名或单位名称，例如，某房屋用地的土地使用权属"××国土资源厅"，而实际上一直归"××地质测量队"使用，此处应填"××地质测量队"。

（7）用地来源　指房屋用地的权源，即取得土地使用权的时间和方式，如出让、转让、征用、拨用等。填写××××年××月××日获得土地使用权，使用年限××年。用地方式有以下几种：

1）出让：指国家将城镇国有土地使用权，在一定年限内让与土地使用受让人（单位），土地使用受让人向国家支付一定的金额。

2）转让：指土地使用权主，依照国家有关法律规定，将土地使用权再转移的行为。土地使用权转让时，其上的建筑物及其他附着物的所有权也应依照法律办理过户登记手续。

3）征用：根据国家建设的需要，国家通过适当补偿后，取得土地产权供国家有关部门、企、事业单位使用的一种产权转移方式。

4）划拨：指政府依照法律规定，从国有土地中划拨一定数量的土地给国有单位或集体单位，或个人使用的产权转移方式，土地所有权仍属国家，转移的是土地的使用权。

（8）用地四至　填写房屋用地与四邻接壤的情况，一般按东、南、西、北方向注明接邻丘号或街道名称。

（9）用地范围的界标　填写用地范围边界界标物的名称，例如，围墙或墙体、栅栏、篱笆、界碑、界桩，或河流名、道路名称等。

14.7 房 产 图 测 绘

房地产测绘最重要的成果是房地产平面图（简称房产图）。房产图是房地产产权、产籍管理的基本资料，是房地产管理的图件依据。按房地产管理工作的需要，房产图分为房产分幅平面图（分幅图）、房产分丘平面图（分丘图）和房屋分层分户平面图（分户图）。房产图是一套与城镇实地房屋相符的总平面图，通过它可以全面掌握房屋建筑状况、房产产权状况和土地使用情况。借助于房产图，可以逐幢、逐处地清理房地产产权，计算和统计面积，作为房地产产权登记和转移变更登记的根据。房产图与房地产产权档案、房地产卡片、房地产簿册构成房地产产籍的完整内容，是房地产产权管理的依据和手段。总之，房产图在房地产产权、产籍管理中，乃至整个房地产业管理中都具有十分重要的作用，因此必须严格按规范要求认真测绘房产图。以下将分别介绍房产分幅图、房产分丘图、房产分户图的测绘。

14.7.1 房地产控制测量

房地产测量图根导线主要技术要求如表 14 - 15 所示。相对而言，房产平面控制点要比地籍平面控制点的密度大、精度高。

表 14 - 15　　　　　　　　　房产测距图根导线主要技术要求

测 图比例尺	附合导线长度（m）	全长相对闭合差	导 线边长（m）	测角中误差（"）	测距中误差（mm）	测回数		方位角闭合差
						DJ$_6$经纬仪	Ⅱ级测距仪	
1:500	500	1/2000	50	±20	±15	1	单程	$\pm40\sqrt{n}$
1:1000	1000	1/2000	100	±20	±15	1	单程	$\pm40\sqrt{n}$

注　n 表示测站数。

14.7.2 房产分幅图测绘

（一）内容与要求

房产分幅图是全面反映房屋、土地的位置、形状、面积和权属状况的基本图，是测绘分丘图和分户图的基础资料。

分幅图的测绘范围应与开展城镇房屋所有权登记的范围一致，以便为产权登记提供必要的工作底图。因此，分幅图的测绘范围应是城市、县城、建制镇的建成区和建成区以外的工矿企、事业等单位及其相毗连的居民点。

城镇建成区的分幅图一般采用 1∶500 比例尺，远离城镇建成区的工矿企、事业等单位及其相毗连的居民点可采用 1∶1000 比例尺。图幅一般采用 50cm×50cm 正方形分幅。

分幅图应包括下列测绘内容：

（1）行政境界。一般只表示区、县、镇的境界线。街道或乡的境界线可根据需要而取舍。两级境界线重合时，用高一级境界线表示；境界线与丘界线重合时，用境界线表示，其符号如图 14 - 10 所示。境界线跨越图幅时，应在图廓间界端注出两侧的行政区划名称。

（2）丘界线。丘界线是指房屋用地范围的界线，包括共用院落的

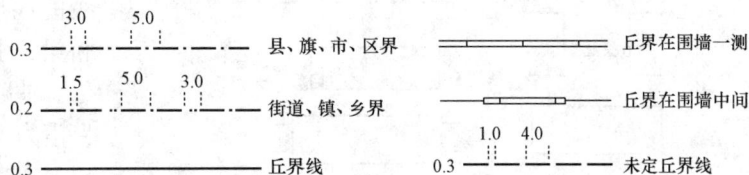

图 14 - 10　行政境界与丘界的表示

界线，由产权人（用地人）指界与邻户认证来确定。明确而又无争议的丘界线用实线表示，有争议而未定的丘界线用虚线表示，见图 14 - 10。为确定丘界线的位置，应实测作为丘界线的围墙、栅栏、铁丝网等围护物的平面位置（单位内部的围护物可不表示）。丘界线的转折点即为界址点。

（3）房屋及其附属设施。房屋包括一般房屋、架空房屋和窑洞等。房屋应分幢测绘，以外墙勒脚以上外围轮廓为准。墙体凹凸小于图上 0.2mm 以及装饰性的柱、垛和加固墙等均不表示。临时性房屋不表示。同幢房屋层数不同的，应测绘出分层线，分层线用虚线表示。架空房屋以房屋外围轮廓投影为准，用虚线表示，虚线内四角加绘小圆表示支柱，如图 14 - 11 所示。窑洞只测绘住人的，符号绘在洞口处，如图 14 - 12 所示。

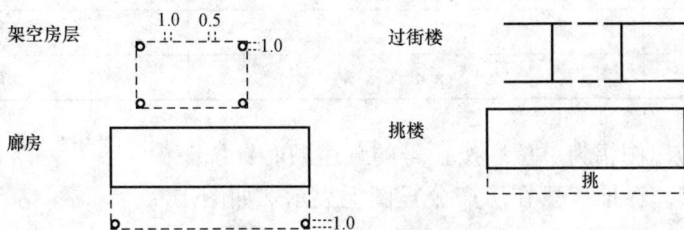

图 14 - 11　架空房屋的表示

房屋附属设施包括柱廊、檐廊、架空通廊、底层阳台、门、门墩、门顶和室外楼梯，以及和房屋相连的台阶，如图 14 - 13 所示。柱廊以柱外围为准，图上只表示四角和转折处的支柱，支柱位置应实测。底层阳台以栏杆外围为准。门墩以墩外围为准，门顶以顶盖投影为准，柱的位置应实测。室外楼梯以投影为准，宽度小于图上 1mm 者不表示。

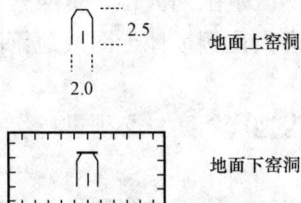

图 14 - 12　窑洞的表示

（4）房产要素和房产编号。分幅图上应表示的房产要素和

房产编号（包括丘号、幢号、房产权号、门牌号）、房屋产别、建筑结构、层数、建成年份、房屋用途和用地分类等，根据房地产调查的成果以相应的数字、文字和符号表示。当注记过密，图面容纳不下时，除丘号、幢号和房产权号必须注记，门牌号可在首末两端注记、中间跳号注记外，其他注记按上述顺序从后往前省略。

（5）地形要素。与房产管理有关的地形要素，包括铁路、道路、桥梁、水系和城墙等地物均应测绘。铁路以两轨外沿为准，道路以路沿为准，桥梁以外围为准，城墙以基部为准，沟渠、水塘、河流、游泳池以坡顶为准。地理名称按房产调查中的规定注记。

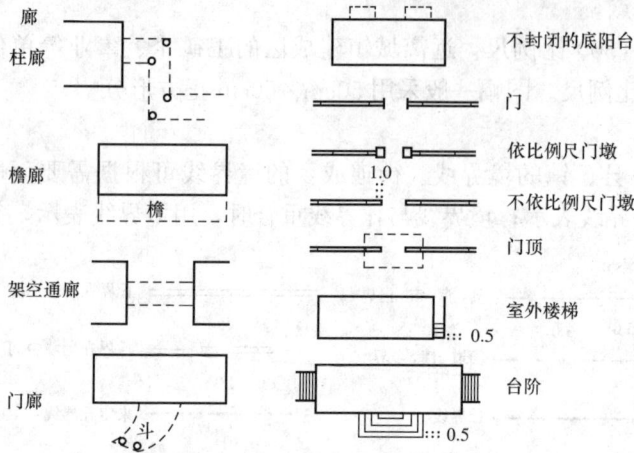

图 14-13　房屋附属设施

（二）房产用地界址点的测定

《房产测量规范》规定的界址点精度分三级，对大中城市繁华地段的界址点和重要建筑物的界址点，一般选用一级或二级，其他地区选用三级。各级界址点相对于邻近控制点的点位误差和间距超过 50m 的相邻界址点间的间距误差，应不超过表 14-16 的规定；间距未超过 50m 的界址点间的间距误差应不超过式（14-1）的计算结果。

表 14-16　　　　　　　　　房产界址点的等级及其精度要求

房产界址点的等级	地籍界址点相对于邻近控制点点位误差和相邻界址点间的间距误差限制	
	限差（m）	中误差（m）
一	±0.04	±0.02
二	±0.10	±0.05
三	±0.20	±0.10

界址点点号应以图幅为单位，按丘号的顺序顺时针统一编号，点号前加"J"。界址点只在房产分丘图上表示，如图 14-14 所示。

（三）房产分幅图的测绘方法

图 14-14　界址点的表示方法

房产分幅图的测绘方法与其他大比例尺地形图的测绘方法并无本质的区别，可依据原有的测绘资料，现有的技术条件以及测区范围的大小，依照《房产测量规范》的有关技术规定进行。当测区已有现势性较强的城市大比例尺地形图或地籍图时，可采用编绘法，否则应采用实测法。

（1）实测法。如果测区内没有现势性较强的地形图，为建立房地产档案，必须进行房产分幅图的现场实地测绘。

测图的步骤与大比例尺地形图测绘基本相同，在房产调查和房地产平面控制测量的基础上，实测房屋等地物的平面位置。测绘的方法有：传统的经纬仪测绘法和数字化测图等。这些测图方法与地形图测绘并无本质上的不同，只是测绘的重点在于土地和房产的权属界线和房屋细部，并根据房产调查注记房产要素，整饰成房产分幅图。采用实测法测绘的房产分幅图质量较高，可读性强。

（2）编绘法。编绘法是指利用已有大比例尺地形图或地籍图，在房地产调查的基础上，进行一些必要的修测和补测，然后依《房产测量规范》进行综合取舍，即省略无关的要素（如表示地面高低的等高线、高程注记等），增加房地产方面的要素（如权属界线、用地分类等），编制成符合要求的分幅房地产图。这种方法不需要大规模重新测图，节省了很多工作量，因此在已有符合要求的大比例尺地形图或地籍图的地方，一般采用这种方法。

1）准备图纸资料。用于分幅图编绘的已有图纸资料，其精度必须符合《房产测量规范》上对实测图的精度要求，即主要地物点点位中误差不超过图上 ±0.5mm，次要地物点点位中误差不超过图上 ±0.6mm，比例尺应等于或大于编绘图的比例尺。编绘工作必须利用已有图纸的原图或用原图复制的等精度图（简称二底图）进行。所谓"原图"，是指上墨清绘、整饰好的野外实测图纸。

二底图可通过制版印刷法或其他高精度图纸复制法得到，复制时应使用聚酯薄膜图纸。如果原图比例尺大于编绘图比例尺，复制时应同时进行缩小，此时一般使用复照仪法。二底图的图廓边长、方格网尺寸与理论尺寸的精度要求与实测法测图时的精度要求相同。

2）外业查核和补测。原有图纸的内容一般不能完全满足房产图的要求，而且还可能是较旧的图纸。因此，应对照实地进行检查和核对，对漏缺或已经变化的房产要素和有关地形要素进行补测，使之与现状相符。补测应在二底图上进行，补测的地物点应符合精度要求。

补测的范围较小时，可用皮尺丈量补测地物的特征点与原有地物点的距离，用几何作图法在二底图上进行定点，最后绘出地物的图形。在利用原有地物点时，要注意检核其位置是否正确，以免用错点或用误差大的点。检核的方法是丈量该地物点与周围明显地物点的距离，再从图上量算出其相应的距离，两者之差不应超过点位中误差的两倍。

补测的范围较大时，可用前面所述的经纬仪测绘法进行补测。测站点应尽量选用原有的控制点，如原有控制点已破坏，可根据周围明显地物点设定测站点，此时也要注意检核这些明显地物点精度是否达到要求。如周围无合适的地物点可供参照，则从最近的控制点引测。补测的范围更大时，可先作图根控制测量，然后测图，此时方法和要求与测绘新图相同。

一般根据地形图编绘房产分幅图时，应以门牌、院落、地块为单位，补测用地界线，构成完整封闭的用地单元——丘。同时，对丘界线的转折点（界址点）进行补测，并实量界址边长，逐幢房屋实量外墙边长和附属设施的长宽；根据地籍图编绘房产图时，界址点一般只需进行复核而不需重新测定，但对于图上的房屋，则需根据房产分幅图的要求，增测房屋的细部和附属物。无论是地形图还是地籍图，都应根据房产调查的资料增补房产要素——产别、建筑结构、幢号、层数、建成年份、建筑面积等。

3）编绘。查核和补测工作结束后，将房地产调查成果准确转绘到二底图上，对房产图所需的内容经过清绘整饰，加注房产要素的编号和注记后，即可编制成房地产分幅图。这份由编绘法获得的图纸称为编绘原图，也称底图。

图 14-15 为房产分幅图（局部）示例。

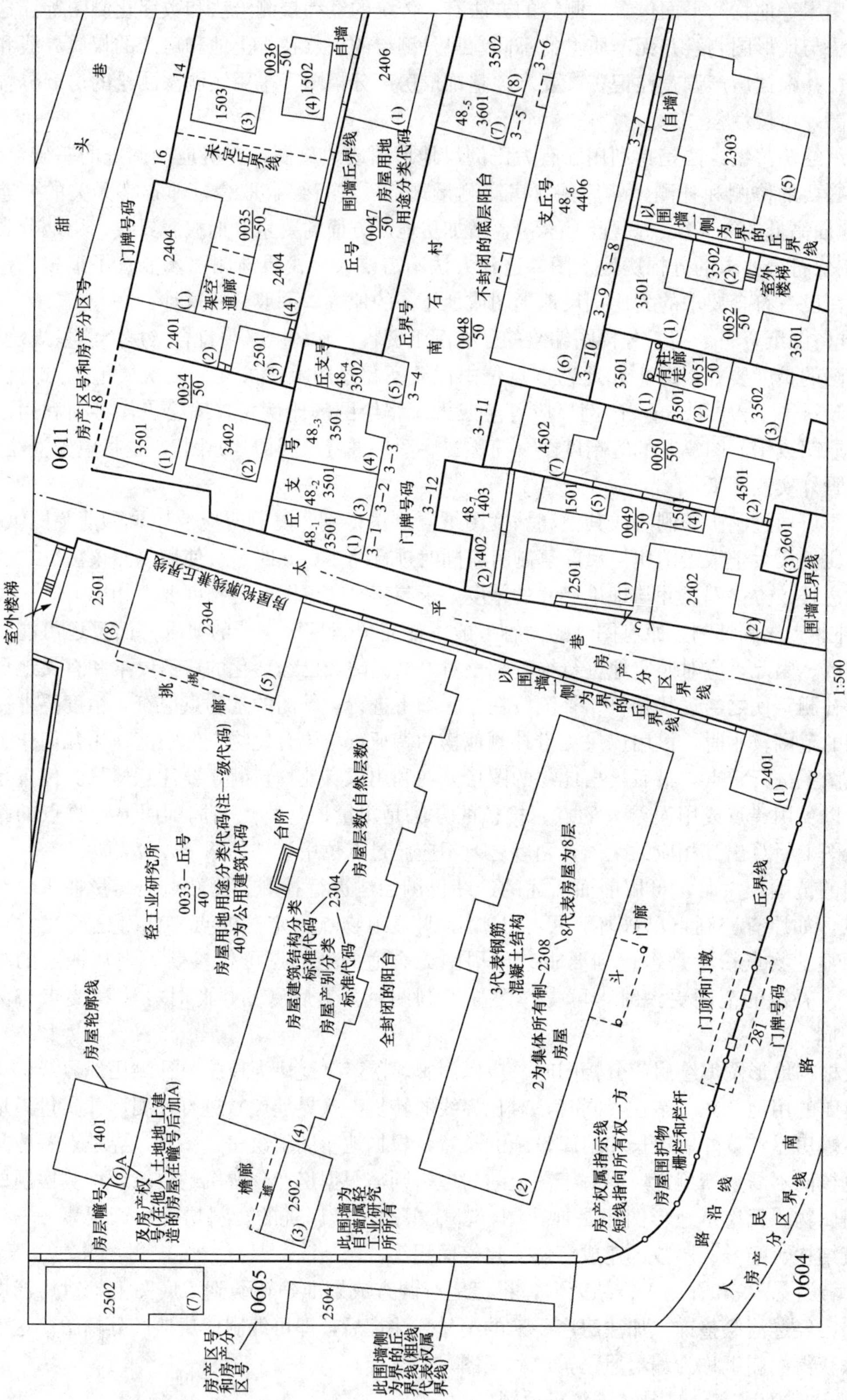
甜　头　巷
房产区号和房产分区号
门牌号码
未定丘界线
架空通廊
围墙丘界线
房屋用地用途分类代码
丘号
丘界号
丘支号
南　石　村
不封闭的底层阳台
支丘号
以围墙一侧为界的丘界线
室外楼梯
太　平　巷
房产分区界线
挑廊
轻工业研究所
房屋用地用途分类代码(注一级代码)
40为公用建筑代码
台阶
房屋建筑结构分类标准代码
房屋产别分类标准代码
房屋层数(自然层数)
全封闭的阳台
3代表钢筋混凝土结构
2为集体所有制房屋
8代表房屋为8层
门廊
门顶和门墩
门牌号码
丘界线
房屋围护物栅栏和栏杆
房产权属指示线短线指向所有权一方
房层幢号
及房产权号(在他人土地上建造的房屋在幢号后加A)
房屋轮廓线
檐廊
此围墙为自墙属轻工业研究所所有
此围墙侧为界的丘界线(粗线代表权属界线)
房产区号和房产分区号
人民路
路沿线
房产分区界线
南
1:500

图14-15　房产分幅图

14.7.3　房产分丘图测绘

房产分丘平面图是房产分幅图的局部明细图，是根据核发房屋所有权证和土地使用权证的需要，以门牌、户院、产别及其所占用土地的范围，分丘绘制而成。每丘为单独一张，它是作为权属依据的产权图，即作为产权证上的附图，具有法律效力，是保护房地产产权人合法权益的凭证。因此，必须以较高精度绘制。

房产分丘图的坐标系统应与房产分幅图相一致。作图比例尺可根据每丘面积的大小，在 1∶100～1∶1000 之间选用，一般尽可能采用与分幅图相同的比例尺。图幅的大小可选用 32、16、8、4K 4 种尺寸。

房产分丘图的内容除与分幅图的内容相同以外，还应表示出界址点与点号、界址边长、用地面积、房屋建筑的细节（挑廊、阳台等）、墙体归属、房屋边长、建筑面积、建成年份和四至关系等各项房产要素。

房产分丘图的测绘方法为利用已有的房产分幅图，结合房地产调查资料，按本丘范围展绘界址点，描绘房屋等地物，实地丈量界址边、房屋边等长度，修测、补测成图。

丈量界址边长和房屋边长时，用钢尺量取至 0.01m。不能直接丈量的界址边，也可由界址点坐标反算边长。对圆弧形的边，可按折线分段丈量。边长应丈量两次取中数，两次丈量较差不超过式（14 - 13）规定

$$\Delta D = \pm 0.004D \qquad\qquad (14 - 13)$$

式中　ΔD——两次丈量边长的较差，m；

　　　D——边长，m。

丈量本丘与邻丘毗连墙体时，自有墙量至墙体外侧；借墙量至墙体内侧；共有墙以墙体中间为界，量至墙体厚度的一半处。窑洞使用范围量至洞壁内侧。

挑廊、挑阳台、架空通道丈量时，以外围投影为准，并在图上用虚线表示。

房屋权界线与丘界线重合时，用丘界线表示；房屋轮廓线与房屋权界线重合时，用房屋权界线表示。

在描绘本丘的用地和房屋时，应适当绘出与邻丘相连处邻丘的地物。

图 14 - 16 为房产分丘图示例。

14.7.4　房产分层分户图测绘

房产分层分户图（简称分户图）是在分丘图的基础上绘制的局部明细图，当一丘内有多个产权人时，应以一户产权人为单元，分层分户地表示出房屋权属范围的细部，用以作为房屋产权证的附图。

房产分户图的比例尺一般采用 1∶200，当一户房屋的面积过小或过大时，比例尺可适当放大或缩小。分户图的幅面可选用 32K 或 16K 两种尺寸。

分户图采用表、图结合的形式绘制（图 14 - 17），主要表述内容有本户所在的丘号、幢号、结构、层数、层次、产权主姓名（或名称）、坐落、户（套）内建筑面积、共有分摊面积、产权面积、房屋层（户）的轮廓线、权界线（墙体归属）、共有部位，并注出房屋边长，指北方向线及概略比例尺。

分户图上的房屋以幢为单位，分层绘出房间大小、墙体厚度，以及楼梯、走道、阳台等部位。分户图上房屋边长量取和注记至 0.01m。边长应丈量两次取中数，两次较差应不超过式（14 - 15）的规定。规则房屋（如矩形）前后、左右两相对边长之差也应符合式（14 - 15）

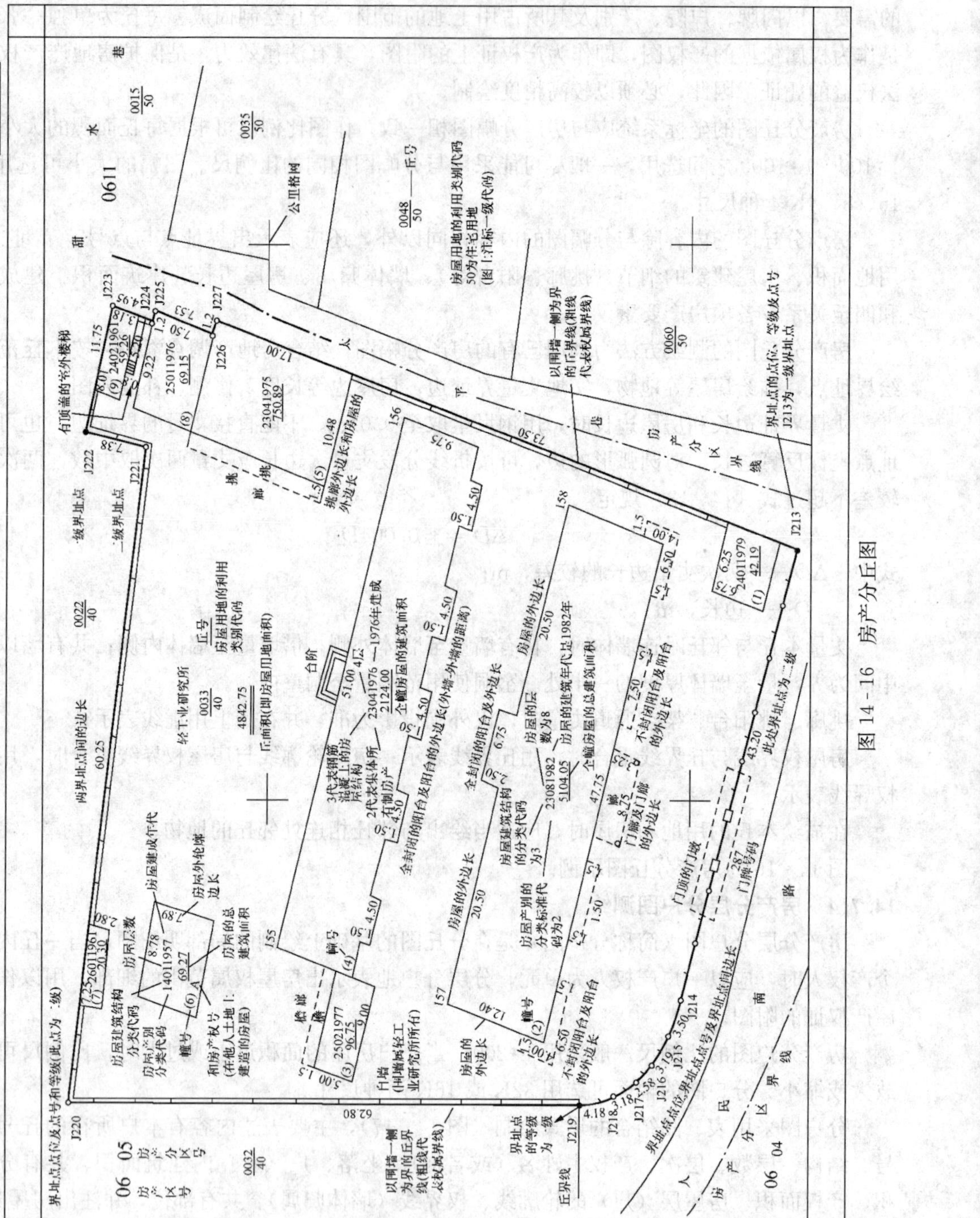

图 14-16　房产分丘图

丘号	0048-6	结构	混合	套内建筑面积	61.10m²
幢号	68	层数	06	共有分摊面积	7.56m²
户号	17	层次	5	产仅面积	68.66m²
产权主	刘江	坐落		人民南路太平巷3-8号6幢1单元501室	

幢号后边加B代表该幢房屋为多产权房屋，B称共有权号。

房号的编制各地可自定规则，可用单元号（1位）+层号

（2位）+房号（1位或2位）。

本幢墙厚均库0.24m。

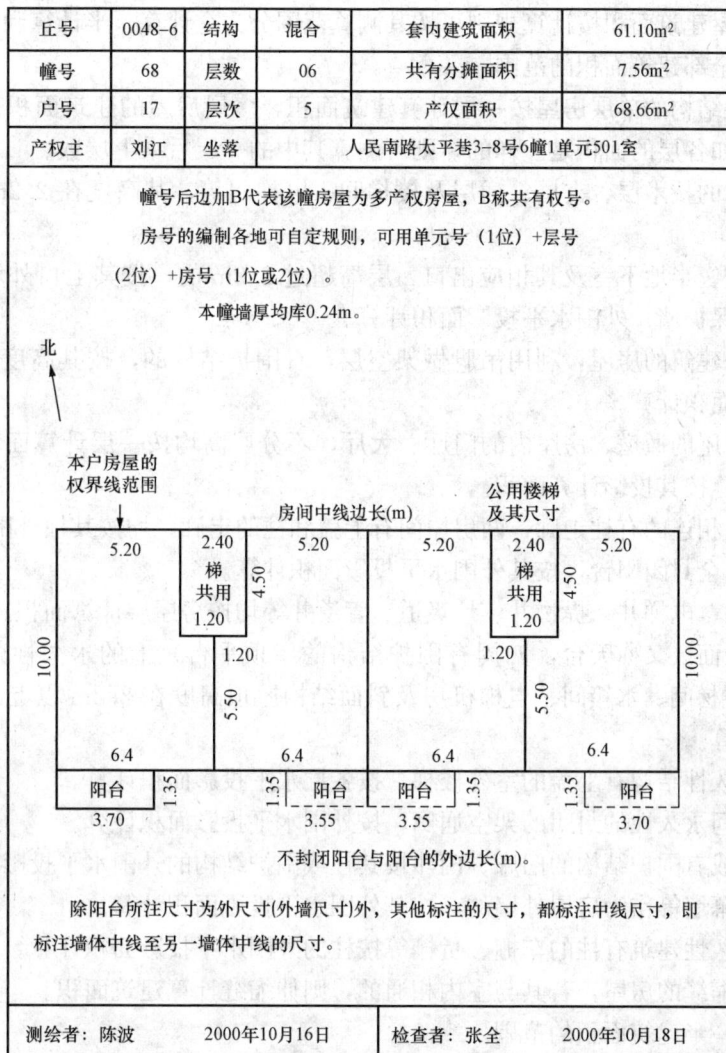

图 14-17　房产分层分户图

的规定。不规则图形的房屋除丈量边长以外，还应加量构成三角形的对角线，对角线的条数等于不规则多边形的边数减3。按三角形的三边长度，就可以用距离交会法确定点位。房屋边长的描绘误差不应超过图上 0.2mm。房屋权界线在图上表示为 0.2mm 粗的实线。

14.8　房屋建筑面积及用地面积量算

面积测算是指水平面积测算，各类面积测算应独立测算两次（以 m² 为单位，取至 0.01m²），其较差应在规定的限差以内，取中数作为最后结果。

14.8.1　房屋建筑面积量算

（一）房屋建筑面积的量算范围

房屋建筑面积是指房屋外墙勒脚以上的外围水平面积，还包括阳台、走廊、室外楼梯等

建筑面积。房屋建筑面积按计算规则可按其测算范围分为全计算、半计算和不计算三种。

(1) 计算全部建筑面积的范围。

1) 永久性结构的单层房屋按一层计算建筑面积，多层房屋的建筑面积按各层建筑面积的总和计算；如各层的面积是一样的，则可测算其中的一层后乘上层数。

2) 房屋内的技术层、夹层、插层及楼梯间、电梯间等，其高度在 2.2m 以上部位计算建筑面积。

3) 地下室、半地下室及其相应出口，层高超过 2.2m 的，按其上口外墙（不包括采光井、防潮层及保护墙）外围水平投影面积计算。

4) 依坡地建筑的房屋，利用吊脚做架空层，有围护结构的，按其高度在 2.2m 以上部位的外围水平面积计算。

5) 穿过房屋的通道、房屋内的门厅、大厅，不分层高均按一层计算面积，门厅、大厅内的回廊部分，按其投影计算面积。

6) 与房屋相连的有柱走廊，两房屋间有上盖和柱的走廊，均按其柱外围水平面积计算。

7) 挑楼、全封闭阳台，按其外围水平投影面积计算。

8) 楼梯间、电梯井、提物井、垃圾道、管道井等均按房屋层计算面积。

9) 房屋天面（又称天台，四周有围护结构的屋顶平台）上的永久性建筑物，层高在 2.2m 以上的楼梯间、水箱间、电梯机房及斜面结构屋顶高度在 2.2m 以上的部位，按其外围水平面积计算。

10) 属永久性结构有上盖的室外楼梯，按各层水平投影面积计算。

11) 房屋间永久性的封闭的架空通廊，按外围水平投影面积计算。

12) 有柱或有围护结构的门廊、门斗按其柱或围护结构的外围水平投影面积计算。

13) 玻璃幕墙等作为房屋外墙的，按其外围水平投影面积计算。

14) 属永久性建筑有柱的车棚、货棚等按柱的外围水平投影面积计算。

15) 有伸缩缝的房屋，若其与室内相通的，则伸缩缝计算建筑面积。

(2) 计算一半建筑面积的范围。

1) 与房屋相连有上盖无柱的走廊、檐廊，按其围护结构外围水平投影面积的一半计算。

2) 独立柱、单排柱的门廊、车棚、货棚等属永久性建筑的，按其上盖水平投影面积的一半计算。

3) 未封闭的阳台、挑廊，按其围护结构外围水平投影面积的一半计算。

4) 无顶盖的室外楼梯按各层水平投影面积的一半计算。

5) 有顶盖不封闭的永久性的架空通廊，按外围水平投影面积的一半计算。

(3) 下列情况不计算建筑面积。

1) 层高在 2.2m 以下的技术层、夹层、插层、地下室和半地下室。

2) 突出房屋墙面的构件、配件、装饰柱、装饰性的玻璃幕墙、垛、勒脚、台阶、无柱雨篷等。

3) 房屋之间无上盖的架空通廊。

4) 房屋的天面、挑台、天面上的花园、泳池。

5) 建筑物内的操作平台、上料平台及利用建筑物的空间安置箱、罐的平台。

6) 骑楼、过街楼的底层用作道路和街巷通行的部分。

7）利用引桥、高架路、高架桥等路面作为顶盖建造的房屋。

8）活动房屋、临时房屋和简易房屋。

9）独立烟囱、亭、塔、罐、池及地下人防干、支线。

10）与房屋室内不相通的房屋间伸缩缝。

（二）房屋建筑面积的量算方法和精度要求

房屋建筑面积的测算方法一般采用实地量距法，它是一种通过实地量测图形边长、角度等要素，应用几何图形面积公式来计算面积的方法。因此，不受图纸伸缩的影响，是比较精确的一种方法，其精度直接与各测量要素的精度有关。《房产测量规范》规定房产面积精度分三级，各级面积限差与中误差规定见表 14-17。

表 14-17 房产面积精度要求

房产面积精度等级	限　差	中误差
一	$0.02\sqrt{S}+0.006S$	$0.01\sqrt{S}+0.003S$
二	$0.04\sqrt{S}+0.002S$	$0.02\sqrt{S}+0.001S$
三	$0.08\sqrt{S}+0.006S$	$0.04\sqrt{S}+0.003S$

注　S 为房产面积，m^2。

图解法如求积仪法、几何图形法等，由于这些方法精度低，不能满足房产量测面积的精度要求，因此房产测量中都不采用。

（三）商品住宅建筑面积计算法

商品住宅以每平方米建筑面积为单价，按所购的建筑面积计算房价。一幢楼房一般出售给许多购房人，有些建筑面积可以分割，而有些则难以分割。为了使购房人较为合理地负担房价，每套住宅的建筑面积可按下列公式计算

一套住宅的总建筑面积=此套住宅的建筑面积+公用部分应分摊的面积

其中：此套住宅的建筑面积为此套住宅权属界线内的建筑面积；公用部分是指楼梯间、走廊、垃圾道等，其应分摊的面积计算公式为

$$公用部分应分摊面积=\frac{公用部分面积}{本幢楼各套住宅面积之和}\times 此套住宅的建筑面积$$

14.8.2　用地面积量算

用地面积以丘为单位进行量算，包括房屋占地面积、院落面积、分摊共用院落面积、室外楼梯占地面积以及各项地类面积。

房屋占地面积是指房屋底层外墙（柱）外围水平面积，一般与底层房屋建筑面积相同。

本丘地总面积可按界址点坐标，用坐标解析法计算；其他地块面积可按实量距离用简单几何图形量算法，或在图纸上用求积仪法量算。关于面积量算的改正、面积量算的精度可参看本书 14.4。

14.8.3　共有共用面积分摊计算

共有共用面积的分摊计算包括共有共用建筑面积、异产毗连房屋占地面积、共用院落面积的分摊计算。

以上面积如果有权属分割文件或协议的，应按其文件或协议规定计算。无权属分割文件或协议的，可按相关面积比例进行分摊计算。某户分摊面积 ΔP_i 按式（14-14）计算

$$\left.\begin{array}{l} \Delta P_i = KP_i \\ K = \sum \Delta P_i / \sum P_i \end{array}\right\} \qquad (14 - 14)$$

式中　P_i——某户参加摊算的面积；

　　$\sum P_i$——参加摊算各户的面积总和；

　$\sum \Delta P_i$——需要分摊的面积；

　　K——分摊系数。

14.9　房 产 变 更 测 量

房产变更测量是因房屋发生买卖、交换、继承、新建、拆除等涉及权界调整和面积增减变化所进行的更新测量。房地产变更测量分为现状变更测量和权属变更测量。

14.9.1　现状变更测量的内容

(1) 房屋的新建、拆迁、改建、扩建、房屋建筑结构、层数的变化；

(2) 房屋的损坏与灭失，包括全部拆除或部分拆除、倒塌和烧毁；

(3) 围墙、栅栏、篱笆、铁丝网等围护物以及房屋附属设施的变化；

(4) 道路、广场、河流的拓宽、改造，河、湖、沟渠、水塘等边界的变化；

(5) 地名、门牌号的更改；

(6) 房屋及其用地分类面积增减变化。

14.9.2　权属变更测量的内容

(1) 房屋买卖、交换、继承、分割、赠与、兼并等引起的权属转移；

(2) 土地使用权界的调整，包括合并、分割、塌没和截弯取直；

(3) 征拨、出让、转让土地而引起的土地权属界线的变化；

(4) 他项权利范围的变化和注销。

14.9.3　变更测量的程序

变更测量应根据房地产现状变更或权属变更资料，先进行房地产要素调查，包括现状、权属和界址调查，再进行变更后的分户权界和面积的测定，并及时调整丘号、界点号、幢号和户号等有关的房地产编码，最后进行房地产资料的修正。

14.9.4　变更测量的方法

变更测量应根据城建、城市规划等部门的现状变更资料和房产权属变更资料，确定变更范围；并按原图上平面控制点的分布情况，选择变更测量方法。

房地产的合并和分割，应根据变更登记文件，在当事人或关系人到现场指界下，实地测定变更后的房地产界址和面积。实测时，应以房地产控制点、界址点为依据，采用解析法修测。

变更测量可在房产分幅图原图或二底图上进行，以变更范围内平面控制点和房产界址点作为测量的基准点。所有已修测过的地物点不得作为变更测量的依据。变更范围内和邻近的符合精度要求的房角点，也可作为修测的依据。

现状变更范围较小的，可根据末级控制点、界址点、固定地物点等用钢卷尺丈量关系距离进行修测；现状变更范围较大的，应先补测房产控制点，然后进行房产图的修测。修测之后，应对现有房产、地籍资料进行修正与处理。

　　新扩大的建成区，应先进行与面积相应的房地产平面控制测量，再进行房产图的测绘。

14.9.5　变更测量的精度和业务要求

　　(1) 变更后的分幅、分丘图图上精度，新补测的界址点的精度都应符合《房产测量规定》(GB/T 17986.1—2000) 的规定；

　　(2) 房产分割后各户房屋建筑面积之和与原有房屋建筑面积的不符值应在限差以内；

　　(3) 用地分割后各丘面积之和与原丘面积的不符值应在限差以内；

　　(4) 房产合并后的建筑面积，取被合并房屋建筑面积之和；用地合并后的面积，取被合并的各丘面积之和；

　　(5) 变更测量时，应做到变更有合法依据，对原已登记发证而确认的权界位置和面积等合法数据和附图不得随意更改；

　　(6) 房地产合并或分割，分割应先进行房地产登记，且无禁止分割文件，分割处必须有固定界标；位置毗连且权属相同的房屋及其用地可以合并的，应先进行房地产登记；

　　(7) 房屋所有权发生变更或转移，其房屋用地也应随之变更或转移。

14.9.6　房地产编号的变更与处理

　　(1) 丘号。

　　1) 用地的合并与分割都应重新编丘号。新增丘号，按编号区内的最大丘号续编。

　　2) 组合丘内，新增丘支号按丘内的最大丘支号续编。

　　(2) 界址点、房角点点号。新增的界址点或房角点的点号，分别按编号区内界址点或房角点的最大点号续编。

　　(3) 幢号。房产合并或分割应重新编幢号，原幢号作废，新幢号按丘内最大幢号续编。

思　考　题

　　14-1　为什么要进行地籍调查？地籍调查包括哪些内容？

　　14-2　地籍调查的核心是什么？权属调查的基本单元是什么？权属调查包括哪些内容？

　　14-3　地籍调查表包括哪几部分内容？填写时有何要求？

　　14-4　宗地草图包括哪些内容？绘制宗地草图有哪些要求？

　　14-5　地籍碎部测量包括哪些内容？

　　14-6　解析法测定界址点有哪几种方法？它们各适用于何种场合？

　　14-7　地籍图包括哪些主要内容？测绘地籍图的方法有哪些？它们各有何特点以及各适用于何种场合？

　　14-8　宗地图主要包括哪些内容？它与宗地草图有何区别？绘制宗地图有哪几种方法？

　　14-9　地籍测量中，土地面积量算的平差原则和方法是什么？

　　14-10　简述房地产调查的种类和内容。

　　14-11　房地产调查的基本单元是什么？它是怎样划分和编号的？

　　14-12　房屋调查与房屋测绘的基本单元是什么？它如何编号？房产权号和房屋共有权号如何编写和注记？

　　14-13　简述房屋调查和房屋用地调查的内容。

第3篇 提 高 篇

第15章 GPS 测量技术

[导言] 通过本章学习，了解 GPS 系统的组成，理解 GPS 定位的基本原理及定位的几种主要方法，掌握 GPS 测量的外业实施、数据处理的实际过程。

15.1 概 述

为了满足军事及民用部门对连续实时三维导航的需求，1973 年美国国防部开始研究建立新一代卫星导航系统，即授时与测距导航系统/全球定位系统（Navigation System Timing and Ranging/Global Positioning System——NAVSTAR /GPS），通常称之为全球定位系统（GPS）。

全球定位系统（GPS）计划经历了以下三个阶段：

第一阶段：方案论证和初步设计阶段。从 1973 年到 1979 年，共发射了 4 颗试验卫星。研制了地面接收机及建立地面跟踪网。

第二阶段：全面研制和试验阶段。从 1979 年到 1984 年，又陆续发射了 7 颗试验卫星，研制了各种用途接收机。实验表明，GPS 定位精度远远超过设计标准。

第三阶段：实用组网阶段。1989 年 2 月 4 日第一颗 GPS 工作卫星发射成功，表明 GPS 系统进入工程建设阶段。1993 年底实用的 GPS 网即（21＋3）GPS 星座已经建成，今后将根据计划更换失效的卫星。

整个系统分为卫星星座、地面控制和监测站、用户设备三大部分。与前两代相比具有全球性、全天候、连续性和实时的导航、定位、定时的功能。

GPS 系统可用于测量、导航、测速、测时；可为各类用户连续提供动态目标的三维位置、三维速度及时间信息。随着 GPS 定位技术及数据处理技术的不断完善，其精度还将进一步提高。利用全球定位系统进行导航，可实时确定运动目标的三维位置和速度，保障运动载体沿预定航线运行，也可选择最佳航线。特别是对军事上动态目标的导航，具有十分重要的意义。目前，GPS 定位技术已高度自动化，使广大测量工作者产生了极大的兴趣。

GPS 定位技术相对于经典的测量技术来说，主要有以下特点。

（1）定位精度高。应用实践已经证明，GPS 相对定位精度在 50km 以内可达 10^{-6}，$100 \sim 500km$ 可达 10^{-7}，1000km 以上可达 10^{-9}。

（2）观测时间短。随着 GPS 系统的不断完善，软件的不断更新，目前，20km 以内相对静态定位，仅需 15～20 分钟；快速静态相对定位测量时，当每个流动站与基准站相距在 15km 以内时，流动站观测时间只需 1～2 分钟；动态相对定位测量时，流动站出发时观测 1～2 分钟，然后可随时定位，每站观测仅需几秒钟。

（3）观测站之间无需通视。既要保持良好的通视条件，又要保障测量控制网的良好结构，这一直是经典测量技术在实践方面的困难问题之一。而 GPS 测量不需观测站之间互相通视，因而不再需要建造觇标。这一优点不但减少了测量工作的经费和时间，而且也使点位的选择变得甚为灵活。

GPS 测量虽不要求观测站之间相互通视，但必须保持观测站的上空开阔（净空），以使接收 GPS 卫星的信号不受干扰。

（4）可提供三维坐标。GPS 测量，在精确测定观测站平面位置的同时，可以精确测定观测站的大地高程。GPS 测量的这一特点，不仅为研究大地水准面的形状和确定地面点的高程开辟了新途径，同时也为其在航空物探、航空摄影测量及精密导航中的应用，提供了重要的三维位置数据。

（5）操作简便。随着 GPS 接收机的不断改进，自动化程度越来越高，有的已达"傻瓜化"；在观测中测量员的主要任务只是安置并开关仪器、量取仪器高、监视仪器的工作状态和采集环境气象数据，而其他观测工作，如卫星的捕获、跟踪观测和记录等均由仪器自动完成。另外，GPS 用户接收机的体积越来越小，重量越来越轻，极大地减轻测量工作者的工作紧张程度和劳动强度，使野外工作变得轻松愉快。

（6）全天候作业。GPS 测量工作，可以在任何地点、任何时间连续进行，一般不受天气状况的影响。GPS 定位技术的发展，对于经典的测量技术是一次重大的突破。一方面，它使经典的测量理论与方法产生了深刻的变革；另一方面，GPS 定位技术的应用进一步加强了测量学与其他学科之间的相互渗透，从而促进了测绘科学技术的现代化发展。

（7）功能多，应用广。GPS 系统不仅可用于测量、导航，还可用于测速、测时。测速的精度可达 0.1m/s，测时的精度可达几十毫微秒。

15.2 GPS 系 统 的 组 成

全球定位系统（GPS）主要由三大部分组成，即空间星座部分（GPS 卫星星座）、地面控制部分（地面监控系统）和用户设备部分（GPS 信号接收机），如图 15 - 1 所示。

15.2.1 GPS 工作卫星及其星座

全球定位系统的空间卫星星座，由 21 颗工作卫星和 3 颗备用卫星组成，记作（21＋3）GPS 星座。如图 15 - 2 所示。卫星分布在 6 个轨道面内，轨道倾角为 55°，各个轨道平面之间相距 60°，即轨道平面的升交点赤经各相差 60°。卫星高度 20 200km，卫星运行周期 11 小时 58 分（恒星时 12 小时）。因此，同一观测站上，每天出现的卫星分布图形相同，只是每天提前 4min。每颗卫星每天约有 5h 在地平线以上，位于地平线以上的卫星数目，随时间和地点变化，最少为 4 颗，最多可达 11 颗。

GPS 卫星的星座保障了在地球上任何地点、任何时刻至少可同时观测 4 颗卫星，加之卫星信号的传播和接收不受天气的影响，因此 GPS 是一种全球性、全天候的连续实时定位系统。

GPS 卫星的主体呈圆柱形，直径约为 1.5m，重约 774kg，两侧设有两块双叶太阳能板，能自动对日定向，以保证卫星正常工

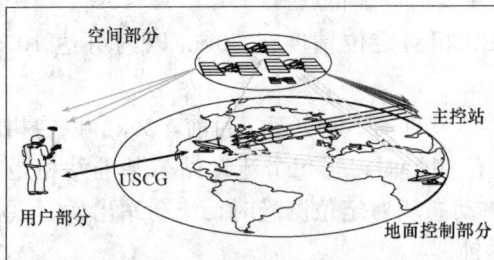

图 15 - 1 全球定位系统（GPS）的组成

作用电，如图 15-3 所示，在 GPS 系统中，GPS 卫星的作用如下：

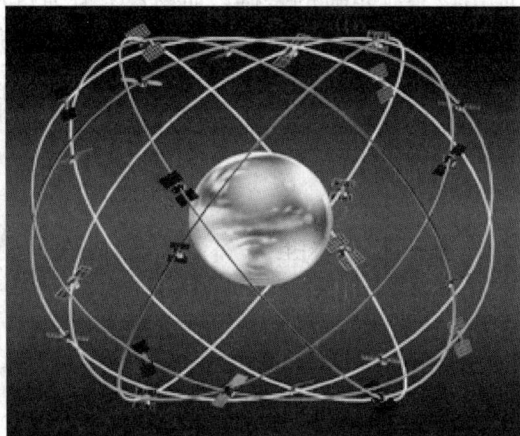

图 15-2　GPS 卫星星座

图 15-3　GPS 卫星示意图

（1）用两个频率向用户连续发送信号，通知用户卫星当前位置和工作情况；

（2）接收地面注入站发射的导航电文和其他有关信息，实时地发给广大用户；

（3）接收地面主控站通过注入站发送给卫星的调度指令，适时修正卫星运行的偏差。

15.2.2　地面监控部分

对于导航定位来说，GPS 卫星是一动态已知点。卫星的位置是依据卫星发射的星历——描述卫星运动及其轨道的参数算得的。每颗 GPS 卫星所播发的星历，是由地面监控系统提供的。卫星上的各种设备是否正常工作，以及卫星是否一直沿着预定轨道运行，都要由地面设备进行监测和控制。地面监控系统另一重要作用是保持各颗卫星处于同一时间基准——GPS 时间系统。这就需要地面站监测各颗卫星的时间，求出钟差，然后由地面注入站发给卫星，卫星再经导航电文发给用户设备。

GPS 工作卫星的地面监控系统包括一个主控站、三个注入站和五个监测站。

一个主控站设在美国本土科罗拉多。其主要任务包括：

（1）协调和管理地面监控系统工作；

（2）根据本站和其他监测站的所有观测资料，推算编制各卫星的星历、卫星钟差和大气层的修正参数等，并把这些数据传送到注入站；

（3）提供全球定位系统的时间基准。各测站和 GPS 卫星的原子钟、均应与主控站的原子钟同步，或测出其间的钟差，并把这些钟差信息编入导航电文，送到注入站；

（4）调整偏离轨道的卫星，使之沿预定的轨道运行；

（5）启用备用卫星，以代替失效的工作卫星。

三个注入站分别设在印度洋的迭哥伽西亚、南大西洋的阿松森岛、南太平洋的卡瓦加兰。其主要任务：

在主控站的控制下将主控站推算和编制的卫星星历、钟差、导航电文和其他控制指令等，注入相应卫星的存储系统，并检测注入星系的正确性。

五个监测站分别设在美国本土科罗拉多、印度洋的迭哥加西亚、南大西洋的阿松森岛、南太平洋的卡瓦加兰、夏威夷。其主要任务：为主控站提供卫星的观测数据。

15.2.3　GPS 信号接收机

　　GPS 的空间部分和地面监控部分，是用户应用该系统定位的基础，而用户只有通过用户设备，才能实现应用 GPS 定位的目的。GPS 信号接收机的主要任务：接收 GPS 卫星发射的无线电信号，已获得必要的定位信息及观测量并经数据处理而完成定位工作。捕获卫星信号，对信号进行处理，测量出信号传播的时间，借以出 GPS 卫星所发送的导航电文，实时的计算出测站的三维信息，甚至三维速度和时间。

15.3　GPS 定位的基本原理

　　测量学中有测距交会确定点位的方法，与其相似，GPS 定位系统也是利用测距交会的原理。GPS 卫星发射测距信号和导航电文，导航电文中含有卫星的位置信息。用户用 GPS 接收机在某一时刻同时接收三颗以上的 GPS 卫星信号，测量出测站点（接收机天线中心）P 至三颗以上 GPS 卫星的距离并解算出该时刻 GPS 卫星的坐标，据此利用空间距离后方交会的方法解算出 P 点的位置。如图 15-4 所示，设在时刻 t_i，在测站点 P 用 GPS 接收机同时测得 P 点至三颗 GPS 卫星 S_1，S_2，S_3 的距离 ρ_1，ρ_2，ρ_3，通过 GPS 电文解译出该时刻三颗 GPS 卫星的三维坐标分别为 $(X^j，Y^j，Z^j)$，$j=1，2，3$。用空间距离后方交会的方法求解 P 点的三维坐标 $(X，Y，Z)$ 的观测方程为

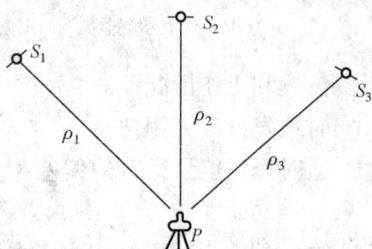

图 15-4　GPS 卫星定位原理

$$\left.\begin{aligned}\rho_1^2 &= (X-X^1)^2+(Y-Y^1)^2+(Z-Z^1)^2 \\ \rho_2^2 &= (X-X^2)^2+(Y-Y^2)^2+(Z-Z^2)^2 \\ \rho_3^2 &= (X-X^3)^2+(Y-Y^3)^2+(Z-Z^3)^2\end{aligned}\right\} \tag{15-1}$$

　　在实际定位中，因为测距中存在一些误差的影响，如电离层误差 $\delta\rho_1$、对流层误差 $\delta\rho_2$，卫星钟差 δt^j，接收机钟差 δt_k。电离层误差 $\delta\rho_1$、对流层误差 $\delta\rho_2$，根据大气物理参数及一定的数学模型计算；卫星钟差 δt^j，在卫星星历中包含；而接收机钟差 δt_k 是未知的，需将接收机钟差作为未知数一并求解。因此，在 1 个测站上为了实时求解 4 个未知数，GPS 接收机在某一时刻，至少必须同时接收四颗 GPS 卫星信号，测量出 GPS 接收机到 GPS 卫星的距离，根据空间距离后方交会的方法求测站点的位置。观测方程如下

$$\begin{aligned}&[(X_s^j-X)^2+(Y_s^j-Y)^2+(Z_s^j-Z)^2]^{\frac{1}{2}}-c\delta t_k \\ &= \rho'^j+\delta\rho_1^j+\delta\rho_2^j-c\delta t^j \quad (j=1,2,3,4,\cdots)\end{aligned} \tag{15-2}$$

式中　　$X_s^j，Y_s^j，Z_s^j$——卫星的坐标；

　　　　$X，Y，Z$——测站的坐标；

　　　　c——信号传播速度；

　　　　j——上标表示卫星号；

　　　　k——下标表示接收机号。

　　在 GPS 定位中，GPS 卫星是高速运动的卫星，其坐标值随时间在快速变化着。需要实时地由 GPS 卫星信号测量出测站至卫星之间的距离，实时地由卫星的导航电文解算出卫星的坐标值，并进行测站点的定位。依据测距的原理，其定位原理与方法主要有伪距法定位，

载波相位定位以及差分 GPS 定位等。对于待定点来说，根据其运动状态可以将 GPS 定位分为静态定位和动态定位。根据定位模式分为绝对定位和相对定位。根据获取定位结果的时间分为实时定位和非实时定位。下面我们重点介绍一下绝对定位和相对定位的原理。

15.3.1 绝对定位

GPS 绝对定位又称单点定位，如图 15-5 所示。即利用 GPS 卫星和用户接收机之间的距离观测值直接确定用户接收机天线在 WGS-84 坐标系中相对于坐标原点—地球质心的绝对坐标。GPS 绝对定位又分为静态绝对定位和动态绝对定位。静态定位精度为米级，动态定位的精度为 10～40m。这一精度只能用于导航定位中，远不能满足大地测量精密定位的要求。

利用 GPS 进行绝对定位的基本原理，是以 GPS 卫星和用户接收机天线之间的距离观测量为基准，根据已知的卫星瞬时坐标，采用空间距离后方交会的方法来确定用户接收机天线所在的位置，观测方程见式（15-2）。

GPS 绝对定位，根据用户接收机天线所处的状态不同，又可分为动态绝对定位和静态绝对定位。

接收机天线处于静止状态下，确定观测

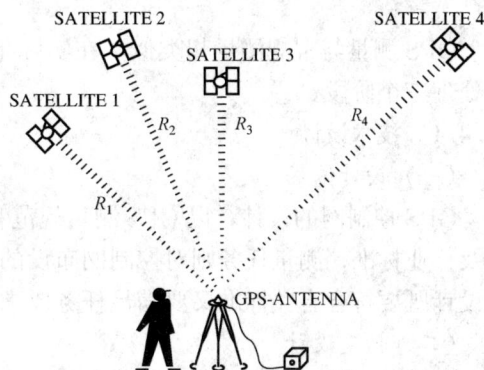

图 15-5 GPS 单点定位

站坐标的方法称为静态绝对定位。这时，可以连续地在不同历元同步观测不同的卫星，测定卫星至观测站的伪距，获得充分的多余观测量。测后通过数据处理求得观测站的绝对坐标。

当用户接收设备安置在运动的载体上，确定载体瞬时绝对位置的定位方法，称为动态绝对定位。动态绝对定位，一般只能得到没有（或很少）多余观测量的实时解。这种定位方法被广泛地应用于飞机、船舶以及陆地车辆等运动载体的导航中。另外，在航空物探和卫星遥感等领域也有广泛的应用。

15.3.2 相对定位

GPS 相对定位，是至少用两台 GPS 接收机，同步观测相同的 GPS 卫星，确定两台接收机天线之间的相对位置（坐标差），如图 15-6 所示。是目前 GPS 定位中精度最高的一种定位方法。广泛应用于大地测量、精密工程测量、地球动力学研究和精密导航。相对定位有静态相对定位和动态相对定位之分，这里仅讨论静态相对定位。

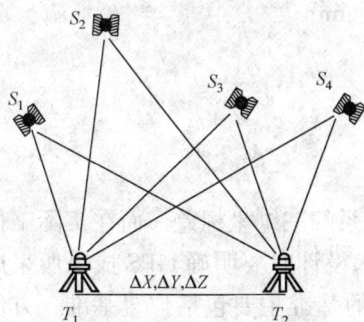

图 15-6 GPS 相对定位

在两个观测站和多个观测站同步观测相同卫星的情况下，卫星的轨道误差、卫星钟差、接收机钟差以及电离层和对流层折射误差等对观测量的影响具有一定的相关性，利用这些观测量的不同组合（求差）进行相对定位，可有效地消除或减弱相关误差的影响，从而提高相对定位的精度。

GPS 按载波相位观测值可以在接收机间求差，在卫星间求差，也可以在不同历元间求差。各类求差方法都是观测值的线性组合。

不同接收机观测同一组卫星，在不同接收机间求一次差，可消除信号传播的误差（对流层、电离层等的误差）、可消除卫星钟差的影响、削弱星历误差的影响，采用单差观测的目的就是要减少误差的影响提高定位结果的精度。为了消除接收机间的影响，需将一次差分结果作为虚拟观测值再在卫星之间求差，称为双差观测。为了消除整周模糊度的影响，将二次差分结果作为虚拟观测值再在星历之间求差，称为三差观测。具体的求差方法这里就不再赘述了。

15.4 GPS 测 量 实 施

GPS 测量与常规测量相类似，在实际工作中也可划分为方案设计、外业实施及内业数据处理三个阶段。

15.4.1 技术设计

（一）设计依据

GPS 控制网的设计，以 GPS 测量规范和测量任务为依据。测量规范主要指国家、城市以及行业标准；测量任务则对控制网布设的范围及其精度、密度、时间等提出具体要求。布网设计既要符合有关标准又要满足任务要求。

（二）精度设计

GPS 控制网的精度取决于网的用途。精度设计时，根据任务要求和具体的服务对象以满足工程要求为前提。工程及城市的 GPS 控制网可根据相邻点的平均距离和精度进行设计，见表 15 - 1。

表 15 - 1   GPS 测 度 精 度 分 级

等 级	平均距离（km）	a（mm）	b（$10^6 \cdot D$）	最弱边相对中误差
二	9	≤10	≤2	1/12 万
三	5	≤10	≤5	1/8 万
四	2	≤10	≤10	1/4.5 万
一级	1	≤10	≤10	1/2 万
二级	<1	≤15	≤20	1/1 万

注 当边长小于 200m 时，以边长中误差小于 20mm 来衡量。

各等级 GPS 相邻弦长精度可表示为

$$\delta = \sqrt{a^2 + (b \times 10^{-6} \times d)^2} \qquad (15 - 3)$$

式中 δ——GPS 基线向量的弦长中误差，既等效距离误差，mm；

a——GPS 接受机标称精度中的固定误差，mm；

b——GPS 接受机标称精度中的比例误差系数；

d——GPS 网中相临点的距离，mm。

（三）基准设计

通过 GPS 控制网获得是基线向量，属于 WGS-84 坐标系的三维坐标差。而在实际工作中，需要的是地方坐标系或国家坐标。所以在 GPS 网的技术设计时要明确 GPS 成果所采用的坐标系统和起算数据，即明确 GPS 网所采用的基准。网的基准主要包括位置基准、方位基准和尺度基准，其中最重要的是位置基准，在设计时应考虑以下几方面的因素：

（1）为求 GPS 在地面坐标系中的坐标，应在地面坐标系中选定起算数据并联测若干地方控制点，用于坐标转换。

（2）对于未知点，观测时要联测成一定的图形，以保证坐标精度的均匀性，减少尺度比误差的影响。

（3）GPS 网平差后，可以得到 GPS 点在地面坐标系中的大地高，要想求得正常高，需要进行高程拟和。

（4）了解 GPS 点所在坐标系及坐标定义。

（四）GPS 网构成的几个基本概念及网特征条件

（1）基本概念：

观测时段：测站上开始接收卫星信号到观测停止，连续工作的时间段。

同步观测：两台或两台以上接收机同时对同一组卫星进行的观测。

同步观测环：三台或三台以上接收机同步观测获得的基线向量所构成的闭合环。

独立观测环：由独立观测所获得的基线向量所构成的闭合环。

异步观测环：在构成多边形环路的所有基线向量中，只要有非同步观测基线向量，则该多边形环路叫异步观测环。

独立基线：对于 N 台 GPS 接收机构成的同步观测环，有 J 条同步观测基线，其中独立基线数为 $N-1$。

非独立基线：除独立基线外的其他基线，总基线数与独立基线数之差即为非独立基线数。

（2）GPS 网特征条件的计算。观测时段数

$$C = nm/N$$

式中　C——观测时段数；

　　　n——网点数；

　　　m——每点设站次数；

　　　N——接收机数。

总基线数　　$J_{总} = CN(N-1)/2$

必要基线数　$J_{必} = n-1$

独立基线数　$J_{独} = C(N-1)$

多余基线数　$J_{多} = C(N-1)-(n-1)$

根据网形结构特征的计算，可进行 GPS 控制网的设计。

（五）图形设计

对 GPS 控制网进行图形设计时，要考虑用户要求，经费、时间、人力以及接收机类型、数量等条件。控制网的类型有点连式［图 15-7（a）］、边连式［图 15-7（b）］、网连式［图 15-7（c），必须有四台以上接收机才能够成］及边点混合连接等形式，组网的选择取决于工程要求的精度，野外条件以及接收机的台数。

布网时并不要求通视，但为了方便以后工作，每点应有一个以上的通视方向。对于符合 GPS 网要求的旧点，应充分利用，GPS 网必须由同步独立观测环构成闭合环和复合路线。

15.4.2　外业实施

（一）外业准备及设计书编写

接受任务后，首先调查、了解作业区的交通、水系、植被、控制点、居民点的分布情况

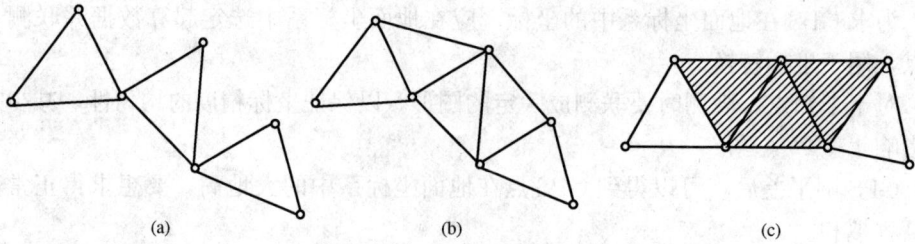

图 15 - 7 GPS控制网类型

拟订作业计划。作业计划的内容：①编写 GPS 卫星预报图；②选择卫星的几何图形强度；③选择最佳观测时段；④观测区域的设计与划分；⑤编排作业调度表。收集全以后编写技术设计书，主要内容：①任务来源及工作量；②测区概况；③布网方案；④选点埋石；⑤观测；⑥数据处理；⑦完成任务的措施。

（二）选点

由于 GPS 测量观测站之间不一定要求相互通视，而且网的图形结构也比较灵活，所以选点工作比常规控制测量的选点要简便，为保证精度选点要求：

（1）点位应安置在视野开阔，易安装仪器的地方；

（2）点位目标明显，视场周围 15°以上没有障碍物的地方；

（3）点位应远离大功率无线电用电器大于 200m；远离高压电线，不小于 50m；

（4）点位附近无大面积水域，无强烈信号干扰，以免造成信号衰减；

（5）点位应选在交通便利、有利于其他观测手段扩展和联测；

（6）地面基础稳定易于点的保存；

（7）图形应有利与同步观测边、点联测；

（8）利用旧点时应对旧点的稳定性、完好性和站标的安全性进行检查。

（三）埋石

为了精确定位，网点应埋设具有中心标志的标石，以便精确定位，标石标记要牢固，以便长期使用。在岩石裸露地区，可直接在岩石上嵌入金属标记。

点位标石埋设结束后，要做好记录，点位的重要标志要绘制准确，点名取重要的地名、村名。

（四）观测工作

根据网级要求，埋石后一段时间就可进行观测工作。

（1）观测工作的技术指标见表 15 - 2。

表 15 - 2   观测工作的技术指标

等 级	二	三	四	一级	二级
高度角（°）	≥15	≥15	≥15	≥15	≥15
有效观测卫星数	≥4	≥4	≥4	≥4	≥4
观测时段数	≥2	≥2	≥2	≥2	≥1
重复设站数		≥2	≥2	≥2	≥2
时段长度	≥90	≥60	≥45	≥45	≥45
数据采样间隔（″）	10~60	10~60	10~60	10~60	10~60
PDOP 值	<6	<8	<8	<8	<8

（2）天线要求：

1）在正常点位，先将天线架到三脚架上，然后对中、整平。

2）在特殊位置，当天线需要安置在三角点站标的观测台上时，要先将站标顶部拆除，以免遮挡 GPS 信号。

3）天线的定向标志应指向正北，以减小地磁偏角对相位中心偏差的影响。

4）刮风天气要固定天线，下雨天要接地。

5）天线架设不宜过低，要距地面 1m 以上。从天线间隔 120°三个方向量取线高，其差不超过 3mm。

6）高精度的等级网，要记录气象参数。

（3）观测记录。观测记录的目的是获取 GPS 信号并跟踪处理，得到需要的定位信息和观测数据。外业观测时，连接要正确，输入信息要准确，注意供电状态和天气变化，确保数据记录的完整性，要认真填写记录手簿。观测结束后，要及时地进行数据拷贝与保存。

15.4.3　数据处理

（一）基线解算

对独立观测值进行向量的平差计算叫基线解算又叫作数据的预处理。它的目的是对原始数据进行编辑、加工，并产生各种专业的信息文件，为进一步的平差处理做准备。

基线解算包括数据传输、数据分流、统一数据格式、卫星轨道的标准化、探测周跳、修复载波相位观测值、对观测值进行必要改正等。

GPS 控制网的基线根据长度不同采用不同的数据处理模型。0.8km 以内的基线，可以在双差固定解和双差浮点解中选最优结果；30km 以上的基线，可以采用三差解作为基线解算的最终结果。

（二）观测成果的外业检核

为了确保外业观测的质量，实现预期的定位精度，以及在发现不合格成果后重测补测，在测区对野外观测资料，应首先进行复查，然后进行以下检核：

（1）数据剔除率。同一时段内数据剔除率应小于 10%。

（2）重复观测边的检核。重复边任意两时段的互差，应小于规定精度的两倍。

（3）同步环检核。三边同步环闭合环分量闭合差不应大于 $\frac{\sqrt{n}}{5}\delta$，闭合差不应大于 $\frac{3}{5}\delta$。其中，δ 表示弦长中误差。

（4）异步环检核。闭合环分量闭合差不应大于 $2\sqrt{n}\delta$，环闭合差不应大于 $2\sqrt{3n}\delta$。

（三）网平差处理

质量检核符合要求后，以独立基线组成闭合图形、以三维基线向量及其相应方差作为观测信息、以一个点的 WGS-84 三维坐标和一个已知方位角已知边为起算依据，进行 GPS 网无约束平差，平差后，提供 WGS-84 的三维坐标、各基线向量三个坐标差观测值的改正数、基线边长以及各点位和边长信息。

再无约束平差的基础上，可以进行二维和三维无约束平差。约束点的已知坐标、距离和方位，可作为强制约束的固定值，也可作加权观测值。平差后输出基线向量改正数、基线长度、方位精度、转换参数及精度信息。

测量工作结束后，按规范要求进行技术总结，上交有关资料。

15.5 GPS 测量实例

15.5.1 工程概况

W 市位于北纬 33°，东经 113°。该地区属于温带季风气候，冬、春干燥，夏、秋多雨。由于地处伏牛山系末端，属于丘陵地区。

近年来，该市经济发展迅速，地物、地貌发生了较大改变，原有地形图已不能满足经济迅速发展的需要。为了适应经济发展的需要，又兼顾远期规划的目标，市城建局决定在市区及部分郊区进行数字化地形图测绘，并委托某单位，完成建立 W 市 GPS 测图控制网的外业观测和内业处理，测绘 1:1000 数字化地形图。整个测区面积为 15 平方公里。

15.5.2 作业依据和已有测绘资料

(1) 中华人民共和国建设部标准《全球定位系统城市测量技术规程》。

(2) 国家测绘局颁布的《全球定位系统（GPS）测量规范》（CH 2001—1992）。

(3) 测区 1:5000、1:10 000 地形图。

(4) 测区内已有的三等平面控制点支鼓山（3 688 449.340，454 251.240，269.606）、铁山庙（3 687 795.020，456 900.020，163.530）和刘山点（3 684 860.100，38 454 641.990，250.85）。

(5) 测区内已有的国家三等水准点（在堂李店村内），可作为测区高程测量的起算点使用。

15.5.3 坐标系的选择

测区平均高程 112m，中央子午线经度为 114°，测区投影分带为 6°带的第 19 带，3°带的第 38 带。GPS 网的平面坐标系统选用北京 54 坐标系，高程采用 56 年黄海高程基准。

15.5.4 仪器设备和软件

GPS 控制测量采用北京合众思壮有限公司生产的测量型高精度 GPSE640，其静态后处理精度为：

$$静态基线 \quad \pm (5mm + 1 \times 10^6 \cdot D)$$
$$高\quad 程 \quad \pm (10mm + 1 \times 10^6 \cdot D)$$

GPS 实测和数据处理时采用的是静态后处理软件及移动电话、计算机和必要的交通工具等。

15.5.5 一级 GPS 网的设计与观测

（一）GPS 布网

充分利用 GPS 测量的优点，实测 GPS 控制点 37 个，其中已知点 3 个 [分别为铁山庙（A）、支鼓山（B）、刘山点（C）]，未知点 34 个（E1-E34，由于在观测时 E5 点的仪器出现故障，该点未参加基线解算和平差处理），组成最少同步环 154 个。独立基线 46 条，其中必要基线 35 条，多余基线 11 条。布设形式如图 15-8 所示。

（二）选点及埋石

GPS 选点要求与常规的方法基本相同，但也有自己的特殊要求：

(1) 图形应有利与同步观测边、点联测；

(2) 点位目标明显，视场周围 15°以上没有障碍物的地方；

(3) 点位应距大功率无线电器大于 200m；距高压电线不小于 50m；

(4) 点位附近无大面积水域，无强烈信号干扰，以免造成信号衰减。

由于市区多为硬化地面，因此选用带有十字标记的道钉作为控制桩。在郊区的非硬化地

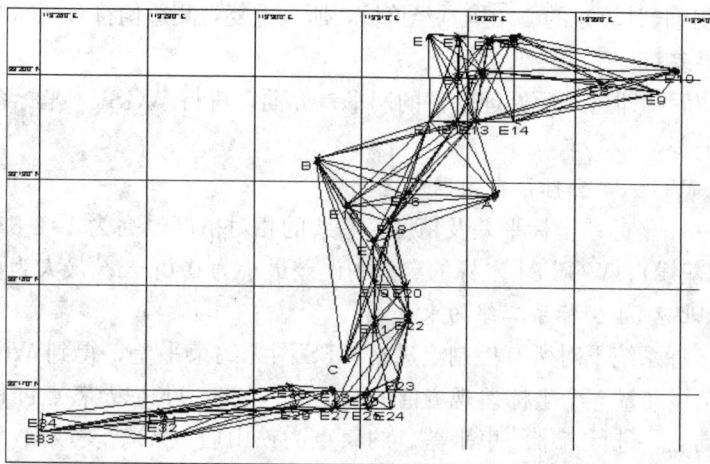

图 15 - 8 GPS 平面网

面上，采用木制控制桩，在木桩上打下水泥钉作为中心标记。并做好点之记，点位的重要标志要绘制准确。

（三）GPS 观测

在实际外业观测过程中，使用 9 台 E640 型 GPS 接收机，同时在 9 个 GPS 点上进行观测，有效观测卫星数≥7 颗，时段长度≥60 分钟，因 E640 有足够大的内存，所以已知测站点采用不关机连续记录。测量天线高时，均从三个互成 120°的方向测量三次，在三次较差不大于 3mm 时，取平均值为最后结果。结束观测时，再丈量一次天线高，以作校核。

实际作业中，由于 E5 点在观测时仪器出现故障，因此 E5 没有参加基线解算和平差计算。而其余各点接收信号稳定，卫星数都保持在 6~8 颗，为以后的平差处理的顺利进行打下了良好的基础。

15.5.6 数据预处理及外业观测质量的检核

（一）数据预处理

外业观测后，通过 E640 的串口通信接口直接将测量数据导入计算机，进入后处理软件 LandTOP 中，首先进行外业数据的检查。根据自动处理基线向量的结果，检查基线向量的 RATIO 值和中误差 RMS 值。RATIO 值反映了整周模糊度成功的固定为整数的可信度，RATIO 值越大可信度越高，一般 RATIO 值大于 3 认为整周模糊度成功地固定为整数；中误差 RMS 表示载波相位观测值的均方差根，对于小于 10 公里的基线 RMS 应在 1cm 左右。

检查结果：RATIO 值均大于 3；中误差 RMS 最大 6mm，最小 1mm，参与解算的向量均符合要求。

（二）外业观测质量的检核

根据《GPS 规程》要求，其坐标分量相对闭合差应分别≤9ppm，全长相对闭合差应≤15.0ppm。

经检核，通过的闭合环数目 122 个，全长相对闭合差最大为 10.77ppm（同步环 E21-E22-E21），最小为 0.07ppm（同步环 E15-E16-E11-E15），符合《GPS 规程》要求。

根据《GPS 规程》要求，对于重复观测边的任意两个时段的成果互差，均应小于相应等级规定精度（按平均边长计算）的 $2\sqrt{2}$ 倍。经检核，所有重复观测边均符合《GPS规程》要求。

15.5.7 GPS网平差

基线处理成功后，即进入后处理软件的网平差界面，进行WGS-84坐标系下的自由网平差及三维约束网平差。

（一）GPS点WGS-84坐标系自由网平差

GPS点WGS-84坐标系坐标平差及精度：基线的相对精度最高为1:3 832 568；最低为1:108 596（超短基线）。WGS-84坐标的点位中误差最小为0.0mm；最大为31.6mm。

（二）GPS点北京54坐标系二维约束平差

在WGS-84坐标系统下对所有控制点进行GPS网无约束平差，得到WGS-84坐标系下的三维坐标、各基线向量三个坐标差观测值的改正数、基线边长以及各点位和边长信息。在无约束平差的基础上，进行二维约束平差。约束点为铁山庙（A）、支鼓山（B）。平差后输出基线向量改正数、基线长度、方位精度、转换参数及精度信息。刘山点（C）为检核点。

刘山点（C）的已知坐标：

X：3 684 860.100m　　Y：38 454 641.990m

GPS网平差后刘山点（C）的坐标：

X：3 684 860.107m　　Y：38 454 642.020m

刘山点（C）GPS网平差后的坐标与刘山点（C）的已知坐标的较差：

$\Delta X=0.007$m，$\Delta Y=0.030$m

GPS点54坐标的点位中误差最小为±2.8mm；最大为±19.8mm。误差最大的点是$E34$，其主要原因是因为$E34$是距已知点最远，造成的变形最大，是整个控制网中的最弱点。因本次控制用于1:1000地形图的图根控制，精度完全能够满足规范要求。

（三）GPS网高程平差

由于GPS高程测量精度不高，不能使用GPS直接测得的高程，因此，采用部分控制点联测高等级水准点，通过高程拟合的方法得到全部控制点的高程。W市区高程系统一直采用1956年黄海高程系下的正常高系统，为了应用GPS大地高的成果，在本测区范围内布设了3条附和水准路线，高程起算从国家三等水准点BM_{343}，高程为92.550m，采用经鉴定过的DS_3自动安平水准仪按照四等水准测量的要求实施，最后进行了整网平差，精度达到了四等水准测量的要求。由于该GPS控制网覆盖整个W市区，在整个GPS控制网中参与水准联测的点共14个，高程平差结果见表15-3。

表 15-3　　　　　　　　　　　　高 程 平 差 结 果

点　号	高程 H（m）	点　号	高程 H（m）
E5	93.724	E20	129.412
E6	94.124	E22	140.821
E7	94.25	E23	111.898
E8	87.664	E24	110.603
E11	100.387	E25	110.554
E16	111.699	E27	110.557
E18	114.534	E29	110.488

由于该 GPS 控制网覆盖整个 W 市区，面积较大所以采用曲面拟合方法，数学模型采用一次项曲面模型，为了保证高程拟合的精度采用分区拟合。

参与第一个分区观测点程拟合的水准联测点有四个分别是 $E7$、$E8$、$E11$、$E16$，如图 15-9 所示。

一区高程平差结果见表 15-4。

表 15-4 一区高程平差结果表

点名	高程 H（m）	高程中误差 M_h（m）	平差标志	点名	高程 H（m）	高程中误差 M_h（m）	平差标志
E11	100.387	0.000	否	E14	95.517	0.000	是
E12	99.018	0.000	是	E8	87.664	0.000	否
E13	98.537	0.000	是	E10	89.085	0.000	是
E6	94.133	0.000	是	E4	90.334	0.000	是
E7	94.250	0.000	否	E15	129.972	0.000	是
E1	92.494	0.000	是	E16	111.699	0.000	否
E2	93.025	0.000	是	E17	128.736	0.000	是
E3	91.687	0.000	是	E18	114.530	0.000	是
E9	88.996	0.000	是				

注 表中"否"表示参与高程拟合的水准联测点。

由于在第二个拟合分区所观测的点靠近某水库所以参与高程拟合的水准联测点有 6 个分别是 $E17$、$E18$、$E22$、$E24$、$E27$、$E29$，如图 15-10 所示。

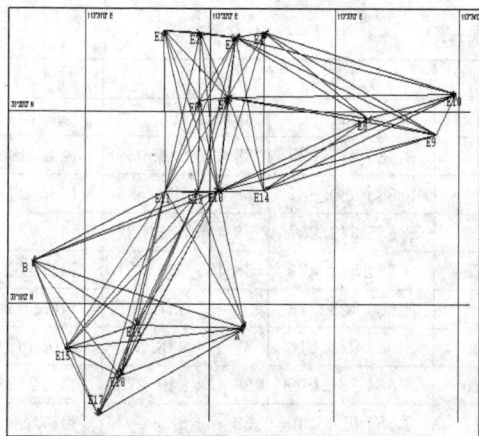

图 15-9 高程拟合（一）

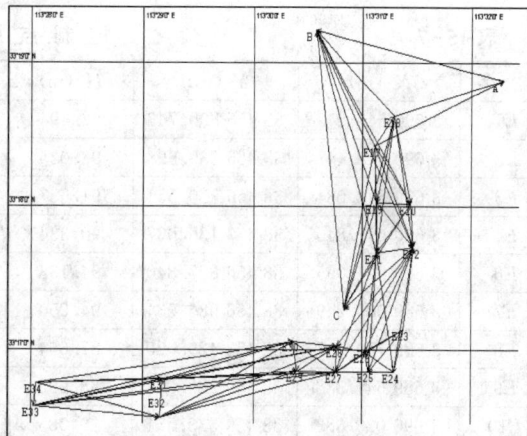

图 15-10 高程拟合（二）

二区高程平差结果见表 15-5。

拟合高程与水准联测高程对比，见表 15-6。

对比表明高程最大相差 9mm，最小相差 4mm，证明 GPS 高程曲面拟合法精度能够符合城市四等水准的精度要求，见表 15-7。

表 15 - 5   **二区高程平差结果表**

点名	高程 H（m）	高程中误差 M_h（m）	平差标志	点名	高程 H（m）	高程中误差 M_h（m）	平差标志
$E17$	128.736	0.000	否	$E26$	112.242	0.000	是
$E18$	114.530	0.000	否	$E27$	110.557	0.000	否
$E19$	141.103	0.000	是	$E34$	153.756	0.000	是
$E20$	129.419	0.000	是	$E33$	150.967	0.000	是
$E21$	163.834	0.000	是	$E32$	111.274	0.000	是
$E22$	140.821	0.000	否	$E31$	112.861	0.000	是
C	250.634	0.000	是	$E30$	127.672	0.000	是
B	269.606	0.000	是	$E29$	110.488	0.000	否
$E23$	111.914	0.000	是	$E28$	122.978	0.000	是
$E24$	110.603	0.000	否	A	163.530	0.000	是
$E25$	110.562	0.000	是				

注 表中"否"表示参与高程拟合的水准联测点。

表 15 - 6   **拟合高程与水准联测高程对比**

点 号	GPS 拟合高程（m）	水准联测高程（m）	互差（m）
$E6$	94.133	94.124	0.009
$E18$	114.530	114.534	−0.004
$E20$	129.419	129.412	0.007
$E23$	111.914	111.898	0.006
$E25$	110.562	110.554	0.008

15.5.8 数据处理结果

表 15 - 7   **控 制 点 成 果 表**

点 名	X（m）	Y（m）	H（m）	点 名	X（m）	Y（m）	H（m）
$E1$	3 690 647.949	38 455 895.743	92.494	$E19$	3 686 252.987	38 455 100.002	141.103
$E2$	3 690 618.447	38 456 339.998	93.025	$E20$	3 686 214.088	38 455 579.950	129.419
$E3$	3 690 573.084	38 456 780.554	91.687	$E21$	3 685 580.581	38 455 100.586	163.834
$E4$	3 690 617.843	38 457 136.067	90.334	$E22$	3 685 649.237	38 455 621.532	140.821
$E6$	3 689 971.095	38 456 327.840	94.133	$E23$	3 684 562.479	38 455 469.381	111.914
$E7$	3 689 989.249	38 456 686.034	94.250	$E24$	3 684 023.273	38 455 337.765	110.603
$E8$	3 689 780.397	38 458 429.020	87.664	$E25$	3 684 022.916	38 454 988.596	110.562
$E9$	3 689 641.338	38 459 288.083	88.996	$E26$	3 684 281.009	38 454 949.270	112.242
$E10$	3 690 029.683	38 459 533.551	89.085	$E27$	3 684 023.140	38 454 530.007	110.557
$E11$	3 689 100.084	38 455 903.124	100.387	$E28$	3 684 375.034	38 454 532.101	122.978
$E12$	3 689 099.962	38 456 328.580	99.018	$E29$	3 684 052.991	38 453 964.526	110.488
$E13$	3 689 099.960	38 456 571.385	98.537	$E30$	3 684 444.908	38 453 905.632	127.672
$E14$	3 689 097.711	38 457 134.648	95.517	$E31$	3 683 956.691	38 452 048.974	112.861
$E15$	3 687 601.357	38 454 663.004	129.972	$E32$	3 683 464.232	38 452 029.620	111.274
$E16$	3 687 827.800	38 455 559.983	111.699	$E33$	3 683 617.247	38 450 269.395	150.967
$E17$	3 686 962.604	38 455 076.475	128.736	$E34$	3 683 918.435	38 450 300.029	153.756
$E18$	3 687 344.341	38 455 356.060	114.530				

思 考 题

15-1　简述 GPS 定位系统的特点。

15-2　GPS 定位系统的组成包括哪几部分？

15-3　简述 GPS 定位的基本原理。

15-4　何谓绝对定位？何谓相对定位？

第16章 摄影测量与遥感

[导言] 本章介绍了航空摄影测量成图的基本方法和遥感技术的分类、构成、特点及应用。

16.1 航空摄影测量

航空摄影是飞机上安装航空摄影仪,对地面进行垂直摄影,获取航摄像片或数字影像。航空摄影测量是利用航摄像片测绘地形图的一种方法,与白纸测图相比,它不仅可将绝大部分外业测量工作在室内完成,还具有成图速度快、精度均匀、成本低、不受气候季节限制等优点。国家测绘部门一般采用航空摄影测量方法测制 1:1 万~1:10 万中比例尺地形图,工程部门也用它来测制 1:500~1:5000 大比例尺地形图。

16.1.1 航空摄影测量的基本知识

航空摄影测量原理如图 16 - 1 所示,图中,P_1 及 P_2 为像片、S_1 及 S_2 为摄影中心、$\overline{S_1S_2}$ 为摄影基线、f_k 为摄影机焦距、H 为航高、l 为正方形像幅的宽度(航摄仪的像幅一

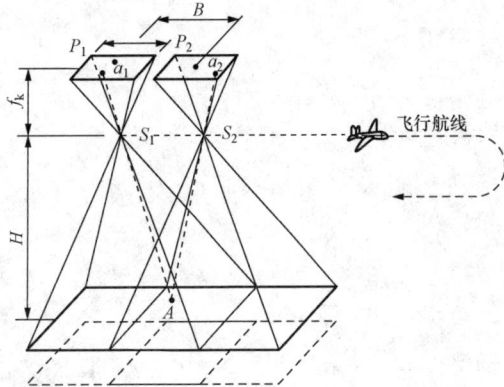

图 16 - 1 航空摄影

般有 230mm×230mm 和 180mm×180mm 两种)。图中,地面一点 A 在两张像片上的影像分别为 a_1 和 a_2,航摄比例尺的定义为摄影仪的焦距与航摄航高之比,也即有

$$\frac{1}{M_P} = \frac{f_k}{H} \qquad (16-1)$$

航摄比例尺 $1/M_P$ 一般应满足 $M_P/M = 4\sim6$ 的要求,具体应根据成图比例尺 $1/M$、像幅大小、图幅大小、布点方案、摄区地形条件、仪器装备和加密成图技术水平等情况,按照表 16 - 1 合理选择。

表 16 - 1   航摄比例尺 $1/M_P$ 的选择

成图比例尺 \ 地形类别	平 地	丘 陵 地	山 地	高 山 地
1:500	1:2000~1:3000		1:3000~1:3500	
1:1000	1:3500~1:4000		1:5000~1:6000	
1:2000	1:6000~1:8000		1:7000~1:12 000	

航摄仪的焦距 f_k 的规定是:1:500 可采用 150~305mm 的航摄仪。1:1000 可采用 150~210mm 的航摄仪。平原、丘陵地 1:2000 成图可采用 150~210mm 的航摄仪;山地、高山地 1:2000 成图可采用 150mm 的航摄仪。

航摄时，飞机应按设计的航线往返平行飞行进行拍摄，以取得具有一定重叠度的航摄像片。同一航带的航向重叠宜为 $60\%\sim65\%$，最小不应小于 53%；相邻航带的旁向重叠宜为 30%，最小不应小于 15%。航摄像片不水平时，其与水平面的夹角 $\delta\alpha$ 称为像片倾角，$\delta\alpha$ 应小于 $2°$，个别最大不应大于 $4°$。一条航线最大和最小航高之差应小于 30m。航摄底片不均匀变形不得大于 $3/10\ 000$。

16.1.2 航空摄影测量的方法

利用航摄像片测制地形图的方法有模拟法和数字摄影测量法两种。

一、模拟法测图

模拟法是模拟航摄时的几何关系测制地形图，它又分为综合法和立体测图法两种。

（一）综合法

综合法是航空摄影测量和平板仪测量相结合的方法。平面位置通常采用纠正像片制作平面图得到，地面高程和等高线在野外用平板仪法或经纬仪法测得。此法适于地形起伏不大的平坦地区。

由图 16-1 可知，航摄像片是地面的中心投影，而地形图是地面的正射投影。只有当地面平坦、像片水平时，中心投影的像片才与地形图所要求的正射投影一致。

图 16-2 所示为像片水平、地面起伏的情形。图中，T_0 为计算航高的基准面，A，B 为地面上高差较大的两个点，它们相对于基准面 T_0 的高差分别为 $+h_a$ 和 $-h_b$。A_0，B_0 分别为 A，B 在基准面上的垂直投影，a，b 分别为 A，B 在像片上的中心投影影像，线段 aa_0，bb_0 即为由地面起伏引起的在中心投影像片上产生的像点位移，也称投影误差。

显然，只有在基准面上的点才没有投影误差，相对于基准面 T_0 存在高差的点均存在投影误差。高差越大，投影误差越大。在航测内业中，可根据少量的地面已知高程点，采取分层投影的方法，将投影误差限制在一定的范围内，使之不影响地形图的精度。

由于航摄像片存在像片倾角 $\delta\alpha$，故航摄像片必须经过纠正处理才能制作成平面图。像片纠正使用纠正仪，如图 16-3 所示。它能将航摄时倾斜的像片纠正为规定比例尺的水平像片。

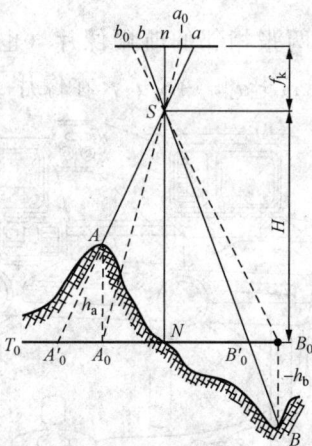

图 16-2 地面起伏对航摄成像的影响　　　　图 16-3 纠正仪

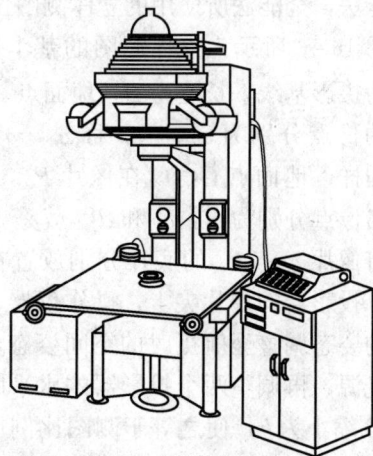

纠正仪纠正像片的过程实际是航空摄影的反转。如图 16-4 所示，将航摄像片的底片放置在纠正仪投影器的像片夹上，打开投影器光源，将底片上的影像投影在仪器的承影面上，调整投影器的姿态使其恢复在空中航摄时的姿态；调整投影器的升降，可以将承影面上的影像缩放至测图比例尺 $1/M$；在承影板上放置感光像纸，就可以将纠正后的影像晒印在像纸上，获得纠正后的像片。

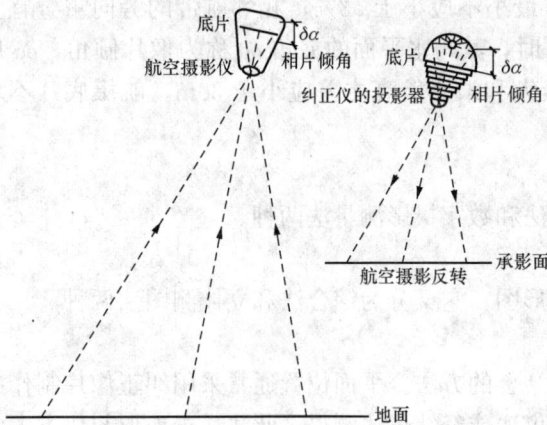

图 16-4　纠正仪的工作原理

确定像片在大地测量坐标系中位置（定位）和方向（定向）的方法是：在像片上选择一些明显地物点并在像片上刺点（刺点误差和刺孔直径不得大于 0.1mm）作为像控点，在地物稀少地区，像控点也可选在线状地物的端点或点状地物的中心，要求其实地判点精度为图上的 0.1mm，再通过控制测量的方法在野外测量出像控点的三维坐标。

在像片上测图包括地物调绘和地貌测绘。当平坦地面的投影误差不超过一定的限差时，就可以在像片上用线条绘出地物的平面位置，再补测一些地面点的高程，制成像片平面图，再将其与野外用平板仪法或经纬仪法测得等高线图叠加在一起便获得完整的地形图。

（二）立体测图法

立体测图法是以将摄影过程作几何反转所构成的立体观察为理论基础，它又分为全能法和微分法两种。全能法是利用精密立体测图仪和多倍投影测图仪等立体仪器，测绘地物和地貌以编制地形图，成图全过程能在一台仪器上完成，适于丘陵和高山地区测图。微分法（或分工法）则把成图过程分为先后相继的几个工序，如利用立体坐标量测仪加密控制点，利用立体测量仪描绘地貌，利用纠正仪或单投影器转绘地物等。微分法适于丘陵地区。下面只介绍全能法，全能法所使用的立体测图仪如图 16-5 所示。

图 16-6 所示为立体测图的基本原理。P_1，P_2 为两张相邻的航摄像片（也称像对），$\overline{S_1S_2}$ 为摄影基线，长度为 B，地面点 A 发射的两条光线 AS_1a_1，AS_2a_2，在像片 P_1，P_2 上构成的像点分别为 a_1，a_2，称 a_1，a_2 为同名像点。同样，地面点 C，D 在像片 P_1，P_2 上构成的同名像点分别为 c_1，c_2 和 d_1，d_2。

将像片 P_1、P_2 的底片分别放置在立体测图仪两个投影器的像片夹上，操作仪器，将两个投影器的姿态调整至航摄时的空间姿态，打开投影器的光源，再调整两个投影器的水平距离将航摄基线 B 缩小为 b，使之等于测图比例尺 $1/M$，可以得到一个缩小了的与实际地形完全相似的立体模型，使用像控点可以确定立体模型的位置和方

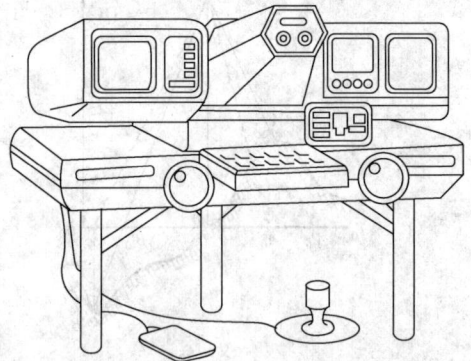

图 16-5　Wild 厂 AC1 精密立体测图仪

向。此时，操作立体测图仪就可以对该立体模型直接进行量测，得到模型上碎部点的平面位置和高程，从而将中心投影的像片转化为正射投影的地形图。

二、数字摄影测量

数字摄影测量是以数字影像为基础，通过计算机分析和处理，获取数字图形和数字影像信息的摄影测量技术。具体地说，它是以立体数字影像为基础，由计算机进行影像处理和影像匹配，自动识别相应像点及坐标，运用解析摄影测量的方法确定所摄物体的三维坐标，并输出数字高程模型和正射数字影像或图解线划等高线图和带等高线的正射影像图等。

影像匹配又称影像相关。影像相关是实现立体观察和量测自动化、测图自动化的关键技术。影像匹配是自动化立体观测时，确定构成立体像对的左、右像

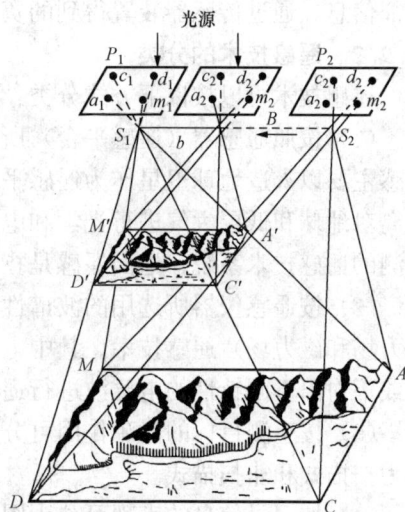

图 16-6 立体测图原理

片上影像相似程度的算法。它以相关函数和相关系数来度量像对上两个像点（一般为 $0.3mm^2$）是否为相应像点。当相关函数和相关系数为最大值时，即为相应像点；反之，则不是。影像相关的类型主要有三种：电子相关、光学相关和数字相关。电子相关和光学相关是直接利用像片进行影像处理，数字相关是利用数字影像进行影像处理。

16.2 遥感 (RS) 技术

遥感技术是 20 世纪 60 年代在航空摄影基础上发展起来的一门新兴的综合性探测技术。近几十年来，随着现代物理学、空间技术、电子技术、计算机技术、信息科学和环境科学的发展，遥感技术已成为一种影像遥感和数字遥感相结合的先进、实用的综合性探测手段，广泛应用于农林、地质、地理、水文、气象、测绘、地球资源勘探及军事侦察等领域。

16.2.1 遥感的概念

遥感是 Remote Sensing 的简称。广义地说，遥感是在不直接接触研究目标的情况下，对目标物或自然现象远距离感知的一种探测技术。狭义而言，遥感是指在远距离、高空和外层空间平台上，利用传感装置（如摄影机、扫描仪等），在不与被研究对象直接接触的情况下，获取其特征信息（一般是地物反射、辐射的信息），通过资料传输和处理，对这些信息进行提取、加工，从而实现识别目标的性质和运动状态的一门现代应用技术科学。

1962 年美国地理学者布鲁依特（E. L. Pruitt）向海军科学研究部正式提出"遥感"这个术语，1972 年地球资源技术卫星成功发射并获取了大量的卫星图像之后，遥感技术在世界范围内得到了迅速发展和广泛使用。近年来，随着 GIS 技术的发展，遥感技术与之紧密结合，发展更加迅猛。

一切物体，由于其种类及环境条件不同，都具有反射或辐射不同波长电磁波的特性。遥感技术就是利用各种物体的电磁波特性进行的。从遥感的定义可以看出：遥感器不与研究对象直接接触，也就是说，这里的"遥"并非指"遥远"；遥感的目的是为了得到研究对象的

特征信息；通过传感器装置得到的资料，需要经过处理、加工，才能够使用。

16.2.2　遥感技术的分类

遥感技术可以按以下方式分类：

（1）按照遥感器（遥感平台）所处的高度可分为航天遥感、航空遥感和地面遥感。航天遥感主要以人造地球卫星作为遥感平台，包括载人飞船、航天飞机和太空站，利用卫星从远距离对地球和低层大气进行光学和电子观测；航空遥感泛指从飞机、飞艇、气球等空中平台观测的遥感技术系统；地面遥感是指从高塔、车、船和地面站点为平台的遥感技术系统。

（2）按遥感仪器所选用的波谱性质可分为电磁波遥感技术、声纳遥感技术、物理场（如重力场和磁力场）遥感技术。其中电磁波遥感技术应用最广泛，它利用各种物体（物质）反射或辐射出不同特性的电磁波进行遥感，可进一步分为可见光、红外、微波等遥感技术。

（3）按感测目标的能源作用可分为主动式遥感技术和被动式遥感技术。每种方式又可细分为扫描式和非扫描式。

（4）按记录信息的表现可分为图像方式和非图像方式。

（5）按遥感的应用领域可分为地球资源遥感技术、环境遥感技术、城市遥感技术、气象遥感技术、海洋遥感技术等。

（6）按遥感的应用尺度可分为：全球遥感、区域遥感、城市遥感和工程遥感等。

目前，常用的传感器有航空摄影机（航摄仪）、全景摄影机、多光谱摄影机、多光谱扫描仪 MSS（Multi Spectral Scanner）、专题制图仪 TM（Thematic Mapper）、反束光导摄像管 RBV、HRV（High Resolution Visible range instruments）扫描仪、合成孔径侧视雷达 SLAR（Side-Looking Air borne Radar）等。常用的遥感资料有美国陆地卫星（Landsat）TM 和 MSS 遥感资料，法国 SPOT 卫星遥感资料，加拿大 Radarsat 雷达遥感资料，美国的 NOAA 气象卫星资料，欧共体的 ERS-1 海洋卫星资料，日本的 JERS-1 卫星资料，印度的 IRS-1 卫星资料等。主要的遥感应用软件有 PCI、ER-Mapper 和 ERDAS 等。

16.2.3　现代遥感技术的构成

遥感技术系统是实现遥感目的的方法、设备和技术的总称，它是一个多维、多平台、多层次的、立体化的观测系统，一般由四部分组成。

（一）空间信息采集系统

空间信息采集系统主要包括遥感平台和遥感器两部分。遥感平台是运载遥感器并为其提供工作条件的工具，它可以是航空飞行器，也可以是航天飞行器。显然，遥感平台的运行状态会直接影响遥感器的工作性能和获取信息的精确性；遥感器是收集记录被测目标的特征信息并将其发送至地面接收站的设备。遥感器是整个遥感技术系统的核心。

在空间信息采集中，通常有多平台信息获取、多时相信息获取、多波段或光谱信息获取等几种形式。多平台信息是指同一地区采用不同的运载工具获取的信息；多时相信息是指同一地区不同时间（年、月、周、日）获取的信息；多波段信息指遥感器使用不同的电磁波段获取的信息，如可见光波段、红外波段、微波波段等；多光谱信息是指遥感器使用某一个电磁波段中不同光谱范围获取的信息。多波段和多光谱有时互为通用。

（二）地面接收和预处理系统

航空遥感获取的信息，可以直接送回地面进行处理。航天遥感获取的信息一般是以无线电的形式进行实时或延时地发送并被地面接收站接收和进行预处理（又称前处理或粗处理）。

预处理的主要作用是对信息所含有的噪音和误差进行辐射校正和几何校正、图像分幅和注记（如地理坐标）等，为用户提供遥感相片或遥感数字磁带等信息产品。

（三）地面实况调查系统

地面实况调查系统主要包括在获取空间遥感信息前所进行的地物波谱特征（地物反射电磁波及发射电磁波的特性）测量，在空间遥感信息获取的同时所进行的与遥感目的有关的各种遥感资料（如区域的环境和气象等资料）的采集。前者是为设计遥感器和分析应用遥感信息提供依据，后者则主要用于遥感信息的校正处理。

（四）信息分析应用系统

信息分析应用系统是用户为一定目的而应用遥感信息时所采取的各种技术，主要包括遥感信息选择技术、应用处理技术、专题信息提取技术、制图技术、参数量算和资料统计技术等内容。其中遥感信息的选择技术是指根据用户需求的目的、任务、内容、时间和条件（经济、技术、设备）等，在已有各种遥感信息的情况下，选择其中一种或多种信息时必须应用的技术。当需要最新遥感信息时（如航空遥感），应按照遥感图像的特点（如多波段或多光谱），因地制宜，讲求实效地提出遥感的技术指标。

16.2.4 遥感技术的特点及应用

遥感信息是人类了解、认识自然，保护环境的重要信息源。遥感资料已成为一种全面反映人类活动、社会发展与自然景观变迁的综合信息载体，具有宏观、真实、准确、快速、直观、动态性和适应性以及影像和地物相似性等特点。利用多波段或多光谱遥感仪器获得的遥感信息，不仅可以作为大比例尺地形图的基础资料，而且地形地物的彩色信息还可以进行多学科、多行业和多用途的遥感应用。航天遥感还具有更多的特点，可归纳为：

（1）测范围大，便于进行宏观整体研究；

（2）获取信息速度快，可动态重复，资料新颖，能及时发现和监测各种自然现象的异常及变化规律，具有迅速反映动态变化的能力；

（3）收集资料方便、快捷，不受地理与其他区域因素等条件的限制；

（4）获取信息的技术手段先进、多样，信息内涵丰富。

遥感技术的应用主要包括对某种对象或过程的调查制图、动态监测、预测预报及规划管理等不同的层次。它们可以由用户直接从遥感资料中提取有用的信息来实现，也可以在地理信息系统的支持下实现。实践证明，现代遥感技术在地球资源调查、环境及自然灾害调查、测绘专题制图、农业生产监测、城乡规划管理、军事侦察、监测和评价中的应用，具有许多其他技术不能取代的优势。现代遥感技术必须和其他相关技术（如现代通信、对地定位、常规调查、台站观测、地理信息系统及专业研究等）结合起来，其优势才能充分发挥出来。

由于现实世界呈多样性、复杂性和变化性的特征，因此对空间信息的描述很难用一种方式来进行。如何寻求不同方式的组合，从而更有效、全面地描述地表空间是信息时代的一项重要任务，而遥感资料与地理信息系统的结合则是现今最有效的一条途径。遥感信息具有信息丰富、时效及重复性强等优势，地理信息系统则具有高效的空间数据管理、灵活的空间资料综合分析能力、空间资料定量化程度高等特点，二者的结合一方面提高了遥感信息的定量定性分析水平，另一方面又使得地理信息系统不断地获得新的资料，实现地理数据库和专题信息数据库的不断更新，使其保持有效的使用价值并具有动态分析功能。

16.2.5 高分辨卫星遥感的应用前景

卫星遥感相对于航空遥感而言，具有时间分辨率较低的弱点，在城市和工程中的应用受到很大的限制。为解决时间分辨率和空间分辨率这对矛盾，可使用小卫星群技术，例如可用6颗小卫星在 2～3 天内完成一次对地重复观测，获取高于 1m 的高分辨率成像光谱仪资料。目前，高分辨率卫星遥感已进入商业化的市场运行阶段，利用其进行空间地理基础资料的更新和专题信息资料的获取。表 16 - 2 为部分商用高分辨卫星系统的简况。

通过一些工程实例和有关研究表明，在地形平坦地区，仅利用少数控制点进行平台拟合纠正，用 Ikons 影像制作的影像地图可以达到 1∶5000 地形图的精度，用其进行 1∶5000 比例尺地形图的更新具有明显的优势。而 1∶5000 的卫星影像地图对地形地物细部的表示能力，使其能够达到绝大多数专题属性资料的获取要求，如土地利用、土地变迁、土地覆盖、土地执法检查、植被调查、道路及交通附属设施调查、社会经济特征调查、环境特征调查、建筑密度、建筑结构、建筑分布状况、城市功能区分、城市灾害、城市垃圾处理等等。目前高分辨率卫星影像资料在我国的应用仍属薄弱环节，随着更高空间分辨率和光谱分辨率的卫星遥感技术的不断进步和完善，其应用将会更为广泛与深入。

表 16 - 2　部分商用高分辨率卫星系统

卫　星	公　司	扫描宽度（km）	分辨率（m）
Quick Bird	Earth Watch	22	0.82
Ikonos2	Space Imaging	11	1
Orbview3	Orb Image	8	1
Orbview4	Orb Image	8	0.5
Wros B	West Indian Space	13.5	1.3
Spot5	Spot Image	60	5

16.2.6 低空平台遥感的应用

随着城市化进程的加快，小城镇的发展、改造和管理已成为一个十分紧迫的任务，为满足小城镇的管理规划要求，采用低空平台遥感技术系统进行遥感信息获取，具有成本低、周期短、空间分辨率高和易于实施等优势。低空平台主要由轻型飞机、低空无人小飞机、热气飞艇、热气球等构成，搭载导航设备和航空摄影像机，在特殊情况下还可采用改装的高档商用（数码）像机或数码摄像机。低空平台遥感技术在数字城市建设中具有广泛的应用前景。

思　考　题

16 - 1　假设航摄仪的焦距为宽角 $f_k = 152.0mm$，成图比例尺为 1∶1000，试计算航高的范围。

16 - 2　航摄像片纠正的作用是什么？

16 - 3　RS 由哪几个部分组成？各部分的作用如何？

第 17 章 地 理 信 息 系 统 (GIS)

[导言] 本章主要讲述地理信息系统（GIS）的特点、构成、功能及应用，并简单介绍了 3S 集成技术与数字地球。

17.1 概 述

17.1.1 GIS 的概念

纸质地图是用来描述存在于地球空间上各类现象的重要手段之一。随着计算机技术的发展，用计算机描述、模拟和分析地球空间的这些现象已成为现实，从而产生地理信息学。地理信息学（Geometics）是地球学（Geosciences）和信息学（Information）的合成，是测绘、遥感、计算机、应用数学等应用学科的有机结合。地理信息系统是地理信息学的一种重要的实现手段。GIS 是地理信息系统（Geographic Information System）的简称，它是在计算机技术支持下，以地理空间数据库为基础，对空间相关资料进行采集、存储、管理、操作、分析、模拟和显示，从而实时提供空间和动态的地理信息，为规划管理、决策服务的计算机技术系统。

从 GIS 的内涵来审视，它有以下三个方面的含义：

（1）GIS 是一种计算机系统，这是人们通常的认识。

（2）GIS 是一种方法，这种方法使人们具有对过去束手无策的大量空间数据进行管理和操作的能力，借助这种能力人们将上至全球变化、下至区域可持续发展等一系列复杂问题统一、集成成一体，可以全方位地审视整个地球上的每一种现象。它不同于单纯的管理系统（如财务管理系统），不同于地图数据库，也有别于计算机辅助设计（CAD）系统。

（3）GIS 是一种思维方式，它改变了传统的直线式思维方式，而使人们能够关注与地理现象相关联的周围事件和现象的变化，以及这些变化对本体所造成的影响。从这个意义上讲，地理信息系统是人的思想的延伸。正是这种延伸使人们的思维观念发生了根本性的变化。

17.1.2 GIS 的特点

GIS 反映的是地球表面、空中和地下若干要素空间的分布和相互关系，有以下特点：

（一）公共的地理定位基础

所有的地理要素，必须根据经纬度或特定的坐标系统进行严格的空间定位，从而使具有时序性、多维性、区域性特征的空间要素进行复合和分解，并将其中隐含的信息显示表达出来，形成空间和时间上连续分布的综合信息基础，支持空间问题的处理和决策。

（二）标准化和数字化

将多信息源的空间数据和统计数据进行分级、分类、规格化和标准化，使其适用于计算机输入和输出的格式要求，便于进行社会经济和自然资源、环境要素之间的对比和相关分析。

（三）多维结构

在二维空间编码基础上，实现多专题的第三维信息结构的结合，并按时间序列延续，从而使系统具有信息存储、更新和转换能力，为决策部门提供实时显示和多层次分析的方便。

17.2　GIS 的 构 成

GIS 主要由计算机硬件设备（系统的硬件环境）、计算机软件系统（系统的软件环境）、地理空间资料和系统管理操作人员四个部分构成。4 个部分的有机组合使 GIS 按照预定的目标完成系统所承担的空间资料的管理任务。图 17-1 所示为 GIS 4 个部分之间的关系。

图 17-1　GIS 的组成

17.2.1　系统的硬件环境

GIS 硬件环境用于存储、处理、输入输出数字地图及资料，主要包括以下几个部分：

（一）计算机系统

它是系统操作、管理、加工和分析数据的主要设备，包括优良的 CPU、键端、屏幕终端、鼠标等。可以单机、也可以组成计算机网络（包括局域或广域网）系统组成。

（二）数据输入设备

通过数据输入设备将各种需要的数据输入计算机，并将模拟数据转换成数字数据。其他一些专用设备，如数字化仪、扫描仪、解析测图仪、数字摄影测量仪器、数码相机、遥感图像处理设备、全站仪、GPS 等，均可以通过数字接口与计算机相连接。

（三）数据输出设备

包括图形终端显示设备、绘图仪、打印机、可擦写光盘以及多媒体输出装置等。它们以图形、图像、文件、报表等不同形式显示数据的分析处理结果。

（四）数据通信传送设备

如果 GIS 是处于高速信息公路的网络系统中，或处于某些局域网络系统中，还需要架设网络联线、网卡及其他网络专用设备。

（五）资料存储设备

主要指存储数据的磁盘、光盘驱动器及磁带等。

17.2.2　计算机软件系统

计算机软件系统负责执行系统的各项操作与分析，主要有以下几个子系统：

（一）基础软件

基础软件是由计算机厂家提供给用户进行二次开发和方便使用计算机的基础平台，通常包括操作系统、高级语言编译系统和数据库管理系统。

（二）数据输入子系统

用于采集数据并将其转换成系统可接收的格式；对输入的资料进行校验并按一定的组织形式存储在数据库中。

（三）数据编辑子系统

使用人机交互的方式在图形显示终端上，完成对数据的修改和更新，同时 GIS 软件还具有图形变换、图形编辑、图形修饰、拓扑关系、属性输入等编辑功能。

（四）空间数据库管理系统

在 GIS 中既有空间定位数据，又有说明地理属性数据。管理软件将空间数据以一定的格式进行存储和检索，提供安全保密措施以防泄密，且在遭受意外破坏时能进行恢复处理，能进行完整性检查、保持数据的一致性。

（五）空间查询与空间分析系统

这是 GIS 面向应用的核心部分，也是 GIS 区别于其他系统的一个重要方面，具体功能有：

（1）检索查询。包括空间位置查询、属性查询等。

（2）空间分析。能进行地形分析、网络分析、叠置分析、缓冲区分析等。

（3）数学逻辑运算。包括函数运算、自定义函数运算，以及驱动应用模型运算。

GIS 通过对空间数据及属性的检索查询、空间分析、数学逻辑运算，可以产生满足应用条件的新数据，从而为统计分析、预测、评价、规划和决策服务。

（六）数据输出子系统

将检索和分析处理的结果按用户要求输出，其形式可以是地图、表格、图表、文字、图像等表达，也可在屏幕、绘图仪、打印机或磁介质上输出。

以上 6 个子系统是 GIS 软件系统必备的功能模块。此外，还应备有用户接口模块和应用分析程序。用户接口模块能保证 GIS 成为接收用户指令和程序，实现人机交互的窗口，使 GIS 成为开放式系统。良好的应用程序使 GIS 的功能得到扩充和延伸，使其更具实用性。

17.2.3　地理空间数据

地理空间数据是 GIS 所表达的现实世界经过模型抽象的实质性内容，是系统的操作对象和原料。GIS 中的数据有两大类：一类是空间数据，用来定义图形和制图特征的位置，它是以地球表面空间位置为参照的；另一类是非空间属性，用来定义空间数据或制图特征所表示的内容。GIS 数据模型包括三个互相联系的方面：

（一）确定在某坐标系中的位置

用于确定地理景观在自然界或区域地图中的空间位置，即几何坐标，如经纬度、平面直角坐标、极坐标等。

（二）实体间的空间相关性

用于表示点、线、面实体之间的空间拓扑关系（Topogy）。区域内地理实体或景观表现为多种空间类型，大致可归纳为点、线、面三种类型，它们之间有多种多样的相互关系。例如，把北京看成点，把京九铁路看成线，把江西省看成面，它们之间的关系描述的就是京九铁路从北京出发，并穿过江西省。这里"北京"就是点的属性，"京九铁路"就是线的属性，而"江西省"就是面的属性。空间拓扑关系是 GIS 的特色之一。

（三）与几何位置无关的属性

属性是与地理实体相联系的地理变量或地理意义。属性分为定性和定量两种。定性包括名称、类型、特性等，用于描述如岩石类型、土壤种类、土地利用、行政区划等。定量包括数量和等级等，用于描述如面积、长度、土地等级、人口数量、降雨量、水土流失量等。GIS 的分析、检索和表示，主要是通过属性的操作运算实现的。

GIS 的空间数据模型，决定了其特殊的空间数据结构和资料编码，也决定了 GIS 具有特色的空间数据管理方法和系统空间数据分析功能，因而成为地理学研究和与地理有关的行业的重要工具之一。

17.2.4 系统开发和管理操作人员

人是 GIS 中重要构成因素，GIS 不同于一幅地图，而是一个动态的地理模型。仅有系统软硬件和数据还不能构成完整的 GIS，需要人进行系统组织、管理、维护和数据更新、系统扩充完善、应用开发，并灵活采用地理分析模型提取多种信息，为研究和决策服务。在 GIS 构成要素中，最活跃、最有生命的是系统的设计、开发、管理人员和用户。

17.3 GIS 的功能与应用

17.3.1 GIS 的功能

（一）基本功能

（1）数据的输入、存储、编辑功能。数据的输入就是在数据处理系统中，将多种形式（影像、图形和数字）、多种来源的信息传输给系统内部，并将这些信息从外部格式转换为系统便于处理的内部格式的过程。它包括数字化、规范化和数据编码三个方面。数字化是指通过扫描仪或跟踪数字化仪对不同信息进行模数转换、坐标变换等处理，将外部的信息转化成系统所能接受的数据文件格式存入数据库。规范化是指对具有不同精度、比例尺、投影坐标系的外来数据进行坐标和记录格式的统一，以便在同一基础上进行下一步的工作。数据编码是指根据一定的数据结构和目标属性特征，将数据转换成计算机能够识别和管理的代码或编码字符。

数据存储是将输入的资料以某种格式记录在计算机内部或外部存储介质（磁盘或光盘）上。数据编辑是指对数据进行修改、增加、删除、更新等功能，一般以人机对话方式实现。

（2）操作运算。为了满足各种查询要求而设置的系统内部数据操作，例如数据格式转换、多边形叠加、拼接、剪辑、资料的提取等，以及按一定模式建立的各种数据运算，其中包含算术运算、关系运算、逻辑运算、函数运算等。

（3）资料显示与结果输出。图形数据的数字化、编辑和操作分析过程、用户查询检索结果等都可以显示在屏幕上。结果输出有专题地图、图表、报告等多种类型，屏幕显示也是结果输出的一个方面。目前输出设备有显示器、打印机、绘图机等。

（二）制图功能

GIS 的综合制图功能包括各种专题地图制作，在地图上显示地理要素，并赋予数值范围，同时可以缩放以表明不同的细节层次。如矿产分布图、城市交通图、旅游图等。

（三）地理数据库的组织与管理

GIS 是数据库集成和更新的重要工具之一。数据库的组织主要取决于数据输入的形式，以及利用数据库进行查询、分析和结果输出等方式，包括数据库定义、数据库建立与维护、数据库操作、通信等功能。

（四）空间查询与空间分析功能

GIS 面向用户的应用功能主要是能提供一些静态的查询、检索数据，用户可以根据需要建立一个应用分析的模式，通过动态分析，为评价、管理和决策服务。这种分析功能可以在系统操作功能的支持下或借助专门的分析软件来实现。如空间信息量测分析、统计分析、地形分析、网络分析、叠加分析、缓冲分析、决策支持等。

空间查询和空间分析是从 GIS 目标之间的空间关系中获取派生的信息和新的知识，用以回答有关空间关系的查询和应用分析。

（五）地形分析功能

通过数字地形模型 DTM，以离散分布的平面点来模拟连续分布的地形，再从中提取各种地形分析数据。地形分析包括等高线分析、透视图分析、坡度坡向分析、断面图分析、地形表面面积和填挖方体积计算等。

17.3.2　GIS 的应用

功能与应用是不可分的。GIS 的应用主要有以下方面：

（1）实现资源信息的科学管理、提供信息服务；

（2）实现资源信息的综合分析研究；

（3）进行各种资源的综合评价；

（4）提供资源规划和开发治理方案，进行宏观决策；

（5）预测自然和人为过程的发展趋势，指导人类选择最佳对策。

17.4　3S 集成技术与数字地球

17.4.1　3S 集成技术

（一）概述

3S 技术是全球定位系统（GPS）、遥感（RS）和地理信息系统（GIS）的总称。是集 GIS、RS 和 GPS 技术，构成整体、实时和动态的对地观测、分析和应用的运行系统。

3S 的结合应用，取长补短，是自然的发展趋势，三者之间形成了“一个大脑，两只眼睛”的框架，其中，RS 是智能神经网络中的传感器，它探测地球空间自身变化及受外界环境“刺激”，并把信息传输给神经中枢 GIS；GPS 是一个精密的定位器，以确定各种信息发生的时空特征，即空间地理位置，RS 和 GPS 向 GIS 提供或更新区域信息以及空间定位，GIS 进行相应的空间分析，从 RS 和 GPS 提供的浩如烟海的数据中提取有用信息，并进行综合集成，使之成为决策的科学依据。

以地理信息系统为核心的 3S 技术的集成，构成了对空间数据适时进行采集、更新、处理、分析以及为各种实际应用提供科学决策咨询的强大技术体系。其中地理信息系统起着关键性的作用，具体有以下结合方式：

（1）地理信息系统与全球定位系统的结合。利用地理信息系统中的电子地图和 GPS 接收机的实时差分定位技术，可以组成 GPS+GIS 的各种电子导航定位系统，用于交通警车定位，城市规划红线放样等。

（2）地理信息系统与遥感的结合。对于地理信息系统来说，遥感是重要的外部数据源，是其数据更新的重要手段。而地理信息系统则可以提供遥感图像处理所需的辅助数据，以提高遥感图像的信息量和分辨率。

（3）3S技术的整体结合。集RS、GIS和GPS于一体，构成高度自动化、实时化和智能化的地理信息系统，是空间信息适时采集、处理、更新及动态地理过程的现势性分析与提供决策支持辅助信息的有力手段。

为了真正实现3S集成，需要研究和解决3S集成系统设计、实现和应用过程中出现的一些共性问题，如3S集成系统的实时空间定位、一体化数据管理、语言和非语义信息的自动提取、数据自动更新、数据实时通信、集成化系统设计方法以及图形和影像的空间可视化等。

（二）3S集成技术的应用

20世纪90年代以来，3S技术得到迅速发展，其应用领域已遍及国民经济各个部门，在工程测量领域的应用更为广泛，取得了较大的成绩。3S集成技术的发展，形成了综合的、完整的对地观测系统，提高了人类认识地球的能力，拓展了传统测绘学科的研究领域。同时，也推动了相关学科的发展，如地球信息科学、地理信息科学等。

我国经济信息化进程和信息高速公路网络化的发展越来越迅猛，对地理信息需求也迅速增长，特别在解决资源、环境、人口、灾害等全球关心的重大问题上，迫切需要基础空间数据作为规划、监测、管理和决策的依据。

17.4.2 数字地球

（一）数字地球的概念

1998年1月31日，美国副总统戈尔在美国加利福尼亚科学中心发表的题为"数字地球：21世纪认识地球的方式"的讲演，首次提出了"数字地球（Digital Earth）"的概念，指出"我们需要一个'数字地球'，即一种可以嵌入海量地理数据的、多分辨率的和三维的地球的表示，可以在其上添加许多与我们所处的星球有关的数据"。

目前"数字地球"还没有一个确切的定义。一般认为"数字地球"是对真实地球及其相关现象的统一的数字化的认识，是以因特网为基础，以空间数据为依托，以虚拟现实技术为特征，具有三维界面和多种分辨率浏览器的面向公众开放的系统，包括对获取的地球信息进行处理、传输、存储管理、检索、决策分析和表达等内容。从狭义方面看，数字地球主要指应用GIS、RS、GPS等技术，以数字的方式获取、处理和应用关于地球自然和人文因素的空间数据，并在此基础上解决各种问题。数字地球是对真实地球及相关现象统一性的数字化重现和认识，其核心思想是：用数字化手段统一处理地球和最大限度地利用信息资源。

（二）数字地球的组成

支撑数字地球的科学技术有计算机科学、信息高速公路与空间数据基础设施、全球定位系统、地理信息系统和遥感技术。一般认为数字地球主要由三部分组成：

（1）不同分辨率尺度下的地球三维可视化的浏览界面（与目前普遍使用的GIS不同）。

（2）网络化的地理信息世界，为用户提供公用信息和商用信息，甚至可以为各类网络用户开辟一个认识"我们这个星球"的"没有围墙的实验室"。

（3）多源信息的集成器和显示机制，即融合和利用现有的多源信息，并将其"嵌入"数字地球的框架，进行"三维描述"和智能化网络虚拟分析，这是建立数字地球的关键技术。

（三）数字地球的意义和影响

数字地球是 20 世纪 70 年代以来信息革命的自然发展，是空间技术、信息技术、网络技术发展到一定阶段的产物，是继地理大发现和哥白尼、伽利略日心说之后，人类认识地球的重大飞跃，有着深刻的时代、经济和技术背景。

我国 1998 年提出了建设数字地球和数字中国的战略构想，1999 年 11 月在北京举行了"首届数字地球国际会议"，2001 年 9 月在广州举办了"中国国际数字城市建设技术研讨会暨 21 世纪数字城市论坛"。作为一种发展战略，数字地球将在世界可持续发展中发挥极其重要的作用。作为一种前沿技术系统，数字地球必将推动地球科学、空间科学和信息科学等相关科学与技术的飞速发展。无论是促进社会的可持续发展，还是提高人们的生活质量，无论是推进当前科学与技术的发展，还是开拓未来知识经济的新天地，数字地球都具有重要意义。

数字地球的提出是全球信息化的必然产物，它的真正实现还需全人类共同努力。当前和未来巨大的社会需求是发展数字地球的驱动力。随着数字地球以及现代科学的发展，测绘学科已逐渐融入信息科学的范畴，学科的内涵和服务目标在深度和广度上发生了重大变化。测绘学正在向"地球空间信息学（Geomatics）"方向发展，并与各学科相互影响、渗透和交叉。

思 考 题

17-1 GIS 由哪几个部分组成？各部分的作用如何？

17-2 GIS 的主要功能有哪些？

17-3 何谓数字地球？建立数字地球的意义何在？

17-4 何谓 3S 集成技术？简述其在国民经济和社会发展中的应用前景。

第4篇 实　践　篇

第18章　工程测量实验与实习

[导言] 实验与实习是工程测量教学的组成部分，是巩固和深化理论知识的重要环节。本章内容是对工程测量实验与实习的具体指导，读者应注意在实践中培养自己的动手能力。

18.1　测量实验与实习须知

18.1.1　测量实验（实习）的一般规定

（1）在测量实验（实习）之前，应复习教材中的有关内容，认真仔细地预习实验（实习）指导书，明确目的与要求，熟悉实验（实习）步骤及有关注意事项，并准备好所需工具用品，以保证按时完成实验（实习）任务。

（2）实验（实习）分小组进行，组长负责组织协调工作，凭本人（或组员）的相关证件，办理所用仪器工具的借领和归还手续。

（3）实验（实习）应在规定的时间进行，不得无故缺席或迟到早退；应在指定的场地进行，不得擅自改变地点或离开现场。

（4）测量工作实施过程中，应分工明确，团结协作，各司其职，紧张有序，作业现场必须保持安静，充分利用学时，不得说笑聊天。

（5）服从教师的指导，每人都必须认真、仔细地操作，培养独立工作能力和严谨的科学态度。观测和记录，应客观诚实，养成忠实于实验（实习）数据的良好职业道德，绝对禁止为完成任务而凑数、改数及伪造数据。每项实验（实习）都应取得合格的成果，并提交书写工整规范的实验（实习）报告，经指导教师审阅签字后，方可交还测量仪器和工具，结束实验（实习）。

（6）必须严格遵守"测量仪器工具的借领与使用规则"和"测量记录与计算规则"。

（7）实验（实习）过程中，应遵守纪律，爱护现场的花草、树木和农作物，爱护周围的各种公共设施，任意砍折、踩踏或损坏者应予赔偿。

18.1.2　测量仪器工具的借领与使用规则

对测量仪器工具的正确使用，精心爱护和科学保养，是测量人员必须具备的素质和应该掌握的技能，也是保证测量成果质量，提高测量工作效率和延长仪器使用寿命的必要条件。在仪器工具的借领与使用中必须严格遵守以下规定：

（一）测量仪器工具的借领

（1）在指定的地点以小组为单位办理借领手续，领取仪器工具。

（2）借领时应该当场清点检查。实物与清单是否相符，仪器工具及其附件是否齐全，背带及提手是否牢固，脚架是否完好等。如有缺损，可以补领或更换。

（3）搬运前，必须检查仪器箱是否锁好；搬运时，必须轻取轻放，避免剧烈震动。

（4）借到的仪器工具，不得与其他小组擅自调换或转借。

（5）实验结束，应及时收装仪器，送还借领处检查验收，消除借领手续。如有遗失或损坏，应由责任人和组长分别写出书面报告说明情况，并按有关规定给予赔偿。

（二）测量仪器使用注意事项

（1）携带仪器时，应注意检查仪器箱盖是否关紧锁好，拉手、背带是否牢固。

（2）打开仪器箱之后，要看清并记住仪器在箱中的安放位置，避免以后装箱困难。

（3）提取仪器之前，应注意先松开制动螺旋，再用双手握住支架或基座轻轻取出仪器，放在三脚架上，保持一手握住仪器，一手去拧连接螺旋，最后旋紧连接螺旋使仪器与脚架连接牢固。

（4）装好仪器之后，注意随即关闭仪器箱盖，防止灰尘和湿气进入箱内。仪器箱上严禁坐人。

（5）人不离仪器，必须有人看护，切勿将仪器靠在墙边或树上，以防跌损。

（6）在野外使用仪器时，应该撑伞，严防日晒雨淋。

（7）若发现透镜表面有灰尘或其他污物，应先用软毛刷轻轻拂去，再用镜头纸擦拭，严禁用手帕、粗布或其他纸张擦拭，以免损坏镜头。观测结束后应及时套好物镜盖。

（8）各制动螺旋勿扭过紧，微动螺旋和脚螺旋不要旋到顶端。使用各种螺旋都应均匀用力，以免损伤螺纹。

（9）转动仪器时，应先松开制动螺旋，再平衡转动。使用微动螺旋时，应先旋紧制动螺旋。动作要准确、轻捷，用力要均匀。

（10）使用仪器时，对仪器性能尚未了解的部件，未经指导教师许可，不得擅自操作。

（11）仪器装箱时，要放松各制动螺旋，装入箱后先试关一次，在确认安放稳妥后，再拧紧各制动螺旋，以免仪器在箱内晃动。受损，最后关箱上锁。

（12）测距仪、电子经纬仪、电子水准仪、全站仪、GPS 等电子测量仪器，在野外更换电池时，应先关闭仪器的电源；装箱之前，也必须先关闭电源，才能装箱。

（13）仪器搬站时，对于长距离或难行地段，应将仪器装箱，再行搬站。在短距离和平坦地段，先检查连接螺旋，再收拢脚架，一手握基座或支架，一手握脚架，竖直地搬移严禁横杠仪器进行搬移。罗盘仪搬站时，应将磁针固定，使用时再将磁针放松。装有自动归零补偿器的经纬仪搬站时，应先旋转补偿器关闭螺旋，将补偿器托起才能搬站，观测时应记住及时打开。

（三）测量工具使用注意事项

（1）水准尺、标杆禁止横向受力，以防弯曲变形。作业时，水准尺、标杆应由专人认真扶直，不准贴靠树上、墙上或电线杆上，不能磨损尺面分划和漆皮。塔尺的使用，还应注意接口处的正确连接，用后及时收尺。

（2）测图板的使用，应注意保护板面，不得乱写乱扎，不能施以重压。

（3）皮尺要严防潮湿，万一潮湿，应晾干后再收入尺盒内。

（4）钢尺的使用，应防止扭曲、打结和折断，防止行人踩踏或车辆碾压，尽量避免尺身着水。用完钢尺，应擦净、涂油，以防生锈。

（5）小件工具如垂球、测钎、尺垫等的使用，应用完即收，防止遗失。

（6）测距仪或全站仪使用的反光镜，若发现反光镜表面有灰尘或其他污物，应先用软毛刷轻轻拂去，再镜头纸擦拭。严禁用手帕、粗布或其他纸张擦拭，以免损坏镜面。

18.1.3 测量记录与计算规则

测量手簿是外业观测成果的记录和内业数据处理的依据。在测量手簿上记录或计算时，必须严肃认真、一丝不苟，严格遵守下列规则：

（1）所有观测成果均要使用硬性铅（2H 或 3H）笔记录，同时熟悉表上各项内容及填写、计算方法。

（2）记录观测数据之前，应将仪器型号、日期、天气、测站、观测者及记录者姓名等无一遗漏地填写齐全。

（3）观测者读数后，记录者应立即复诵回报以资检核，并随即在测量手簿上的相应栏内填写，不得另纸记录事后转抄。

（4）记录时要求字体端正清晰，数位对齐，数据齐全，不能省略零位。如水准尺读数 1.500，度盘读数 $60°00'00''$ 中的"0"均应填写。

（5）水平角观测，秒值读记错误应重新观测，度、分读记错误可在现场更正，但同一方向盘左、盘右不得同时更改相关数字。垂直角观测中分的读数，在各测回中不得连环更改。

（6）距离测量和水准测量中，厘米及以下数值不得更改，米和分米的读记错误，在同一距离、同一高差的往、返测或两次测量的相关数字不得连环更改。

（7）更正错误，均应将错误数字、文字整齐划去，在上方另记正确数字和文字。划改的数字和超限划去的成果，均应注明原因和重测结果的所在页数。

（8）按四舍六入，五前单进双舍（或称奇进偶不进）的取数规则进行计算。如数据 2.2235 和 2.2245 进位均为 2.224。

18.2 测 量 实 验 指 导

18.2.1 实验一：DS₃水准仪的认识与使用

（一）实验目的

（1）了解水准仪的基本构造和性能，认识其主要部件的名称和作用。

（2）练习水准仪的安置、粗平、瞄准、精平、读数和高差计算。

（二）实验要求

要求每人安置一至二次水准仪，分别读数、记录并计算。

（三）实验设备与学时

（1）设备：每组 DS₃ 水准仪1台（附角架）、水准尺1对、记录板1个、2H铅笔一支。

（2）学时：课内实验2学时。

（四）实验方法和步骤

（1）仪器介绍。指导教师现场通过演示讲解水准仪的构造、安置及使用方法；水准尺的刻划、标注规律及读数方法。

（2）安置仪器。选择场地架设仪器。

（3）粗平。先用双手按相对（或相反）方向旋转一对脚螺旋，观察圆水准器气泡移动方向与左手拇指运动方向之间运行规律，再用左手旋转第三个脚螺旋，经过反复调整使圆水准器气泡居中。

（4）瞄准。先将望远镜对准明亮背景，旋转目镜调焦螺旋，使十字丝清晰；再用望远镜瞄准器照准竖立于测点的水准尺，旋转对光螺旋进行对光；最后旋转微动螺旋，使十字丝的竖丝位于水准尺中线位置上或尺边线上，完成对光，并消除视差。

（5）精平。旋转微倾螺旋，从符合式气泡观测窗观察气泡的移动，使两端气泡吻合。

（6）读数。用十字丝中丝读取米、分米、厘米、毫米（或估读毫米）位数字，记作后视读数。

（7）计算。读取立于另一测点上的水准尺读数作为前视读数，按照 h_{AB}＝后视读数－前视读数，计算两点间的高差。

（五）实验注意事项

（1）从仪器箱中取水准仪时，注意仪器装箱位置，以便用后装箱。

（2）三脚架应支在平坦、坚固的地面上，架设高度应适中，架头应大致水平，架腿制动螺旋应紧固，整个三脚架应稳定。

（3）安放仪器时应将仪器连接螺旋旋紧，防止仪器滑落。

（4）各螺旋的旋转应稳、轻、慢，禁止用蛮力，最好使用螺旋运行的中间位置。

（5）瞄准目标时必须注意消除误差，应习惯先用瞄准器寻找和瞄准。

（6）立尺时，应站在水准尺后，双手扶尺，以使尺身保持竖直。

（7）读数时不要忘记精平，即读数前必须精平。

（8）做到边观测、边记录、边计算，记录应使用铅笔。

（9）避免水准尺靠在墙上或电杆上，以免摔坏；禁止用水准尺抬物，禁止坐在水准尺及仪器箱上。

（10）发现异常问题应及时向指导教师汇报，不得自行处理。

（六）实验结果

表18-1　　　　　　　　　　　　水准仪的使用观测记录

日期：＿＿年＿＿月＿＿日　　天气：＿＿　　观测：＿＿
班级：＿＿　　小组：＿＿　　仪器号：＿＿　　记录：＿＿

观测次数	观测点	后视读数（m）	前视读数（m）	两点间高差（m）	备　注
			—		
		—			
			—		
		—			
			—		
		—			

注　画"—"处不填数据。

（七）思考题

（1）水准仪的望远镜由哪几部分组成？各有什么作用？

（2）何谓视准轴？何谓水准管轴？在水准测量中，为什么在读数之前必须用微倾螺旋使水准管气泡居中？

（3）圆水准器和水准管的作用有何不同？

（4）何谓视差？产生的原因是什么？如何消除？

18.2.2　实验二：等外闭合水准路线测量

（一）　实验目的

（1）练习水准测量中测站和转点的选择，水准尺的立尺方法，测站上的仪器操作。

（2）掌握普通水准测量路线的观测、记录、计算检核以及集体配合、协调作业的施测过程。

（3）学会独立完成一条闭合水准测量路线的实际作业过程。

（二）　实验要求

（1）每组选定一个已知高程点 BM_A（该点高程由教师给出）和 B、C、D 三个待测高程点，从已知高程点开始依次经过待测高程点组成一条闭合路线。

（2）每个测站用变动仪器高法进行测站检验。

（3）视距应小于 100m，前后视视距差应小于 ±10m。高差闭合差的容许值为

$$f_{h容} = \pm 12\sqrt{n} \text{ mm}(n \text{ 为测站数}) \quad 或 \quad f_{h容} = \pm 40\sqrt{L} \text{ mm}(L \text{ 为路线长度，以 km 计})$$

（三）　实验设备与学时

（1）设备：每组 DS_3 水准仪 1 台（附脚架）、水准尺 1 对、（尺垫 1 个）、记录板 1 个、2H 铅笔一支。

（2）学时：课内实验 2 学时。

（四）　实验方法和步骤

（1）选取待测高程点、测站点和转点。如图 18-1 所示，每组先选定一已知高程点 BM_A 和 B、C、D 三个待测高程点，当所测两高程点间的间距较远时，还须选取转点。

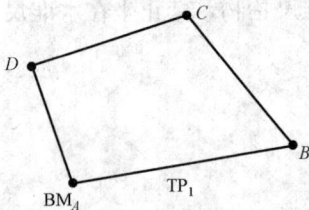

图 18-1　闭合水准测量

（2）第一站观测（如图 18-1 所示，假设 BM_A、B 相距较远，选取一转点 TP_1）：

1）在已知点 BM_A 与转点 TP_1（可放置尺垫）之间选取测站点，安置仪器并粗平。

2）瞄准 BM_A 点上的后视尺，精平后读取后视读数，记入观测手簿。

3）瞄准 TP_1 点上的前视尺，精平后读取前视读数，记入观测手簿。

4）升高或降低仪器 10cm 以上，重新安置仪器并重复 3）和 2）步工作。

5）计算测站高差，若两次测得高差之差小于 ±6mm，取其平均值作为本站高差并记入观测手簿。

（3）后续观测。将仪器搬至 TP_1 点和 B 点之间进行第二站观测，方法同上；同法连续设站观测，经过点 C、D，最后测回到 BM_A 点。

（4）计算检核

$$\Sigma 高差 = \Sigma 后视读数 - \Sigma 前视读数 = 2\Sigma 平均高差$$

（5）高差闭合差的计算与调整（参见第 2 章）。

（6）计算待测点高程。根据已知点 BM_A 高程和改正后的高差计算待测点 B、C、D 的高程，BM_A 点的计算高程应与已知高程相等，以资校核。

（五）　实验注意事项

（1）每测站前、后视距应大致相等。

（2）变动仪器高法的观测顺序是"后—前—前—后"。

（3）读取读数前，应仔细对光以消除视差；每次读数时，都应精平；扶尺员要认真地将水准尺扶直；观测过程中若圆水准器气泡发生偏离，应整平仪器后，重新观测；做到边测量，边记录，边检核，误差超限应立即重测。

（4）尺垫仅在转点上使用，应踏入土中或置于坚固地面上；在转点前后两站测量未完成时，不得移动尺垫位置。

（六）实验结果

外业数据填于表 18-2，内业计算填于表 18-3。

表 18-2　　　　　　　　　水准测量观测手簿（变动仪器高法）

日期：＿＿＿＿年＿＿＿＿月＿＿＿＿日　　　天气：＿＿＿＿＿＿　　　观测：＿＿＿＿＿＿

班级：＿＿＿＿＿　　小组：＿＿＿＿＿　　仪器号：＿＿＿＿＿　　记录：＿＿＿＿＿

测站	点号	后视读数（m）	前视读数（m）	高差（m）	平均高差（m）	高程（m）	备注
			—			$H_A=$	
		—					
						—	
		—					
		—					
		—					
		—					
		—					
		—					
			—				
		—					
		—				$H_A'=$	
	Σ						
计算校核							

注　1. 画"—"处不填数据；
　　 2. 此表中，转点及未知点不需要计算高程。

表 18 - 3   闭合水准测量成果计算表

测段	点号	测站数	实测高差（m）	改正数（m）	改正后高差（m）	高程（m）	备注
Σ							
辅助计算							

（七）思考题

（1）何谓测站？何谓转点？

（2）仪器搬站时，转点上的尺垫为什么不能碰动？碰动了怎么办？

（3）简述水准测量中，测站检核与路线检核的方法以及它们的目的？

18.2.3 实验三：水准仪的检验与校正

（一）实验目的

（1）了解水准仪的主要轴线及它们之间应满足的条件。

（2）初步掌握水准仪检验与校正的方法。

（二）实验要求

要求对各项进行检验，但不要求校正。

（三）实验设备与学时

（1）设备：每组 DS₃ 水准仪 1 台（附角架）、水准尺 1 对、尺垫（或木桩）2 个、50m 钢尺 1 把、记录板 1 个、2H 铅笔一支。

（2）学时：课内实验 2 学时。

（四）实验方法和步骤

（1）一般性检验。一般性检验是对仪器机械转动机构、光学成像情况、各零部件进行初步检查，判别是否影响仪器的正常使用。

（2）圆水准器轴平行于仪器竖轴的检验与校正：

1）检验。整平仪器，使圆水准气泡居中，旋转仪器 180°，若气泡仍居中，说明条件满足，当气泡偏出分划圈外时，需要校正。

2）校正。先稍松圆水准器底部中央的固定螺丝，调整圆水准器上的校正螺丝，使气泡退回到偏离量的一半处，然后调整脚螺旋使气泡居中，如此反复检校几次，直至水准仪转至任何方向气泡都不偏离中央为止，最后旋紧固定螺丝。

（3）十字丝横丝垂直于仪器竖轴的检验与校正：

1）检验。仪器整平后，用横丝一端瞄准远处一固定点，转动微动螺旋，若该固定点始终在横丝上移动，说明条件满足，否则应校正。

2）校正。旋松目镜护罩（有的仪器没有护罩），用螺丝刀松开十字丝分划板上四个固定螺丝，轻轻转动十字丝板使该固定点移动轨迹与横丝重合，最后拧紧松开的螺丝，盖上护罩即可。

（4）水准管轴平行于视准轴（i 角）的检验与校正：

1）检验。①在高差不大的地面上用钢尺量出相距约 80m 的 A、B 两点，并分别放置尺垫（或打上木桩，在桩顶钉上小钉作为点位标志）。②在 AB 直线的中点 C 处安置水准仪，用变动仪器高法测出 A、B 两点间的高差，若两次所测高差之差小于 $\pm 3mm$ 时，取其平均值作为两点间的正确高差，用 $h_{AB正}$ 表示。③将仪器搬至 B 点附近（距 B 点约 3m 左右），精平后读取两尺读数 a_2 和 b_2，计算 A 尺上的应读读数 $a_2'=b_2+h_{AB正}$，若 a_2' 与 a_2 之差 Δh 不超过 $\pm 4mm$ 时，可不校正，否则应进行校正，并应计算出 i 角进行判断。

2）校正。保持上述第③步仪器位置不动，转动微倾螺旋，使十字丝横丝对准 A 尺上应读读数 a_2' 处，此时，气泡发生偏离，用校正针拨动水准管一端的上、下两个校正螺丝，使水准管气泡居中。注意在用校正针松紧上、下两个校正螺丝前，应先略微旋松左、右两个校正螺丝。

（五）实验注意事项

（1）检校仪器时必须按上述的规定顺序进行，不能颠倒。

（2）测定 i 角时，应尽量保证在检验过程中，i 角不发生变化。但由于温度的变化，i 角可能发生变化，所以最好在阴天测定。另外，水准尺一定要竖直，因此尽量选用带有圆水准器的水准尺。

（3）拨动校正螺丝时，应先松后紧，松紧适当。

（六）实验结果

实验结果填入表 18-4。

表 18-4　　　　　　　　　　　　　水准仪检验与校正记录手簿

日期：＿＿＿＿年＿＿＿＿月＿＿＿＿日　　　天气：＿＿＿＿＿＿＿　　　观测：＿＿＿＿＿＿＿

班级：＿＿＿＿＿＿　　　小组：＿＿＿＿＿　　　仪器号：＿＿＿＿＿　　　记录：＿＿＿＿＿＿

1. 一般性检验结果：三脚架＿＿＿，制动与微动螺旋＿＿＿，微倾螺旋＿＿＿，对光螺旋＿＿＿，脚螺旋＿＿＿，望远镜成像＿＿＿。				

2. 圆水准器轴平行于仪器竖轴的检验与校正

检验（旋转仪器180°）次数	气泡偏离情况	检验者

3. 十字丝横丝垂直于仪器竖轴的检验与校正

检验次数	偏离情况	检验者

4. 水准管轴平行于视准轴的检验与校正

仪器在中点测得 A、B 间的正确高差			仪器在 B 点附近检校		
第一次	A 点尺上读数 a_1		第一次	B 点尺上读数 b_2	
	B 点尺上读数 b_1			A 点尺上读数 a_2	
	A、B 间高差 $h_1=a_1-b_1$			A 点尺上应读读数 $a_2'=b_2+h_{AB正}$	
				误差 $\Delta h=a_2-a_2'$	
				i 角	
第二次	A 点尺上读数 a_1'		第二次	B 点尺上读数 b_2	
	B 点尺上读数 b_1'			A 点尺上读数 a_2	
	A、B 间高差 $h_1'=a_1'-b_1'$			A 点尺上应读读数 $a_2'=b_2+h_{AB正}$	
				误差 $\Delta h=a_2-a_2'$	
				i 角	
正确高差	$h_{AB正}=\dfrac{1}{2}(h_1+h_1')$		第三次	B 点尺上读数 b_2	
				A 点尺上读数 a_2	
				A 点尺上应读读数 $a_2'=b_2+h_{AB正}$	
				误差 $\Delta h=a_2-a_2'$	
				i 角	

（七）思考题

（1）水准仪各部件之间应满足的几何条件是什么？

（2）为什么检校仪器时必须按规定顺序进行，不能颠倒？

（3）何谓 i 角？它对读数和高差测量有何影响？

18.2.4 实验四：DJ$_6$ 光学经纬仪的认识和使用

（一）实验目的

（1）了解经纬仪的基本构造及主要部件的名称和作用。

（2）掌握经纬仪的基本操作方法。

（二）实验要求

（1）每人安置一次经纬仪并读数二至三次。

（2）仪器对中误差小 3mm，整平误差小于一格。

（三）实验设备与学时

（1）设备：每组 1 台 DJ$_6$ 型经纬仪（附脚架）、测钎两个、记录板 1 个、2H 铅笔一支。

（2）学时：课内学时 2 学时。

（四）实验方法和步骤

（1）认识仪器。学生通过本实验中熟悉 DJ$_6$ 光学经纬仪的构造，各螺旋的名称、功能及操作方法，仪器的安置及使用方法。

（2）安置仪器。在测站点上撑开三脚架，高度适中，架头大致水平；使三脚架中心与测站点大致对中；然后把经纬仪安放到三脚架的架头上，用连接螺旋旋紧。

（3）对中、整平。

1）通过旋转光学对中器的目镜调焦螺旋，使分划板对中圈清晰；通过推、拉光学对中器的镜管进行对光，使对中圈和地面测站点标志都清晰显示。

2）分别旋转三个脚螺旋使测站点与对中器的刻画圈中心重合。光学对中器的对中误差一般约为 1mm。

3）逐一松开三脚架架腿制动螺旋并利用伸缩架腿（架脚点不得移位）使圆水准器气泡居中，粗平仪器。

4）用脚螺旋使照准部水准管气泡居中，精平仪器。

5）检查地面测站点是否偏离对中器分划板对中圈。若发生偏离，则松开底座下的连接螺旋，在架头上轻轻平移仪器，使地面测站点回到对中器分划板对中圈内。

6）检查照准部水准管气泡是否居中。若气泡发生偏离，需再次整平，即重复前面过程，最后旋紧连接螺旋。

（4）瞄准（盘左位置）。取下望远镜的镜盖，将望远镜对准天空（或远处明亮背景），转动望远镜的目镜调焦螺旋，使十字丝最清晰；然后用望远镜上的照门和准星瞄准远处目标，旋紧望远镜和照准部的制动螺旋，转动对光螺旋（物镜调焦螺旋），使目标影像清晰；再转动望远镜和照准部的微动螺旋，使目标被十字丝的纵向单丝平分，或被纵向双丝夹在中央。

（5）读数。瞄准目标后，调节反光镜的位置，使读数显微镜读数窗亮度适当，旋转显微镜的目镜调焦螺旋，使度盘及分微尺的刻划线清晰，然后分别读取盘左位置水平度盘读数和竖直度盘读数。读数方法：读取落在分微尺上的度盘刻划线所示的度数，然后读出分微尺上 0 刻划线到这条度盘刻划线之间的分数，最后估读至 1′ 的 0.1 位。

纵转望远镜，盘右再瞄准该目标读数，分别读取盘右位置水平度盘读数和竖直度盘读数，其中水平读盘左右两次读数之差约为 180°，以此检核瞄准和读数是否正确。

（6）记录。

（7）设置度盘读数练习。可利用光学经纬仪的水平度盘读数变换手轮，改变水平度盘读数。

（五）实验注意事项

（1）测量水平角瞄准目标时，应尽可能瞄准其底部，以减少目标倾斜所引起的误差。

（2）观测过程中，注意避免碰动光学经纬仪的度盘变换手轮，以免发生读数错误。

（3）日光下测量时应避免将物镜直接瞄准太阳。

（六）实验结果

表 18 - 5　　　　　　　　　　　水平度盘读数练习表

日期：_____年_____月_____日　　天气：_____　　观测：_____

班级：_____　　小组：_____　　仪器号：_____　　记录：_____

目 标	水平度盘读数		竖直度盘读数		备 注
	盘　左 (° ′ ″)	盘　右 (° ′ ″)	盘　左 (° ′ ″)	盘　右 (° ′ ″)	

（七）思考题

（1）DJ_6 经纬仪主要由哪几部分组成？各部分的作用是什么？

（2）经纬仪上有几对制动螺旋和微动螺旋？各起什么作用？如何正确使用？

（3）用经纬仪瞄准同一竖直面内不同高度的两点，水平度盘上的读数是否相同？测站点与不同高度的两点连线所夹的角度是不是水平角？

18.2.5　实验五：测回法水平角观测

（一）实验目的

（1）进一步熟悉 DJ_6 经纬仪。

（2）掌握用 DJ_6 经纬仪进行测回法测水平角观测的操作、记录和计算方法。

（二）实验要求

对于同一角度，每组观测两个测回，上下半测回互差不得超过 $\pm40''$，各测回角度值互差不得大于 $\pm24''$。

（三）实验设备与学时

（1）设备：每组 1 台 DJ_6 型经纬仪（附脚架）、测钎 2 个、记录板 1 个、2H 铅笔一支。

（2）学时：课内实验 2 学时。

（四）实验方法和步骤

如图 18 - 2 所示，设测站点为 B，左目标为 A，右目标为 C，测定水平角为 β，步骤如下：

（1）在测站点 B 上安置经纬仪，对中整平。

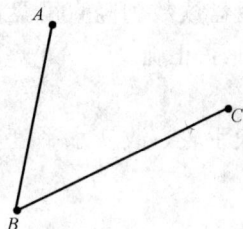

图 18-2 测回法
观测水平角

（2）使望远镜位于盘左位置，瞄准左边第一个目标 A，用经纬仪的度盘变换手轮将水平度盘读数拨到略大于 $0°00'30''$ 的位置上，读数 $a_左$ 并做好记录。

（3）按顺时针方向，转动望远镜瞄准右边第二个目标 C，读取水平度盘读数 $c_左$，记录，并在观测记录表格中计算盘左上半测回水平角值（$c_左-a_左$）。

（4）将望远镜盘左位置换为盘右位置，先瞄准右边目标 C，读取水平度盘读数，记录 $c_右$。

（5）按逆时针方向，转动望远镜瞄准左边目标 A，读取水平度盘读数 $a_右$，记录，并在观测记录表格中计算出盘右下半测回角值（$c_右-a_右$）。

（6）比较计算的两个上、下半测回角值，若限差 $\leqslant\pm40''$，则满足要求，取平均求出一测回平均水平角值。

（7）按上述步骤对该角进行第二测回观测。其中盘左位置，瞄准左边第一个目标 A 时，用经纬仪的度盘变换手轮将水平度盘读数拨到略大于 $90°00'30''$ 的位置上。两测回角值互差应不超过 $\pm24''$。

（五）实验注意事项

（1）观测过程中，若发现气泡偏移超过两格时，应重新整平仪器并重新观测该测回。

（2）光学经纬仪在一测回观测过程中，注意避免碰动度盘变换手轮，以免发生读数错误。

（3）误差超限须重新观测该测回。

（六）实验结果

表 18-6　　　　　　　　　　　　　水平角测回法记录表

日期：＿＿＿＿年＿＿＿＿月＿＿＿＿日　　　天气：＿＿＿＿＿　　　观测：＿＿＿＿＿

班级：＿＿＿＿＿　　小组：＿＿＿＿＿　　仪器号：＿＿＿＿＿　　记录：＿＿＿＿＿

测站	测回数	竖盘位置	目标	水平度盘读数 （° ′ ″）	半测回角值 （° ′ ″）	一测回角值 （° ′ ″）	各测回平均角值 （° ′ ″）	备注

（七）思考题

（1）水平角观测时采用盘左盘右观测水平角的方法可以消除哪些误差的影响？

（2）观测水平角时，为何有时要几个测回？

18.2.6　实验六：经纬仪的检验与校正

（一）实验目的

（1）了解经纬仪的主要轴线之间应满足的几何条件。

（2）掌握 DJ_6 光学经纬仪检验校正的基本方法。

（二）实验要求

要求对各项进行检验，但不要求校正。

（三）实验设备与学时

（1）设备：DJ_6 经纬仪 1 台，直尺一把，钢尺一把、记录板 1 块、2H 铅笔一支。

（2）学时：课内实验 2 学时。

（四）实验方法和步骤

（1）一般性检验。主要检查三脚架是否牢固、架腿伸缩是否灵活；水平制动与微动螺旋是否有效；望远镜制动与微动螺旋是否有效；照准部转动和望远镜转动是否灵活；望远镜成像是否清晰；脚螺旋是否有效等。

（2）水准管轴垂直于仪器竖轴的检验与校正：

1）检验。初步整平仪器，转动照准部使水准管平行于一对脚螺旋连线，转动这对脚螺旋使气泡严格居中；然后将照准部旋转 180°，如果气泡仍居中，则说明条件满足，如果气泡中点偏离水准管零点超过一格，则需要校正。

2）校正。先转动脚螺旋，使气泡返回偏移值的一半，再用校正针拨动水准管校正螺钉，使水准管气泡居中。如此反复检校，直至水准管旋转至任何位置时水准管气泡偏移值都在一格以内。

（3）十字丝竖丝垂直于横轴的检验与校正：

1）检验。用十字丝交点瞄准一清晰的点状目标 P，转动望远镜微动螺旋，使竖丝上、下移动，如果 P 点始终不离开竖丝，则说明该条件满足，否则需要校正。

2）校正。旋下十字丝环护罩，用小螺丝旋具松开十字丝外环的 4 个固定螺钉，转动十字丝环，使望远镜上、下微动时，P 点始终在竖丝上移动为止，最后旋紧十字丝外环固定螺钉。

（4）视准轴应垂直于横轴：

1）检验。在 O 点上安置经纬仪，从该点向两侧各量取 30～50m 定出等距离的 A、B 两点。在 A 点上设置目标；在 B 点上横放一根有毫米刻画的直尺，尺身与 AB 方向垂直，与仪器大致同高。盘左瞄准 A 目标，固定照准部，纵转望远镜在 B 点直尺上的读数 B_1；盘右再瞄准 A 目标，固定照准部，纵转望远镜在 B 点直尺上读取读数 B_2。若 $B_1 = B_2$，该条件满足。否则，计算出视准轴误差 $c\left(c'' = \dfrac{D_{B_1 B_2}}{4 \times D_{OB}} \times \rho''\right)$，当 $c > 1'$ 时，则需校正。

2）校正。先在 B 点直尺上定出读数 B_3 的位置，使 $D_{B_2 B_3} = \dfrac{D_{B_1 B_2}}{4}$，旋下分划板护盖，用拨针拨动左、右两个十字丝校正螺丝，一松、一紧，使十字丝交点与 B_3 重合。

重复上述检验与校正工作，直到 c 角小于 $1'$ 为止。然后，旋上护盖。

（5）横轴应垂直于仪器竖轴：

1）检验。在距一高目标 P（竖直角不小于 30°，最好选在某一竖直墙面的上方）20～

30m 处（用皮尺量出该距离 D）安置仪器。盘左瞄准 P 点，固定照准部，使竖盘指标水准管气泡居中，读竖盘读数并计算出竖直角 α_L，再将望远镜大致放平，将十字丝交点投在墙上定出一个点 P_1；纵转望远镜，盘右瞄准 P 点，固定照准部，使竖盘指标水准管气泡居中，读竖盘读数并计算竖直角 α_R，再将望远镜大致放平，将十字丝交点投在墙上又定出一个点 P_2，若 P_1、P_2 两点重合，该条件满足。否则，计算出横轴误差 $i\left(i=\dfrac{D_{P_1P_2}\cot\alpha}{2D}\times\rho''\right)$，$\alpha=\dfrac{1}{2}(\alpha_L+\alpha_R)$，$D_{P_1P_2}$ 为 P_1、P_2 两点间的距离。当 $i>1'$ 时，则需校正。

2）校正。使十字丝交点瞄准 P_1、P_2 两点的中点 $P_中$，固定照准部，将望远镜向上仰视 P 点，这时，十字丝交点必然偏离点 P。取下望远镜右支架盖板，校正偏心轴环，升、降横轴一端，使十字丝交点精确对准点 P。

重复上述检验与校正工作，直到 $i<1'$ 为止。最后，装上盖板。

（6）竖盘指标差的检验和校正：

1）检验。整平仪器，用盘左、盘右观测同一目标点 P，转动竖盘指标水准管微动螺旋使气泡居中后，读取竖盘读数 L 和 R，计算竖盘指标差 $x=\dfrac{1}{2}(\alpha_R-\alpha_L)$，当 $x>1'$ 时，需校正。

2）校正。仪器位置不动，仍以盘右瞄准原目标点 P，转动竖盘指标水准管微动螺旋使竖盘读数为 $(R-x)$，这时，气泡必然偏离。用拨针一松一紧水准管一端的校正螺丝，使气泡居中。重复上述检验与校正工作，直到 x 不超过 $1'$ 为止。

（五）实验注意事项

（1）按实验步骤进行各项检验校正，顺序不能颠倒，检验数据正确无误才能进行校正，校正结束时，各校正螺钉应处于稍紧状态。

（2）选择仪器的安置位置时，应顾及视准轴和横轴的两项检验，既能看到远处水平目标，又能看到墙上高处目标。

（六）实验结果

表 18-7　　　　　　　　　　**经纬仪的检验与校正记录**

日期：＿＿＿＿年＿＿＿＿月＿＿＿＿日　　　天气：＿＿＿＿＿＿　　观测：＿＿＿＿＿＿

班级：＿＿＿＿　　　小组：＿＿＿＿＿　　　仪器号：＿＿＿＿＿　　记录：＿＿＿＿＿

（1）一般性检验结果：三脚架＿＿＿＿，水平制动与微动螺旋＿＿＿＿，望远镜制动与微倾螺旋＿＿＿＿，照准部转动＿＿＿＿，望远镜转动＿＿＿＿，望远镜成像＿＿＿＿，脚螺旋＿＿＿＿。		
（2）照准部水准管检验与校正		
检验（仪器旋转180°）次数	气泡偏离格数	检验者
（3）十字丝竖丝的检验与校正		
检验次数	偏离情况	检验者

续表

(4) 视准轴的检验与校正

检验次数	尺上读数		$\dfrac{B_2-B_1}{4}$ (m)	正确读数（m）$B_3=B_2-\dfrac{1}{4}(B_2-B_1)$	视准轴误差（″）$c''=\dfrac{D_{B_1B_2}}{4\times D_{OB}}\times\rho''$	观测者
	盘左：B_1（m）	盘右：B_2（m）				

(5) 横轴的检验与校正

检验次数	P_1P_2 距离（m）	竖盘读数（° ′ ″）	竖直角 α（° ′ ″）	仪器至墙面的距离 D（m）	横轴误差（″）$i''=\dfrac{D_{P_1P_2}\cot\alpha}{2D}\times\rho''$	观测者

(6) 竖盘指标差的检验与校正

检验次数	竖盘位置	竖盘读数（° ′ ″）	竖直角（° ′ ″）	指标差（″）	盘右正确读数（° ′ ″）	观测者

（七）思考题

(1) 经纬仪有哪些主要轴线？说明各轴线间应满足的关系？

(2) 经纬仪的检验主要有哪几项？怎样安排各项检验校正的次序才是正确的？

18.2.7 实验七：全站仪的认识与使用

（一）实验目的

(1) 了解全站仪的构造。

(2) 熟悉全站仪的操作界面及作用。

(3) 掌握全站仪的基本使用。

（二）实验要求

(1) 认识全站仪各部件。

(2) 每人操作并观测一次，观测一个水平角和垂直角，观测一段距离和一个点的坐标。

（三）实验设备与学时

(1) 设备：全站仪1台，棱镜1块。

(2) 学时：课内实验2学时。

（四）实验方法和步骤

(1) 全站仪的认识。全站仪由照准部、基座、水平度盘等部分组成，采用编码度盘或光栅度盘，读数方式为电子显示。有功能操作键及电源，还配有数据通信接口。

(2) 全站仪的使用（以南方全站仪 NTS-665 为例进行介绍）：

1) 测量前的准备工作。

①电池的安装（注意：测量前电池需充足电）。

a) 把电池盒底部的导块插入装电池的导孔。

b）按电池盒的顶部直至听到"咔嚓"响声。

c）向下按解锁钮，取出电池。

②仪器的安置。

a）在实验场地上选择一点，作为测站，另外两点作为观测点。

b）将全站仪安置于点，对中、整平。

c）在两点分别安置棱镜。

2）角度测量：①首先从显示屏上确定是否处于角度测量模式，如果不是，则按操作键转换为角度模式。②盘左瞄准左目标 A，按［F4］（置零）键和［F6］（设置）键，使水平度盘读数显示为 $0°00'00''$，顺时针旋转照准部，瞄准右目标 B，读取显示读数。③同样方法可以进行盘右观测。④如果测竖直角，可在读取水平度盘的同时读取竖盘的显示读数。

3）距离测量：①首先从显示屏上确定是否处于距离测量模式，如果不是，则按操作键转换为坐标模式。②南方的棱镜常数为−30，因此棱镜常数应设置为−30。如果使用的是另外厂家的棱镜，则应预先设置相应的棱镜常数，棱镜常数设置在星键（★）模式下进行。

照准棱镜中心，按［F1］（斜距）键或［F2］（平距）键，并按［F2］（模式）键，选择测距模式，这时显示屏上能显示箭头前进的动画，前进结束则完成坐标测量，得出距离，HD 为水平距离，VD 为倾斜距离。

显示在窗口第四行右面的字母表示如下测量模式：

F：精测模式；T：跟踪模式；R：连续（重复）测量模式；S：单次测量模式；N：N 次测量模式。

若要改变测量模式，按［F2］（模式）键，每按下一次，测量模式就改变一次；当电子测距正在进行时，"＊"号就会出现在显示屏上。测量结果显示时伴随着蜂鸣声。若测量结果受到大气折光等因素影响，则自动进行重复观测。返回角度测量模式，可按［F3］（角度）键。

4）坐标测量：①在进行坐标测量时，通过输入测站坐标、仪器高和棱镜高，即可直接测定未知点的坐标。首先从显示屏上确定是否处于坐标测量模式，如果不是，则按操作键转换为坐标模式。②输入本站点 O 点及后视点坐标，按［F3］（坐标）键，按［F6］（P1↓）键进入第 2 页功能，按［F5］（设置）键，显示以前的数据，输入新的坐标值并按［ENT］键。③设置仪器高和棱镜高，按［F3］（坐标）键，在坐标观测模式下，按［F6］（P1↓）键进入第 2 页功能，按［F2］（高程）键，显示以前的数据，输入仪器高，按［ENT］键。④瞄准棱镜中心，这时显示屏上能显示箭头前进的动画，前进结束则完成坐标测量，得出点的坐标。

（五）实验注意事项

（1）运输仪器时，应采用原装的包装箱运输、搬动。

（2）近距离将仪器和脚架一起搬动时，应保持仪器竖直向上。

（3）拔出插头之前应先关机。在测量过程中，若拔出插头，则可能丢失数据。

（4）换电池前必须关机。

（5）仪器只能存放在干燥的室内。充电时，周围温度应在 10～30℃ 之间。

（6）全站仪是精密贵重的测量仪器，要防日晒、防雨淋、防碰撞震动。严禁仪器直接照准太阳。

（六）实验结果

实验数据记录于表 18-8 中。

表 18-8

全站仪测量记录表

日期：＿＿＿＿＿　年＿＿＿＿＿月＿＿＿＿＿日　天气：＿＿＿＿＿　观测：＿＿＿＿＿

班级：＿＿＿＿＿　小组：＿＿＿＿＿　仪器号：＿＿＿＿＿　记录：＿＿＿＿＿

测站	目标	仪器高 (m)	棱镜高 (m)	竖盘位置	水平角观测		竖直角观测		距离高差观测			坐标测量		
					水平度盘读数 (° ′ ″)	方向值或角值 (° ′ ″)	竖直度盘读数 (° ′ ″)	竖直角 (° ′ ″)	斜距 (m)	平距 (m)	高程 (m)	x(m)	y(m)	H(m)

18.3　测量综合实习指导

18.3.1　综合实习目的

(1) 教学综合实习是测量教学的一个重要环节，其目的是使学生在获得基本知识和基本技能的基础上，进行一次较全面、系统的训练，以巩固课堂所学知识及提高操作技能。

(2) 培养学生独立工作和解决实际问题的能力。

(3) 培养学生严肃认真、实事求是、一丝不苟的实践科学态度。

(4) 培养吃苦耐劳、爱护仪器用具、相互协作的职业道德。

18.3.2　任务和要求

(1) 经纬仪法大比例尺地形图的测绘。（房地产相关专业为房产分幅图测绘），图幅为 40cm×50cm，比例尺为 1：500。

(2) 经纬仪测设点的平面位置。

(3) 线路工程纵、横断面测量（给排水、道路工程专业等的专业测量实习）。

(4) 水准仪进行高程测设。

(5) 全站仪测量及点位放样。

18.3.3　综合实习组织

综合实习 1～2 周，期间的组织工作，由指导教师负责。

综合实习工作按小组进行，每组 7～8 人，选组长一人，负责组内综合实习分工和仪器管理。

18.3.4　每组配备的仪器用具

经纬仪 1 台，水准仪 1 台，全站仪 1 台，小平板仪 1 台，钢尺 1 把，水准尺 2 支，尺垫 2 个，花杆 3 根，测钎 1 组，记录板 1 块，比例尺 1 把，量角器 1 个，三角板 1 副，锤子 1 把，木桩若干，伞 1 把，红漆 1 瓶，绘图纸 1 张，有关记录手簿、计算纸，计算器，橡皮及铅笔等。

18.3.5　综合实习注意事项

(1) 组长要切实负责，合理安排，使每人都有练习的机会，不要单纯追求进度；组员之间应团结协作，密切配合，以确保综合实习任务顺利完成。

(2) 综合实习过程中，应严格遵守《测量实习须知》中的有关规定。

(3) 综合实习前要做好准备，随着综合实习进度阅读"综合实习指导"及教材的有关章节。

(4) 每一项测量工作完成后，要及时计算、整理观测成果。原始数据、资料、成果应妥善保存，不得丢失。

18.3.6　综合实习内容及技术要求

（一）水准仪、经纬仪的检验

(1) 水准仪的检校：

1) 圆水准器轴平行于仪器竖轴的检验与校正：气泡无明显偏离。

2) 十字丝中丝垂直于仪器竖轴的检验与校正：标志点无明显偏离十字横丝。

3）水准管轴平行于视准轴的检验与校正：$i<\pm20''$。

（2）经纬仪的检校：

1）水准管轴垂直于仪器竖轴的检验与校正：水准管气泡偏移值都在一格以内。

2）十字丝竖丝垂直于横轴的检验与校正：标志点无明显偏离十字竖丝。

3）视准轴垂直于横轴的检验和校正。

4）横轴垂直于仪器竖轴的检验。

5）指标差的检验与校正　当竖盘指标差 $x>1'$ 时，则需校正。

（二）大比例尺地形图（房产分幅图）的测绘

（1）平面控制测量：

在测区实地踏勘，布设一条闭合导线，经过观测、计算获得控制点平面坐标。

1）踏勘选点。每组在指定测区内进行踏勘，了解测区地形条件，按踏勘选点要求，选定 4～5 点，选点时应注意：相邻点间应通视良好，地势平坦，便于测角和量距；点位应选在土质坚实，便于安置仪器和保存标志的地方；导线点应选在视野开阔的地方，便于碎部测量；导线边长应大致相等，其平均边长应符合技术要求；导线点应有足够的密度，分布均匀，便于控制整个测区。

2）建立标志。导线点位置选定后，应建立标志，在点位上打一个木桩，在桩顶钉一小钉，作为点的标志；也可在水泥地面上用红漆划一圆圈，圈内点一小点，作为临时性标志。

3）水平角观测。用测回法观测导线内角一个测回，要求上、下两半测回角值之差不超过 $\pm40''$，闭合导线角度闭合差不超过 $\pm60''\sqrt{n}$。

4）导线边长测量。用钢尺往、返丈量导线各边边长，其相对误差不超过 1/3000，特殊困难地区限差可放宽为 1/1000。

5）测定起始边的方位角。为了使控制点的坐标纳入本校或本地区的统一坐标系统，尽量与测区内外已知高级控制点进行连测。对于独立测区，可用罗盘仪测定起始边的磁方位角，方法如下：

用罗盘仪测定直线的磁方位角时，先将罗盘仪安置在 1 点，对中、整平。松开磁针固定螺丝放下磁针，再松开水平制动螺旋，转动仪器，用望远镜瞄准 2 点所立标志，待磁针静止后，其北端所指的度盘读数，即为 12 边的磁方位角。假定 1 点的坐标值（如 $x_1=1000.0\text{m}$，$y_1=1000.0\text{m}$）作为起始数据。

6）平面坐标计算。根据起始数据和观测数据，计算各平面控制点的坐标。

房产平面控制测量之前，要进行房地产调查。

（2）高程控制测量（房产测量可不进行该项工作）。高程控制点可布设在平面控制点上，形成一条闭合水准路线，经过观测、计算求出各控制点的高程。

1）水准测量。图根水准测量，用 DS_3 水准仪，采用两次仪器高度法进行观测，同测站两次高差之差不超过 $\pm5\text{mm}$，水准路线高差容许闭合差为 $\pm40\sqrt{L}\text{mm}$（或 $\pm12\sqrt{n}\text{mm}$）。

2）高程计算。假定 1 点的高程（如 $H_1=100.00\text{m}$），调整高差闭合差，计算出各控制点的高程。

（3）碎部测量。首先进行碎部测量前的准备工作，在各图根控制点上测定碎部点，同时描绘地物和地貌。

1) 准备工作。选择较好的图纸，用对角线法绘制坐标格网，格网边长 10cm，并按要求进行检查。展绘控制点，并按要求进行检查。

2) 碎部测量。采用"经纬仪测绘法"进行碎部测量。将经纬仪安置在控制点上，测绘板安置于测站旁，用经纬仪测出碎部点方向与已知方向之间的水平夹角；再用视距测量方法测出测站到碎部点的水平距离及碎部点的高程；然后根据测定的水平角和水平距离，用量角器和比例尺将碎部点展绘在图纸上，并在点的右侧注记其高程。然后对照实地情况，按照地形图图式规定的符号绘出地形图。

房产测绘第（3）步需先测定界址点坐标，再测绘房屋等地物的平面位置。

（4）地形图的检查和整饰：

1) 地形图的检查。在测图中，测量人员应做到随测随检查。为了确保成图的质量，在地形图测完后，必须对完成的成果成图资料进行严格的自检和互检。图的检查可分为室内检查和室外检查两部分。①室内检查的内容有图面地物、地貌是否清晰易读，各种符号、注记是否正确，等高线与地貌特征点的高程是否相符等。②野外检查是在室内检查的基础上进行重点抽查。检查方法分巡视检查和仪器检查两种。巡视检查时应携带测图板，根据室内检查的重点，按预定的巡视检查路线，进行实地对照查看。主要查看地物、地貌各要素测绘是否正确、齐全，取舍是否恰当。等高线的勾绘是否逼真，图式符号运用是否正确等；仪器设站检查是在室内检查和野外巡视检查的基础上进行的。除对发现的问题进行补测和修正外，还要对本测站所测地形进行检查，看所测地形图是否符合要求，如果发现点位的误差超限，应按正确的观测结果修正。仪器检查量一般为 10%。

2) 地形图的整饰。原图经过检查后，还应按规定的地形图图式符号对地物、地貌进行清绘和整饰，使图面更加合理、清晰、美观。整饰的顺序是先图内后图外，先注记后符号，先地物后地貌。最后写出图名、比例尺、坐标系统及高程系统、施测单位、测绘者及施测日期等。如果是独立坐标系统，还需画出指北方向。

（三）经纬仪测设点的平面位置（极坐标法）

测设水平角和水平距离，以确定点的平面位置。设欲测设的水平角为 β，水平距离为 D。在 A 点安置经纬仪，盘左照准 B 点，置水平度盘为 $0°00'00''$，然后转动照准部，使度盘读数为准确的 β 角；在此视线方向上，以 A 点为起点用钢卷尺量取预定的水平距离 D（在一个尺段以内），定出一点为 P'。盘右，同样测设水平角 β 和水平距离，再定一点为 P''；若 P'、P'' 不重合，取其中点 P，并在点位上打木桩、钉小钉（或用红色油漆，或用粉笔在水泥地面上画十字）标出其位置，即为按规定角度和距离测设的点位。最后以点位 P 为准，检核所测角度和距离，若与规定的 β 和 D 之差在限差内，则符合要求。

（四）线路工程纵、横断面测量

（1）中线测量。在给定区域，选定一条约 300m 长的路线，在两端点钉木桩。用皮尺量距，每 30m 处钉一中桩，并在坡度及方向变化处钉加桩，在木桩侧面标注桩号。起点桩桩号为 0+000，如图 18-3 所示。

（2）纵断面测量：

1) 水准仪安置在起点桩与第一转点间适当位置作为第一站（Ⅰ），瞄准（后视）立在附近水准点 BM 上的水准尺，读取后视读数 a（读至 mm），填入记录表格，计算第一站视线高 H_1（$H_1 = H_{BM} + a$）。

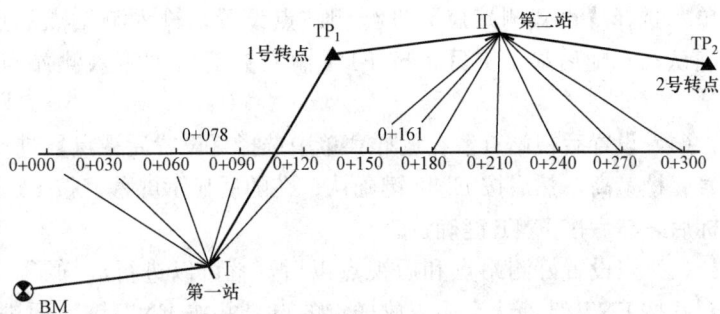

图 18-3　线路桩号图

2）统筹兼顾整个测量过程，选择前视方向上的第一个转点 TP_1，瞄准（前视）立在转点 TP_1 上的水准尺，读取前视读数 b（读至 mm），填入记录表格，计算转点 TP_1 的高程（$H_{TP_1} = H_1 - b$）。

3）再依此瞄准（中视）本站所能测到的立在各中桩及加桩上的水准尺，读取中视读数 S_i（读至 cm），填入记录表格，利用视线高计算中桩及加桩的高程（$H_i = H_1 - S_i$）。

4）仪器搬至第二站（Ⅱ），选择第二站前视方向上的 2 号转点 TP_2。仪器安置好后，瞄准（后视）TP_1 上的水准尺，读数，记录，计算第二站视线高 $H_Ⅱ$；观测前视 TP_2 上的水准尺，读数，记录并计算 2 号转点 TP_2 的高程 H_{TP_2}。同法继续进行观测，直至线路终点。

5）为了进行检核，可由线路终点返测至已知水准点，此时不需观测各中间点。

（3）横断面测量。每人选一里程桩进行横断面水准测量。在里程桩上，用方向架确定线路的垂直方向，在中线左右两侧各测 20m，中桩至左、右侧各坡度变化点距离用皮尺丈量，读至 dm；高差用水准仪测定，读至 cm，并将数据填入横断面测量记录表中。

（4）纵横断面图的绘制。外业测量完成后，可在室内进行纵、横断面图的绘制。纵断面图：水平距离比例尺可取为 1∶1000，高程比例尺可取为 1∶100；横断面图：水平距离比例尺可取为 1∶100，高程比例尺可取为 1∶100。纵横断面图绘制在格网纸上（横断面图也可在现场边测、边绘并及时与实地对照检查）。

（五）高程测设

（1）在离给定的已知高程点 A 与待测点 P（可在墙面上，也可在给定位置钉大木桩上）距离适中位置架设水准仪，在 A 点上竖立水准尺。

（2）仪器整平后，瞄准 A 尺读取的后视读数 a；根据 A 点高程 H_A 和测设高程，计算测点 P 上的水准尺前视读数应为 b：$b = H_A + a - H_P$。

（3）将水准尺紧贴 P 点木桩侧面，水准仪瞄准 P 尺读数，在桩侧面上下移动调整 P 尺，当观测得到的 P 尺的前视读数等于计算所得 b 时，沿着尺底在木桩上画线，即为测设（放样）的高程 H_P 的位置。

（4）将水准尺底面置于设计高程位置，再次作前后视观测，进行检核。

（六）用南方 NTS-665 系列全站仪按坐标进行点位的测设

（1）将全站仪安置在给定方向线的起点上，用小钢卷尺量取仪器高并做好记录。

（2）按 POWER 键开机，仪器自检、竖盘初始化后，从【程序】菜单中选择【放样】；这样就可以根据点号、传、定线数据和横断面数据来放样。

（3）设置测站点。在【程序】菜单中通过箭头键选择【放样】，并按 ENT 键进入放样菜单，选择【设置测站点】进行测站点设置，输入测站点的点号、仪器高，然后按 ENT 键确认；在随后显示屏幕，按 F1【输入】键后，输入测站点的坐标后，然后按 ENT 键确认。

（4）设置后视站点。在放样菜单中选择【设置后视点】进行后视点设置，输入后视点的点号、棱镜高，然后按 ENT 键确认；在随后显示屏幕，按 F1【输入】键后，输入后视点的坐标后，然后按 ENT 键确认。

（5）当设置好测站点和后视点以后，就可以进行放样了。在放样菜单中，选择【点放样】并按 ENT 键确认。输入放样点的点号并按 ENT 键，便进入下一输入项，输入放样点的坐标。

（6）在放样点的估计位置立反射棱镜，按 F4【角度】键，根据在模式屏幕中显示出反射棱镜应调整的角度值（dHR），调整反射棱镜的位置，当且 dHR＝0°00′00″时，表明已确定放样点的方向。

（7）再按 F6【测量】键，进行距离测量，根据反射棱镜位置离放样点的差距 dHD 调整反射棱镜的位置后，再按［距离］键，进行距离测量，逐步趋近。直到 dHD 为 0.000，并按［角度］键，进行角度测量，dHR 不变时，表明已确定放样点的位置，在地面做好标志，确定放样点。

（8）按 F6【测量】键，便显示此时放样点的高差偏差（负号表示该点低于设计高程，正号则表示高于设计高程）和棱镜到放样点的距离。

（9）按 F4 角度键切换到偏差屏幕。按测量键仪器将重新进行测量并将数据更新。

（10）根据屏幕所示移动棱镜，直到【距离偏差】表中显示的值接近于零时，按 ENT 键结束该点的放样并继续放样下一点；输入该点的点号和棱镜高及放样坐标，重复上述的操作便可以实现在同一测站上的多点放样。（若要退出此程序，则按【ESC】）

18.3.7　编写综合实习报告

综合实习报告要在综合实习期间编写，综合实习结束时上交。编写格式如下：

（1）封面——综合实习名称、地点、起止日期，班级、组别、姓名。

（2）前言——说明综合实习的目的、任务及要求。

（3）内容——综合实习的项目、程序、方法、精度要求及计算成果。

（4）结束语——综合实习的心得体会，意见和建议。

18.3.8　应交成果

（一）每组应交成果

（1）水平角观测记录、水平距离观测记录及水准测量观测记录。

（2）碎部测量观测记录。

（3）地形图一张。

（4）线路中桩纵断面测量外业记录。

（5）纵横断面图。

（二）个人应交成果

（1）闭合导线坐标计算表及水准测量成果计算表。

（2）综合实习报告。

18.3.9　成果记录表

表 18 - 9　　　　　　　　　　　水平角测回法观测手簿

日期：＿＿＿＿年＿＿＿＿月＿＿＿＿日　　天气：＿＿＿＿＿＿＿　　观测：＿＿＿＿＿＿＿

班级：＿＿＿＿＿　　小组：＿＿＿＿＿　　仪器号：＿＿＿＿＿　　记录：＿＿＿＿＿

测站	竖盘位置	目标	水平度盘读数 （°　′　″）	半测回角值 （°　′　″）	一测回角值 （°　′　″）	备注

表 18 - 10   **距 离 测 量 记 录 表**

日期：_____ 年 _____ 月 _____ 日   天气：_____   观测：_____

班级：_____   小组：_____   仪器号：_____   记录：_____

测段	距 离 观 测				往返差（m）	距离平均值（m）	相对精度
	往 测		返 测				
	分段观测值（m）	总长（m）	分段观测值（m）	总长（m）			

表 18-11

闭合导线坐标计算表

点号	观测角（右角） （° ′ ″）	改正数（″）	改正角 （° ′ ″）	坐标方位角 α （° ′ ″）	距离 D(m)	增量计算值		改正后增量		坐标值		点号
						Δx(m)	Δy(m)	Δx(m)	Δy(m)	x(m)	y(m)	
总和												

辅助计算

附图

表 18-12   **水准测量观测手簿（变动仪器高法）**

日期：_____年_____月_____日   天气：_____   观测：_____

班级：_____   小组：_____   仪器号：_____   记录：_____

测站	点号	后视读数（m）	前视读数（m）	高差（m）	平均高差（m）	高程（m）	备注
			—			$H_A=$	
		—					
			—			—	
		—					
			—			—	
		—					
			—			—	
		—					
			—			—	
		—					
			—			—	
		—					
			—			—	
		—					
			—			—	
		—					
			—			—	
		—					
			—			—	
		—					
			—			—	
		—				$H_A'=$	
	Σ						
计算校核							

注　1. 画"—"处不填数据；
　　2. 此表中，转点及未知点不需要计算高程。

表 18 - 13   闭合水准测量内业计算表

测段编号	点名	距离（km）	测站数	实测高差（m）	改正数（m）	改正后的高差（m）	高程（m）	备注
Σ								
辅助计算								

表 18 - 14

经纬仪测绘法碎部测量表格

测站：　　　后视点：　　　仪器高 $i=$　　　指标差 $x=$

测站高程 $H_A=$　　　视线高 $H_视=H_A+i=$

点号	下丝读数 a(m)	上丝读数 b(m)	中丝读数 v(m)	竖盘读数 L (° ′ ″)	竖直角 α (° ′ ″)	水平角 β (° ′ ″)	尺间隔 l (m)	水平距离 D (m)	高差 h (m)	高程 H (m)	备注

参 考 文 献

[1] 王侬，过静珺．现代普通测量学．北京：清华大学出版社，2001

[2] 顾孝烈，鲍峰，程效军．测量学（第三版）．上海：同济大学出版社，2006

[3] 覃辉．土木工程测量．上海：同济大学出版社，2004

[4] 陈学平．实用工程测量．北京：中国建筑工业出版社，2007

[5] 何习平．测量技术基础（第二版）．重庆：重庆大学出版社，2004

[6] 谷达华．测量学．北京：中国林业出版社，2004

[7] 张序．测量学．南京：东南大学出版社，2007

[8] 李生平．建筑工程测量．北京：高等教育出版社，2002

[9] 胡伍生，沙月进．交通土建施工测量．北京：人民交通出版社，2002

[10] 四校合编．测量学（第四版）．北京：中国建筑工业出版社，1995

[11] 徐绍铨，张华海等．GPS测量原理及应用．武汉：武汉大学出版社，2007

[12] 李天文．现代测量学．北京：科学出版社，2007

[13] 宁津生，陈俊勇等．测绘学概论．武汉：武汉大学出版社，2004

[14] 李玉宝．测量学．成都：西南交通大学出版社，2006

[15] 郭宗河，董宇阳，郑进凤．测量学实用教程．北京：中国电力出版社，2006

[16] 城市测量规范（CJJ8－99）．北京：中国建筑工业出版社，2007